Meine lieben LeserInnen, dieses Buch ist Ihnen gewidmet.

Es soll Ihnen helfen, Ihre wirkliche Schönheit und optimale Gesundheit zu erreichen. Wenn wir erst einmal die andauernde Sorge um unsere äußere Erscheinung los sind, können wir mit aller Kraft darangehen, unsere persönlichen, beruflichen und spirituellen Ziele zu verwirklichen.

Ich hoffe, die Anwendung des hier vermittelten Wissens wird Sie befreien – so wie dieses Wissen mich befreit hat.

Werft alle negativen Gedanken und Ängste über Bord. Wenn sich euer Wille mit Weisheit verbindet, könnt ihr alles erreichen.

Paramahansa Yogananda

Kimberly Snyder

DER BEAUTY DETOX PLAN

Iss dich schön, schlank und glücklich
und gib deinem Körper alles, was er braucht

Aus dem amerikanischen Englisch
von Claudia Fritzsche

INHALT

Einführung	6
TEIL 1: DIE GRUNDLAGEN DES BEAUTY-DETOX-PLANS	17
Kapitel 1: Unsere Ernährung – von der Natur vorgegeben	19
Wie unser Körper beschaffen ist	20
Wie sich diese Beschaffenheit auf unsere Ernährung auswirkt	21
Die wissenschaftliche Grundlage des BDP	27
Das Krebsrisiko	27
Herzerkrankungen	29
Diabetes	31
Kapitel 2: Schönheits-Energie	37
Der wahre Grund für unser Altern	39
Ein sauberer Körper ist ein schöner Körper	41
Das Säure-Basen-Prinzip	47
Die 80/20-Regel	52
Der Beauty-Food-Kreis	53
Kapitel 3: Essen Sie sich schön!	57
Vorweg immer etwas Basisches!	58
Kein Kalorienzählen mehr!	60
Die Beauty-Food-Kombinationen	63
Wie die Beauty-Food-Kombinationen funktionieren	67
Essen Sie „Von leicht nach schwer"	81
Schnell fahren geht nur ohne Verkehrsstau	82
Ihr Beauty-Food-Plan	85
Kapitel 4: Schönheits-Mineralstoffe und -Enzyme	99
Mineralstoffe – für die Schönheit unentbehrlich	101
Enzyme – Baumeister der Schönheit	102
Wo gekochte Lebensmittel Sinn ergeben	110
Mineralstoffe + Enzyme = Greenies	110
Kapitel 5: Schönheits-Lebensmittel	119
Pflanzliche Proteine sind Schönheitsproteine	120
Gar nicht schön: Milchprodukte	139
Schöne Kohlenhydrate und Stärken	147
Schönheits-Fette – aber nur maßvoll!	155
Obst: das Beauty Food schlechthin	161
Schönheits-Grünzeug und -Gemüse	165

TEIL 2: IHR BEAUTY-PLAN | 175

Kapitel 6: Entgiften für die Schönheit | 177

Beauty-Detox-Geheimnis Nr.1: Probiotika | 184
Beauty-Detox-Geheimnis Nr. 2: Verdauungsenzyme auf pflanzlicher Basis | 187
Beauty-Detox-Geheimnis Nr. 3: Mein Probiotischer & enzymreicher Salat | 188
Beauty-Detox-Geheimnis Nr. 4: Magnesiumoxid als Nahrungsergänzung | 192
Beauty-Detox-Geheimnis Nr. 5: Schwerkraftbasierte Darmspülungen
und Einläufe | 194

Kapitel 7: Schön werden | 199

Die enorme Bedeutung der Ernährungs-Umstellung | 201
Die Schönheits-Phasen | 204
Richtlinien für die Beauty-Detox-Portionsgrößen | 212
Ihre Beauty-Detox-Küche | 214
Ihre Beauty-Detox-Einkaufsliste | 217

Kapitel 8: Phase 1: Aufblühende Schönheit | 221

Die Vorteile der „Aufblühenden Schönheit" | 222
Die Grundsätze der „Aufblühenden Schönheit" | 223
Beispiel eines Sieben-Tage-Speiseplans für die „Aufblühende Schönheit" | 225

Kapitel 9: Phase 2: Erstrahlende Schönheit | 231

Die Vorteile der „Erstrahlenden Schönheit" | 232
Die Grundsätze der „Erstrahlenden Schönheit" | 234
Beispiel eines Sieben-Tage-Speiseplans für die „Erstrahlende Schönheit" | 237

Kapitel 10: Phase 3: Wahre Schönheit | 243

Die Vorteile der „Wahren Schönheit" | 244
Die Grundsätze der „Wahren Schönheit" | 245
Beispiel eines Sieben-Tage-Speiseplans für die „Wahre Schönheit" | 247

Kapitel 11: Schönheits-Rezepte | 253

Die Schönheits-Grundlagen für jeden Tag | 257
Schönheits-Dips und -Dressings | 261
Schönheits-Salate | 270
Schönheits-Wraps und -Sandwiches | 276
Schönheits-Suppen und Schönheits-Gemüsegerichte | 279
Schönheits-Getreidespeisen | 284
Schönheits-Nussgerichte | 291
Schönheits-Smoothies | 296
Schönheits-Desserts | 299

Fußnoten | 302
Danksagung | 308
Über die Autorin | 311
Register | 312
Impressum | 320

EINFÜHRUNG

Liebe FreundInnen und LeserInnen,
herzlich willkommen! Ich bin ganz *aufgeregt* und fühle mich geehrt, dass ich diese Reise gemeinsam mit Ihnen unternehmen darf – die Entdeckungsreise, die Sie auf die höchste Stufe Ihrer Schönheit und Gesundheit führen wird.

Ich weiß, wie verwirrend es sein kann, nach einer Orientierung zu suchen unter den zahllosen widersprüchlichen und sich ständig ändernden Gesundheitslehren und Ernährungsphilosophien, die gerade angesagt sind, wie etwa diese: *Obst ist gesund. Nein, Obst enthält zuviel Fruchtzucker! Zählen Sie unbedingt die Fettmengen in Ihrer Nahrung! Nein, stopp, zählen Sie besser die Kohlenhydrate!* All diese gegensätzlichen Ratschläge brachten mich immer ins Grübeln, ob ich irgendetwas falsch machte. Was sollen wir glauben und wohin wenden wir uns mit unseren Fragen, um Antworten zu bekommen?

Also, es muss *wirklich* ganz und gar nicht so kompliziert sein. In meinem Buch möchte ich Ihnen die Grundprinzipien vorstellen, mit deren Hilfe Sie sich Ihr größtes Schönheitspotenzial erschließen und zu optimaler Gesundheit gelangen. Sie werden sehen: Es ist tatsächlich sehr einfach! In unserer von ständigem Fortschritt geprägten, komplizierten Welt ist Einfachheit einfach herrlich. Wir werden nicht vom Chaos auf Effekthascherei angelegter neuer Diäten hinweggefegt und brauchen uns keine Sorgen zu machen, ob der „Stein der Weisen", der sofortigen Gewichtsverlust und Faltenlosigkeit bewirkt, am Ende

gar an uns vorüberrollt. Tatsächlich ist er in der „heißen" neuen Diät gar nicht drin. Doch es gibt eine Antwort – und jetzt die tolle Nachricht: Sie liegt direkt vor Ihrer Nase!

Doch zuallererst möchte ich Sie eines wissen lassen: In diesem Buch geht es *nicht* um irgendwelche Einschränkungen! Wir werden weder Kalorien noch Kohlenhydrate zählen und uns auch sonst keinerlei Beschränkungen auferlegen, also auch keiner bestimmten Ernährungsweise nachgehen, die in irgendeine Diät-Schublade passt. Sie werden zu Ihrer optimalen Gesundheit und Schönheit finden – egal, ob Sie VeganerIn, VegetarierIn, überzeugte(r) Rohkost-AnhängerIn, Fisch-LiebhaberIn oder „AllesfresserIn" sind. Die Konzepte, die ich in diesem Buch vorstelle, sind weit gefasst und funktionieren bei allen! Sie werden Ergebnisse sehen und fühlen – ganz gleich, wie Sie sich derzeit ernähren. Die in den Konzepten enthaltenen Phasen und Speisepläne sind für jeden Menschen realisierbar – unabhängig von Lebensstil, Geld oder persönlichem Geschmack.

Irgendwann werden wir den Gedanken an irgendwelche Einschränkungen hinter uns lassen und die Vorstellung, die richtigen Lebensmittel in *Hülle und Fülle* essen zu können, begeistert annehmen. Wir werden uns frei machen, um die wahren Gesetze von Gesundheit und Schönheit zu verstehen, sie zu verinnerlichen und anzuwenden. Nur ein paar einfache Veränderungen – und Sie werden besser aussehen und sich besser fühler als je zuvor. Versprochen!

Und das Beste daran? Sie werden in den Genuss all dieser Segnungen kommen, ohne Kalorien zu zählen oder sich mit Mini-Portionen zu kasteien oder fade schmeckende Gerichte aus der Mikrowelle in sich hineinzustopfen! Stattdessen werden Sie sich frische, köstliche und sättigende Lebensmittel schmecken lassen, die jede Zelle Ihres Körpers nähren, sodass aus deren Innerem ein zutiefst gesundes, strahlendes Leuchten nach außen dringt. Ihre Haut wird rosiger, Ihr Haar glänzender und Ihr Körper straffer. Das Bauchfett nimmt ab, und Ihre Augen werden vor lauter neu gewonnener Energie funkeln. Sie können wahre Gesundheit und Schönheit auf ganz natürlichem Weg erreichen – mit Essen. Die hier vorgestellte Ernährungsweise ist tatsächlich so wirksam.

Meiner Ansicht nach ist das Wort „Gesundheit" gleichbedeutend mit „Schönheit". Ein gesunder Körper ist ein schöner Körper. Eine gesunde Haut ist – als Spiegel unserer inneren Gesundheit – eine schöne Haut. Nach meiner Definition erwächst Schönheit aus dem Inneren eines Menschen, sie kommt aus der Tiefe, sie bleibt und wirkt anziehend. Der Schlüssel zu dieser Art vibrierender, pulsierender Schönheit liegt in fortgesetzter Reinigung. Sind Ihre Zellen und Ihr Blut sauber und entgiftet, kann Ihr Körper optimal arbeiten, und Sie können den Anteil konzentrierter Mineralstoffe in Ihrer Nahrung auf das zulässige Maximum heraufsetzen. Ihre Haut wird von innen heraus strahlen, überschüssige Pfunde werden abschmelzen, und Ihr Körper wird sein Idealgewicht erreichen. Wir alle kennen diese Art von Schönheit, die ich meine. Eine Frau, die vor Schönheit regelrecht *glüht*. Ab jetzt können auch Sie vor wahrer Schönheit sprühen.

Ich habe dieses Buch geschrieben, um Ihnen dabei zu helfen, nicht länger Zeit und Energie zu verschwenden – nicht durch Ringen mit kräftezehrenden neuen Diäten und Körperreinigungen und nicht damit, einen unreinen, stumpfen Teint mit mehreren Schichten von Concealer und Make-up zuzukleistern. Und auch nicht damit, sich in Ihre „dicke" Jeans zu quetschen. Ich gebe Ihnen mein Wort: Es ist Ihnen möglich, zu Ihrer größtmöglichen Schönheit aufzulaufen und Ihr Idealgewicht zu erlangen – und dabei *mehr als reichlich* zu essen! Und wenn Sie dann endlich Ihre Sorgen um Haut und Gewicht los sind, können Sie sich auf Ihre wirklichen Ziele und Träume konzentrieren.

Glauben Sie mir, auch ich musste meine Kämpfe um Gewicht und Schönheit ausfechten! Als superdünne, Kalorien und Fettgramme zählende Marathonläuferin habe ich jahrelang darum gerungen, mein Gewicht unter Kontrolle zu halten. Ständig verspürte ich ein nagendes Hungergefühl und wog bei einer Größe von 1,68 Metern gerade mal 50 Kilo, meine Haare waren so widerspenstig wie Putzwolle. Dann schlug ich die entgegengesetzte Richtung ein (ja, ich muss es zugeben!). Nach meinem Collegeabschluss ging ich nach Australien, genauer gesagt nach Sydney, wo ich meinen ersten Job ergatterte. In dessen Rahmen kam ich in Kontakt mit A-Promis, wurde auf Jachten und zu üppig-luxuriösen Abendessen eingeladen – und ja, ich trank teure Weine und kam aus dem Feiern kaum heraus. Ich verbrachte meine ganze Zeit mit Aktivitäten, die ich als „glamourös" betrachtete. *Hey, entspann dich*, sagte ich zu mir. *Trink noch ein Glas*. Und was ich für gesundes Essen hielt – Sojaburger, fettfreie Milch, Salzbrezeln, Joghurt, Sushi und gegrilltes Gemüse und Mozzarella-Sandwiches – schlug sich mit über 15 Extra-Kilos auf meinem dünnen Gestell nieder! Meine Haut war in einem schlimmen Zustand: fahl und mit Pickeln bedeckt, und ich sah – so glaube ich – damals älter aus als heute. Ich hörte mit dem regelmäßigen Fitnesstraining auf, weil mir die Energie dazu fehlte. Stattdessen hielt ich mich an Cappuccinos mit Sojamilch und an Diät-Cola, um mir tagsüber regelmäßig „Energiekicks" zu verpassen. Als sich dann eine Fettrolle um meinen einstigen Waschbrettbauch wölbte, schaute ich in den Spiegel und entschied, so könne es mit mir nicht weitergehen. Genau zu diesem Zeitpunkt trat ein neuer – und wie sich herausstellte, sehr wichtiger – Mensch in mein Leben: eine Expertin für ganzheitliche Ernährung, die in Sydney ein Zentrum für ganzheitliche Entgiftung leitete. Rein zufällig (denn ich ging ja nur noch selten zum Training) fiel mein Blick im Fitness-Studio auf einen kleinen Flyer von ihr.

Ich hatte noch nie zuvor etwas ausprobiert, das auch nur im Entferntesten mit Entgiftung zu tun hatte, doch da ich dringend Hilfe brauchte, entschloss ich mich, es zu versuchen. Und dann musterte diese hinreißende Blondine von über Vierzig meine unreine Haut, mein stumpfes, glanzloses Haar und die Rillen in meinen Fingernägeln mit ihren scharfen grünen Augen und warf mir einen wissenden Blick zu. Als sie den dicken Schleimbelag auf meiner Zunge sah, schüttelte sie den Kopf. Ihre ersten Fragen lauteten: „Wie oft gehen Sie auf die Toilette?" und „Haben Sie oft Blähungen und Gase im Bauch?"

Woraufhin ich entgegnete: „Wie bitte? Was soll der Quatsch? Wen kümmert denn so was? Ich will abnehmen und meine Haut in Ordnung bringen!" Sie lächelte: „Genau um diesen *Quatsch* geht es dabei, meine Liebe!"

Ich wurde auf ein strenges Entgiftungsprogramm gesetzt, bei dem Milchprodukte und raffinierte Kohlenhydrate wie in Salzbrezeln oder weißem Reis augenblicklich von meinem Speiseplan gestrichen waren. Der weibliche Aussie-Guru bereitete mir Dekokte (Abkochungen) für meine Leber zu, die nicht weniger als 19(!) verschiedene Pflanzen enthielten. Das war meine erste Begegnung mit den segensreichen Wirkungen von Kräutern in der ayurvedischen und der chinesischen Medizin. Sie stellte auch ihre eigenen Gesichts- und Körpercremes her – und sie veränderte ein für allemal die Art, wie ich über meine Haut dachte. Sie verhalf mir zu der Einsicht, dass die Haut unser größtes Organ ist und funktioniert wie ein Spiegel: Sie macht die Vorgänge in unserem Körperinneren sichtbar und reflektiert damit jeden gesundheitlichen Fortschritt genauso wie jede Barriere, gegen die wir ankämpfen. Meine Haut hielt alle Antworten parat, ich musste nur aufmerksam hinhören, was sie mir sagte. Und ich erfuhr beispielsweise, dass 60 bis 70 Prozent aller Substanzen, die wir auf unsere Haut auftragen, davon absorbiert werden und in den Blutkreislauf und in die Leber gelangen. Das veränderte meine Einstellung zu Schönheitspflege-Produkten für alle Zeiten!

Sie rüttelte etwas in mir auf und weckte meine unstillbare Leidenschaft für beides: für die Pflege der Gesundheit und der Haut auf natürlicher Basis. Ich machte Schluss mit Party und den allabendlichen Essenseinladungen, stattdessen verschlang ich jede Infobroschüre und sämtliche Bücher, die ich von „meiner" Ernährungswissenschaftlerin bekam. Ich verbrachte auch eine Menge Zeit direkt mit ihr, wir gingen zusammen in Gesundheitsläden einkaufen, tranken Kräutertee, liefen den Bondi-Strand entlang, an dem wir beide wohnten, und diskutierten dabei stundenlang über Gesundheitsthemen. Wir wurden richtig enge Freundinnen! Und je genauer ich ihre Ratschläge befolgte, desto besser sah ich aus und fühlte ich mich. Das angestaute Übergewicht schmolz dahin, und meine Haut klärte sich allmählich. Ich hatte so viel Energie, dass ich schon allein den Gedanken, ich „bräuchte" einen Kaffee, aus meinem Hirn verbannte. Die Ergebnisse waren unglaublich.

Mir war klar, dass ich mich von meinem gegenwärtigen Lebensweg komplett abkehren musste. Ich wollte nicht einfach nur meine Ernährung umstellen, ich wollte meine ganze Lebensführung grundsätzlich verändern. Immer mehr über Gesundheits- und Hautpflege auf Naturbasis und über die natürlichen Heilwirkungen von Pflanzen zu erfahren, machte mich ganz rappelig. Ich war total hin und weg! Obwohl ich noch nicht die leiseste Ahnung hatte, wie ich dieses neu erwachte Interesse in meinem Leben unterbringen könnte, erregten mich die ungeahnten Möglichkeiten. Ich konnte den dumpfen Schmerz in meinem Herzen nicht länger ignorieren – er sagte mir, dass ich mich auf dem falschen „Karrieredampfer" befand, in einem gesellschaftlichen Bereich, für den ich mich nicht wirklich begeistern konnte. Doch inzwischen hatte ich etwas entdeckt, das eine unglaubliche Leidenschaft in mir entfachte: immer mehr darüber zu lernen, wie die Nahrung selbst als Medizin wirkt und was für ein machtvolles Instrument sie ist, wenn wir unsere größtmögliche Schönheit entfalten wollen.

Als mir schließlich klar wurde, was ich wirklich wollte, war die Flamme entzündet, und Inspiration ging in Aktion über. Ich führte eine ernsthafte Fernbeziehung mit einem Mann in meiner Heimat, doch tief in meinem Inneren wusste ich, dass er nicht der Richtige war. Also schmiss ich innerhalb einer Woche nicht nur meinen Job, exmatrikulierte mich in der juristischen Fakultät zum nächsten Herbstsemester, kündigte mein Appartment am Bondi Beach und ließ meinen Freund sausen. Nun gab es kein Zurück mehr!

Als Nächstes ging ich in ein Reisebüro und kaufte mir von meinem im Job ersparten Geld – es waren ein paar Tausend Dollar – ein „Rund-um-die-Welt"-Ticket mit 15 Stopps auf fünf Kontinenten. Zunächst wollte ich nur etwa zwei bis drei Wochen wegbleiben, doch als ich einmal unterwegs war, gab's für mich kein Halten mehr: Je mehr ich sah und erfuhr, desto mehr wollte ich noch erkunden … und so wurde meine Unternehmung schließlich zu einer rund drei Jahre dauernden Weltreise, auf der ich auch sehr abgeschieden lebende Gemeinschaften besuchte und mit ein paar Dollar pro Tag auskam. Ich schlief in Pensionen, Ashrams, in meinem Zelt (während meines mehrmonatigen Trips quer durch Afrika), in Bungalows, auf Fußböden (sogar einige Male in verschiedenen asiatischen Waschsalons) und mitunter auch in Bus- und Zugbahnhöfen, den Rucksack hatte ich an meinem Körper festgegurtet. Ich trat meine Reise allein an, traf mich jedoch unterwegs sporadisch mit alten Freunden und lernte auch ständig neue Leute kennen, als ich durch Laos, China, die Mongolei, Nepal, Indien, Swasiland, Indonesien, Neuseeland, Kambodscha, Mosambik, Simbabwe, Peru, Malaysia, Botswana reiste … insgesamt waren es über 50 Länder!

Bei meinen Abenteuern ging es bisweilen rau, schmutzig und sogar gefährlich zu (wobei mir nie etwas wirklich Schlimmes passiert ist), aber ich habe auf meiner dreijährigen Rund-um-die-Welt-Reise einen unglaublichen Wissens- und Erfahrungsschatz angesammelt. All diese so unterschiedlichen Länder hatten eines gemeinsam: Sie besaßen alle ihre Geheimnisse in Sachen Gesundheit und Schönheit. Jedes davon beeinflusste meine Perspektive, meinen

Blick auf die Gesundheit, und in jedem Land vertiefte ich mein Verständnis von wahrer Schönheit. Überall bekam ich wertvolle Tipps zur Schönheitspflege, die ich heute noch hochhalte.

Nach meinem Abschied von Australien flog ich zuerst nach Thailand, wo ich zum ersten Mal in die Wunderwelt asiatischer Früchte eintauchte – sie sind althergebracht und machen schön, insbesondere die berühmte Durian- oder Stinkfrucht. Ich berauschte mich am Überfluss der einheimischen Obstsorten und bestritt damit gut 70 Prozent meiner Ernährung. Damals erwachte meine bis heute ungebrochene Leidenschaft für junge Kokosnüsse: Ich aß nicht nur jeden Tag welche, sondern rieb mir auch Haare und Körper mit ihrem Öl ein, wie ich es bei vielen Thailänderinnen gesehen hatte. Durch meine zunehmende Vertrautheit mit den für die lokale Kultur sehr bedeutenden Früchten fühlte ich mich der thailändischen „Mutter Erde" sehr verbunden – ebenso wie den warmherzigen, freundlichen und tief in ihrem Buddhismus verwurzelten Menschen des Landes. Nach meiner Rückkehr in die Vereinigten Staaten beschäftigte ich mich weiter mit den Vorzügen der Kokosnuss und fand heraus, dass Kokosöl zur Schönheitspflege unglaublich gut geeignet ist: Es enthält kein Cholesterin und ist reich an mittelkettigen guten Fettsäuren, die der Haut Nahrung liefern.

Die Provinz Hunan, sie liegt versteckt im Südwesten Chinas und beherbergt viele Dörfer der Hügelstämme, gehört auch zu meinen Lieblingsgegenden auf dieser Welt. Ich verbrachte dort mehrere Wochen, radelte quer durch Reisfelder und schlief in einfachen Pensionen auf dem Fußboden, eingehüllt in mein Moskitonetz. Mir fiel auf, dass die Frauen dort einen herrlichen, schimmernden Teint besaßen – sie aßen Goji-Beeren, keine Milchprodukte, nur sehr wenig Fleisch und Unmengen einheimisches Gemüse. Ich war fasziniert von der Tiefe des Wissens um die Bedeutung der Natur für die Gesundheit, das in Chinas Kultur eine so wesentliche Rolle spielt. Das schloss die Ausrichtung auf traditionelle Heilkräuter mit ein wie auch die Wege, das Qi (die Lebensenergie) des Körpers zu mobilisieren und zu steigern, indem man ihn als Einheit, als Ganzheit, betrachtete und nicht immer nur einzelne Organe gesondert behandelte.

Meine Zeit im Himalaya war einfach magisch … Ich verbrachte mehrere Monate in Nepal, Kaschmir und in anderen Regionen Nordindiens. Hier entdeckte ich das Yoga für mich, das seither fest zu meinem Leben gehört. Ich drang auch tiefer in die Heilkunst des Ayurveda ein, wobei mich ein Gewürz besonders faszinierte: das Kurkuma oder Gelbwurz. Ich bekam es zum ersten Mal von einer alten Frau, die in einem Schlupfwinkel in den Bergen eine ayurvedische Heilpraxis betrieb und mit ihren zahllosen Falten einer Dörrpflaume glich. Das Kurkuma half mit, meiner Haut eine lebendige, vibrierende Ausstrahlung zu verleihen. Und ich entdeckte voller Begeisterung noch andere Pflanzen, die das Blut wirklich reinigen und das Hautbild verbessern können. Mir liegt die Wesensart der Inder sehr, und daher zählt Indien bis heute zu meinen Lieblingsländern.

Als ich schließlich den Weg nach Afrika gefunden hatte, war ich fasziniert von der traumhaft schönen, samtigen Haut der Afrikanerinnen. Von den jungen Mädchen angefangen bis zu den über Sechzigjährigen besaßen sie alle einen porenlosen, perfekt mit Feuchtigkeit versorgten Teint, ohne sichtbare Pickel oder Falten. Wie ich beobachten konnte, cremten die Frauen in Ländern wie Äthiopien ihre Haut mit purer (unverarbeiteter) Shea-Butter ein, die aus den Früchten des einheimischen Sheanuss- oder Karité-Baums gewonnen wird. Das bestärkte mich in meiner Ansicht, dass reine, natürliche Feuchtigkeitsspender den synthetischen weit überlegen sind, wobei die meisten Frauen der westlichen Welt jedoch diese auf Paraffinbasis hergestellten Substanzen verwenden. Einmal abgesehen vom Thema „Ernährung" – mir wurde bewusst, dass die Amerikanerinnen ihre Haut mit dem bei uns herrschenden Überangebot an Augenfaltencremes, Seren, Sonnenschutzmitteln und den dicken, schweren Nachtcremes förmlich *ersticken*. In diesem Augenblick beschloss ich, dem Vorbild der Afrikanerinnen zu folgen und nur noch natürliche Hautpflegeprodukte zu benutzen, die die Haut wirklich nähren und sie atmen lassen.

Nach der Rückkehr von meiner Weltreise fiel es mir schwer, mich wieder im amerikanischen Alltag zurechtzufinden. Ich versuchte, alles in Einklang zu bringen und herauszufinden, wie sich meine Vorlieben für Hautpflege, Gesundheit und Ernährung am besten miteinander verbinden ließen. Als Erstes suchte ich mir eine Stelle in einem der weltgrößten Kosmetikkonzerne. Ich wollte Einblick in das „Schönheitsuniversum" gewinnen und herausfinden, ob ich meine Erfahrungen und mein Wissen hier würde einbringen können. Doch die von einem Großunternehmen praktizierte Schönheit war definitiv nicht mein Ding. Aber immerhin erhielt ich dort eine umfassende Ausbildung in Sachen Industrie und schaute auch dem Handel einige Tricks ab – beides lieferte mir die Grundlage, auf der ich meinen Traum von der eigenen Firma verwirklichen konnte.

Ich folgte meinem unstillbaren Durst nach Informationen über natürliche Gesundheit und Schönheit, um das im Ausland erworbene Wissen zu vertiefen. Dann entschied ich mich dafür, mein eigenes kleines Schönheits-Unternehmen zu gründen, das einige Jahre brauchte, um richtig auf die Beine und ins Laufen zu kommen – dazu einen langen Atem und einen Haufen Arbeit! Während dieser Zeit hatte ich diverse Jobs, um mich selber über Wasser zu halten, darunter einen als Yoga-Lehrerin (das mache ich heute noch, ich liebe es!) und eine Kurzkarriere als Model. Ich schloss meine Ausbildung als Klinische Ernährungsberaterin ab und arbeitete in einem Longevity Center [wörtlich: „Zentrum für Langlebigkeit"] in Manhattan, wo ich meine Kenntnisse über Ernährung und natürliches Heilen ausbauen wollte. Zusätzlich bildete ich mich an verschiedenen Einrichtungen für

Naturheilweisen weiter, darunter das Ann Wigmore Natural Health Institute in Puerto Rico.

Meine eigene Firma bot mir die Gelegenheit, mich mit der Führung eines Unternehmens vertraut zu machen – eine fantastische Lernerfahrung! Doch bald schon sah ich mich vor eine größere Lebensaufgabe gestellt: Ich wollte meine Leidenschaft für Gesundheit und Schönheit mit anderen Menschen teilen – und das möglichst umfassend. Also stellte ich meinen Gesundheits- und Schönheits-Blog ins Internet (www.kimberlysnyder.net), der durch Mundpropaganda rasch zahlreiche AnhängerInnen gewann und schon bald bei der Presse und anderen Medien Aufmerksamkeit erregte. Ich begann, private Ernährungsberatungen zu geben und mit A-Promis zu arbeiten (unter anderem an den Drehorten einiger der größten Hollywood-Filmsets), um ihnen beizubringen, wie sie mithilfe des Reinigungs-Programms ihre Ernährung verbessern und ausgewogen gestalten. In dieses Buch habe ich immer wieder Geschichten von derzeitigen Klienten („Die wahre Schönheitsgeschichte") eingestreut, um Ihnen an Beispielen zu zeigen, was für unglaubliche Ergebnisse sich mit diesem Programm erzielen lassen. Selbstverständlich habe ich zum Schutz ihrer Privatsphäre die Namen der Betreffenden geändert.

Die enorme Resonanz auf meinen Blog und die Ernährungsberatungen verdeutlichte den Umfang des Bedürfnisses nach genau den Informationen, wie ich sie lieferte. Mir wurde klar, dass ich etwas unternehmen musste, um die Menschen noch weiträumiger zu erreichen. Der allgemeine „Hunger nach Information" war für mich die wirkliche Quelle der Inspiration zu diesem Buch. Mir wurde klar, dass meine Aufgabe auch darin bestand, ein Forum zu schaffen, das dem Austausch von Informationen und Gedanken diente, die *sämtliche* Aspekte von Gesundheit, Schönheit, Ernährung und Wohlergehen einschlossen. Die Idee der Gründung einer Beauty-Detox-Community war geboren! Also erweiterte ich meinen Blog zu einer Website, auf der die Teilnehmer miteinander kommunizieren, Fragen stellen und sich gegenseitig unterstützen konnten. Außerdem plane ich für die Zukunft die Herstellung von Produkten, hinter denen ich 100-prozentig stehen kann und die den Menschen helfen werden, ihre Schönheit und Gesundheit auf die höchstmögliche Stufe zu bringen – ich denke da an Hautpflegeprodukte, Probiotika und Verdauungsenzyme. Da ich hinsichtlich der Qualität der Inhaltsstoffe wie auch der Rezepturen allerdings extrem anspruchsvoll bin, wird das wohl noch ein Weilchen dauern – aber es wird geschehen!

Der *Beauty-Detox-Plan* und die Beauty-Detox-Community reflektieren Herz und Seele der Lektionen, die ich auf meiner Weltreise und innerhalb meiner Studien erhielt, wie auch meine Leidenschaft für Gesundheit. Nach dem, was ich von den schönen Afrikanerinnen gelernt habe, werde ich Ihnen keinesfalls raten, sich tonnenweise mit irgendwelchen Produkten für die Haut einzuschmieren oder sich komplizierte Pflegeprogramme anzutun, bloß weil ich ein paar Dollar extra verdienen möchte, indem ich überflüssiges Zeug propagiere. Ich möchte, dass Ihr größtes Körperorgan, Ihre Haut, atmet, und ich möchte, dass Frauen *in ihrem Inneren* nach den Wurzeln von Schönheitsproblemen suchen, um diese deutlich zu erkennen, anstatt die Symptome mit Make-up oder verschreibungspflichtigen Medikamenten zuzudecken. Wir können mit Essen und Reinigung den Weg zu echter, tief greifender Schönheit beschreiten. Die richtigen (Pflege-)Produkte können dabei unterstützend wirken, doch das ganze Programm steht und fällt mit der richtigen Ernährung.

Auf meiner dreijährigen Weltreise und durch die anschließenden Ausbildungsjahre habe ich die Wahrheit über Gesundheit und Schönheit herausgefunden: Die gesündesten Hilfsmittel – ich spreche von denen, die uns ermöglichen, unsere optimale Schönheit zu erlangen – werden von der Natur hervorgebracht und sind dort auch verfügbar. Die Antwort ist so einfach: Es geht nur darum, dass wir die richtigen Nahrungsmittel in der richtigen Weise zu uns nehmen und dadurch sicherstellen, dass wir unseren Körper fortwährend von Toxinen reinigen und uns alle Schönheits-Nährstoffe zuführen, die wir für ein optimales Aussehen brauchen.

Dabei müssen wir weder hungern noch uns sonst irgendwie kasteien – wir können reichlich essen! Wenn Sie sich an die einfachen Grundsätze halten, die ich Ihnen hier in diesem Buch aufzeige, werden Sie neue Stufen der Schönheit und Energie erklimmen, die Sie selbst in Erstaunen versetzen! Sie können in Ihren Dreißigern, Vierzigern und Fünfzigern besser aussehen als in Ihren Zwanzigern und Dreißigern – und sich vor allem besser *fühlen*.

Im ersten Teil dieses Buchs lege ich Ihnen die Konzepte zur Entgiftung für die äußere und innere Schönheit umfassend dar, im zweiten Teil folgen dann die einzelnen Phasen, Speisepläne und Rezepte, auf deren Basis Sie sich Ihren individuellen Schönheitsplan zusammenstellen können. Mir ist bewusst, dass wir uns alle auf unterschiedlichen gesundheitlichen Ebenen befinden. Deshalb habe ich drei Beauty-Detox-Phasen kreiert: Aufblühende Schönheit, Erstrahlende Schönheit und Wahre Schönheit. Eine dieser Phasen passt für jede(n)! Ich habe den Beauty-Detox-Plan *nicht* als Drei-Stufen-Programm konzipiert. Wenn Sie sich als „Aufblühende Schönheit" wohlfühlen, werden Sie wahrscheinlich dabei bleiben wollen. Vielleicht ist Ihnen aber auch danach, die „Wahre Schönheit" anzusteuern. Dies ist jedoch keine Rallye und auch keine andere Art von Wettbewerb – beginnen Sie mit der

Phase, die für Sie stimmt und schreiten Sie in Ihrem eigenen Tempo voran. Der Beauty-Detox-Plan ist *keine kurz angelegte Diät*, sondern das *Konzept für einen Lebensstil*.

Bei einer neuen Klientin oder einem neuen Klienten fange ich auch nicht sofort mit irgenwelchen Ernährungsumstellungen an, nein, ich lege ihr oder ihm zuerst einmal die hier in Teil 1 vorgestellten Konzepte dar. Damit das Programm auch bei Ihnen greifen kann, sollten Sie sich unbedingt bemühen, diese Konzepte zu verstehen, insbesondere deshalb, weil vieles daran für Sie Neuland sein wird. Lesen Sie also bitte Teil 1 ganz aufmerksam durch, damit Sie dem Beauty-Detox-Plan folgen können und später auch sicher zu den erwünschten Ergebnissen gelangen.

Die Inhalte dieses Buchs unterscheiden sich grundlegend von denen jedes anderen Ratgebers in Sachen Ernährung oder Entgiftung, den Sie vielleicht schon kennen. Es ist eine Mischung, eine Zusammenstellung von Wissen und Kenntnissen, die ich bei verschiedenen Lehrern, in Gesundheitseinrichtungen und Trainingsprogrammen sowie auf meiner Reise rund um den Globus erworben habe.

Einige der hier erläuterten Grundsätze sind bisher noch nicht in die allgemein üblichen Gesundheits- und Ernährungspraktiken eingeflossen, das ändert aber nichts daran, dass sie auf sorgfältigen, gründlichen Untersuchungen und der Arbeit vieler Ärzte, Wissenschaftler und Forschungseinrichtungen beruhen. Damit Sie sehen können, wie die Wissenschaft mein Programm stützt, habe ich in meinem Buch zahlreiche Studien und spezielle Untersuchungen als Referenzen für Sie angeführt.

Gehen Sie unvoreingenommen an die Lektüre heran und bedenken Sie dabei, dass viele der heute allgemein anerkannten Erkenntnisse über die Gesundheit – wie etwa der Zusammenhang zwischen Rauchen und einem erhöhten Lungenkrebsrisiko – zunächst auch nicht unbedingt der herrschenden Lehre entsprachen. Kümmern Sie sich nicht um die unzähligen verwirrenden und einander widersprechenden Gesundheitsratschläge, die Ihnen von den diversen Medien, Gesundheitsmagazinen, Ärzten und Familienmitgliedern eingetrichtert wurden. Wenn Sie sich einen freien Geist bewahren und auf Ihre Intuition hören, können Sie die Geheimnisse des Weges zur Schönheit entdecken.

Die Lektüre dieses Buchs wird Ihnen ein ganz neues Verständnis der starken Verbindung zwischen Essen, Gesundheit und Schönheit erschließen. Der *Beauty-Detox-Plan* wird Sie zu Ihrem schönsten, energiegeladenen, gesunden Selbst führen. Als ich mit meinem eigenen Beauty-Detox-Programm begann, veränderte das mein Leben – und ich weiß, dass dieses Buch dasselbe für Sie leisten kann. Ich freu' mich mit Ihnen!

Mit herzlichen Grüßen und den besten Wünschen für Wahre Schönheit
Kimberly

DER BEAUTY DETOX PLAN

TEIL 1

DIE GRUNDLAGEN DES BEAUTY-DETOX-PLANS

KAPITEL 1

UNSERE ERNÄHRUNG – VON DER NATUR VORGEGEBEN

Wenn man wieder jünger werden will, muss man viele seiner Gewohnheiten ändern. Um das konstruktiv zu bewerkstelligen, bedarf es eines freien Geistes und des aufrichtigen Wunsches, zu sehen, ob es wirklich funktioniert.

Ein unzugänglicher Verstand ... ein Verstand, der gewohnheitsmäßig alle radikalen Veränderungen der Denkweise, der Gewohnheiten und Handlungen ablehnt, ist der größte Hemmschuh beim Fortschritt auf dem Weg zu Auch Sie können wieder jünger werden.

Dr. Norman Walker
in seinem Buch *Auch Sie können wieder jünger werden*

Die Verbindung zwischen Ernährung und Schönheit ist unglaublich stark – schon durch eine einfache Ernährungsumstellung können Sie Ihr Aussehen und Ihre Denkweise radikal verändern. Deshalb stelle ich unserer Diskussion eine sehr grundsätzliche Frage voran: Wie sieht denn die richtige Nahrung für unsere Spezies aus? Um eine Antwort darauf finden zu können, müssen wir wissen, welchen Platz in der Natur die Gattung Mensch einnimmt. Das ist nicht in einem philosophisch-„esoterischen" Sinn gemeint, sondern ganz schlicht physisch-anatomisch. Wir können keine Berechnungen anstellen, bevor wir nicht wissen, wie man eins und eins zusammenzählt – und so verhält sich das in jedem Lebensbereich. Lassen Sie uns also zuerst einen Schritt in die Vergangenheit tun und unseren Platz im Tierreich und in der Natur näher untersuchen.

WIE UNSER KÖRPER BESCHAFFEN IST

Eine der besten Möglichkeiten herauszufinden, wo wir hingehören, eröffnet der Blick ins Tierreich: Der menschliche Körper ähnelt stark dem von Affen: Primaten, Schimpansen (wie Tarzans Gefährtin Cheeta) und Gorillas. Unser Erbgut (Genom) hat mit dem des Schimpansen mehr gemeinsam als mit dem irgendeiner anderen Gattung auf diesem Planeten. Angeblich teilen wir uns schätzungsweise 99,4 Prozent unserer DNA-Sequenz.[1] Schauen Sie hinunter auf Ihre Hände, die dieses Buch halten: Besteht da nicht eine Ähnlichkeit mit denen eines Affen? Betrachten Sie Ihre Nägel, die gelenkigen Finger und die opponierbaren Daumen. Jetzt reiben Sie Ihre Zähne aufeinander, vor und zurück – dabei werden Sie feststellen, dass unsere Zähne vergleichsweise glatte Kanten haben, wie die der Affen (mit Ausnahme der Eckzähne, die dabei helfen können, die harten Schalen mancher Früchte aufzubeißen). Unsere Backenzähne dienen zum Zermahlen von Pflanzenteilen, damit diese leichter verdaulich werden.

Fleischfressende Tiere, wie beispielsweise der Tiger, haben kurze, unbiegsame „Finger", tatsächlich sind es Tatzen mit Hauttaschen, aus denen sie mithilfe spezieller Muskeln ihre Krallen ausfahren (und wieder einziehen) können. Diese messerscharfen, sichelförmigen Krallen (oder Klauen) schlagen sie ins Fleisch ihrer Beute. Tiger und andere Raubtiere besitzen scharfe Fangzähne, selbst ihre Backenzähne (Reißzähne) haben scharfe Kanten: perfekt für die Jagd und zum Zerreißen von rohem Fleisch. *Ohne* seine Klauen und scharfen Zähne könnte kein Tiger seine Beute vertilgen. Unsere Menschen-Hände, -Zähne und -Körper sind nicht für diese Art von Jagd und zum Verschlingen von Beutetieren geschaffen, wir müssen stattdessen Werkzeuge, Waffen und andere Gerätschaften benutzen.

So weit, so gut: Unser *Aussehen*, die *Körperbeschaffenheit* ist verschieden. Doch wie sich gezeigt hat, ist auch unser Verdauungstrakt unterschiedlich aufgebaut. So kann zum Beispiel die menschliche Leber Harnsäure (ein Stoffwechselprodukt beim Abbau von Purinen, wie sie in Fleisch enthalten sind) nur in begrenztem Umfang verkraften. Ganz anders dagegen die Leber des fleischfressenden Tigers: Sie enthält die Uricase, ein Enzym, das zur Aufspaltung der Harnsäure dient. Diesem Enzym verdankt die Leber des Tigers ihre (gegenüber der des Menschen) etwa 15-fache Kapazität für den Abbau von Harnsäure.

Doch ist nicht nur unsere Leber zum Verdauen pflanzlicher Nahrung bestimmt – mit unserem Magen ist es nicht anders. So enthalten die Verdauungssäfte von Tigern und anderen Raubtieren hochkonzentrierte Säure. Mithilfe dieser hochkonzentrierten Magensäure können Fleischfresser die hochkonzentrierten Eiweiße schneller und effizienter abbauen, die den wesentlichen Bestandteil ihrer Ernährung ausmachen. Die Magensäure im menschlichen Körper ist hingegen weit schwächer in ihrer Konzentration – bei Raubtieren liegt sie etwa zehn Mal so hoch, manche Forscher gehen noch von weit höheren Faktoren aus.

Und was bei uns für Leber und Magen gilt, gilt auch für den restlichen Verdauungstrakt. Unser Darm ist ein außerordentlich komplexes System, mit seiner Länge von rund acht Metern ist er etwa zwölfmal so lang wie unser Rumpf. (Auch der Gorilla besitzt einen sehr langen Darm – etwa acht- bis zwölfmal so lang wie sein Oberkörper.) Der Grund dafür: Eine lange Darmpassage ist notwendig zur Verdauung von Pflanzenfasern, der Darm braucht Zeit, um sämtliche Mineral- und Nährstoffe daraus aufzunehmen, die sich normalerweise schneller abbauen und unseren Verdauungsapparat wesentlich rascher durchqueren als tierisches Eiweiß. Im Gegensatz dazu hat der Tiger als Raubtier einen kurzen Darm – er ist nur etwa dreimal so lang wie sein Rumpf. Sein Verdauungssystem ist darauf ausgelegt, die säurehaltigen Nahrungsüberreste (die Abbauprodukte von tierischem Eiweiß) möglichst schnell wieder auszuscheiden.

WIE SICH DIESE BESCHAFFENHEIT AUF UNSERE ERNÄHRUNG AUSWIRKT

Damit haben wir kurz beleuchtet, wo unser Platz im Tierreich ist. Doch was bedeutet das für unsere Ernährung?

Der Gorilla ist von Haus aus Pflanzenfresser, wobei er 86 Prozent seiner Ernährung mit grünen Blättern, Trieben und Stängeln abdeckt, die restlichen 14 Prozent bestreitet er aus Baumrinden, Wurzeln, Blumen und Früchten.[2] Der Gorilla bezieht seinen gesamten Bedarf an Eiweiß, Vitaminen und Mineralstoffen aus dieser vegetarischen Nahrung und ist doch das stärkste aller Tiere auf der Erde – in jeder Hinsicht.

DIE GRUNDLAGEN DES BEAUTY-**DETOX**-PLANS

Der Tiger ist im Gegensatz dazu ein Fleischfresser in Reinkultur, er braucht das Fleisch anderer Tiere, um sich am Leben zu erhalten. Seine Organe sind darauf spezialisiert, die schwerverdaulichen Fett- und Eiweißmoleküle aufzuspalten und auszuscheiden, genau wie alle anderen Abfallprodukte seiner Verdauung. Sein rasch arbeitender Verdauungsapparat verhindert, dass sich der Tiger mit seiner stark säurehaltigen Nahrung innerlich selbst vergiftet und davon krank wird. Sein Körper nimmt sich alles das, was er braucht und scheidet den Rest als „Abfall" wieder aus – und das sehr zügig! Was passiert also, wenn wir – biologisch betrachtet – eine Affennatur haben, uns jedoch weiterhin nach Tigerart

Unser Platz in der biologischen Ordnung

	MENSCHEN	GORILLAS	TIGER
HÄNDE	Bewegliche Finger mit abgeflachten Nägeln, perfekt dazu geeignet, um Früchte abzureißen und zu öffnen bzw. zu schälen	Bewegliche Finger mit abgeflachten Nägeln, perfekt dazu geeignet, um Früchte abzureißen und zu öffnen bzw. zu schälen	Kurze, unbewegliche „Finger" an Tatzen mit scharfen Klauen, um sie in Beutetiere zu schlagen und diese zu zerreißen
ZÄHNE	Mit abgeflachten bzw. glatten Kanten, zum Zermahlen von Pflanzenfasern, vor allem die Backenzähne	Scharfe Vorderzähne zum Aufbeißen von Schalenfrüchten und zum Abreißen von Pflanzenteilen, Backenzähne mit glatten Kanten zum Zermahlen von Pflanzenfasern	Lange, scharfe, spitz zulaufende Fangzähne, Backenzähne mit scharfen Kanten („Reißzähne")
LEBER	Geringe Toleranz für Harnsäure, ein Stoffwechselprodukt bei der Verdauung von tierischem Eiweiß	Geringe Toleranz für Harnsäure, ein Stoffwechselprodukt bei der Verdauung von tierischem Eiweiß	Enthält das Enzym Uricase zur Aufspaltung von Harnsäure, eines Stoffwechselprodukts bei der Verdauung von tierischem Eiweiß
DARM	Mindestens 12-mal so lang wie der Rumpf, auf eine lange Verweildauer der Nahrung ausgelegt, um die Nähr- und Mineralstoffe aus den Pflanzen herauszuziehen	Etwa 8- bis 12-mal so lang wie der Rumpf, auf eine lange Verweildauer der Nahrung ausgelegt, um die Nähr- und Mineralstoffe aus den Pflanzen herauszuziehen	Nur etwa 3-mal so lang wie der Rumpf, darauf ausgelegt, „Abfallstoffe" möglichst schnell wieder auszuscheiden
MAGEN	Niedrige Säurekonzentration, ideal zum Aufspalten pflanzlicher Nahrung	Niedrige Säurekonzentration, ideal zum Aufspalten pflanzlicher Nahrung	Hohe Säurekonzentration, um tierisches Eiweiß aufzuspalten

ernähren? Ganz genau: Wir bringen uns in Schwierigkeiten! Denn wir verstoßen damit gegen die Gesetze der Natur.

Was bedeutet das für unsere Gesundheit und Schönheit? Der Schlüssel zum Geheimnis unseres gesündesten und schöneren Selbst liegt in der richtigen Ernährungsweise – das heißt, so zu essen, wie es der Beschaffenheit unseres Körpers entspricht. Wie Sie in allen Einzelheiten in Kapitel 4 nachlesen werden, enthalten Obst und Gemüse sehr wirksame Mineralstoffe und Enzyme, die die Schönheit von innen nach außen befördern. Und es ist allgemein gut belegt, dass uns die Erhöhung des pflanzlichen Anteils in unserer Nahrung bei gleichzeitiger Verringerung des Anteils an tierischem Eiweiß beim Abnehmen hilft. Im Pritikin Longevity Center in Florida absolvierten 4500 Patienten ein dreiwöchiges Programm auf der Basis einer überwiegend pflanzlichen Ernährung und trieben dazu Ausgleichssport – sie verloren dabei 5,5 Prozent ihres Körpergewichts![3]

Wer zu viel tierisches Eiweiß zu sich nimmt, entzieht seinem Körper Schönheit, denn bei der Verdauung von tierischem Eiweiß bilden sich im Körper Toxine. Das wird unmittelbar klar, wenn Sie bedenken, wie Ihr Körper funktioniert. Es bedeutet großen Stress für Ihre Leber, mit all den Mengen von Harnsäure fertigzuwerden, die bei der Verdauung von tierischem Eiweiß anfallen. Und das ist ein Riesenproblem, denn die Leber hat bedeutende Aufgaben: Als Ihr größtes inneres Organ ist sie für den Fettstoffwechsel und für die Entgiftung des Körpers zuständig.

Ihr langer Darmtrakt ist einfach nicht dafür geschaffen, große Mengen Fleisch zu verarbeiten. Wenn Sie nun große Mengen Fleisch zu sich nehmen und es in Ihrem langen Darm ankommt, holpert es dort voran so gut es geht, das ist aber nicht sehr schnell, denn es muss ja all die meterlangen Darmschleifen hinter sich bringen. Und weil das sehr lange dauert und das Umfeld warm ist, beginnt es möglicherweise zu faulen – oder mit anderen Worten: Es zersetzt sich, verursacht dadurch das Wachstum ungesunder Bakterien und wirkt toxisch. Es geht nun mal nicht anders: Die Überreste verdauter

Die stärksten Tiere der Erde sind Vegetarier

Der Gorilla – Pflanzenfresser von Natur und Körperbeschaffenheit her – ist in jeder Hinsicht das stärkste Tier auf der Welt. Dasselbe gilt für andere große und starke Säugetiere auf unserer Erde – etwa für Elefant, Nilpferd, Giraffe, Nashorn, Wildpferd und Büffel – alles *Pflanzenfresser*. Stellen Sie sich das mal vor! Alle diese wirklich großen, starken Tiere decken ihren gesamten Eiweißbedarf mit Aminosäuren, den Bausteinen der pflanzlichen Proteine. Die Natur selbst liefert den schlüssigen Beweis dafür, dass Vegetarier mit ihrer Nahrung mehr als genug Eiweiß aufnehmen und zudem noch stabile, gut herausgearbeitete Muskeln aufbauen können.

tierischer Nahrung müssen den Körper schnell wieder verlassen, wie das bei Raubtieren der Fall ist, anstatt Unzeiten in unserem langen Verdauungstrakt „herumzuschlingern".

Bei der Verdauung von Eiweiß bilden sich allerhand Abbauprodukte, wie Purine, Harnsäure und Ammoniak, die allesamt den Säuregehalt im Körper erhöhen. Diese Giftstoffe gelangen über den Dickdarm in unseren Blutkreislauf und machen so die Runde in unserem Körper. Wenn es derart mit Toxinen belastet ist, kann das Blut nicht mehr so viele der Schönheit dienende Mineralstoffe transportieren, und die genannten Giftstoffe können die Hautzellen unseres Gesichts altern lassen und verstopfen. In seinem Buch *Bewusst essen* („Conscious Eating") erläutert der amerikanische Arzt Dr. Gabriel Cousens, wie Ammoniak, ein Stoffwechselprodukt bei der Eiweißverdauung, zur Alterung beiträgt. Er schreibt: „Ammoniak, ein Abbauprodukt einer sehr fleischreichen Ernährung, wirkt unmittelbar toxisch auf das System. Wie man festgestellt hat, verursacht es zum einen Schäden durch die Freisetzung freier Radikale und Cross-Linking (ein Prozess, der mit Hautalterung und Faltenbildung in Zusammenhang gebracht wird), zum anderen zieht es dem Körper Energie ab."[4]

Je größer die Auswahl, desto größer die Schönheit

Sie werden sich vielleicht gefragt haben, weshalb wir Menschen Tausende Jahre lang Fleisch gegessen haben, wenn doch der Verzehr von pflanzlicher Kost eigentlich naturgegeben wäre. Ja, die Menschen waren seit vielen Generationen Fleischesser, sehr häufig aus Überlebensgründen – aber das bedeutet noch lange nicht, dass dies die ideale Ernährungsweise für uns wäre.

Unsere Vorfahren brauchten alles, was sie sammeln oder erjagen konnten, um zu überleben. Damals sah es mit der Lebenserwartung und den Lebensumständen noch völlig anders aus als heute. Außerdem ergänzten unsere Ahnen ihren Speisezettel durch unzählige verschiedene pflanzliche Nahrungsmittel – und sie vertilgten ganz sicher nicht solche Unmengen von Fleisch, wie sie heute bei uns in der westlichen Welt üblicherweise auf den Tisch kommen!

Wenn wir mehr wissen, können wir uns sinnvoller verhalten. Und wir besitzen heute nicht nur umfassendere Kenntnisse – uns bietet sich auch eine sehr viel größere Auswahl! Wir können ins Lebensmittelgeschäft gehen, in Lebensmittelsupermärkte, auf Bauernmärkte und dort aus einer reichen Fülle verschiedenster Nahrungsmittel unsere Wahl treffen. Mit diesem ganzen Riesenangebot direkt vor der Nase brauchen wir uns nicht länger um unser bloßes Überleben zu sorgen. Wir haben die fantastische Möglichkeit, unser größtmögliches Schönheitspotenzial zu entfalten und ein langes, gesundes Leben zu führen.

Unsere Körper sind sehr klug aufs Überleben angelegt, und eine der besten Über-Lebensweisen besteht darin, seine lebenswichtigen Organe zu schützen. Wie der renommierte Mikrobiologe Dr. Robert Young ausführt, kommt der Körper dieser Aufgabe nach, indem er beispielsweise die Fettzellen vergrößert, damit dort säure- und gifthaltige Abfallstoffe eingelagert werden können, um sie von unseren Organen fernzuhalten.[5]

Dies ist ein Grund, weshalb das Entgiften Ihnen beim Abnehmen helfen wird. Der Körper wird überschüssiges Fett nicht loslassen, solange es Ihren Körper vor seinen selbst produzierten Giftstoffen schützt! Doch sobald Sie beginnen, sich innerlich von toxischen säurehaltigen Abfallstoffen wie auch von fettlöslichen chemischen Substanzen, wie sie in vielen Fertiggerichten[6] enthalten sind, zu reinigen, werden Sie die überflüssigen Pfunde sehr viel leichter los. Je mehr Schadstoffe in Ihrem Körper vorhanden sind, desto schneller altern Sie und desto mühsamer wird Ihr Kampf ums Idealgewicht.

Lassen Sie uns für einen Augenblick zu unserer Eingangsfrage zurückkehren: Welchen Platz in der Natur nimmt die Gattung Mensch ein? Nun haben wir die Antwort: Unsere Spezies ist darauf ausgelegt, sich in erster Linie pflanzlich zu ernähren – von Grünzeug, Obst und Gemüse, Sprossen, Samen und Nüssen. Mit dieser Ernährungsweise geht es uns gut, wir gedeihen und bekommen alle für uns notwendigen Nährstoffe, zugleich halten wir unseren Körper frei von giftigen Substanzen und laufen zu unserer größtmöglichen Schönheit auf. Das ist die Grundlage des Beauty-Detox-Plans: Sie füttern Ihren Körper mit nahrhaften Mahlzeiten auf pflanzlicher Basis, die rappelvoll sind mit Schönheits-Mineralstoffen und anderen Grundnährstoffen, und die Sie von innen heraus zum Leuchten bringen werden.

Wenn wir unsere höchsten Ziele erreichen und *wahre Schönheit* erlangen

Ein Hinweis für Fleischliebhaber

Sollten Sie zu den Fleischfans zählen – keine Panik! *Sie müssen auf keinen Fall zur/m „reinrassigen" VegetarierIn werden, wenn Sie das nicht möchten.* In diesem Buch präsentiere ich Ihnen anhand wissenschaftlicher Untersuchungen die Vorteile einer überwiegend auf pflanzlichen Lebensmitteln basierenden Ernährungsweise und lege dar, weshalb eine vegetarische Ernährung zur Reinigung des Körpers ideal ist – aber ich weiß auch, dass viele Menschen nicht völlig auf den Konsum von Fleisch werden verzichten wollen. Und das ist in Ordnung! Sie kommen auch in den Genuss der unglaublichen Vorzüge des Beauty-Detox-Plans, wenn Sie Fleisch und andere Tierprodukte in Ihren Speisezettel einbauen. In den folgenden Kapiteln werde ich Ihnen dabei helfen, herauszufinden, welche Fleischsorten Sie essen können und wie Sie dieses Fleisch am besten essen, um Ihren persönlichen BDP zu unterstützen.

wollen, müssen wir uns mit der Natur verbünden. Viele von uns stopfen sich mit tierischem Eiweiß voll, wahrscheinlich weil man uns gelehrt hat, wir bräuchten tierisches Eiweiß, um „gesund zu bleiben" und müssten uns immer „genug davon" zuführen, um unsere Muskeln und das Bindegewebe zu stärken. Denken Sie mal darüber nach: Wenn wir tatsächlich dazu bestimmt wären, derart viel tierisches Eiweiß zu uns zu nehmen – weshalb werden dann so viele Menschen immer dicker, immer kränker und altern so schnell und so sichtbar, dass Botox-Spritzen und Face-Liftings bei uns inzwischen an der Tagesordnung sind? Das

Wie viel Eiweiß benötigen wir wirklich?

Laut Empfehlung der Weltgesundheitsorganisation sollen lediglich 5 Prozent unserer täglichen Kalorienzufuhr aus Eiweiß bestehen.[7] Das ist übrigens derselbe Prozentsatz an Eiweiß, wie ihn Muttermilch enthält.

Die RDA (Recommended Dietary Allowance, „Empfohlene Verzehrmenge") des Institute of Medicine gibt 0,8 Gramm Eiweiß pro Kilogramm Körpergewicht als sinnvolle Tagesdosis an.[8] Mit dieser Menge bleiben die meisten Menschen gesundheitlich „auf der sicheren Seite".

Der bekannte Ernährungswissenschaftler Dr. John Scharffenberg hielt einen ausführlichen Vortrag auf dem Jahrestreffen der Amerikanischen Gesellschaft zur Förderung der Wissenschaften, dessen Endfassung 1982 veröffentlicht wurde. Er wird mit folgenden Worten zitiert: „Lassen Sie es mich eines nochmals betonen: Es ist schwierig, eine vernünftige, auf Erfahrungswerte gründende Ernährungsweise zu konzipieren, die einen aktiven Erwachsenen mit der ausreichenden Menge an Kalorien versorgt und dabei zugleich einen Eiweißmangel aufweist."[9] Nathan Pritikin, Gründer des Pritikin Longevity Center in Florida, hat mit seiner Arbeit die unglaubliche heilende Wirkung einer Ernährung auf pflanzlicher Basis bewiesen. Er sagte einmal: „Vegetarier wollen immer wissen, ob sie auch ja genug Eiweiß abbekommen. Ich kenne jedoch keinen Ernährungsexperten, der imstande wäre, eine Ernährung auf der Grundlage von Naturkost zu entwickeln, die zu einem Eiweißmangel führen würde, solange dabei für ausreichend Kalorien gesorgt ist. Lediglich 6 Prozent der gesamten Kalorienmenge müssen aus Eiweiß bestehen, und es ist praktisch unmöglich, mit normalen Ernährungsweisen unter 9 Prozent zu gelangen."[10]

Zwar herrschen unterschiedliche Meinungen über die exakte Eiweißmenge, die wir benötigen, eines ist jedoch völlig klar: Eine „normale" Ernährung auf pflanzlicher Basis liefert mindestens 10 Prozent ihrer Kalorien in Form von Eiweiß, bei grünen Gemüsen sind es sogar durchschnittlich 50 Prozent.[11]

Liebe LeserInnen, Sie dürfen also vollständig beruhigt sein: Sie werden mit dem Beauty-Detox-Plan, der auf Vollwert- und Pflanzenkost gründet, jede Menge Eiweiß zu sich nehmen! Näheres darüber finden Sie in Kapitel 5.

geschieht, weil wir gegen die ureigenen Gesetze der Natur verstoßen. Dass wir so schnell altern wie die meisten Menschen, ist *keineswegs vorprogrammiert*.

Machen Sie sich keine Sorgen! Mit dem Beauty-Detox-Plan werden Sie mehr als genug Eiweiß bekommen, allerdings wird es aus pflanzlicher Nahrung stammen.

DIE WISSENSCHAFTLICHE GRUNDLAGE DES BDP

Was ich Ihnen bisher erzählt habe, beruhte in erster Linie auf Beobachtungen, doch gibt es natürlich aussagekräftige wissenschaftliche Studien, anhand derer sich die Vorteile einer säurearmen Ernährung auf pflanzlicher Grundlage belegen lassen. Und immer mehr Experten kommen zu dem Ergebnis, dass eine Ernährung mit einem hohen Anteil an tierischem Eiweiß tatsächlich sehr gefährlich ist.

Es existieren mehr als 3500 wissenschaftliche Untersuchungen unter Beteiligung von über 15000 Forschern, die von einer Verbindung zwischen dem Verzehr von Fleisch, Geflügel, Eiern und Milchprodukten und dem Auftreten zahlloser Gesundheitsprobleme, darunter – aber nicht beschränkt auf – Herzerkrankungen, Krebs, Nierenversagen, Verstopfung, Gicht, Gallensteine, Divertikulose, Hämorrhoiden und Osteoporose. Allein die Aufzählung dieser Untersuchungen könnte dieses Buch füllen! Doch ich werde mich kurz fassen und hier nur ein paar Studien zur wesentlichen Orientierung nennen.

DAS KREBSRISIKO

In einer wichtigen Übersicht zum Thema „Ernährung und Krebs", die 1981 für den amerikanischen Kongress vorbereitet worden war, hieß es, die erbliche Veranlagung mache nur 2 bis 3 Prozent des Krebs-Gesamtrisikos aus.[12] Deshalb muss ich Ihnen die unglaublichen Forschungsresultate des China-Cornell-Oxford-Projekts, besser bekannt unter dem Kurznamen *China-Projekt*, hier unbedingt bekannt machen. Das *China-Projekt* war die umfangreichste und umfassendste Untersuchung der Verbindung zwischen Ernährung und Krankheit in der Medizingeschichte. Gefördert von so angesehenen Organisationen wie den Nationalen Gesundheitsbehörden, der Amerikanischen Krebsgesellschaft und dem Amerikanischen Krebsforschungsinstitut, geleitet von Dr. T. Colin Campbell, Professor für Ernährungswissenschaften an der Cornell University und ehemaliger Chefberater des Amerikanischen Krebsforschungsinstituts, ging das *China-Projekt* in

den frühen 1980er-Jahren an den Start und wurde beinahe 30 Jahre lang weitergeführt. Dr. Campbells Untersuchungen ergaben über 8000 statistisch signifikante Verbindungen zwischen verschiedenen Ernährungsfaktoren und Krankheiten. Die Forschungsergebnisse wurden in seinem Buch *China Study: Die wissenschaftliche Begründung für eine vegane Ernährungsweise* (Im Original: *The China Study*, Pb 2006) zusammengefasst, die deutsche Ausgabe erschien 2011.

Besonders bemerkenswert ist die Tatsache, dass das China-Projekt den engen Zusammenhang zwischen Krebs und dem Verzehr von tierischem Eiweiß sowie Milchprodukten aufdeckte.[13] Wie Dr. Campbell in seinem Buch ausführt, „sind die Auswirkungen von Eiweiß in der Ernährung nachgewiesenermaßen so beträchtlich, dass wir das Wachstum von Krebszellen allein schon durch die Veränderung der konsumierten Eiweißmenge an- und abschalten können." Das China-Projekt hat zusammen mit den rund 750 anderen Untersuchungen, auf die Campbell in seinem Buch Bezug nimmt, den Nachweis dafür erbracht, dass eine pflanzliche Ernährung mehr als genug Eiweiß und Kalzium liefert und ebenso andere wichtige Mineral- und Nährstoffe, die wir für unsere Gesundheit brauchen.

Die Studie ging detailliert auf die enge Verbindung zwischen Ernährung – und zwar der Ernährung auf der Basis tierischer Erzeugnisse – und Krankheiten ein. Dr. Campbell zieht folgendes Resümee: „Die pflanzliche Ernährungsweise geht mit einem niedrigeren Cholesterinspiegel einher, der Konsum von Tierprodukten mit hohen Cholesterinwerten. Beim Brustkrebs ist es dasselbe: Die Ernährung auf der Grundlage tierischer Erzeugnisse steht in Verbindung mit hohen Brustkrebsraten, die pflanzliche Ernährung mit niedrigeren. Pflanzenfasern und Antioxidantien aus Pflanzen verringern das Risiko von Krebserkrankungen des Verdauungstrakts. Eine pflanzliche Ernährung und ein aktiver Lebensstil führen zu einem gesunden Körpergewicht und erlauben den Menschen, groß und stark zu werden."[14]

Planzliche Nahrungsmittel senken das Darmkrebs-Risiko

Laut der Internationalen Agentur für Krebsforschung (International Agency for Research on Cancer, IARC), einer Einrichtung der Weltgesundheitsorganisation, ist Dickdarmkrebs die dritthäufigste Krebsart bei Männern und die zweithäufigste bei Frauen. Beinahe 60 Prozent der Fälle treten in entwickelten Ländern auf.[15] In einer Studie setzten die Forscher Umweltfaktoren und Krebsraten in 32 Ländern in Relation zueinander und stießen dabei auf einen deutlichen Zusammenhang zwischen Darmkrebs und Fleischaufnahme.[16] Im Einzelnen wurde konnte die Studie belegen, dass in Ländern, wo viel tierisches Eiweiß, mehr Zucker und weniger Getreide konsumiert wurde, die Darmkrebsraten höher lagen.[17]

Untersuchungen zeigen, dass der Verzehr von mehr Ballaststoffen – die ausschließlich in pflanzlichen Lebensmitteln enthalten sind – das Darmkrebsrisiko senkt. Die European Prospective Investigation into Cancer and Nutrition (EPIC-Studie, wörtlich: Prospektive europäische Studie über Zusammenhänge zwischen Ernährung und Krebs)[18] sammelte Daten über die Ballaststoffaufnahme und Dickdarmkrebs von 519 000 Menschen aus ganz Europa und fand dabei heraus, dass diejenigen 20 Prozent der Menschen, deren Nahrung die meisten Ballaststoffe enthielt (etwa 34 Gramm pro Tag) ein um 42 Prozent niedrigeres Darmkrebsrisiko hatten als diejenigen 20 Prozent, die am wenigsten Ballaststoffe zu sich nahmen (nur etwa 13 Gramm pro Tag).[19]

Aufgrund seiner enormen Häufigkeit und weiten Verbreitung geht der Darmkrebs uns alle etwas an. Ich habe zahlreiche liebevolle Erinnerungen an Nana, meine Großmutter väterlicherseits, bei der ich als Kind oft zu Besuch war. Nana nahm zwar jeden Tag ihre Ballaststoffe in Form eines teuren Nahrungsergänzungsmittels zu sich, aß aber nur sehr wenig Obst und Gemüse, die auf ganz natürliche Weise viele Ballaststoffe liefern. Nana starb 1996 an Darmkrebs – mit gerade einmal 64 Jahren.

HERZERKRANKUNGEN

In Amerika sind Herzerkrankungen derzeit bei beiden Geschlechtern die Todesursache Nummer 1. Laut den Zahlen der Amerikanischen Herzvereinigung[20], sind mehr als 81 Millionen Amerikaner von Herz-Kreislauf-Erkrankungen betroffen – und damit immerhin mehr als ein Viertel der der Gesamtbevölkerung der USA im Jahr 2010.[21]

Dr. Dean Ornish ist Absolvent der medizinischen Fakultät der Harvard University und ein Pionier auf dem Gebiet der Erforschung der Zusammenhänge zwischen Herzerkrankungen und Ernährungsweise. Er leitete die „Lifestyle Herzstudie" (*Lifestyle*

Heart Trial)[22], in deren Rahmen er 28 Herzpatienten ausschließlich auf der Grundlage von Veränderungen ihrer Lebensführung therapierte, völlig ohne Medikamente oder Operationen. Die 28 Teilnehmer der Studie sollten ein Jahr lang einer rein pflanzlichen, sehr fettarmen (es durften nicht mehr als 10 Prozent ihres Tagesbedarfs an Kalorien aus Fett stammen) Ernährungsweise folgen. Von den Lebensmitteln auf ihrer „Du-darfst-Liste" konnten sie essen, so viel sie wollten – überwiegend Grünzeug und andere Gemüse, Vollkornprodukte und Obst. Tierische Erzeugnisse waren (fast) komplett tabu, die einzigen Ausnahmen bildeten eine kleine Menge Eiweiß und maximal eine Tasse fettfreie Milch oder Joghurt pro Tag. Zusätzlich praktizierten sie drei Wochenstunden Ausgleichssport und dazu verschiedene Arten von Stressmanagement, wie etwa Meditation und Atemübungen. Parallel beobachtete Dr. Ornish eine Kontrollgruppe von 20 Patienten, denen man einen Standard-Behandlungsplan für Herzerkrankungen verordnet hatte.

Die Ergebnisse ließen sich ohne Übertreibung fantastisch nennen: Bei 82 Prozent der Patienten aus der Versuchsgruppe mit der pflanzlichen Ernährung hatte sich die Herzerkrankung im Verlauf des Studienzeitraums deutlich zurückgebildet. Die Verstopfungen in ihren Arterien waren geringer geworden. Diese Gruppe konnte eine 91-prozentige Verminderung der Häufigkeit von Schmerzen in der Brust verzeichnen, ihr Gesamt-Cholesterinspiegel fiel von durchschnittlich 227 mg/dL auf durchschnittlich 172 mg/dL, wobei der Wert ihres „schlechten" Cholesterins für sich genommen von durchschnittlich 152 mg/dL auf 95 mg/dL absank. Ganz anders hingegen die Mitglieder der Kontrollgruppe mit der üblichen medizinischen Versorgung für Herzpatienten: Bei ihnen war die Brustschmerz-Frequenz um 165 Prozent gestiegen. Ihre Cholesterinspiegel lagen bedeutend höher als die der Versuchsgruppe, und die Verstopfungen in ihren Arterien hatten sich um 8 Prozent vermehrt.

Dieser Erfolg bewog Dr. Ornish dazu, seine Lifestyle Herzstudie zum „Multicenter Lifestyle Demonstration Project" zu erweitern.[23] Hierbei wurden Patienten mit schweren Herzerkrankungen in ein Ein-Jahres-Lifestyle-Programm eingebunden, das für sie die Alternative zu einer Herz-OP bilden sollte. 1998 hatten bereits zweihundert Herzkranke daran teilgenommen. Nach einem Jahr Therapie waren bei 65 Prozent die Schmerzen in der Brust verschwunden, und auch nach drei Jahren hatten immer noch 60 Prozent der Patienten keine Brustschmerzen mehr. Dr. Ornishs Untersuchungen führen uns vor Augen, dass eine pflanzliche Ernährung mit einem geringen Anteil oder ganz ohne tierische Produkte erhebliche Auswirkungen hat im Kampf gegen Herzerkrankungen und für die Wiederherstellung der Gesundheit.

DIABETES

Eine andere Krankheit, die wir unbedingt erwähnen sollten, ist der Diabetes. Laut der Amerikanischen Diabetes-Vereinigung litten 2007 über 23,6 Millionen Amerikaner an Diabetes, das sind ungefähr 8 Prozent der Gesamtbevölkerung.[24] Diabetes II (auch als „Altersdiabetes" bekannt, obwohl er auch bei jüngeren Leuten zunehmend verbreitet ist) befindet sich auf dem Vormarsch. 2007 verursachten medizinische Diabetes-Behandlungen in den Vereinigten Staaten Kosten von 174 Milliarden US-Dollar.[25] Diabetes II erhöht nicht nur das Risiko für Herzerkrankungen, Schlaganfall und Bluthochdruck drastisch, er bringt auch erschreckende Komplikationen wie Erblindung, Amputationen und Nierenschäden mit sich.

Die gute Nachricht: Wie Untersuchungen zeigen, können wir mit unserer Ernährung einen Diabetes nicht nur verhindern, sondern auch einen bereits bestehenden behandeln. Dr. James Anderson ist ein bekannter Arzt, der sich der Erforschung des Diabetes und seiner Behandlung durch die Ernährung gewidmet hat. Eine Studie unter seiner Leitung beschäftigte sich mit den Wirkungen einer überwiegend pflanzlichen Ernährung mit viel Ballaststoffen und Kohlenhydraten und wenig Fett.[26] Es handelte sich um eine kontrollierte Studie unter Klinikbedingungen, woran 25 Patienten mit Diabetes I und 25 mit Diabetes II teilnahmen. (Typ-1-Diabetiker können kein Insulin produzieren, und es erschiene weit weniger wahrscheinlich, dass diese Patienten irgendeinen Nutzen aus einer reinen Ernährungsumstellung ziehen könnten.) Keiner der Teilnehmer hatte Übergewicht, und alle mussten sich zur Regulierung ihres Blutzuckerspiegels Insulin spritzen. In der ersten Woche bekamen sämtliche Patienten die Standardernährung nach den Empfehlungen der Amerikanischen Diabetes-Gesellschaft, die Fleisch und Milchprodukte einschloss. Für die folgenden drei Wochen gingen sie dann zu einer pflanzlichen, überwiegend vegetarischen Ernährung über. Dr. Anderson untersuchte bei jedem Patienten die Auswirkungen der neuen Ernährungsweise auf dessen Blutzuckerwerte und den Cholesterinspiegel, außerdem auf das Gewicht und die erforderliche medikamentöse Behandlung.

Barbara blüht auf

Die wahre Schönheitsgeschichte

Barbara Mulready ist eine meiner Klientinnen: Anfang vierzig, groß, mit langem blondem Haar, mit einem durchtrainierten Körper und ihrem Idealgewicht, das sie höchstens mal um fünf Pfund überschreitet. Trotzdem hatte sie bei unserer ersten Begegnung ausgeprägte dunkle Ringe unter den Augen, die sie andauernd traurig aussehen ließen. Ihre Nasolabialfalte zwischen Mund und Nase war auch sehr scharf, die Wangen wirkten eingefallen. Das erste Wort, das mir in den Sinn kam, um ihr Aussehen zu beschreiben war leider „niedergedrückt".

Und dabei ist Barbara ausgerechnet Personal Trainer. Sie berät *ihre* Klienten in Ernährungsfragen, konnte aber nur sagen, dass „irgendetwas" mit ihrer eigenen Ernährung nicht stimmte, und deshalb suchte sie meine Hilfe. Sie hatte nur wenig Energie, war oft reizbar und emotional, und ihre Verdauung funktionierte auch nicht regelmäßig. Als ich in ihre Augen sah, erblickte ich nur einen matten Abglanz der wirklichen Barbara, so als läge ein Schleier über ihrem wahren strahlenden Wesen.

Beim Blick auf ihren Speiseplan stellte ich fest, dass sie fünf bis sieben kleine Mahlzeiten pro Tag zu sich nahm, die mehrheitlich tierisches Eiweiß in Magerversion enthielten. Als Ergebnis dieser eiweißreichen, stark Säure bildenden Ernährung wirkte ihr Körper nach außen hin zwar ganz fit und schlank, innerlich jedoch alterte Barbara rapide, davon sprachen ihre durchscheinende, unebene Haut und ihre ständigen Anstrengungen, ihren Tag überhaupt durchzustehen. Als Personal Trainer und Fitness-Junkie glaubte sie, permanent tierisches Eiweiß zu sich nehmen zu müssen – Hähnchenbrust, Eiklar, Thunfisch, Molke u. a. – um ihren Muskeltonus (Spannungszustand) aufrechtzuerhalten und das Maximum aus ihren Workouts herauszuholen. Aber sie hatte nie begriffen, wie „sauer" diese Ernährungsweise ihren Körper machte. Also begannen wir damit, in Barbaras Mahlzeiten nach den Workouts mehr Eiweiß aus pflanzlichen Quellen einzubauen, da es der Körper leichter aufnehmen kann, etwa Eiweiß aus Hanfsamen oder sehr proteinreiche Süßwasseralgen (*Chlorella vulgaris*, in Tablettenform). Zugleich fuhren wir die Menge an säurehaltigen Tierprodukten, die sie bisher gegessen hatte, allmählich herunter. Wir gingen in kleinen Schritten vor, und sie spürte und sah schon bald, wie ihre Energie zunahm und sich ihre Haut erholte.

Barbara verzichtet auch heute nicht ganz auf tierisches Eiweiß – sie liebt Fisch, Eier und Hühnchen – aber sie bleibt mit ihrem Konsum *weit unterhalb* der bei ihr früher üblichen Mengen. Außerdem hat sie die Zeitpunkte für diese Art von Mahlzeiten in Richtung Abend verschoben. Interessanterweise wurde ihr Körper sogar noch fitter, nachdem die alten säurehaltigen Abfallprodukte ausgeschieden waren und mehr Sauerstoff an ihre Muskeln gelangte als vorher, da der Druck auf ihre Venen und Arterien nachließ, den das durch die Fermentation entstandene Gas erzeugt hatte. Mittlerweile besitzt sie so viel Energie, dass sie ihre Tage bis tief in die Nacht hinein ausdehnt, ohne dafür auch nur eine einzige Tasse Kaffee zu brauchen. Ihre Haut hat sich fantastisch regeneriert, sie strahlt von innen. Ihr einst so sprödes Blondhaar hat nun einen gesunden Glanz, und die Ringe unter den Augen schwinden auch dahin. Barbara sieht Jahre jünger aus und geht nun auch regelmäßig auf die Toilette! Und das Allerbeste: Sie kann wieder lachen und fröhlich sein, fühlt sich viel jünger, leichter und glücklicher.

Nach nur drei Wochen pflanzlicher Ernährung konnten die Typ-1-Diabetiker ihre Insulindosis um durchschnittlich 40 Prozent senken. Ihre Blutzuckerprofile verbesserten sich enorm, und die Cholesterinspiegel sanken um etwa 30 Prozent.[27] Und von den 25 Typ-2-Diabetikern konnten 24 ihre Insulinzufuhr sogar ganz beenden![28] Das heißt im Klartext: Als Ergebnis der Umstellung auf eine pflanzliche, ballaststoffreiche und fettarme Ernährung musste sich – nach nur drei Wochen! – von den 25 an der Studie beteiligten Typ-2-Diabetikern lediglich ein einziger weiterhin Insulin spritzen!

Eine wissenschaftliche Forschungsgruppe am Pritikin Longevity Center befasste sich außerdem damit, welche Wirkungen eine pflanzliche und fettarme Ernährung in Kombination mit Ausgleichssport bei Diabetes-Patienten hatte. Von den 40 Patienten, die zu Beginn des Programms alle noch medikamentös behandelt werden mussten, konnten 34 schon nach 26 Tagen sämtliche Medikamente absetzen![29]

Die Ergebnisse dieser Untersuchungen sind ohne Frage sehr eindrucksvoll und stützen die Theorie, dass eine Ernährung auf pflanzlicher Basis Ihre Schönheit und Gesundheit stärken wird. Auch eine steigende Zahl von Ärzten nimmt die überwältigenden, in Langzeitstudien ermittelten wissenschaftlichen Tatsachen zur Kenntnis, die belegen, dass unsere Körper durch pflanzliche Lebensmittel gedeihen können und werden. Prominente

Ärzte befürworten eine pflanzliche Ernährungsweise, darunter Dr. John McDougall, Dr. Kerrie Saunders, Dr. Caldwell Esselstyn und Dr. Joel Fuhrman, Mitglied der nationalen Gesundheitsvereinigung (National Health Association). Das „Ärztekomitee für

Unfreiwilliger Vegetarismus in den beiden Weltkriegen

Nicht alle Studien über die Vorteile einer pflanzlichen Ernährungsweise werden in Labors durchgeführt – manche entspringen direkt dem Lauf der Geschichte.

Während des Ersten Weltkriegs war Dänemark durch die Blockade der Alliierten 1917/18 von sämtlichen Importen abgeschnitten, damit auch vom Nachschub an Nahrungsmitteln. Der Arzt und Ernährungsforscher Dr. Mikkel Hindhede wurde von der dänischen Regierung beauftragt, ein Programm zur Vermeidung einer größeren Nahrungsmittelknappheit auszuarbeiten. Auf seinen Vorschlag wurde der gesamte Viehbestand drastisch reduziert und auf den bisher für die Futtermittel genutzten Feldern pflanzliche Nahrungsmittel für Menschen angebaut, um die Grundversorgung der Bevölkerung sicherzustellen. Das war eine Art „nationales Experiment in Vegetarismus" unter Beteiligung von drei Millionen Dänen. Dr. Hindhede hat seine Erkenntnisse später im *Journal of the American Medical Association (JAMA)* veröffentlicht.[30]

Die Ergebnisse dieser Maßnahmen waren unglaublich: Während der Zeit vom Oktober 1917 bis zum Oktober 1918, der Phase, als die Nahrungsmittel am strengsten rationiert werden mussten, war die Krankheits-Sterberate in Kopenhagen die bei Weitem niedrigste seit Beginn der Aufzeichnungen. Tatsächlich sank sie im Vergleich mit den Zahlen der vorausgegangenen 18 Jahre um mehr als 34 Prozent![31]

Als Norwegen während des Zweiten Weltkriegs von den Deutschen besetzt war, mussten die Fleischzuteilungen für die Bevölkerung drastisch reduziert und oftmals ganz ausgesetzt werden. Und auch hieraus ergaben sich erstaunliche Verbesserungen für die allgemeine Gesundheit:[32] So nahm etwa die Sterberate bei Kreislauferkrankungen dramatisch ab. Nach Kriegsende kehrten die Norweger zurück zu ihrer normalen Ernährungsweise, die Fleisch inbegriff – , und die Zahlen schnellten mit beinahe mathematischer Präzision wieder nach oben![33]

Auch in England wurden während des Zweiten Weltkriegs wesentlich weniger Fleisch und andere Tierprodukte verzehrt. Die Berichte darüber standen im Einklang mit denen über die beträchtlichen Fortschritte auf dem Gesundheitssektor, die in Dänemark und Norwegen während der beinahe-vegetarischen Phasen dieser Länder verzeichnet worden waren. Es gab vermehrte Anzeichen für eine grundsätzliche Verbesserung der Gesundheit, darunter eine deutliche Verringerung der Fälle von Blutarmut und der Säuglingssterblichkeit sowie des Tods im Kindbett.[34]

All das sind absolut überzeugende Beispiele für große gesundheitliche Vorteile durch eine rein vegetarische Ernährungsweise.

verantwortungsvolle Medizin" (Physicians Committee for Responsible Medicine, PCRM), das sich mit einer Mitgliederzahl von über 5000 Medizinern hervortut, wurde von Dr. Neal Barnard gegründet und hat namhafte Ärzte in seinem Beratungsausschuss, wie etwa Dr. Andrew Weil. Das Komitee unterzieht seine Bewertungsgrundlagen ständigen Überprüfungen und tritt entschieden für eine vegane Ernährungsweise ein, da diese seiner Ansicht nach im Kampf gegen eine ganze Reihe physischer Gesundheitsbeschwerden hilft, dazu zählen Herzerkrankungen, Krebs, Schlaganfälle und Diabetes.[35] Das PCRM spielt eine Vorreiterrolle für eine verbesserte Ernährungspolitik auf Bundesebene.

Doch ich möchte es hier noch einmal betonen: Sie müssen weder VegetarierIn oder gar VeganerIn werden, um Ihren Nutzen aus dem Beauty-Detox-Plan zu ziehen. Selbst wenn Sie weiterhin tierisches Eiweiß essen – Ihr Konsum an pflanzlicher Nahrung wird dennoch beträchtlich zunehmen. Und ich versichere Ihnen eines: Wenn Sie sich für eine stärker auf pflanzlichen Lebensmitteln basierende Ernährungsweise entscheiden, wird Ihr Körper zu einem effizient arbeitenden System, und Sie werden weit weniger giftige Schadstoffe in sich anhäufen. Sie werden schöner und dynamischer sein!

Nachdem wir nun in die Diskussion eingestiegen sind und uns zunächst ein solides Verständnis von unserem Platz in der biologischen Ordnung und den unglaublichen Vorteilen einer pflanzlich basierten Ernährung erworben haben, sind Sie bereit, die Geheimnisse einer strahlenden Schönheit und Gesundheit zu entdecken.

BEAUTY-DETOX KURZ GEFASST:

- Menschen ähneln Pflanzenfressern, sowohl in ihrem Körper(auf)bau als auch hinsichtlich ihrer inneren Organe.

- Unsere Eingeweide und unser Verdauungstrakt sind darauf ausgelegt, den kompletten Nutzen aus Aminosäuren, Mineralstoffen und anderen pflanzlichen Nährstoffen zu ziehen.

- Wir werden den Alterungsprozess verlangsamen und jünger aussehen, wenn wir unseren Konsum von tierischem Eiweiß einschränken und dafür mehr pflanzliche Nahrungsmittel zu uns nehmen.

- Laut wissenschaftlichen Studien besteht ein enger Zusammenhang zwischen dem Verzehr von tierischem Eiweiß und dem Auftreten von Krebs, Herzerkrankungen und anderen Krankheiten.

KAPITEL 2

SCHÖNHEITS-ENERGIE

Arzneien haben ihre Grenzen; nicht so die göttliche kreative Lebenskraft.

Swami Sri Yukteswar

Einer der wichtigsten Verbündeten beim Ringen um Schönheit ist unsere Energie. Sie spielt eine Schlüsselrolle, wenn wir Gewicht leicht und dauerhaft loswerden, eine ausgezeichnete Gesundheit erlangen und zu unserer größtmöglichen Schönheit auflaufen wollen. Lassen Sie uns die gesammelte Energie, die unser Körper aufwendet, um all diese erstaunlichen Dinge zu verwirklichen, als „Schönheits-Energie" bezeichnen. Woher bekommen wir unsere Energie? Aus der Nahrung, aus sauberer Luft, dem Sonnenlicht und – je nach persönlichem Glauben und spiritueller Ausrichtung – von einer höheren Macht.

Unsere Energie ist kostbarer als alles Gold der Erde. Und sie ist ein wirksameres Anti-Aging-Mittel als Face-Liftings, Botox, Restylane (Hyaluronsäure) oder sonst irgendetwas. Energie bestimmt, wie effizient unsere Organe arbeiten, wie effizient wir unseren Körper entgiften und wie effizient unser Körper gerade die Grundfunktionen erfüllen kann, die zu unserer Schönheit beitragen. Energie regeneriert unsere Leber und andere Gewebezellen, schwemmt giftige Abfallprodukte aus unserem Körper. Energie hilft uns, unser Idealgewicht zu halten, Energie hält das Kollagen in unserer Haut geschmeidig und unser Haar gesund, und außerdem verhindert sie, dass sich unser Blut staut und dunkle Ringe unter den Augen sichtbar werden! Je mehr Energie wir haben, desto besser fühlen wir uns und desto schöner werden wir.

MEHR ENERGIE = MEHR SCHÖNHEIT

Was frisst Energie? Die meisten von uns werden bei der Überlegung, was unseren Energiespeicher leert, sofort an körperliche Aktivitäten denken: Walken, Laufen und das Training im Fitness-Studio. Doch darüber hinaus organisiert dieses erstaunliche System, „menschlicher Körper" genannt, unsere Billionen von Zellen, indem es eine höchst erstaunliche Zahl an inneren Abläufen koordiniert – und das jeden Tag 24 Stunden lang.

Lassen Sie uns eine dieser Funktionen näher unter die Lupe nehmen: die *Verdauung*. Ja, die Verdauung! Wussten Sie, dass der Verdauungsprozess den Körper mehr Energie kostet als jeder seiner anderen inneren Abläufe? Nach Meinung einiger Forscher sind es stolze 60 bis 80 Prozent unserer gesamten Energie![1]

Stellen Sie sich vor, dass Ihr Körper all seine Energie in einer „Vorratskammer" lagert, so wie Sie Ihre Lebensmittel. Malen Sie sich das folgendermaßen aus: In verschieden großen Behältern ist die Energie gespeichert, die Ihr Körper für seine unterschiedlichen Aufgaben benötigt – für den Wiederaufbau des Kollagens in der Haut, für das Wachstum von Haar und Nägeln. Mitten in der Vorratskammer steht ein einzelner Behälter – weit größer als alle andern und groß genug, um mehr als die Hälfte der vorhandenen Energie aufzunehmen. Das ist die Energie, die der Körper für die Verdauung braucht.

❧ SCHÖNHEITSTIPP

Verjüngen Sie sich!

Angenommen, wir wären einander vor sechs Wochen begegnet, ich hätte sie kennengelernt und träfe Sie heute wieder, dann wären die meisten oder alle Zellen in Ihrer Gesichtshaut nagelneu. Das kommt daher, dass sich die Hautzellen in unserem Gesicht alle sechs bis acht Wochen regenerieren. Tatsächlich werden *die meisten* Ihrer Körperzellen alljährlich ersetzt. Zahnbein (Dentin) und Knochen können etwa bis zu sieben Jahre alt werden, doch die meisten Körperzellen sind wesentlich jünger.[2] Das ist eine gute Nachricht für uns, denn es bedeutet: Selbst wenn wir ein Leben voller Missbrauch und schlechten Gewohnheiten gegenüber unserem Körper hinter uns haben, können wir viele Schäden wiedergutmachen, wenn wir uns *ab jetzt* gute Gewohnheiten aneignen und

konsequent dabeibleiben. Wenn Sie dem Beauty-Detox-Plan folgen, wird Ihr Körper die bestmögliche Ernährung bekommen, wobei Ihre Zellen gleichzeitig immerzu gereinigt werden. Ihr Körper wird Mineral- und Nährstoffe besser aufnehmen und effizienter verwerten, Ihre Zellen werden wesentlich sauberer sein, und Sie selbst werden jünger aussehen. Schwellungen, chronische dunkle Augenringe und Falten werden allmählich dahinschwinden.

Vergessen Sie die Vergangenheit – alles, was Sie je gehört haben, und wie alt Sie laut Ihrem Personalausweis sind. Es ist absolut möglich, jünger zu werden, nicht älter! Und es ist auch möglich, dass Sie heute besser aussehen und sich viel besser fühlen als vor zehn oder noch mehr Jahren!

Unsere Verdauung ist der Schlüssel zu allem. Sie kann unsere Schönheit zur höchsten Entfaltung bringen, aber auch das Gegenteil: Sie kann uns richtig kleinkriegen, indem sie uns kostbare Energie raubt, die für andere Vorgänge im Körper genutzt werden könnte. Der Beauty-Detox-Plan zielt darauf ab, Energie aus dem Verdauungsprozess abzuziehen – der einzige und wichtigste Weg, große Energiemengen umzuleiten und nutzbar zu machen, um die Gewichtsabnehme zu erleichtern und uns in größtmöglicher Schönheit erstrahlen zu lassen.

DER WAHRE GRUND FÜR UNSER ALTERN

Die meisten Frauen (in der Regel sind es Frauen) versuchen, mit Faltenfüllern oder Face-Liftings gegen das Altern anzukämpfen. Dabei wollen sie ohne speziellen Sonnenschutz nicht einmal den kleinsten Sonnenstrahl an ihre Gesichter vordringen lassen, sie verwenden immer teurere Antifaltencremes, essen fetten Fisch oder anderes tierisches Eiweiß, um „die Haut praller werden zu lassen oder sonstwie zu unterstützen" … oder sie geben die Schlacht irgendwann schließlich doch verloren. Das Problem besteht nicht darin, dass das Altern vorprogrammiert und damit unvermeidbar wäre – die meisten von uns verstehen bloß nicht, was den Alterungsprozess wirklich *verursacht*.

Ich verwende hier gerne meine Analogie vom Rad: In unserer Kindheit rollte das Rad munter dahin, leicht und ungehindert. Wir brauchten uns keinen Kopf darüber zu machen, was wir essen sollten, wie viel Kalorien oder Kohlenhydrate wir verdauten, trotzdem hatten wir immer unser Idealgewicht, Unmengen Energie und schliefen fantastisch. Mit der Zeit – nachdem wir jahrelang mangelhafter Ernährung, der Umweltverschmutzung, Konservierungsmitteln, giftigen Zusatzstoffen, Medikamenten und vielem mehr ausgesetzt waren, beginnen sich Abfallstoffe in unserem Körper anzuhäufen – ganze „Müllberge".

Solcher Müll ist wie Schmutz in den Speichen eines Rads. Stellen Sie sich Schlamm oder Matsch vor, der beim Fahren in die Radspeichen gedrückt wird, dort hängen bleibt und allmählich fest wird. Dieser starre Dreckschlamm hindert das Rad daran, leicht und und zugleich kraftvoll weiterzurollen. Das Tempo verlangsamt sich. Mit den Jahren fällt es Ihnen immer schwerer, Ihr Gewicht oder einen hohen Energiepegel zu halten – selbst wenn Sie exakt dasselbe essen wie vor fünf Jahren. Plötzlich treten Probleme auf, in zahlreichen unterschiedlichen Formen – die Skala reicht von lästigen Erscheinungen, wie Akne oder brüchigen Nägeln, bis hin zu den verschiedensten lebensbedrohlichen Krankheiten.

Gesund und jugendlich: Das Rad rollt leicht und ungehindert dahin.

Die Ursache des Alterns: Zementierter, erstarrter Dreckschlamm in den Radspeichen, der das Rad in allen seinen Funktionen verlangsamt.

Der Dreckschlamm macht uns alt. Wir können ohne Ende mit teuren Nahrungs-ergänzungsmitteln dagegen angehen oder mit verschreibungspflichtigen Anti-Agingcremes oder mit Botox, doch es wird uns nie wirklich gelingen, das Alter zurückzudrängen, wenn und *solange wir uns nicht von dem Schlamm reinigen*, ihn nicht „ausputzen".

Dieser Schlamm verlangsamt die Abläufe in unserem Körper und bestimmt zugleich maßgeblich die Geschwindigkeit, in der wir altern und unsere Fähigkeit, Übergewicht von uns fernzuhalten. Ich kenne Menschen, die sind Anfang fünfzig, ernähren sich aber nach dem BDP und sehen aus wie Mitte dreißig. Eine meiner Bekannten ist 37 Jahre alt, wird aber ihrem Aussehen nach immer für höchstens 25 gehalten. Es ist möglich!

EIN SAUBERER KÖRPER IST EIN SCHÖNER KÖRPER

Ich verwende die Begriffe „Schönheit" und „Gesundheit" gleichbedeutend, denn es ist ein Naturgesetz, dass man nur bei vorzüglicher Gesundheit wahrhaft und aus der Tiefe her-aus schön sein kann. Professor Arnold Ehret, ein bedeutender Pionier auf dem Gebiet der Naturheilkunde, schrieb: „Krankheit ist das Bemühen des Körpers, Abfallstoffe, Schleim und Giftstoffe im Blut auszuscheiden, und dieses System unterstützt die Natur in vollkom-mener und natürlicher Art und Weise. Nicht die Krankheit, sondern der Körper bedarf der Heilung; er muss gereinigt und befreit werden, von Abfällen und Fremdstoffen, von Schleim und giftigen Substanzen im Blut, die sich seit der Kindheit angesammelt haben."[3]

Unsere Körpersysteme versuchen immer, das perfekte Gleichgewicht zu halten, eine Balance, die zur hervorragendsten Gesundheit und Schönheit führt, doch das geht nur, wenn wir uns selbst von toxischen Substanzen gereinigt haben – vom alten, starren Schmutz wie auch von dem neuen Schlamm, der sich ständig in uns ansammelt. Warum? Weil das alles mit unserer Verdauung in Verbindung steht und darüber bestimmt, wie viel Schönheits-Energie wir haben.

Denken Sie daran, dass der menschliche Körper auf Überleben ausgelegt ist, daher wird unsere Energie als Erstes dafür eingesetzt, die lebenserhaltenden Prozesse und die Funktionen der inneren Organe weiterlaufen zu lassen. Unsere Haut faltenfrei und unser Haar glänzend zu erhalten, ist für den Körper hingegen von geringem Interesse, wenn unsere Leber mit Abfallstoffen überlastet, unsere Nebennieren ausgepumpt und unsere Därme komplett verstopft sind!

Jetzt, da Sie wissen, wie viel Energie der Körper zum Verdauen seiner Nahrung ver-braucht, wird Ihnen auch Folgendes einleuchten: Je effizienter wir unsere Nahrung verdauen (oder je weniger Energie der Körper für die Verdauung aufwenden muss), desto mehr Energie steht dem Körper zur Verfügung, um die alten toxischen Substanzen auszuschleusen und all die der Verschönerung dienenden Vorgänge in Gang zu halten. Der giftige Schlamm häuft sich mit erhöhter Geschwindigkeit an, wenn wir unser Essen nicht effizient verdauen.

♣ SCHÖNHEITSTIPP

Er-essen Sie sich ein faltenfreies Gesicht!

Wie die TCM, die traditionelle chinesische Medizin, uns lehrt, spiegelt sich in unserem Gesicht die Lebenskraft all unserer inneren Organe, und unseren Körper durchzieht ein System sogenannter Meridiane, Kanäle, in den die Lebensenergie (Qi) fließt. Die westliche Medizin spricht von Reflex- oder Nervenleitbahnen, die unseren Körper durchziehen. Reflexe lösen einen Impuls aus, der vom Reizpunkt direkt zum Punkt der Reflexantwort geht. Sie kennen von Routineuntersuchungen doch bestimmt den sogenannten Patellarsehnenreflex? Er wird ausgelöst, wenn Ihnen der Arzt auf die Stelle knapp unterhalb des Knies klopft, worauf Ihr Unterschenkel hochschnellt.

Ob Sie's nun glauben oder nicht – unser Darm ist der Schlüssel zu unserem Aussehen und zu unserem Befinden, denn er ist über diese Nervenleitbahnen oder Meridiane mit jedem größeren Organ und allen Teilen des Körpers verbunden. Sind nun in unserem Darm alte giftige Substanzen eingeschlossen, kann das viele andere Teile des Körpers in Mitleidenschaft ziehen, weil von dort möglicherweise störende, schwächende Wirkungen ausgehen, die an andere Körperregionen gesandt werden. Diese können vielerlei Formen annehmen und sich beispielsweise in Beschwerden wie Kopfschmerzen äußern.

Wenn wir die blockierte Energie in unserem Darm freisetzen, sind wir imstande, auch die ganze Energie überall im Körper zu befreien – Blockaden in unseren Schultern oder im Nacken eingeschlossen. Blut, Nervenimpulse und Lymphe können nur dann frei fließen, wenn unsere Kanäle offen sind. Das wirkt sich auch auf unsere äußere Schönheit aus. So steht beispielsweise die Nasolabiallinie zwischen Nase und Mund in direkter Verbindung mit dem Lungenmeridian, der auch das Darmsystem einbezieht. Die tiefe Nasolabialfalte kann sich mit zunehmender Giftstoffladung im Körper immer stärker ausprägen. Andersherum wird sie allmählich auf natürliche Weise schwächer, wenn wir beginnen, unsere Ernährungsgewohnheiten langfristig umzustellen.

Eines meiner Lieblingsresultate bei mir selbst durch das Befolgen des BDP besteht darin, dass sich meine ziemlich tiefen „Lachfalten" drastisch gemindert haben. Diese Linien kamen nämlich ganz und gar nicht vom Lachen, vielmehr waren es schlicht Auswirkungen von Giftstoffblockaden in meinem System!

Uns selbst zu entgiften, indem wir den alten Schlamm loswerden, ist der Schlüssel zum optimalen Funktionieren unserer Verdauung. Wenn wir den giftigen Schlamm von den Radspeichen lösen, wird unser Energiepegel automatisch ansteigen, da unser Körper imstande ist, die Verdauung und andere Körperfunktionen effizient und mit weit geringerer Anstrengung ablaufen zu lassen. Dank dieser „erneuerten" Energie werden wir auch Gewicht verlieren und Jahre, wenn nicht gar Jahrzehnte, jünger aussehen. Unsere Haut wird strahlen, und unser Haar wird wachsen mit einer lebendigen Struktur und einem gesunden Glanz.

Je reiner der Körper, desto klarer der Geist

Entgiftung betrifft nicht nur den Körper. Sie dient auch dazu, den Geist zu „entschlacken" – denn wenn der Körper gesäubert ist, wird zugleich der Verstand klarer. Dadurch sind wir imstande, unsere Aufmerksamkeit zu bündeln und auf diejenigen Dinge zu richten, die wir im Leben wirklich erreichen wollen. In dieser klaren, gereinigten Atmosphäre ist kein Platz für chronische Negativität, für Depressionen, Gewalt, Eifersucht oder Wut. Wir üben eine natürliche Anziehungskraft auf andere aus und sind selbst in tieferem innerem Frieden mit den Menschen, die wir wirklich sind.

Je stärker wir innerlich blockiert sind, je weniger frei unsere Energie fließen kann, desto weniger kommen wir an unser Optimum heran – das gilt für die körperliche wie für die geistige Ebene. Andersherum: Je besser wir uns gereinigt haben, desto mehr Energie und Konzentrationsvermögen können wir mobilisieren, um unsere persönlichen, physischen und spirituellen Ziele zu verwirklichen.

Die Verbindung zwischen unserem Körper und unserem Geist besteht tatsächlich, das lässt sich nicht leugnen. Infolge des immens starken Gewichts, das die medizinische Wissenschaft in den letzten Jahrzehnten auf Medikamente und chirurgische Eingriffe gelegt hat, sind die Ausrichtung auf eine innere Reinigung und der feste Glaube an die Selbstheilungskräfte des Körpers leider so gut wie verschwunden.

Der Beauty-Detox-Plan arbeitet darauf hin, den jahrealten Abfall in Ihrem Körper behutsam abzulösen und ihn auszuschleusen, zusammen mit allen früheren Emotionen und anderen „Anhängseln", die möglicherweise gemeinsam damit eingelagert worden sind. Alte Hindu- und Yogi-Überlieferungen lehren uns, dass sich unser 3. Chakra (oder Energiezentrum), das Manipura-Chakra, im Bauchraum etwas oberhalb des Nabels im Sonnengeflecht („Solar-Plexus") befindet. Es ist dem Element Feuer zugeordnet. Blockaden in diesem Chakra führen zum Anstau von Wut und Bitterkeit in unserem Körper. Den „Abfall beseitigen" heißt, dass wir den ganzen „Uralt-Kram" nicht länger mit uns herumschleppen müssen. Wir können mit einem wesentlich schärferen und klareren Geist in der Gegenwart leben und dadurch größere Freude und größeres Glück finden.

Alexis entspannt sich

Die wahre Schönheitsgeschichte

Meine Klientin Alexis Moore ist eine erfolgreiche, ehrgeizige End-zwanzigerin mit einem tollen Job in einer großen Werbeagentur im Zentrum von Manhattan. Wie die meisten jungen New Yorker Berufstätigen ist sie eine Typ-A-Persönlichkeit und lebt ihr Leben streng nach Terminkalender – von der frühmorgendlichen Gymnastikroutine bis zu Abendessenseinladungen oder den Drinks danach – und die Wochenenden sind vollgepackt mit Verabredungen, Brunchen und anderen Treffen. Sie ist die Sorte junge Frau, die am Samstagmorgen Pumps und Perlen trägt und immer mit perfektem Make-up und ebenso perfekt manikürten Nägeln anzutreffen ist. Und ihre Ernährung folgt demselben Ansatz: volle Kontrolle! Sie führt ein Ernährungstagebuch und kann mir bis aufs I-Tüpfelchen genau sagen, wieviel Kalorien und Kohlenhydrate, Fett und Eiweiß sie bei jeder Mahlzeit zu sich genommen hat.

Ihr Problem war, dass Alexis trotz der ganzen Erbsen-Zählerei nach wie vor gut zehn Pfund über ihrem Idealgewicht lag. Für einen derart kontrollierten Menschen wie sie eine Katastrophe, und sie war auch unglaublich frustriert über ihre Gewichtsprobleme. Von Zeit zu Zeit nahm sie ein paar Pfund ab, doch nur um sie wenig später wieder drauf zu haben, wenn sie sich einmal nicht sklavisch an ihre strikt geregelte Ernährungsweise hielt.

Im Verlauf unserer Sitzungen brachte ich Alexis dazu, in ihrem Essen mehr zu sehen als nur einen Haufen Zahlen. Wir führten eine Grundsatzdiskussion darüber, dass Gewichtsverlust und Energiehaushalt untrennbar davon abhängen, wie gut (oder schlecht) wir unsere Nahrung verdauen. Der Grad ihrer Verdaulichkeit und der Beitrag bestimmter Lebensmittel zum *Schlamm* lässt sich nicht einfach von Zahlen, wie etwa dem Kaloriengehalt, ableiten.

Alexis war zunächst nur sehr zögerlich bereit, ihre alten Glaubensvorstellungen loszulassen und wollte nicht von ihrem vertrauten Essen abgehen, das zwar kohlenhydrat- und kalorienarm war (wie ihre täglichen Eiweißriegel), dafür zugleich aber auch schwer verdaulich. Sie hatte mentale Schwierigkeiten damit, einsehen zu müssen, dass sie möglicherweise etwas falsch gemacht hatte – und das über einen langen Zeitraum. Ich lenkte sie weg von ihrer Gewohnheit, alles mit dem Etikett „richtig" oder „falsch" zu versehen und sich stattdessen lieber ganzheitlich mit dem Thema „Essen" zu beschäftigen. Sich beispielsweise zu fragen: „Wie nah ist dieses Nahrungsmittel noch an seinem Naturzustand?" Oder: „Welche Prozesse hat es auf seinem Weg in diese Verpackung im Lebensmittelladen durchlaufen?" Wir sollten unsere Ziele in Sachen Gesundheit und Gewichtsabnahme *immer* aus einer ganzheitlichen Perspektive betrachten.

Ein paar Wochen später hatte Alexis allmählich den Dreh raus, welche Nahrungsmittel sie bei der Verdauung weniger Energie kosteten und achtete auch darauf, dass ihr Essen möglichst naturbelassen und leicht verdaulich war. Ihr Energiepegel hob sich sofort, und als wir mit der Körperreinigung weitermachten, stieg er immer höher. Es fiel ihr leicht, morgens zeitig genug aufzustehen, um ihren Frühsport zu betreiben, und nach ihren Aussagen verlief das Training nun viel besser und intensiver. In den ersten beiden Wochen verlor sie vier Pfund an Gewicht, dann stagnierte es zunächst, um während der nächsten Wochen zu schwanken. Nach zwei Monaten war Alexis zwölf Pfund leichter … die sie bisher – und es ist seitdem über ein Jahr vergangen – auch nicht wieder drauf hat. Ihr Körper wirkt geschmeidig und fit – echt scharf!

Ich glaube, Sie wären überrascht, wenn Ihnen deutlich würde, wie viel Abfallstoffe sich zu jeder Tages- und Nachtzeit in unserem Körper befinden und dabei kontinuierlich unser Blut und das gesamte System in wechselndem Ausmaß vergiften. Führen Sie sich einmal vor Augen, wie lang und gewunden unser Verdauungstrakt mit seinen Darmschleifen ist, und wie viel zusammengepresste Abfallstoffe darin Platz finden können. Da unser Körper aus durchlässigem Gewebe besteht, durch das unser Blut zirkuliert, können auch die Abfallstoffe in unsere anderen Gewebe und Organe eindringen. Was für eine unerträgliche und beängstigende Vorstellung! Doch wir müssen uns alle dessen bewusst sein, dass es so ist und dass wir uns alle reinigen müssen.

Woher stammen nun diese Gifte? Es handelt sich um Konservierungsstoffe und Chemikalien aus unserer Nahrung, dazu kommen schlecht verdaute Essensreste. Diese unzureichend verdauten Überbleibsel bilden einen fruchtbaren Boden für schädliche Bakterien, Hefe- und Schimmelpilze in unserem Körper, und die Abfallstoffe, die sie zurücklassen, sind stark säurehaltig und toxisch (weitere Informationen finden Sie im nächsten Abschnitt „Das Säure-Basen-Prinzip" auf Seite 47).

Nur wenn wir ihn reinigen, kann sich die Energie in unserem Körper verteilen, um die Schönheit und das Strahlen von Haut und Haar wiederzuerschaffen, um unsere Augen zum Glänzen zu bringen, um unsere Haut zu festigen und zu straffen. Obwohl ich mich selbst schon seit Jahren im Wesentlichen von hochwertigem Grünzeug, anderem Gemüse und unverarbeiteten Lebensmitteln ernähre, bin ich wirklich erstaunt darüber, wie dieses Programm immer weiter wirkt! Ich bekomme immer noch mehr Energie und sehe ständig weitere Verbesserungen an meiner Haut und meinem Körper!

Die meisten populären Diäten konzentrieren sich auf die Mengen an Kalorien, Kohlenhydraten und Eiweiß, die man zu sich nehmen soll, doch nie ist die Rede davon, wie effizient – oder nicht – unser Verdauungssystem das jeweilige Essen aufspalten oder verwerten kann. Diese Ernährungslehren lassen den Faktor „Schönheits-Energie" unberücksichtigt und in welchem Umfang sie bei der Verdauung schwer aufspaltbarer Nahrung verbraucht wird. Auch wenn Sie bis jetzt noch keine Vorstellung davon haben, welche Lebensmittel schwer aufzuspalten sind – am Ende Ihrer Lektüre von *Der Beauty-Detox-Plan* wissen Sie Bescheid!

Kalorien, Kohlenhydrate und Eiweiß allein ergeben noch kein ganzheitliches Bild davon, wie gesund ein Nahrungsmittel *für das Innere des menschlichen Körpers* ist, ob es nährstoffreich ist oder wieviel Ballaststoffe es enthält. Sie geben uns auch keinen Aufschluss über die Menge an körperfremden chemischen Substanzen, Konservierungsstoffen und anderen Zusätzen, die in dem betreffenden Essen möglicherweise enthalten sind. Genau aus diesem Grund hatten Schlankheitskuren und Gewichtsabnahmen immer etwas von lästigen Pflichtübungen und Kampf an sich, einem Kampf, den wir nach Einschätzung der meisten von uns verlieren – zusammen mit unserer Energie. Machen Sie sich keine Sorgen, Sie lernen ihn schon bald kennen – den *einfachen* Weg, Gewicht loszuwerden und zugleich seine Energie zurückzugewinnen!

Der hohe Anteil enzymreicher, lebendiger Nahrungsmittel am Beauty-Detox-Plan wird Sie dabei unterstützen, sich innerlich zu reinigen und die Abfallstoffe aus Ihren Darmzotten herauszulösen, damit Ihr Körper Nährstoffe endlich optimal aufnehmen kann. Das erzeugt mehr Schönheits-Energie: Das Gewicht wird kleiner und die Schönheit größer!

Wir müssen miteinbeziehen, wie unglaublich stark unsere Körper sind. Unser Körper besitzt die Fähigkeit zur Selbstheilung und wird an sein höchstes Potenzial gelangen, wenn wir ihm den Weg dorthin freimachen. Wir müssen ihn von all dem fremden Schrott und den Giftstoffen „entrümpeln". Erinnern Sie sich an meinen Vergleich mit dem Rad? Wir müssen den hinderlichen Dreckschlamm aus den Speichen entfernen, damit wir bestmöglich aussehen und uns auch so fühlen. Jeder, wirklich jeder von uns trägt dieses Potenzial für natürliche Heilung und Schönheit in sich; wir müssen nur das Prinzip der Schönheits-Energie begreifen, um das Beste für uns herauszuholen.

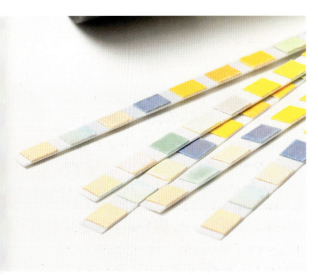

Da sich giftige Schadstoffe im Körper mitunter über viele Jahre, sogar Jahrzehnte hinweg angesammelt haben, kann auch die Entgiftung auf einer tieferen Ebene nicht mit einem Schlag stattfinden. Es sollte ein abgestufter, kontrollierter und gezielter Prozess sein … der sich fortlaufend vollzieht! Tatsächlich kann eine zu rasche Entgiftung überaus unangenehm sein – wir können uns dabei krank fühlen oder es sogar werden. Aber wir werden ziemlich schnell Verbesserungen bemerken, wenn wir Wesentliches verändern im Hinblick darauf, was wir essen, wann wir es essen und in welcher Reihenfolge.

DAS SÄURE-BASEN-PRINZIP

Vielleicht haben Sie ja seit Ihrem Chemieunterricht in der Oberstufe nicht mehr an die Größenordnungen von Säuren und Basen gedacht. Doch da eine der wichtigsten Aufgaben der Ernährung darin besteht, Säuren und Basen in unserem Körper und in den Geweben im Gleichgewicht zu halten, müssen wir dieses Prinzip begreifen, denn es spielt eine Schlüsselrolle im Kampf gegen das Altern und die Gewichtszunahme.

Das Verhältnis zwischen Base und Säure wird durch den sogenannten pH-Wert ausgedrückt, vom Neulateinischen *potentia Hydrogenii* (wörtlich: „Kraft des Wasserstoffs"), der die Wasserstoffionen-Konzentration in einer beliebigen Lösung angibt. Die Mess-Skala reicht von pH 0.0, der sauren wässrigen Lösung, bis zum Wert 14 für die basische (alkalische) wässrige Lösung; der neutrale pH-Wert liegt demnach bei 7. Je höher über 7 der pH-Wert liegt, desto stärker basisch ist die betreffende Lösung.

Jedes Nahrungsmittel hinterlässt entweder saure oder basische Rückstände im Blutkreislauf, je nachdem, ob es mehr saure oder mehr basische Mineralstoffe enthält. Für unsere Gesundheit und Schönheit kommt es wesentlich darauf an, wie die Nahrung in unserem Körper aufgespalten wird und welche *Rückstände* davon übrigbleiben. Lassen Sie sich bitte nicht dadurch verwirren, dass der Begriff „sauer" auch zur Beschreibung von Geschmack und Aroma eines Lebensmittels verwendet wird. So dienen beispielsweise Limetten oder Zitronen in einem Koch- oder Backrezept dazu, Süße durch Säure auszugleichen – doch bei der *Verdauung* hinterlassen beide basische Rückstände in unserem Körper. Es ist wenig hilfreich, den pH-Wert eines bestimmten Lebensmittels isoliert zu berechnen,

❀ SCHÖNHEITSTIPP

Überfüttert, doch zugleich hungrig nach Schönheits-Nährstoffen

Ein anderer Grund, weshalb wir zu viel essen und trotzdem hungrig bleiben, besteht darin, dass unser Körper die zugeführten Nährstoffe nicht vollständig aufnimmt. Diese Aufnahme geschieht durch Zotten (oder *Villi*), kleine fingerförmige Ausstülpungen der Darmschleimhaut an den Darmwänden. Dank dieser Zotten mit ihren Fortsätzen, den Mikrovilli, besitzt unser Dünndarm eine Oberfläche von rund 180 qm! Doch wenn die feinen Villi und Mikrovilli mit Abfallprodukten unserer Verdauung „zugekleistert" sind, können sie nichts mehr aufnehmen, und wir fühlen uns unzureichend genährt, ganz gleich, wie viel wir essen. Die Darmzotten verstopfen schnell durch die Abfallprodukte von Nahrungsmitteln, die unser Körper nicht effizient verstoffwechseln und verwerten kann, und das fördert die Entstehung von überschüssigem Schleim und Hefepilzen. Zu den „Verstopfern" zählen verarbeitete Lebensmittel oder in der Mikrowelle zubereitete Mahlzeiten, „Dosenfutter", raffinierter Zucker, Kuhmilch und andere Milchprodukte, zu viel tierisches Eiweiß und Erzeugnisse aus Weißmehl.

Eine andere Ursache für verstopfte Zotten bildet das übermäßige Wachstum von Hefen und Pilzen im Körper. In seinem Buch *The pH Miracle* (dt. *Die pH-Formel für das Säure-Basen-Gleichgewicht*, erschienen 2003) erklärt der Arzt Dr. Robert O. Young, wie Hefen und Pilze die Nährstoffaufnahme hemmen: „Sie können weite Teile der Membran bedecken, die den Dünndarm auskleidet, damit verdrängen sie Probiotika (Mikroorganismen) und hindern Ihren Körper daran, die guten Inhaltsstoffe aus Ihrem Essen herauszulösen. Das kann dazu führen, dass Sie unter Vitamin-, Mineralstoff- und vor allem Eiweißmangel leiden, völlig gleich, was Sie sich gerade in den Mund schieben. Meiner Schätzung nach verdaut und absorbiert mehr als die Hälfte aller Amerikaner im Erwachsenenalter weit weniger als die Hälfte ihres Essens."[4]

Wenn wir keine Nährstoffe aufnehmen, befiehlt uns unser Körper einfach weiterzuessen, obwohl wir längst satt sind. Damit beginnt der wirklich demoralisierende und mit Schuldgefühlen einhergehende Teufelskreis.

Dr. Norman Walker, Rohkost-Verfechter und Pionier auf diesem Gebiet, beschreibt die Wirkungen verarbeiteter und devitalisierter Lebensmittel in allen Einzelheiten. In seinem Buch *Colon Health* (*Darmgesundheit ohne Verstopfung*, deutsche Ausgabe 2004) erläutert er: „Wenn jemand verarbeitete, frittierte und verkochte Lebensmittel, devitalisierte Stärke, Zucker und Salz im Übermaß zu sich genommen hat, kann sein Dickdarm kaum effizient arbeiten, selbst wenn derjenige zwei bis drei Mal am Tag Stuhlgang haben sollte!"[5]

Mit anderen Worten: Die Häufigkeit unseres Stuhlgangs, so wichtig er auch ist, zeigt nicht notwendigerweise an, wie gut gereinigt und frei von Giftstoffen unser Körper ist.

denn wie es im Körper aufgespalten wird, ist eine ganz andere Geschichte. Für sich genommen hat Vollmilch einen basischen pH-Wert, doch der nach dem Verdauungsprozess im Körper verbleibende Überrest ist extrem sauer. Durch die Verdauung anderer Tierprodukte entstehen ebenfalls saure Verbindungen.

Unsere verschiedenen Körperregionen erfordern unterschiedliche pH-Milieus. So sollte beispielsweise das Milieu im Bindegewebe leicht basisch sein, während der Dickdarm es leicht sauer braucht. Wenn Sie nun die Werte all Ihrer Körperregionen zusammenzählten, wäre es optimal, wenn dabei im Durchschnitt ein leicht basischer Wert herauskäme. Der ideale pH-Wert unseres Bluts liegt bei 7,365[6], und damit wir möglichst gesund bleiben, muss unser Blut immer dicht an diesem Wert bleiben.[7] Unter normalen Umständen, und wenn unsere Ernährung reich an basenbildenden Lebensmitteln ist, hat unser Körper kein Problem, diesen leicht basischen Idealwert aufrechtzuerhalten.

Wird unser Körper jedoch mit einem Überschuss an belastender Säure konfrontiert, muss er sich heftig abstrampeln, um Mittel und Wege zu finden, damit der pH-Wert des Bluts nicht zu tief absinkt, notfalls um den Preis, andere Gewebe, Organe und Zellaktivitäten im übrigen Körper anzugreifen oder zum Erliegen zu bringen. Zur Kompensation des Säureüberschusses beginnt der Körper, den Geweben und Knochen basische Mineralstoffe zu entziehen. Diese basischen Mineralstoffe, darunter Kalzium, Kalium und Magnesium, die wir dadurch verlieren, erfüllen auch zahlreiche Aufgaben bei unserer Verschönerung, indem sie uns etwa kräftige, stabile Knochen bescheren und unseren Körper der Entgiftung zugänglich machen.

Lebensmittel, welche die Säureproduktion im Körper fördern, müssen nicht notwendigerweise „schlecht" sein, ihre Wirkungen aber unbedingt durch basisch wirkende Lebensmittel ausgeglichen werden. Der menschliche Körper gedeiht am besten, wenn man ihm Nahrung zuführt, die die Alkalität des Bluts erhöht und dabei hilft, die säurehaltigen Stoffwechsel-Endprodukte zu neutralisieren. Tierische Erzeugnisse gehören zu der Sorte Essen, das die meiste Säure bildet. Nimmt man mehr tierisches Eiweiß zu sich, erhöht sich auch die Menge an säurehaltigen Abfallprodukten im Stoffwechsel.

Wie Untersuchungen zeigen, besteht eine Verbindung zwischen einer erhöhten Zufuhr an tierischem Eiweiß und dem Verlust an Kalzium in den Knochen, den der Körper herbeiführt, um die Säure besser neutralisieren zu können. 2009 erschien in der *New York Times* ein Artikel mit dem Titel „Untersuchung über eine säurearme Ernährungsweise zur Knochengesundheit"[8], worin zu lesen stand: „Wenn das Blut nur geringfügig zu sauer wird, werden Kalziumverbindungen – wie Kalziumkarbonat, Bestandteil von Kautabletten, die überschüssige Magensäure neutralisieren – aus den Knochen herausgezogen, um die Säure zu reduzieren." In dem Artikel wurde weiter ausgeführt: „Je mehr Eiweiß Menschen über den tatsächlichen Bedarf ihres Körpers hinaus zu sich nehmen, desto säurehaltiger kann ihr Blut werden, und desto mehr Kalziumverbindungen braucht der Körper, um die Säure auszugleichen. … Also wären die „Protein-Junkies" sehr gut beraten, ihren Eiweißkonsum im Allgemeinen und den von tierischem Eiweiß im Besonderen herunterzufahren, und stattdessen mehr Obst und Gemüse in ihren Speiseplan einzubauen."[9]

Der Artikel zitiert eine Studie, in der analysiert wurde, was im Körper abläuft, wenn die Protein-Zufuhr (hauptsächlich aus tierischen Erzeugnissen) großzügig verdoppelt wurde: von 35 Gramm pro Tag auf 78 Gramm pro Tag.[10] Das Untersuchungsergebnis war schockierend: Der Kalziumgehalt des Urins stieg um 50 Prozent – das heißt, dem Körper ging um die Hälfte mehr Kalzium verloren, das mit dem Urin ausgeschieden wurde. Um sich der ganzen Tragweite dieses Ergebnisses bewusst zu werden, müssen Sie sich vor Augen führen, dass der Durchschnittsamerikaner pro Tag nur etwa 70 bis 100 Gramm Kalzium zu sich nimmt! Im Jahr 2001 veröffentlichte eine Forschungsgruppe der University of California in San Francisco eine Studie über das Thema „Knochenbrüche als Folge von Osteoporose"[11]. Daran teilgenommen hatten mehr als 1000 Frauen im Alter von 65 Jahren und älter, deren Ernährung über einen Zeitraum von sieben Jahren auf das Verhältnis tierisches Eiweiß zu pflanzlichem Eiweiß untersucht worden war. Die Frauen mit dem niedrigsten Konsum an tierischem und pflanzlichem Protein bezogen im Durchschnitt etwa 50 Prozent ihrer Gesamteiweißzufuhr aus tierischen Erzeugnissen. Die Studie fand heraus, dass Frauen mit dem höchsten Anteil an tierischem Eiweiß in ihrer Nahrung 3,7 Mal häufiger Knochenbrüche erlitten und vier Mal schneller Knochensubstanz verloren als die Frauen, deren Essen am wenigsten Protein enthielt.

Ein Säureüberschuss in unserem Körper ist über kurz oder lang erschreckend gesundheitschädlich. Menschen, die viele Jahre lang den Richtlinien der amerikanischen Standardernährungsweise (Standard American Diet, SAD) gefolgt

---

✿ SCHÖNHEITSTIPP

Schluss mit Limo!

Wir sind uns durchaus darüber im Klaren, dass Limonadetrinken uns jede Menge Kalorien, aber nicht das kleinste Fitzelchen an Nährstoffen einbringt. Aber es geht ja gar nicht nur um die Kalorien: Limo – und hier schließe ich die Light- und Diät-Varianten mit ein! – ist auch *das am meisten Säure bildende Lebensmittel* von allen. Tatsächlich ist Limo gar kein Lebens-Mittel, sondern ein Gemisch aus säurehaltigen Chemikalien, wie Kohlensäure und Phosphorsäure. Wenn Sie regelmäßig Limo und andere Softgetränke konsumieren, entzieht das Ihren Zähnen die Mineralstoffe und beraubt Sie Ihrer Schönheit, weil Limo die kostbaren Mineralstoffe „frisst", die Ihre Schönheit hervorbringen.

sind, haben einen Säureüberschuss in ihren Körpern, und das kann sich nicht nur in einem schlechten Allgemeinzustand niederschlagen, sondern darüber hinaus auch zu Krankheiten, verfrühtem Tod, Entzündungen, Körpersteifigkeit, Gewebe-Rückbildung oder -Entartung, Wassereinlagerungen, Völlegefühl mit Gasblähungen und vielem anderem führen.

In seinem bereits genannten Buch *Die pH-Formel für das Säure-Basen-Gleichgewicht* erläutert der Arzt Dr. Robert O. Young: „Der pH-Wert unserer Körperflüssigkeiten beeinflusst jede einzelne Zelle in unserem Körper. Der gesamte Stoffwechselprozess hängt von einem alkalischen Umfeld ab. Chronische Übersäuerung zerfrisst Gewebe – und wenn Sie nichts dagegen unternehmen,

wird sie sich störend auf sämtliche Zellaktivitäten und -funktionen auswirken, angefangen von Ihrem Herzschlag bis zum Neuronenfeuer in Ihrem Gehirn. Mit anderen Worten: Säure beeinträchtigt das Leben selbst. Sie bildet die Wurzel *aller* Leiden und Krankheiten." Er fährt fort: ... „diesen Prozess der Aufspaltung säurehaltiger Abfallstoffe und ihre Beseitigung könnte man auch als den ‚Alterungsprozess' bezeichnen."[12]

Alkalisches Blut führt zu einem alkalischen Körper, dieser sorgt für Gesundheit, Schönheit und eine lange Lebensdauer, er verleiht uns auch die Kraft, gegen Krankheiten, Toxinämie (Blutvergiftung durch organische Giftstoffe) und das Altern anzukämpfen. Darüber hinaus fällt uns eine Gewichtsabnahme deutlich leichter, wenn sich unser Körper in einem alkalischen Zustand befindet. Ein übersäuerter Körper tendiert dazu, überschüssige Kilos festzuhalten, was das Abnehmen bedeutend erschwert. Der Grund: Wenn unsere Ausscheidungsorgane, wie Lungen und Nieren, stark übersäuert sind, werden sie überlastet und können nicht mehr alle Abfallstoffe aus dem Körper heraustransportieren. Als Folge wird viel von dem giftigen, säurehaltigen „Müll" überall in den Fettgeweben eingelagert – wie ich es in Kapitel 1 erklärt habe. Je mehr Toxine Sie in Ihrem Körper haben, desto stärker dehnen sich Ihre Fettzellen aus, um diese Giftstoffe aufzunehmen. Da der Körper immer versucht, sich selbst zu schützen, wird eine Menge dieses Abfalls von den lebenswichtigen Organen weggedrängt – deshalb neigt Fett dazu, sich an den üblichen „Problemzonen" anzusammeln: unter dem Kinn, an den Oberarmen, um die Körpermitte herum, an Hüften und Oberschenkeln.

Ein übersäuerter Körper vermindert auch unsere Schönheit drastisch. Überschüssige Säure kann ein Hauptgrund für vorzeitiges Altern sein, auch für die Ausprägung scharfer Linien und Falten schon in frühen Jahren; für Akne, dunkle Augenringe, kraft- und substanzloses oder ansonsten ungesundes Haar wie auch für brüchige Nägel. Deshalb müssen wir unbedingt das ganze Ausmaß der Tatsache verstehen, dass all diese offensichtlichen Symptome ihre Wurzeln in der Biophysiologie eines übersäuerten Körpers haben.

Um aus uns selbst die gesündesten, jugendlichsten und schönsten Menschen zu machen, die wir sein können, müssen wir unseren Körper bei seinen Anstrengungen unterstützen, sich seinen optimalen leicht alkalischen pH-Wert zu erhalten, indem wir unsere Ernährung entsprechend umstellen. Wir müssen uns auch bewusst werden, welche Nahrungsmittel basische Rückstände in unserem Körper hinterlassen, und welche für die säurehaltigen Verdauungsüberreste verantwortlich sind.

DIE 80/20-REGEL

Um unser Ziel zu erreichen, bestmöglich auszusehen und uns auch so zu fühlen, müssen wir uns darum bemühen, uns 80 Prozent basisch wirkende und nur 20 Prozent Säure bildende Nahrung zuzuführen. Die einzigen Lebensmittel der Welt, die im Körper rein basische Rückstände hinterlassen, sind frisches reifes Obst und Gemüse (mit Ausnahme

STARK BASISCH WIRKENDE LEBENSMITTEL	
Reifes Obst	Sprossen
Blattgemüse	Andere Gemüse (außer den stärkehaltigen)

STARK SÄURE BILDENDE LEBENSMITTEL	
Alkohol	Drogen, wie Antibiotika und Steroide
Tierisches Eiweiß	Nikotin
Künstliche Süßstoffe	Verarbeitete Lebensmittel
Koffein	Raffinierter Zucker
Milchprodukte	Limos und andere Softgetränke

der stärkehaltigen Sorten, wie etwa Kartoffeln) und Muttermilch, was aus naheliegenden Gründen für keinen von uns mehr eine Option ist! Alle anderen Nahrungsmittel bilden – mehr oder weniger viel – Säure.

DER BEAUTY-FOOD-KREIS

Wir alle kennen die Nahrungs-Pyramide. Obwohl sie inzwischen abgewandelt wurde, beinhaltet die Pyramide auch in ihrer modernisierten Fassung immer noch dieselben Lebensmittel, die uns die etablierten Gesundheitseinrichtungen schon seit Jahrzehnten empfehlen. Diese Art der Ernährung umfasst mehr als reichlich Produkte mit hochraffinierter Stärke; Milch und Fleisch bilden auch einen wesentlichen Bestandteil und haben sogar ihre eigenen, *separaten* Rubriken. Da ist es kein Wunder, dass die Fettsucht (Adipositas) so stark zunimmt, und dass wir alle – auf unterschiedliche Weisen – immer rascher altern.

DIE NAHRUNGS-PYRAMIDE

An Ihren Beauty-Detox-Plan werden wir mit einer völlig anderen Denkweise herangehen, Ihre Ernährung auf eine andere Weise ausgleichen. Wir werden dabei keine Pyramide, sondern einen Kreis zugrunde legen. Um unser schönstes Selbst zu entfalten, müssen wir hauptsächlich basisch wirkende Lebensmittel zu uns nehmen, wie Gemüse und Obst, dazu bestimmte Vollkorngetreide; gesunde Nüsse und Kerne sowie begrenzte Mengen von Öl und Tierprodukten runden diese Ernährung ab.

Wenn wir bei unserer Ernährung den Schwerpunkt auf basisch wirkende Lebensmittel legen, tun wir uns auch *sehr viel leichter* damit, unser Gewicht zu halten, unsere Gesundheit und Schönheit zu vervollkommnen. Und wir brauchen uns dabei nicht vom Sog der Öffentlichkeit mitreißen zu lassen und uns an dem einen oder anderen Mikronährstoff „festzubeißen". Wenn wir unsere Ernährung hauptsächlich mit solchen Lebensmitteln

SCHÖNHEITS-ENERGIE | 55

bestreiten, die in unserem Körper basische Rückstände hinterlassen, wird das unsere Biophysiologie auf ganz natürliche Weise ausgleichen. Pflanzliche Vollwertkost ist für unseren Körper leicht verdaulich, sie wird dazu beitragen, unser Inneres von Giftstoffen zu reinigen, und wir werden das gesamte Spektrum an Nährstoffen bekommen, das wir brauchen und sie zudem wesentlich besser aufnehmen.

Wie Sie in den folgenden Kapiteln sehen werden, wo ich das Prinzip anhand einzelner Mahlzeiten aufschlüssle, ist es bedeutend einfacher, das Ziel des 80-Prozent-Anteils basisch wirkender Lebensmittel in unserer Nahrung zu erreichen, als es zunächst den Anschein haben mag!

BEAUTY-DETOX KURZ GEFASST:

- Mehr Energie = Mehr Schönheit

- Der wahre Grund für unser Altern ist der säurehaltige Schlamm in unserem Körper, der uns ständig Energie kostet. Durch eine permanente Reinigung, was auch den Verzehr reinigender Lebensmittel einschließt, werden wir diesen Schlamm los.

- Bestimmte Nahrungsmittel und Kombinationen von Nahrungsmitteln sind leichter verdaulich als andere, dadurch entziehen sie unserem Körper weniger Schönheits-Energie. Viel Energie aus dem Verdauungsprozess wieder herauszuholen, sie zu „befreien", ist der einzige Weg, große Mengen Energie umzulenken, damit es mit der effizienten Gewichtsabnahme und dem Kampf gegen das Altern klappt.

KAPITEL 3

ESSEN SIE SICH SCHÖN!

Ein Mann machte seinen Hochschulabschluss und erwarb einen Doktortitel mit einem Verfahren über die Gewinnung von Zucker aus verschiedenen Früchten. Auf die Frage, ob man auch aus Guaven Zucker gewinnen könne, antwortete er nach einigem Nachdenken: „Das habe ich nicht gelernt. Das stand nicht in meinem Studienplan." Der Gebrauch des gesunden Menschenverstands überstieg seine Fähigkeiten.

Weisheit erlangt man nicht, indem man Wissen von außen in sich hineinpumpt; es hängt von der Stärke und vom Umfang eurer inneren Aufnahmebereitschaft ab, wie viel wahres Wissen ihr gewinnt und wie schnell.

Paramahansa Yogananda

Jetzt, wo Sie wissen, dass Energie Schönheit hervorbringt – eine klare, jugendliche Haut; glänzendes Haar; starke Nägel und einen schlanken Körper – und die herausragende Bedeutung der Verdauung für die verfügbare Menge an Schönheits-Energie kennengelernt haben, ist der Zeitpunkt gekommen, aus allen diesen „Mosaiksteinchen" ein Bild zusammenzusetzen. Denn der Beauty-Detox-Plan leistet weit mehr, als Sie nur bei der Auswahl Ihrer Lebensmittel zu beraten. Über die Erhöhung des Anteils an basisch wirkenden Nahrungsmitteln auf Ihrem Speisezettel hinaus können Sie noch etwas Großartiges tun: *Essen Sie für Ihre Schönheit!*

Und darum geht es in diesem Kapitel: Die einfachen Prinzipien, die ich Ihnen hier vorstelle, liefern Ihnen den Schlüssel, um Ihre Schönheits-Energie zu maximieren, Ihren Körper zu reinigen und Sie von innen nach außen in größerer Schönheit erstrahlen zu lassen.

MEHR ENERGIE = MEHR SCHÖNHEIT

VORWEG IMMER ETWAS BASISCHES!

Vor jedem Essen, unabhängig davon, was als Mahlzeit nachfolgt, geben wir unserem Körper *zuerst* ein basisch wirkendes Lebensmittel – das kann ein Stück reifes Obst, etwas rohes Gemüse oder ein Salat sein. Das gilt auch fürs Frühstück! Diese Regel erfüllt mehrere Zwecke: Zum einen stellen wir damit sicher, dass wir ständig genug Enzyme aus rohen Pflanzen aufnehmen, außerdem bietet sie die Gewähr, dass wir unserem Körper mit jeder Mahlzeit basisch wirkende, wasserreiche Nahrung zuführen und dadurch den Gesamtanteil dieser Lebensmittel an unserer Ernährung erhöhen.

Wissen Sie, was diese basischen Lebensmittel alle gemeinsam haben? Sie enthalten viele Ballaststoffe (auch „lösliche" und „unlösliche Pflanzenfaserstoffe" genannt). Ballaststoffe wirken wie Puffer, sie verzögern die Glucoseausschüttung ins Blut und bewahren dadurch unseren Blutzuckerspiegel vor dem raschen Ansteigen nach einer Mahlzeit und vor Schwankungen. Faserstoffe füllen den Magen, verweilen länger dort und dämpfen dadurch unser Hungergefühl. Es ist ungeheuer wichtig, diesen natürlichen Mechanismus zur Kontrolle der Portionsgrößen zu nutzen! Wenn wir uns zuerst mit frischen, naturbelassenen Lebensmitteln den Bauch „vollschlagen", können wir nach Herzenslust zugreifen und haben niemals das Gefühl, uns zu kasteien, denn diese Lebensmittel enthalten Unmengen von Ballast- und Nährstoffen.

Was sind Ballaststoffe?

Das Amt für Lebensmittel und Ernährung (The Food and Nutrition Board, FNB) definiert Ballaststoffe so: „Unverdauliche Kohlenhydrate und Lignine, die Bestandteile von Pflanzen sind."[1] Ballaststoffe kommen überhaupt *nur* in pflanzlichen Nahrungsmitteln vor und zwar reichlich in Obst, Getreide, Hülsenfrüchten und Gemüsen. Diese Pflanzenfaserstoffe passieren Magen und Dünndarm unverdaut und bilden unsere Stuhlmasse. Sie helfen, den Blutzuckerspiegel konstant zu halten, was vor allem für Diabetiker wichtig ist. Außerdem senken Ballaststoffe den Cholesteringehalt des Bluts und den Hormonspiegel, zudem binden und deaktivieren sie krebserregende Substanzen.[2]

Bei unserem Bestreben, Giftstoffe und Schlamm ständig und auf Dauer aus dem Körper zu entfernen, ist es hilfreich, das übermäßige Wachstum schädlicher Bakterien zu begrenzen, damit die Mengen an guten Bakterien in einem gesunden Gleichgewicht bleiben. Ballaststoffe lösen auch ein Sättigungsgefühl aus und ermöglichen uns damit auf natürliche Art, uns an den pflanzlichen Schönheits-Lebensmitteln reichlich satt zu essen, ohne uns Gedanken über Portionsgrößen und Kalorienzahlen machen zu müssen.

Pflanzenfaserstoffe verhelfen auch dem Darm zu optimaler Funktion und sorgen für eine regelmäßige Verdauung, und das wiederum ist wesentlich für den Erfolg unserer Bemühungen um fortlaufende Entgiftung. Sie sorgen dafür, dass fortlaufend Toxine aus dem Körper ausgeschieden werden. Ein Bericht im Journal of the National Cancer Institute (JNCI, dt.: *Journal des Nationalen Krebs-Instituts*) legt nahe, dass jemand, der seine tägliche Ballaststoff-Aufnahme um 13 Gramm erhöht, damit sein Darmkrebs-Risiko um 31 Prozent senkt.[3] Die Lösung besteht nicht darin, einer Ernährungsweise, welche die für uns so entscheidend wichtigen Pflanzenfasern schmerzlich vermissen lässt, zur Stuhlregulierung gelegentlich ein einzelnes Nahrungsergänzungsmittel wie Metamucil (Ballaststoffe aus indischen Flohsamenschalen) hinzuzufügen. Die Amerikaner geben alljährlich 725 Millionen Dollar allein für Abführmittel aus.[4] Da läuft doch ganz eindeutig etwas schief! Wir müssen uns stattdessen darauf konzentrieren, den Anteil an *ballaststoffreichen Lebensmitteln* in unserer Nahrung zu erhöhen! Der Durchschnittsamerikaner und die Durchschnittsamerikanerin nehmen pro Tag mit ihrem Essen lediglich 8 bis 14 Prozent Pflanzenfasern zu sich. Bei Ihnen wird das dank einer pflanzlichen Ernährungsweise wie der des Beauty-Detox-Plans wesentlich mehr sein – bis zu 40 Gramm Ballaststoffe oder sogar noch darüber![5]

Es ist nicht schwierig, seinem Mittag- oder Abendessen einen Salat voranzustellen, wenn man im Restaurant isst oder sich die Mahlzeiten zu Hause zubereitet. Hier ein paar

praktische Beispiele, wie unser Prinzip „Vorweg immer etwas Basisches!" im Alltag aussehen kann:

VORWEG:	GEFOLGT VON:
Stangenselleriestücke	Haferflocken zum Frühstück
Grüner Salat	Gedämpfte Gemüse und Vollkornreis zu Mittag
Grüner Salat	Sandwich mit Avocado und Gemüse zu Mittag
Rote Paprika und Karottenstifte	Sushi Avocado-Maki zu Mittag
Grüner Salat	Fisch mit Brokkoli zu Abend

KEIN KALORIENZÄHLEN MEHR!

Ich habe eine gute Nachricht für Sie: Wir werden keine Kalorien mehr zählen. Ja, Sie
haben richtig gehört: *Kein Kalorienzählen mehr!* Generationenlang waren die Menschen
schlank und gesund, ohne je auch nur eine einzige Kalorie gezählt zu haben. Wenn wir
uns alte Fotos anschauen, von der Jahrhundertwende bis, sagen wir mal, in die 1950er-Jahre
– ist es nicht verblüffend, wie vergleichsweise schlank alle darauf sind? Fettleibigkeit war
kein weit verbreitetes Problem, und niemand zählte Kalorien (und auch nichts anderes,
wie etwa Gramm Eiweiß oder Kohlenhydrate). Und niemand aß all diese verarbeiteten
Lebensmittel und fettarme, kalorienarme „Diät"-Mahlzeiten!

Das Zählen von Kalorien ist tatsächlich eine moderne Erfindung und nicht das Maß aller Dinge. Glücklicherweise, denn es ist so restriktiv und macht es uns unnötig schwer, mit
unserem Gewicht klarzukommen! Außerdem bietet Ihnen das Zählen der Kalorien keine
Sicherheit dafür, dass Sie Lebensmittel essen, die Ihrer Schönheit förderlich sind oder Sie
dabei unterstützen, Ihren Körper von altmachendem säurehaltigem Schlamm zu reinigen.
Wir wollen ja grundsätzlich schon weniger Kalorien zu uns nehmen – unserer Gesundheit
und unserem Gewicht zuliebe. Und die tolle Nachricht lautet: Wir brauchen uns aber nicht
zwanghaft darauf zu fixieren. Wenn Sie Ihren Körper mit hochwertigen, nährstoffreichen
Lebensmitteln füttern, geschieht das alles ganz auf natürliche Weise.

Jetzt fragen Sie sich vielleicht: *„Alles gut und schön, aber wie viel soll ich dann essen?"*
Den meisten von uns ist das Gefühl für echten Hunger und die „Treibstoff"-Menge, die
unser Körper tatsächlich braucht, so weit abhandengekommen, dass wir es gar nicht mehr
spüren, wann wir wirklich hungrig oder satt sind. Wenn wir mit unserer Körperreinigung

begonnen haben, wird unser System die angebotenen Nährstoffe optimal aufnehmen, und wir werden uns schneller satt fühlen. Gleichzeitig werden wir auf Lebensmittel mit höchster Nährstoffdichte und großem Ballaststoffreichtum umsteigen, die uns in jeder Hinsicht sättigen werden, aber wesentlich weniger Kalorien haben – ob wir sie nun bewusst zählen oder nicht.

In Teil 2, *„Ihr Beauty-Plan"*, gebe ich Ihnen für den Anfang Portions-Richtgrößen an die Hand. Aber es ist nicht mein Anliegen und Ziel dieses Buchs, Ihnen aufs Gramm und die Kalorie genau vorzurechnen, wie viel wovon Sie essen sollen. Diese Zahlen werden immer schwanken, abhängig davon, an welcher „Ernährungsweise" Sie sich ausrichten … Abgesehen davon ist ein solches Zahlenwerk ausgesprochen unübersichtlich! Und wie wir alle wissen, führt die Kalorienzählerei langfristig nicht zu stimmigen Ergebnissen: Da ist immer dieses entmutigende Rauf-und-Runter auf der Waage.

Lassen Sie uns die Auswahl unserer Lebensmittel und ihrer Mengen also lieber auf eine breitere Basis stellen, und nicht nur von einzelnen Zahlen abhängig machen. Solange wir unserem Prinzip „80 Prozent basisch wirkende – und 20 Prozent Säure bildende Nahrung" treu bleiben, werden wir automatisch weniger Kalorien zu uns nehmen, da sich die Menge unserer konzentrierten Nahrungsmittel mit hoher Kaloriendichte insgesamt verringert.

❀ SCHÖNHEITSTIPP

Seien Sie vorbereitet!

Das Prinzip „Vorweg immer etwas Basisches!" zu befolgen, ist von entscheidender Wichtigkeit. Ich weiß, wir alle sind in unserem Alltagsleben sehr beschäftigt, und es ist Ihnen vielleicht nicht immer möglich, sich vor jeder Hauptmahlzeit einen grünen Salat herzurichten. Wie können Sie denn nun trotzdem an Ihrem Beauty-Detox-Plan festhalten, wenn Sie auswärts essen oder auf Reisen sind? Indem Sie vorausplanen. Ein Beispiel: Sie gehen mittags mit Ihren Kollegen zum Chinesen – und Sie wissen, dass es dort mit rohem Gemüse nicht so weit her ist. Planen Sie also voraus, nehmen Sie morgens ein paar Mohrrüben oder Stangenselleriestücke mit ins Büro und knabbern Sie sie in der Stunde vor dem Mittagessen. Wenn ich auf Reisen bin und weiß, dass ich unterwegs bestimmt nicht werde optimal essen können, habe ich immer ein paar Clementinen oder Karottenstifte dabei, die ich „einwerfen" kann, um meinen Magen vor der Mahlzeit auszukleiden. Ich kaufe auch gerne Babyspinat im Beutel, da kann ich mir leicht immer eine Handvoll aus dem Kühlschrank holen und nebenbei futtern, während ich etwas anderes zubereite, oder ich zaubere daraus in 30 Sekunden einen ganz einfachen Salat.

❀ SCHÖNHEITSTIPP

Finger weg von Süßstoffen!

Künstliche Süßstoffe stehen im Mittelpunkt hitziger Debatten und werden mit potenziellen Gesundheitsrisiken in Verbindung gebracht, unter anderem Aspartam (Canderel, Equal und NutraSweet), Sacccharin (Sweet 'N Low) und Sucralose (Splenda).

Beginnen wir mit dem Aspartam, im Handel auch unter den Namen Canderel, Equal und NutraSweet vertreten. Bis zum Jahr 1994 wurden der Food and Drug Administration 6.888 Fälle von Nebenwirkungen bei Aspartam gemeldet – das machte sagenhafte 75 Prozent aller Beanstandungen im nicht-medikamentösen Bereich aus, mehr als irgendein anderer Lebensmittelzusatz in der Geschichte der Behörde je auf sich gezogen hatte.[6] Aspartam ist ein Excitotoxin (vom Lateinischen *excitare* „aufschrecken", „erregen"), eine toxisch wirkende Substanz, die in hohen Konzentrationen Nervenzellen übererregen kann. Das heißt, die Neuronen feuern mit so hoher Frequenz und Dauer, dass die Zelle erschöpft wird und abstirbt. Aspartam ist eine Verbindung aus Asparaginsäure, Methylester (der zu Formaldehyd und Ameisensäure aufgespalten wird) und Phenylalanin. Wie Studien gezeigt haben, kann Aspartam trotz der Tatsache, dass es selbst keine Kalorien hat, zur Gewichtszunahme führen. Nach Ansicht einiger Forscher regen die beiden Hauptbestandteile des Aspartams, Phenylalanin und Asparaginsäure, die Ausschüttung von Insulin und Leptin an, diese beiden Hormone bewegen unseren Körper dazu, Fett einzulagern.[7] Eine Studie zeigte, dass die Aufnahme einer hohen Dosis von Phenylalanin unseren Serotoninspiegel absenken kann[8], dieser Neurotransmitter ist neben zahlreichen anderen Funktionen auch für die Übermittlung des Sättigungsgefühls zuständig. Ein niedriger Serotoninspiegel kann sogar Heißhungerattacken auslösen.

Saccharin ist in dieser Hinsicht auch nicht besser. Eine Studie des Ingestive Behavior Research Center der Universität von Purdue kam zu dem Schluss, dass der Verzehr mit Saccharin gesüßter Speisen zu einer größeren Gewichtszunahme und mehr Körperfett führt, als es bei denselben Speisen unter Zugabe von Zucker der Fall wäre.[9]

Und wie steht es mit dem neuen, populären Süßstoff Sucralose, auch bekannt als Splenda? Forscher des Medical Center der Duke University in Durham veröffentlichten im *Journal of Toxicology und Environmental Health* („Journal für Toxikologie und Umweltgesundheit") eine Studie, die besagte, dass Sucralose den Bestand der guten Darmbakterien um 50 Prozent vermindert und in Laborversuchen zu einer Gewichtszunahme der Probanden beigetragen hat.[10]

Am besten meidet man all diese künstlichen Süßstoffe – wie auch die Produkte, worin sie enthalten sind, denn die potenziellen Gesundheitsrisiken sind einfach zu groß und zu zahlreich! Die bessere Wahl bei einem kalorienfreien Süßungsmittel ist Stevia, das aus dem „Süßkraut", der *Stevia rebaudiana*, gewonnen wird. Eine andere gute Alternative bietet das Xylitol, ein sogenannter Zuckeralkohol mit geringem Kaloriengehalt und niedrigem glykämischem Index, der natürlich in den Fasern vieler Früchte (z. B. in Erd- und Himbeeren) und Gemüse (z. B. in Blumenkohl) vorkommt. Xylitol ist Bestandteil einiger Zahn-Kaugummis, es soll dazu dienen, die Menge der Kariesbakterien an den Zahnoberflächen zu reduzieren.

Ist Ihnen schon mal aufgefallen, dass weder Äpfel noch Korianderkraut Etiketten mit Nährwertangaben tragen? Je mehr naturbelassene, unzerteilte und unverarbeitete Lebensmittel wir in unsere Ernährung einbauen, Lebensmittel, die sehr viel leichter verdaulich sind und Schönheits-Energie freisetzen, desto weniger müssen wir uns über Kalorienzahlen den Kopf zerbrechen. Mit zunehmend alkalischem Milieu wird unser Körper die Vitamine und Mineralstoffe, die wir ihm reichlichst zuführen, besser aufnehmen. Wir werden auch den Dreckschlamm in unseren Radspeichen fortlaufend herausputzen, der ja – wie wir wissen – die wirkliche Ursache für den Alterungsprozess bildet!

Wenn sie abnehmen wollen, essen die meisten Menschen kleine, abgezirkelte Portionen von Lebensmitteln mit geringer Nährstoffdichte und geringem oder ganz ohne Ballaststoffanteil. Deswegen haben sie fast ständig Hunger und das Gefühl, zu kurz zu kommen. Und solche Diäten verschlimmern die Situation noch, indem sie den Alterungsprozess fördern und Giftstoffe im Körper bilden. Fleisch, Milchprodukte und raffinierte Kohlenhydrate sind so reich an Kalorien und so arm an Ballast- und Nährstoffen, dass sie es uns nahezu unmöglich machen, mit ihrem Verzehr nicht auch noch massenweise Kalorien „einzufahren". Oder wir halten ein wachsames Auge auf die Kalorien, die wir zu uns nehmen, und fühlen uns andauernd elend, weil wir immerfort ans Essen denken und von diesem Gedanken ganz besessen werden! Die wundervolle Nachricht für Sie: Mit dem Beauty-Detox-Plan können Sie Unmengen essen, aber Sie werden lernen, wirklich gesunde Lebensmittel zu wählen, die Ihren inneren Reinigungsprozess unterstützen und Ihnen den Bauch mit Nähr- und Ballaststoffen füllen. Von jetzt an brauchen Sie nie wieder eine einzige Kalorie zu zählen!

DIE BEAUTY-FOOD-KOMBINATIONEN

Das Prinzip der Beauty-Food-Kombinationen (BFK) ist in seiner Wirkung so machtvoll, dass es schon für sich allein genommen Ihr ganzes Leben verändern kann. Wenn Sie es exakt befolgen, werden sich Ihre Schönheit und Ihre Gesundheit immer weiter vervollkommnen.

Den *Schlüssel* dazu bildet das Verständnis dessen, dass es nicht entscheidend ist, was wir essen, sondern was davon unser Körper *verwerten kann*. Wenn wir die Vitamine und Mineralstoffe aus unserem Nachmittags-Apfel nicht aufnehmen, kann er weder unser Hautbild verbessern oder unser Immunsystem stärken noch sonst irgendetwas Nützliches für uns tun. Wir müssen unser Augenmerk immer auf die *Verwertbarkeit* unserer Nahrung richten.

Folglich reicht es nicht, wenn wir die Nährwertangaben auf einer Lebensmittelpackung studieren, um die Menge an Nährstoffen, Eiweiß und Vitaminen in diesem bestimmten Essen zu ermitteln, und dann davon ausgehen, dass wir durch dessen Verzehr mit genau den Mengen an Nährstoffen versorgt werden, die das Etikett auflistet. Wir müssen unsere Mahlzeiten gründlich und vollständig verdauen, um uns die darin enthaltenen Nährstoffe wirklich „einzuverleiben". Viele von uns verdauen ihr Essen nicht richtig und kommen daher auch nicht an sämtliche darin enthaltenen Nährstoffe heran.

Die Temperatur unseres Körpers liegt bei 37 Grad Celsius, und es finden darin verschiedene biochemische Reaktionen statt, die alle mitberücksichtigt werden müssen. Ein Lebensmittel für sich genommen zu beurteilen, ist etwas völlig anderes, als seine Eigenschaften zu bewerten, nachdem es der Körper verdaut und aufgespalten hat. Aufgrund unserer hohen Betriebstemperatur erhöht sich mit zunehmender Verweildauer eines Lebensmittels im Körper die Wahrscheinlichkeit, dass dessen Überreste „zusammenbacken", hängen bleiben und dadurch zur Bildung von *Schlamm* beitragen.

Beauty-Food-Kombinationen, die die strikten und richtigen Grundsätze klassischer Ernährungslehren miteinschließen – welche Lebensmittel harmonieren am besten und welche Zusammenstellungen sollten um jeden Preis vermieden werden – wirken sich unmittelbar darauf aus, wie leicht und wie gründlich unser Körper Nahrungsmittel aufzuspalten vermag, wodurch sie uns große Mengen an Energie sparen. Denken Sie daran:

MEHR ENERGIE = MEHR SCHÖNHEIT

Beauty-Food-Kombinationen erscheinen heutzutage selten als Thema in der öffentlichen Diskussion, auch die meisten der gerade angesagten „Ernährungspäpste" tun sie ab, mit der Begründung, wir Menschen seien Allesfresser und sollten daher unsere gesamte Nahrung auch verdauen können. Aber immerhin füttern die meisten von uns ihren Körper jeden Tag aufs Neue mit Unmengen unterschiedlicher Lebensmittel, die dann alle auch noch zur selben Zeit im Magen vermengt werden. Eine unglaublich schwere Verdauungslast, die wir unserem Körper da aufbürden! Nein, natürlich fallen wir nicht auf der Stelle tot um … doch was kostet uns dieses Verhalten langfristig? Als Gesellschaft werden wir *fett* und *altern schnell*. Das ist wirklich nicht gerade hitverdächtig! Wenn wir uns wunderbar fühlen und auch so aussehen wollen, müssen wir uns etwas anderes und Besseres einfallen lassen, als das, was wir bisher getan haben. Dieses „Etwas anderes" schließt die Optimierung unserer Verdauung mit ein, um Unmengen an Schönheits-Energie freizusetzen!

Nicht einmal in den als progressiv geltenden Ernährungsbewegungen, wie etwa bei den Rohkost-Fans, spielen die BFK eine Rolle. Ich bin wirklich überzeugt, dass eine ganze

Reihe Rohkostler diese Kenntnisse zu ihrem Vorteil anwenden könnte. Viele meiner Klienten ernähren sich mehr oder weniger ausschließlich von Nahrungsmitteln im Rohzustand und kämpfen trotzdem immer noch mit Gewichtsproblemen und Energiedefiziten (und ihr Aussehen ist auch nicht immer so berauschend). Und das ist kein Wunder, denn es gibt viele energieraubende, schlecht zusammengestellte Rohkostmahlzeiten.

Auch ich selbst habe das Thema „Beauty-Food-Kombinationen" jahrelang nicht zur Kenntnis genommen. Als ich meine Ernährung stärker auf Rohkost umstellte, hoben sich mein Gesundheits- und mein Energieniveau gewaltig, doch ab einem bestimmten Punkt stockte diese Entwicklung. Ich hatte etwas wie einen „Belag" auf meinen Muskeln und meinem Unterleib … und ich wollte diese letzten fünf Pfund abwerfen. Außerdem hatte ich Gase im Bauch und Blähungen. Meine Haut hätte auch zarter und strahlender sein können. Und warum hatte ich eigentlich manchmal Pickel? Hieß es nicht, eine überwiegend auf planzlicher Rohkost basierende Ernährung sei so „sauber", dass sie mit all dem aufräumen würde? Irgendetwas war da faul.

Wie die meisten bekennenden Rohkost-Fans hatte auch ich von Trennkost gehört, und – naja, die meisten Menschen kannten nicht einmal den Begriff – zunächst beschlossen, sie geflissentlich zu ignorieren. Meine allererste Reaktion war: „Ich habe doch schon so viele Lebensmittel von meinem Speisezettel gestrichen. Und das hört sich gerade so an, als würde es meine Auswahlmöglichkeiten noch weiter einschränken!" Trotzdem entschied ich mich dann dafür, das Ganze mal im Selbstversuch zu testen.

Und? Dreimal dürfen Sie raten! *Ich war platt, wie toll das funktionierte!* Wie das Sprichwort sagt: „Probieren geht über studieren!" Nichts ist so authentisch wie persönliche Erfahrung. Mein Energielevel schnellte in die Höhe. Ich wurde besagte fünf Pfund los, und das ist ohne Probleme bis heute so geblieben. Meine Haut begann zu strahlen, sämtliches Gas verschwand aus meinem Bauch, und mein Körper sah viel straffer aus – ohne dass ich sonst irgendetwas dafür unternommen hätte! Das traf vor allem auf meine Oberarme zu, an denen ich mir immer wohlgeformte Muskeln gewünscht hatte. Ich war auf einer ganz neuen Stufe von Gesundheit und Schönheit angelangt.

Die wahre Schönheitsgeschichte

Ava lächelt

Meine Klientin Ava Bloomquist ist 62 und das, was man als „Brooklyner Urgestein" bezeichnen würde. Sie ist allem gegenüber sehr skeptisch und bringt mich immer zum Lachen mit ihren ulkigen Grimassen, zum Beispiel wie sie die Augen zusammenkneift, wenn ich ihr etwas erzähle, das sie nicht glaubt – oder wenigstens nicht sofort. Als ich ihr zum ersten Mal sagte, wir würden keine Kalorien zählen, legte sie mehr als ihren üblichen Unglauben an den Tag. „Woher will ich dann wissen, wieviel ich essen soll, wenn Sie nicht in der Nähe sind?" rief sie aus. „Ich zähle meine Kalorien schon seit Jahrzehnten." „Hat aber nicht so rasend viel gebracht, oder?" neckte ich sie. Sie war ehrlich besorgt, sie könnte zu viel essen, denn eines ihrer Hauptziele bestand darin, 30 Pfund abzunehmen.

Sie begann mit dem Beauty-Detox-Plan und stellte schnell mit Begeisterung fest, dass sie auch ohne Kalorienzählen Gewicht verlor. Wir konzentrierten uns darauf, dass Ava jede Mahlzeit mit rohem Gemüse begann und waren darauf aus, dessen Anteil an ihrer Ernährung zu erhöhen. Ihre übliche Flut von Knabberzeug zum Frühstück ersetzten wir durch den „Glowing Green Smoothie" (auf den gehe ich später genauer ein), danach gab es ein paar ihrer geliebten glutenfreien Cracker. Zu Mittag aß sie meistens einen grünen Salat mit Gemüse und einer Avocado, danach irgendeine fleischlose Suppe.

Avas Körper ist mittlerweile besser im Gleichgewicht, und ihre Heißhungerattacken werden immer seltener. Wir arbeiten nun seit sechs Monaten zusammen, und sie hat inzwischen mehr als 25 Pfund verloren! Sie nimmt kontinuierlich ab – und was entscheidend ist: Sie nimmt langfristig nicht wieder zu! Früher, als sie Kalorien zählte und irgendwelche Diätvorschriften befolgte, hatte sie das mühsam abgeworfene Gewicht schon bald wieder drauf, aber diesmal ist es anders. Jetzt schenkt sie mir öfter ein Lächeln, als mir eine Grimasse zu schneiden!

Mittlerweile praktiziere ich die Methode der Beauty-Food-Kombinationen schon seit Jahren – wenn ich heute in schlechte alte Gewohnheiten zurückfalle und eine falsch zusammengestellte Mahlzeit esse, bekomme ich einen Blähbauch wie ein zu prall gefüllter Luftballon und fühle mich erschöpft. Mein Körper ist zum BFK-Snob geworden, er hat sich daran gewöhnt, die bestverdaulichen Mahlzeiten zusammengestellt zu bekommen. Neulich war ich in Los Angeles und besuchte ein auf Rohkost spezialisiertes Café. Der Besitzer bereitete mir eine Rohkost-Mahlzeit zu – einen Mischmasch aus frischem Obst, Trockenobst, Nüssen und gequollenem Getreide. Nachdem ich eine kleine Schüssel voll davon verspeist hatte, fühlte ich mich derart unwohl und aufgebläht, dass ich um Entschuldigung bat und zu meinem Wagen ging, um mich einen Moment auszuruhen – und dämmerte dort tatsächlich für zwanzig Minuten weg! Alle fragten sich, was denn mit mir los gewesen sei. In so einen Zustand möchte ich durch ein Essen wirklich nicht geraten!

Längst habe ich die Beauty-Food-Kombinationen an meine Klienten weitergegeben, und sie haben ihnen ungeheuren Nutzen gebracht. Probieren Sie sie an sich selbst aus und verabschieden Sie sich von Blähungen, beobachten Sie, wie Ihre Pfunde purzeln und wie Ihr Teint immer strahlender wird. Und übrigens: Wenn Sie erst einmal den Bogen raushaben, werden Sie die BFK *in keiner Weise* als einschränkend empfinden!

Die Beauty-Food-Kombinationen funktionieren und das unglaublich gut. Sie können das Konzept auf alle Ernährungsweisen anwenden, und es wird bei allen von größtem Nutzen sein – ob Sie nun Fleisch essen, Fisch, überwiegend Rohkost oder eingeschworene(r) VeganerIn sind. Obwohl die BFK in den Ernährungslehren der westlichen Welt nur selten auftauchen und Ihr Arzt sie möglicherweise mit einem Achselzucken abtun wird, entwertet sie das nicht im Geringsten. Bedenken Sie, dass sich der durchschnittliche Allgemeinmediziner während seines Studiums vielleicht gerade mal zwei Wochen mit der Ernährung befasst hat – wenn überhaupt. Eine Studie besagt, dass in den USA nur rund 25 Prozent der medizinischen Fakultäten Seminare oder Praktika in den Ernährungswissenschaften fordern[11], und wenn Wahlkurse angeboten werden, schreiben sich immer nur wenige Studenten dafür ein. Es ist einfach kein ärztliches Fachgebiet, auch wenn Ärzte hohe Qualifikationen in anderen Bereichen besitzen. Folglich sollten wir uns mit unseren Fragen an Ernährungsfachleute wenden – die kennen sich wirklich aus, weil sie sich seit Jahren mit den Grundlagen der Trennkost beschäftigen.

WIE DIE BEAUTY-FOOD-KOMBINATIONEN FUNKTIONIEREN

Wenn Sie Gewicht verlieren und Ihre größtmögliche Schönheit entfalten wollen, müssen Sie Energie aus dem Verdauungsprozess freisetzen. Zusätzlich zur Auswahl unserer Nahrung als solcher können wir die Schönheits-Energie erhöhen oder kappen, je nachdem in welcher Reihenfolge wir die Lebensmittel zu uns nehmen und welche Lebensmittel wir miteinander kombinieren. Denken Sie daran:

MEHR ENERGIE = MEHR SCHÖNHEIT

Eines der größten Leiden der westlichen Welt ist der chronische Energiemangel ihrer Menschen. Ein solcher Energiemangel kann zu einem deprimierenden Teufelskreis aus Überessen, permanentem Herumnaschen und dem Verlangen nach klebrig süßen, koffeinhaltigen Getränken führen, in dem verzweifelten Bemühen, sich mit Energie aufzuladen und somit seinen Tag ohne Kämpfe durchzustehen. Darüber hinaus sorgt ein Mangel an

Energie – wie Sie wissen – dafür, dass wir überschüssiges Gewicht festhalten und weniger schön aussehen. Und weshalb sind wir so müde? Weil wir unsere Lebensmittel nicht richtig kombinieren.

Die BFK gründen auf den wissenschaftlichen Erkenntnissen darüber, wie Essen im Körper *optimal* verdaut wird. Unterschiedliche Nahrungsmittel werden mithilfe unterschiedlicher Enzyme verdaut, und einige bedingen ein stärker säurehaltiges oder ein mehr basisches Milieu. Dr. Herbert M. Shelton gilt allgemein als der führende Trennkost-Experte. Er verbrachte Jahre mit dem Studium der Enzyme, damit, wie Verdauungsenzyme als Katalysatoren die Aufspaltung von Nahrung beschleunigen – die Hauptgrundlage der Beauty-Food-Kombinationen. Wie Dr. Shelton erläutert, „ist jedem Physiologie-Studenten die Tatsache bestens bekannt, dass die Verdauungsenzyme spezifische, klar definierte Funktionen und Wirkungsbereiche haben und dass zur Verdauung unterschiedlicher Nahrungsmittelarten unterschiedliche Verdauungssäfte abgesondert werden."[12]

Melanie steckt voller Elan

Die wahre Schönheitsgeschichte

Meine Klientin Melanie ist 39 Jahre alt und durch ihren Job bei einem Finanzdienstleister immer unterwegs. Auf ihr lastet ein großer Druck: Sie muss ständig Hochleistung bringen, gute Geschäftsabschlüsse tätigen und ihre Treffen mit Kunden erfolgreich über die Bühne bringen; das viele Reisen addiert sich dann noch zu dem ganzen Stress. Zu den wenigen Dingen, die Melanie das Gefühl von Beständigkeit und Behaglichkeit vermitteln, gehören ihre Lieblingsspeisen, auf die sie gern zurückgreift. Sie weiß, dass sie einige davon immer im Flughafen oder in der ersten Klasse der Fluglinien bekommt.

Wir mussten rasch arbeiten und einen guten Ernährungsplan für sie aufstellen, denn Melanie befand sich in einer Abwärtsspirale. Sie war unglaublich gestresst, ihr Energielevel extrem niedrig, zudem plagten sie heftige Blähungen, ihre Haut war stark gereizt und sah schrecklich aus. Es war nicht der richtige Zeitpunkt für eine umfassende Ernährungsumstellung, doch wie ich schon bei einem flüchtigen Blick auf ihren Speiseplan erkannte, konnten wir daraus ganz leicht einen neuen für Melanie zurechtschneidern, indem wir einfach *Reihenfolge und Kombination* ihrer Nahrungsmittel veränderten, nicht die Nahrungsmittel als solche.

Ich sprach Melanie etwa vier Wochen danach wieder, und sie war ganz aus dem Häuschen! Sie steckte voller Tatendrang und hatte allein durch die Veränderung der Zusammenstellung ihrer Mahlzeiten sieben Pfund verloren – hauptsächlich alte Abfallstoffe, die in ihrem Körper eingeschlossen gewesen waren! Jetzt hat sie ihr Idealgewicht, und ihr Körper wirkt wesentlich geschmeidiger. Sie besitzt Energie ohne Ende und ist so glücklich darüber, dass sie nicht alle ihre vertrauten „Trostessen" aufgeben musste, um so toll auszusehen und sich so großartig zu fühlen wie jetzt.

Während ihrer 35-jährigen Forschungen auf dem Gebiet der Ernährung ist Dr. Ann Wigmore, die Begründerin des „Living Foods Lifestyle®", zu der felsenfesten Überzeugung gelangt, dass „eine vernünftige Trennkost wesentlich ist für eine gute Gesundheit".[13] Ich besuchte die Seminare über Trennkost im Rahmen des Programms, das ich in ihrem Institut in Rincón, Puerto Rico, absolvierte. Die Grundlagen der Trennkost werden auch am Hippocrates Institute in West Palm Beach, Florida, gelehrt, einem renommierten und weltbekannten Heilungszentrum. Der berühmte Arzt und Physiologe Dr. Iwan Pawlow (Erforschung des Verhaltens von Hunden und die Entdeckung des bedingten Reflexes: „Pawlowscher Hund") umriss die Grundzüge einer sinnvollen Trennkost in seinem Buch *Die Arbeit der Verdauungsdrüsen*, das 1902 erschien. Auch sein Zeitgenosse Prof. Dr. Philip Norman, ein prominenter Spezialist für Magen-Darm-Krankheiten, widmete sich dem Thema und hob vor allem hervor, dass Trennkost die Verdauung effektiver mache.[14] In *Fit for Live* (dt. *Fit fürs Leben*), ihrem 1985 erschienenen, sehr populären Buch treten Harvey und Marilyn Diamond, beide Vertreter der im 19. Jahrhundert aufgekommenen Natural-Hygiene-Bewegung, ebenfalls für das Trennkost-Prinzip ein, genauso Dr. Norman Walker in vielen seiner Artikel.[15]

Und wie funktionieren nun eigentlich die Beauty-Food-Kombinationen? Lassen Sie uns direkt ins Thema eintauchen!

SCHÖNHEITSREGEL NR. 1: UNSER KÖRPER KANN IMMER NUR EIN KONZENTRIERTES, WASSERARMES NAHRUNGSMITTEL AUF EINMAL VERDAUEN.

Eine Möglichkeit, sich eine Übersicht „einfacher" Lebensmittel zu verschaffen, bietet die Unterteilung in „konzentrierte" und „nicht-konzentrierte". Als konzentrierte Lebensmittel bezeichnen wir solche, die kein oder kaum Wasser enthalten. Nicht-konzentrierte Lebensmittel sind solche mit einem hohen Wassergehalt; als „echte" nicht-konzentrierte können nur reifes Obst und stärkelose Gemüsesorten gelten.

NICHT-KONZENTRIERTE LEBENSMITTEL	KONZENTRIERTE LEBENSMITTEL
Reifes Obst	Alle Stärken (Getreide, stärkehaltige Gemüse, Brot etc.)
Stärkelose Gemüsesorten	Alle Eiweiße (Fisch, Huhn, Fleisch, Samen, Nüsse etc.)

Kurz und bündig: Alles, was kein Obst oder stärkeloses Gemüse ist, zählt zu den konzentrierten Lebensmitteln. Ist Ihnen dazu etwas eingefallen? Das dachte ich mir. Ein paar „Ausreißer" sind Nüsse, Bagels, Joghurt, Toast, Rühreier, Eiscreme, Leinsamen-Cracker, Erdnussbutter, Hummer und einiges mehr.

Zur Verdauung unterschiedlicher Nahrungsmittelarten sondert der Magen unterschiedliche Verdauungssäfte ab. Nicht-konzentrierte Lebensmittel kann er wesentlich leichter verdauen als konzentrierte. Unser Körper kommt zwar mit den meisten konzentrierten Lebensmitteln gut zurecht, doch um unsere Verdauung zu optimieren, dürfen wir *immer nur eine Sorte pro Mahlzeit* essen. Es zieht unserem Körper mächtig viel Schönheits-Energie ab, wenn wir von ihm verlangen, zwei Sorten konzentrierte Lebensmittel innerhalb einer Mahlzeit zu bewältigen. Als Erstes werden wir uns den beiden Haupttypen von konzentrierten Lebensmitteln zuwenden, den Stärken und den Proteinen, und das bringt uns gleich zur nächsten Schönheitsregel:

SCHÖNHEITSREGEL NR. 2: EIWEISSE UND STÄRKEN VERTRAGEN SICH NICHT.

Beim Lesen dieser Worte kommen Ihnen vielleicht die Bilder einiger Lieblings- oder lang vertrauter Lebensmittelkombis in den Sinn: Bagels mit Frischkäse, Truthahn-Sandwiches, Toast mit Ei, Sushi-Rollen, gegrillter Fisch mit Wildreis, Filet Mignon mit Kartoffelgratin, Hühnchen auf Thai-Art mit Reisnudeln … Ja, das sind allesamt unzulässige Zusammenstellungen!

Ich hasse es, schlechte Nachrichten überbringen zu müssen, allerdings weiß ich, dass es hier und jetzt in Ihrem ureigensten Interesse geschieht. Vergessen Sie was war, vergessen Sie all die Jahre, in denen Sie Ihre Mahlzeiten falsch zusammengestellt haben. Erst wenn wir mehr wissen, können wir etwas ändern! Und – erinnern Sie sich an Melanies Geschichte – wir müssen uns nicht von unseren Lieblings-Trostessen verabschieden. Wir können sie weiterhin essen – *in Maßen und natürlich nicht alle auf einmal!*

Um verstehen zu können, weshalb sich Eiweiß und Stärke nicht gut vertragen, müssen Sie zuerst wissen, wie diese konzentrierten Nahrungsmittel von Ihrem Körper verdaut werden.

EIWEISS: Um konzentriertes Eiweiß aufspalten zu können, muss der Magen ein *saures* Milieu produzieren, ein Milieu, das Salzsäure beinhaltet und ein Enzym namens Pepsin.

BEISPIELE FÜR EIWEISS:		
Huhn und Eier	Fisch und Schalentiere	Eiweiß-Pulver aller Arten, auch Molke, Soja, Hanf etc.
Milchprodukte (außer Butter)	Fleisch	Samen und Nüsse

STÄRKE: Die Aufspaltung von Stärke beginnt mit dem Enzym Ptyalin (Speichel-Amylase), das nur in einem *basischen* Milieu effizient arbeiten kann.

BEISPIELE FÜR STÄRKE:			
Cracker	Nudeln	Getreideflocken	Brot
Getreide (Reis, Weizen, Quinoa, Hirse etc.)			
Stärkehaltige Gemüse wie Yamswurzeln, Süßkartoffeln, weiße Kartoffeln			

Jetzt denken Sie bitte mal zurück an Ihren Chemieunterricht in der Oberstufe: Was passiert, wenn man eine Säure und eine Base zusammenbringt? *Sie neutralisieren sich gegenseitig.* Um es mit den Worten von Dr. Norman Walker zu sagen, Kohlenhydrate und Eiweiß innerhalb einer Mahlzeit zu verzehren, führt zu einer „schwer regulierbaren chemischen Ausgangslage."[16]

Wenn sich unser Essen nun nicht mehr auf natürliche Weise aufspalten lässt, was sollen unsere armen Drüsen dann tun? Unser Magen muss beim Versuch, das Essen aufzuspalten, mehr Verdauungssäfte absondern, doch da – sozusagen auf der anderen Seite – gegensätzlich „gepolte" Enzyme am Werk sind, werden sie immer wieder neutralisiert. Die Verdauung der Kohlenhydrate wird durch das Vorhandensein der säurehaltigen Verdauungssäfte behindert, und zugleich lassen sich die Proteine nicht richtig bzw. vollständig verdauen, weil die basisch wirkenden Verdauungssäfte auch „mitmischen".

Dieser ineffiziente Verdauungsprozess dauert endlose Stunden, und das kostet uns Unmengen an Schönheits-Energie. Nach dem Essen werden wir fast schlagartig müde, weil unsere gesamte Energie direkt in unseren Bauch abzischt. Das ist ungefähr so, als bliebe ein schöner Ferrari mit durchdrehenden Reifen im Matsch stecken. Ganz gleich, wie fest wir aufs Gaspedal treten, der Wagen rührt sich nicht vom Fleck, die Räder drehen

weiter durch, und das vergeudet natürlich auch weitere Energie. Zusätzlich leiden wir vielleicht noch unter Völlegefühl, unter Blähungen und/oder Sodbrennen. Weil wir ziemlich rasch nach dieser falsch kombinierten Mahlzeit müde werden, zieht das einen quälend mühsamen Nachmittag mit etlichen Ausflügen zur firmeneigenen Kaffeemaschine oder in einen Coffeeshop nach sich – vielleicht mündet er aber auch in einen langweiligen Abend vor der Glotzkiste. Klingt vertraut, oder?

Doch selbst unser gewaltiges Opfer an Schönheits-Energie rettet uns nicht wirklich – die Lebensmittel in unserer schlecht zusammengestellten Mahlzeit werden nie restlos verdaut. Und daraus ergibt sich ein größeres Problem: Je länger Nahrung in einer 37 Grad warmen Umgebung verweilt und je langsamer sie durch unseren Verdauungsapparat holpert, desto größer ist die Wahrscheinlichkeit, dass sie bei dieser hohen Temperatur in unserem Körper zusammenbackt und giftige Rückstände bildet. (Natürlich gilt hier auch das Gegenteil: Je schneller ein Lebensmittel unser System durchläuft, uns mit der ausreichenden Menge an Nährstoffen versorgt und dann wieder ausgeschieden wird, desto gesünder ist es.)

Aufgrund des langen Stillstands in unserem 37 Grad warmen Bauch wird sich viel von dem Eiweiß im Magen zersetzen, und die meisten Kohlenhydrate werden fermentiert (vergoren).[17] Jetzt haben wir es mit buchstäblich vor sich hin gammelndem Zeug zu tun. Ein Großteil der in den betreffenden Lebensmitteln enthaltenen Nährstoffe ist unwiederbringlich verloren – und wir „hängen in den Seilen", weil unser Körper bei seinem Bemühen, das Essen aufzuspalten, massenhaft Energie vergeudet.

Zersetztes Eiweiß und vergorene Kohlenhydrate sind unverwertbar für unseren Körper und werden deshalb auch nicht zu einer gesunden, schönen Zellstruktur beitragen. Wir ziehen nicht den geringsten Nutzen aus Lebensmitteln, die in dieser unsachgemäßen Weise „verdaut" werden. Wie Dr. Norman Walker treffend bemerkt: „Gärung und Zersetzung sind die dicksten Freunde des Abbaus. Beides sind natürliche Verfallsprozesse. Und genau deshalb beschleunigen sie die Alterung beim Menschen."[18]

ZERSETZTE STÄRKE + ZERSETZTES EIWEISS = MEHR GIFTIGER SCHLAMM IN UNSEREM KÖRPER

Schlecht zusammengestellte Mahlzeiten führen zu weiterem Dreckschlamm in den Radspeichen.

Einen wesentlichen Bestandteil dieses sich fortwährend weiter aufhäufenden Schlamms bilden vergorene und zersetzte Stoffe, die weitgehend aus falschen Beauty-Food-Kombinationen herstammen. Und das trübt unsere natürliche Schönheit, unseren Glanz und *macht uns alt!* Der Schlamm verlangsamt die Abläufe in unseren Körpersystemen und lädt uns Pfunde auf, vor allem um die Leibesmitte – unabhängig davon, wie viel Kalorien wir zu uns nehmen.

Wenn die Nahrung den Magen dann endlich verlässt – nach Stunden –, muss sie noch rund acht Meter Darmschlingen passieren! Und das kann zwischen zwanzig und vierzig (oder mehr) Stunden dauern.[19] Und das liebe LeserInnen, nenne ich einen gravierenden Energie-Abfluss. Und außerdem: Wenn wir die Gesetze der Beauty-Food-Kombinationen nicht befolgen, absorbieren wir nicht die größtmögliche Menge an Nährstoffen aus unserer Nahrung.

FALSCHE BEAUTY-FOOD-KOMBINATIONEN	
Hühnchenbrust (ohne Haut) mit Kartoffeln	Magerer Putenschinken auf Weizenvollkornbrot
Sushi mit Thunfisch oder Lachs	Eiklaromelett mit Vollkorntoast
Gegrillter oder gebackener Fisch auf Wildreis	Bagel mit fettarmem Frischkäse

Wir haben gelernt, diese Zusammenstellungen von Lebensmitteln als richtig – sogar als gesund! – zu betrachten. Tatsächlich gehören sie zu der altmachenden, schwer verdaulichen Sorte, die kombiniert genossen, den Schlamm in unserem Körper vermehren.

Indem Sie Eiweiß und Stärke *nicht* in derselben Mahlzeit zu sich nehmen, erhöhen Sie die Nährstoffausbeute aus Ihrem Essen und setzen so eine Menge Energie frei. Statt sich ein Energiedefizit einzuhandeln, werden Sie einen Energieüberschuss erzielen. Sie werden genug Energie besitzen, um im Job zu Ihrer vollen Form aufzulaufen, den ganzen Nachmittag ohne Extra-Tasse Kaffee durchzustehen und eine ganze Menge mehr

---

✿ SCHÖNHEITSTIPP

Sie müssen nicht immer perfekt sein!

Natürlich sieht es in der Realität so aus, dass wir unsere Mahlzeiten gelegentlich falsch zusammenstellen. Manchmal, vor allem zu Beginn der Umstellungsphase, brauchen wir einfach unser Lieblings-Sushi oder ein Thunfisch-Sandwich von unserem favorisierten Feinkosthändler oder (schluck!) einen Hamburger. Niemand erwartet von uns, dass wir immer perfekt sind. Gelegentliche Ausrutscher beim Kombinieren von Mahlzeiten sind absolut in Ordnung, solange wir uns darüber klar sind, dass sie uns einen Schritt zurückwerfen und nicht nach vorne bringen. Wenn Sie mit den BFK anfangen, werden Sie mit Begeisterung feststellen, wie viel mehr Energie Sie haben und wie viel besser Sie sich fühlen, und allein schon deswegen „Fehlkombis" vermeiden.

Falls Sie tatsächlich vorhaben, zu sündigen, verschieben Sie das am besten über den Nachmittag hinaus, am besten auf das Abendessen. (Auf dieses Thema werde ich im Abschnitt „Essen Sie von leicht nach schwer" noch näher eingehen.) Bei solchen Gelegenheiten sollten Sie die Bestandteile Ihrer Mahlzeit ausbalancieren wie auf einer Wippe: auf der einen Seite die „guten" Lebensmittel, wie Salat, Gemüse, Obst, und auf der anderen die konzentrierten, fehlkombinierten. Wenn Sie also diese „schlechten" Lebensmittel zu sich nehmen, müssen Sie das mit optimalem Essen wieder ausgleichen. Je schwerer die Seite mit dem „Junkfood", desto mehr supergesunde Sachen müssen Sie auf die andere Seite packen, um die Wippe ins Gleichgewicht zu bringen – Ihrer Schönheit zuliebe. Haben Sie also ein schweres, falsch zusammengestelltes Abendessen vor sich, essen Sie vorneweg einen grünen Salat ohne Öl. Er wird Ihren Körper dabei unterstützen, einige der Verdauungsbeschwerden zu neutralisieren, die das betreffende Abendessen hervorruft. Außerdem wird er Ihre Magenwände mit Ballaststoffen auskleiden und dabei helfen, das schwerere Essen besser zu verdauen. Und Sie werden insgesamt weniger von dem „ungesunden Zeug" essen, weil Sie durch den Salat schon ein bisschen satt sind!

Hausarbeiten zu erledigen und dann noch bildlich ein paar Runden um Ihre Mitbewohner, EhepartnerIn oder Kinder zu drehen.

In Ordnung, nun aber zu den guten Nachrichten! Erinnern Sie sich an meine Aussage, dass Sie sich nicht von allen Ihren Lieblingsspeisen verabschieden und für alle Zeiten darauf verzichten müssten? Das Tolle ist: Wir können sie nach wie vor essen, aber *eben nicht alle auf einmal!* Die Grundregel lautet: Wenn Sie ein konzentriertes Lebensmittel gegessen haben, warten Sie drei bis vier Stunden, bevor Sie sich das nächste genehmigen, sodass Ihr Körper ausreichend Zeit hat, das erste schon mal aus dem Magen zu bekommen. Dann genießen wir wieder Narrenfreiheit …

SCHÖNHEITSREGEL NR. 3: GEMÜSE SIND NEUTRAL.

Gemüse sind wundervolle, basisch wirkende nicht-konzentrierte Lebensmittel. Sie gelten als leicht verdaulich und absolut pH-neutral. Wenn Sie also gegrilltes Hühnchen lieben oder gedämpften Tilapia (Buntbarsch), kombinieren Sie das mit gedünstetem Gemüse und einem grünen Rohkost-Salat. Steht Ihnen der Sinn nach einem stärkehaltigen Gericht, wie Nudelsalat oder gebackene Süßkartoffeln, essen Sie Gemüse dazu.

SCHÖNHEITSREGEL NR. 4: ZWEI STÄRKEHALTIGE PRODUKTE GEHEN ZUSAMMEN.

Obwohl stärkehaltige Produkte zu den konzentrierten Nahrungsmitteln zählen, sind sie weniger schwer verdaulich als Eiweiß. Da einfache Mahlzeiten immer am besten sind, dürfen Sie zwei stärkehaltige Lebensmittel miteinander kombinieren.

SCHÖNHEITSREGEL NR. 5: ZWEI VERSCHIEDENE ARTEN VON TIERISCHEM EIWEISS GEHEN NICHT ZUSAMMEN.

Proteine stellen insgesamt die größte Herausforderung für unseren Körper dar, denn sie lassen sich am schwersten aufspalten. Sie bestehen aus verschiedenen sehr komplexen Aminosäuren, die unterschiedlich aufgebaut sind und dementsprechend auch unterschiedlichen Klassen angehören. Um sie verdauen oder aufnehmen zu können, muss unser Körper die ihm zugeführten Proteine in ihre Bausteine, die Aminosäuren, zerlegen. Da die Aufspaltung jedes Proteins den Körper sehr viel Energie kostet, sollten wir immer nur eine Sorte Eiweiß auf einmal zu uns nehmen. Andernfalls werden die Proteine weder vollständig noch effizient verdaut und daher in unseren Eingeweiden „vor sich hin gammeln".

Tierisches Eiweiß ist weit komplexer und daher noch schwieriger aufzuspalten als pflanzliches Eiweiß; dazu zählen Nüsse, Samen und Meeresalgen. Das bedeutet: Schönheitsregel Nr. 5 gilt nur für tierisches Eiweiß. Pflanzliche Proteine können Sie ohne Weiteres zusammenbringen, etwa Nüsse und Samen. Ganz anders verhält es sich hingegen mit tierischem Eiweiß. Fisch und Fleisch im selben Gericht, Eier mit Schinken oder eine Vorspeise aus Fisch gefolgt von einem Hauptgang mit Hühnchen – all das sind schlechte Kombinationen. Zwei verschiedene Sorten Fisch *oder* Geflügel können Sie an sich schon innerhalb einer Mahlzeit essen, aber denken Sie dabei an den Grundsatz vom „einfachen" Essen: so einfach wie möglich, um Schönheits-Energie zu sparen.

SCHÖNHEITSREGEL NR. 6: FETTE SOLLTEN NUR MIT WENIG EIWEISS (TIERISCHEM WIE PFLANZLICHEM) ZUSAMMEN GEGESSEN WERDEN, DIE KOMBINATION MIT KOHLENHYDRATEN GEHT JEDOCH IN ORDNUNG.

Fett verträgt sich prima mit Stärken, steht aber bei der Verdauung von Eiweiß irgendwie im Weg.[20] Sie können Miniportionen an Fett mit Eiweiß kombinieren, sollten aber bei einer *größeren* Menge Fett lieber auf jegliches Eiweiß verzichten. Selbst wenn Sie ein reines Rohkost-Gericht zubereiten, tun Sie besser daran, eine ganze Avocado (Fett!) nicht mit einem Haufen Nüsse (Protein!) zusammenzubringen, denn das könnte eine erfolgreiche Gewichtsabnahme verhindern. Dem Wechselspiel zwischen einer maßvollen Menge Eiweiß und Rohfett können Sie mit reichlich grünem Gemüse entgegenwirken. Ein Beispiel: Steht Ihnen der Sinn nach einem Stück Fisch auf einem Bett aus grünem Salat, dann dürfen Sie den Salat mit ein bisschen Öl anmachen – aber seien Sie sparsam damit und essen Sie eine tüchtige Portion des basisch wirkenden Blattgemüses vorweg. Sollte Ihr Hauptziel jedoch darin bestehen, überschüssige Pfunde loszuwerden, verzichten Sie lieber ganz auf Öl – Eiweiß ist für sich allein am leichtesten verdaulich!

SCHÖNHEITSREGEL NR. 7: OBST SOLLTEN SIE AUSSCHLIESSLICH AUF NÜCHTERNEN MAGEN ESSEN.

Als ich zum ersten Mal öffentlich darüber sprach, wie man Obst essen sollte, geschah das im Rahmen meines Programmteils in der Sendung *Good Morning America*. Wir hatten Millionen von Zuschauern, und ich erhielt hinterher Dutzende Zuschriften von Menschen, die ganz fasziniert waren und mehr über das „richtige Obstessen" erfahren wollten. Es ist ganz einfach: Essen Sie Obst immer nur auf nüchternen Magen!

Die wahre Schönheitsgeschichte

Clara verjüngt sich

Meine Klientin Clara Evans ist 46 Jahre alt und stammt aus Michigan, weshalb wir die Ernährungsberatungen am Telefon abhalten. Sie machte sich Sorgen wegen ihres Mangels an Lebensenergie und ihrer Antriebslosigkeit ganz allgemein. Sie hat zwei Söhne im Teenageralter und einen Ehemann, für den eine Mahlzeit erst dann als solche zählt, wenn ein großes Stück Fleisch auf seinem Teller liegt. Und Clara hat weder Zeit noch Geld, um jeden Abend Extra-Gerichte für sich und ihre Jungs zuzubereiten.

Außer dass wir ihr Frühstück mit ein paar Gemüsestiften anreicherten, veränderten wir an ihren Mahlzeiten nur die Zusammenstellung und die Reihenfolge der Lebensmittel, die sie ohnehin aß. Clara brauchte weder ihr Haushaltsbudget aufzustocken noch abzumühen, jeden Tag zwei verschiedene Essen zu kochen. Schon nach wenigen Wochen konnte sie mir berichten, dass sie acht Pfund verloren hatte, tagsüber voller Elan war und nachts besser schlief! Und dann erzählte sie noch, dass ihre Augen strahlten und eine ihrer Nachbarinnen wissen wollte, ob sie sich Botox spritzen ließ, weil sie allmählich immer frischer und Jahre jünger aussehe!

Obst gilt als göttlichstes und reinstes Lebens-Mittel auf unserer Erde. Obst stärkt unsere Lebenskraft und liefert unserem Körper Basis-Vitamine, Mineralstoffe und reines, ungefiltertes Wasser. Entscheidend ist jedoch, wann wir unser Obst essen. So kann es passieren, dass Sie sich – im besten Glauben, Ihrem Körper etwas Gutes zu tun – zum Nachtisch einen Obstsalat bestellen, damit jedoch nur Ihre Verdauung durcheinanderbringen.

Obst wird schneller aufgespalten als jedes andere Nahrungsmittel; es ist nach zwanzig bis dreißig Minuten schon wieder aus dem Magen. Wird es aber zum Schluss gegessen, „hockt" es quasi erst einmal oben auf den anderen Speisen (und kommt auch trotz der Walkbewegungen des Magens nicht daran vorbei) – auf solchen mit längerer Verdauungszeit und Verweildauer im Magen, wie vor allem stärke- und eiweißhaltige Nahrungsmittel – und beginnt zu gären und die ganze Mahlzeit zu säuern.

VERGORENES OBST  **SCHLAMM**

Alles Obst (außer Melonen) lässt sich gut mit frischem rohem Blattgemüse kombinieren. Obst und Grünzeug ergänzen sich perfekt in meinem „Glowing Green Smoothie" wie auch in meinem „Glowing Green Juice", auf die ich später im Abschnitt „Schönheits-Mineralstoffe" (Seite 101) zu sprechen kommen werde.

❧ SCHÖNHEITSTIPP

Gute BFK-Gerichte

Auch wenn Sie sich mit Ihrem Speiseplan nicht nach dem Beauty-Food-Kreis richten, können Sie trotzdem aus den Beauty-Food-Kombinationen (BFK) Ihren Nutzen ziehen. Die folgenden Beispiele zeigen, dass jedermann, unabhängig von seiner derzeitigen Ernährungsweise, mit den BFK anfangen kann – und zwar jetzt gleich.

- Avocado Sushi-Maki
- Guacamole mit Salat und Nachos
- Bagel mit Bio-Butter
- Gebratenes Hühnchen mit Brokkoli
- Gegrillter Fisch auf Blattsalaten
- Steak mit angeschwenktem Spinat
- Ein Apfel, danach (20 Min.) Rührei
- Pasta Primavera (mit frischem Gemüse)

Bei dem Gedanken, dass Sie die Beauty-Food-Kombinationen jetzt selber ausprobieren und die tollen Ergebnisse an Ihrem eigenen Körper sehen und erleben werden, bin ich *ganz aufgeregt.* Ich habe mein Bestes getan, um Ihnen das derzeit verfügbare Material aus Forschung und Wissenschaft, das die BFK unterstützt, zugänglich zu machen – aber denken Sie daran: Die allerbeste Studie zu diesem Prinzip wird für Sie der Selbstversuch sein! Schon nach kurzer Zeit werden Sie sehen, wie gut es wirklich funktioniert. Und ist das nicht das Allerwichtigste?! Zum Thema „Ernährung" wird es immer widersprüchliche und verwirrende Berichte geben – manche mit „wissenschaftlicher Beweiskraft" andere ohne. *Doch wenn Sie etwas an sich selbst ausprobieren und sehen, dass es Ihnen wirklich dabei hilft, abzunehmen und fantastisch auszusehen und sich auch so zu fühlen – so wie es durch die BFK der Fall sein wird –, was kümmert Sie dann das ganze „Getöne" dort draußen?* Nutzen Sie die Beauty-Food-Kombinationen zum Nutzen Ihrer persönlichen Schönheit und Ihrer Gesundheit. Jetzt

BFK-Spickzettel

Stärken GEHEN mit Gemüse zusammen

Proteine GEHEN mit Gemüse zusammen

Proteine und Stärken GEHEN NICHT zusammen

Verschiedene Stärken GEHEN zusammen

Verschiedene tierische Proteine GEHEN NICHT zusammen

Fette GEHEN NICHT GUT mit Proteinen zusammen – Vorsicht!

Fette GEHEN mit Stärken zusammen

Obst sollte auf leeren Magen gegessen werden

Obst (außer Melonen) GEHT mit rohem Blattgemüse zusammen

kennen Sie die Basisleitlinien, Sie wissen, wie Sie größere Mengen Schönheits-Energie freisetzen und Ihre Verdauung wunderbar fördern können, wobei Ihnen vorher sicher nicht
bewusst war, dass Sie sie gehemmt haben. Falls Ihnen die Beauty-Food-Kombinationen
verwirrend erscheinen, machen Sie sich deswegen keinen Kopf, die Speisepläne in Teil 2,
Ihr Beauty-Plan, sind alle mit Blick auf die BFK zusammengestellt. Sie können sich auch
den BFK-Spickzettel fotokopieren und zur schnellen Übersicht in Ihre Brieftasche stecken
oder auf den Schreibtisch legen.

Schon die BFK allein werden Ihnen helfen, Gewicht loszuwerden, jünger und lebendiger zu wirken und viel mehr Energie an den Tag zu legen.

MEHR ENERGIE = MEHR SCHÖNHEIT

✿ SCHÖNHEITSTIPP

Über die wichtige Rolle des Wassertrinkens

Wir wissen alle, wie wichtig es ist, für eine ausreichende Flüssigkeitszufuhr zu sorgen; wir brauchen alle reines, gefiltertes Wasser, das nicht aus dem Hahn kommt. Doch wenn wir die Vorgaben des Beauty-Detox-Plans in unserer Ernährung umsetzen, werden wir Flüssigkeit aus Unmengen von wasserreichem Obst und Gemüse beziehen, sodass wir vielleicht nicht alle unbedingt den offiziellen Empfehlungen folgen und zwei Liter Wasser pro Tag trinken müssen. Gehen Sie individuell vor und trinken Sie so viel Wasser, wie es Ihr Körper braucht.

Wir sollten vor allem morgens unmittelbar nach dem Aufwachen anfangen, Wasser zu trinken und das den Vormittag über fortsetzen, damit wir mit einem ausgeglichenen Flüssigkeitshaushalt in unseren Tag gehen.

Wenn wir genug Flüssigkeit in uns haben, gibt uns das mehr Energie.

Trinken Sie jeweils eine ordentliche Menge Wasser bis spätestens eine halbe Stunde *vor* und dann erst wieder eine Stunde *nach* dem Essen. Während der Mahlzeiten sollten wir so wenig wie möglich trinken. Zu viel Flüssigkeit in Verbindung mit dem Essen verdünnt die Verdauungssäfte, und das verlangsamt die Verdauung beträchtlich. Was passiert, wenn die Verdauung hinausgezögert wird? Es kann zu Zersetzungs- und Gärungsprozessen kommen, und das vermehrt den gefürchteten Giftschlamm.

Gewöhnen Sie sich an, Ihr Wasser mit dem Saft einer frisch gepressten Zitrone anzureichern, das ist gut für die Leber und liefert Ihnen auch noch eine Extra-Portion Vitamin C.

✿ SCHÖNHEITSTIPP

Ersticken Sie Akne im Keim

Unsere Haut ist unser größtes Kontakt- und zugleich auch unser größtes Entgiftungs-Organ. Über unsere Haut schaffen wir täglich pfundweise Stoffwechselabfälle und Toxine aus unserem Körper. Wenn die Haut in chronische Akne „ausbricht", geht der schulmedizinische Ansatz davon aus, dass irgendetwas die Poren an der Hautoberfläche verschließt, und man bekommt eine verschreibungspflichtige Salbe oder Creme zur lokalen Anwendung. Das Problem dabei – wie auch bei allen anderen medikamentösen Behandlungen – ist dieses: Durch das Anhäufen von Arzneimitteln auf oder im Körper werden die Symptome lediglich unterdrückt, man dringt aber nicht zu den Wurzeln des betreffenden Übels vor.

Ich bin eine leidenschaftliche Verfechterin der Verwendung geeigneter Pflegeprodukte, aber wenn Sie schon die richtigen Mittel zur Hautreinigung und andere gute, die Poren nicht verstopfende Cremes oder Lotions benutzen und das Problem mit Ihrer Akne trotzdem noch immer besteht, dann liegt die Ursache dafür wahrscheinlich tiefer. Akne beeinträchtig das Selbstwertgefühl, und möglicherweise haben Sie schon daran gedacht, irgendwelche verschreibungspflichtigen Salben oder Medikamente, vielleicht sogar Antibiotika, dagegen ins Feld zu führen. Doch bevor Sie das tun, lesen Sie bitte erst einmal weiter!

Unsere Haut gleicht einem externen Monitor, der uns über den aktuellen Zustand unserer Leber, unseres Bluts und unseres Dickdarms informiert. Da Akne häufig ein Anzeichen für irgendwelche Vorgänge in unserem Inneren ist, müssen wir die Ursache behandeln, nicht einfach nur die Wirkung.

Wenn unsere Haut dermaßen viele Giftstoffe ausscheiden muss, dass sie eine Akne ausbildet, ist das ein Alarmzeichen: Giftstoffe, Bakterien und/oder Hefen sind dabei, den Körper zu überwältigen! Normalerweise beseitigt unsere Leber Toxine und Fremdstoffe, indem sie sie an den Dickdarm weiterleitet. Doch das kann natürlich nur funktionieren, wenn der Darm sauber ist und einwandfrei seinen Dienst verrichtet. Ist er dagegen „zugekleistert" mit Abfallstoffen und alten Kotresten (das kann auf einer tieferen Ebene auch passieren, wenn wir regelmäßig Stuhlgang haben!) oder übersäuert und dadurch ein idealer Nährboden für ungesunde Bakterien, führt das zu Leberstauungen, in deren Folge die Giftstoffe über die Haut ausgeschieden werden … und dann tritt die Akne in Erscheinung!

Von mir werden Sie erfahren, wie Sie Ihren Körper ganz einfach innerlich sauber bekommen – mit Probiotika und den stärksten Reinigungsmitteln, die die Natur bereitstellt –, um Ihrer Akne ein für allemal den Garaus zu machen. Und falls jemand von Ihnen eine Akne ausbildet, wissen Sie, was das zu bedeuten hat und was Sie essen und noch darüber hinaus unternehmen können, um Ihre Haut zu entlasten und von innen heraus wieder „reinzuwaschen".

Verlieren Sie aber bitte über alledem eines nicht aus den Augen: Die Beauty-Food-Kombinationen sind keine Frage von „alles oder nichts". Wenn Sie die Bestandteile bei einer Mahlzeit ungünstig zusammenstellen, ist noch längst nicht alles verloren! *Kombinieren Sie Ihre Lebensmittel richtig, wo und wann immer Sie können und bestimmen Sie selbst das Tempo, in dem Sie weitermachen wollen.* Je stärker Ihre Motivation und je häufiger Sie Ihre Mahlzeiten sinnvoll zusammenstellen, desto besser die Ergebnisse. Die BFK werden schon für sich alleine Wunder wirken bei der Verringerung Ihres Leibesumfangs … Denn hier geht es nicht ausschließlich

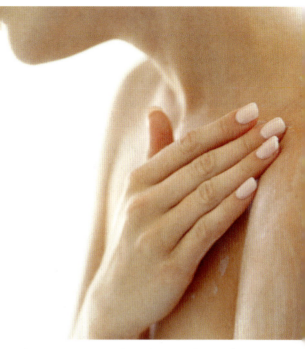

darum, überschüssige Pfunde loszuwerden, sondern auch die Schwellung infolge des Gasdrucks und der Blähungen, die durch falsch kombinierte Nahrungsmittel verursacht werden.

Und denken Sie an die ganze Energie, die Sie für das Aufspalten schlecht verdaulicher, weil schlecht zusammengestellter Mahlzeiten aufwenden mussten. Diese ganze Energie kann jetzt umgeleitet und nutzbar gemacht werden: um Ihren Körper zu entgiften und allmählich immer mehr Gewicht zu verlieren, um starke Nägel, dickes, gesundes Haar und einen strahlenden Teint aufzubauen.

ESSEN SIE „VON LEICHT NACH SCHWER"

Nachdem wir das Prinzip der Beauty-Food-*Kombinationen* ausführlich behandelt haben, liefere ich Ihnen nun den nächsten Baustein, um die Methode in die Praxis umzusetzen: Von leicht nach schwer.[21] Es kommt nicht nur darauf an, was wir essen und in welcher Zusammenstellung, auch die *Reihenfolge* ist wesentlich.

Wie die BFK zielt auch „Von leicht nach schwer" (LNS) darauf ab, dass unsere Nahrung schnellstmöglich ihren Weg durch unseren Körper nimmt. Wie ich in diesem Buch gar nicht oft genug betonen kann, geht es immer um Geschwindigkeit: Wir wollen, dass die Nährstoffe aus unseren Lebensmitteln schnell aufgenommen und die Überreste möglichst ebenso schnell wieder ausgeschieden werden. Geschwindigkeit reduziert Gärung, Zersetzung, Gasbildung und Blähungen, ganz zu schweigen von der Menge an vergeudeter Schönheits-Energie … eben alles, was den Alterungsprozess begünstigt.

SCHNELL FAHREN GEHT NUR OHNE VERKEHRSSTAU

Stellen Sie sich bitte mal einen Porsche, einen Landrover und einen Sechzehntonner-Truck auf der Autobahn vor und sich selbst in der Rolle des Verkehrspolizisten mit der Autorität, diese Fahrzeuge so anzuordnen, dass kein Stau entsteht. Für welche Reihenfolge würden Sie sich entscheiden, um den fließenden Verkehr zu gewährleisten?

ROUTE ZUR SCHÖNHEIT

In dieser Reihenfolge können alle Autos mit der ihnen gemäßen Geschwindigkeit fahren, und ein Stau ist vermieden! Doch was passiert, wenn wir die Reihenfolge verändern?

VERKEHRSSTAU

Bei dem zweiten Szenario ist die Autobahn blockiert, und wir haben einen Stau verursacht. Der Porsche steckt hinter den beiden anderen Fahrzeugen fest, sozusagen mit durchdrehenden Rädern. Wie lässt sich diese Analogie auf unsere Nahrung anwenden?

Wir haben ja schon geklärt, dass ein Lebensmittel um so länger Zeit hat, sich zu zersetzen und zu gären, je länger es sich in unserem Verdauungsapparat aufhält. Deshalb müssen wir wissen, wie schnell sich Nahrung im Allgemeinen in unserem Körper bewegt. Und um einen zügigen „Verdauungsfluss" zu gewährleisten, müssen wir die am leichtesten verdaulichen Lebensmittel an den Anfang unserer Mahlzeiten stellen und die schwerst verdaulichen an den Schluss.

Die am leichtesten verdaulichen Lebensmittel verweilen am kürzesten im Magen und die schwerst verdaulichen am längsten. Obst bleibt nur etwa zwanzig bis dreißig Minuten im Magen – lediglich Bananen bilden eine Ausnahme, sie brauchen etwa 45 Minuten. Stärken bleiben ein paar Stunden im Magen, Proteine sogar noch länger, weil sie am langsamsten vorankommen und ihre Aufspaltung am aufwendigsten ist. Aus diesem Grund soll man – so lautet die allgemeine Empfehlung – nach einem Essen drei bis vier Stunden warten, bevor man ein Lebensmittel aus einer anderen Gruppe zu sich nimmt.

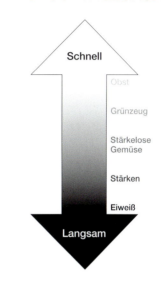

DIE GESCHWINDIGKEITEN DER EINZELNEN NAHRUNGSMITTELGRUPPEN

Wie sieht es aus, wenn es sich bei den drei Lebensmitteln, die wir verzehren wollen, um Obst, Salat und Fisch handelt? Basierend auf unserer Pfeil-Grafik wäre das die richtige Reihenfolge für unser Menü, wenn wir einen Verkehrsstau in unserem Magen vermeiden wollen:

ROUTE ZUR SCHÖNHEIT

In dieser Reihenfolge kann jedes der drei Nahrungsmittel unseren Verdauungstrakt in der ihm eigenen Geschwindigkeit durchlaufen, und der Stau bleibt aus! Nach dem Verzehr des Obsts sollten wir allerdings mindestens zwanzig Minuten warten, bevor wir uns über den Salat und den Fisch hermachen, um erst die schnell verdaulichen Früchte den Magen passieren zu lassen. Den Salat können Sie unmittelbar vor dem Fisch essen und sich auf diese Weise erst einmal mit Wasser, Ballaststoffen und einer tüchtigen Menge an pflanzlichen Nährstoffen „vollstopfen". Anders als beim Obst müssen wir nach dem Verzehr von Grünzeug und Gemüse ohne Stärke keine zwanzig Minuten warten, bis wir andere Nahrungsmittel konsumieren können. Doch nun lassen Sie uns mal gucken, was passiert, wenn wir bei unserem Menü die Reihenfolge verändern:

VERKEHRSSTAU

In diesem Szenario steckt alles fest: Das Fischeiweiß macht sich in unserem Magen breit und hindert die leichter verdaulichen Speisen an der „Durchfahrt". Und der Nachtisch, das Obst, hat in unserem Inneren einen Riesenwirbel und Blähungen verursacht! Das Obst wird bereits gären, wenn es den Darm erreicht, über den eigentlich die Nährstoffe daraus hätten absorbiert werden sollen, nur dass jetzt kaum noch etwas zum Absorbieren da ist.

Bei Ihrem Beauty-Detox-Plan beginnt das Frühstück mit Obst, Gemüsestreifen oder einem Greenie, auch dann, wenn anschließend – während der Umstellungsphase – schwerer verdauliche Lebensmittel folgen. Saft ist das reinste Lebensmittel von allen, weil es keine feste Substanz, sondern eine Flüssigkeit ist, und sollte immer auf nüchternen Magen getrunken werden, damit er als Erstes aufgenommen werden kann. Wenn wir Toast oder warmes Müsli *nach* dem Obst, Gemüse oder Greenie essen, können diese schwerer verdaulichen Speisen den Durchgang der leichter verdaulichen Nahrungsmittel durch unser System nicht mehr behindern. Dieses Konzept gilt auch für alle anderen Mahlzeiten des Tages. Da Salat in unserem Verdauungstrakt schneller vorankommt als Brathühnchen und jede Menge guter Pflanzenfasern liefert, sollten wir als Erstes eine großzügige Portion davon essen, um der ganzen Mahlzeit auf ihrem Weg durch unseren Körper etwas mehr Schwung zu verpassen. Äßen wir jedoch das Hühnchen zuerst, würden wir damit dem Salat seine leichte Verdaulichkeit nehmen und einen größeren Verkehrsstau bewirken. Dr. Ann Wigmore empfiehlt uns, bei unseren Mahlzeiten „die Rohkost immer vor den gekochten Speisen zu essen, da diese andernfalls die Verdauung der Rohkost aufhalten würden, wodurch sie anfangen kann zu gären, was mit der Produktion unangenehmer blähender Gase einhergeht."

Wenn wir bei jeder Mahlzeit „von leicht nach schwer" essen, sorgen wir dafür, dass keine Blockade in unserem System zustande kommt und bewahren uns davor, kostbare Schönheits-Energie zu verschleudern. Wir müssen um jeden Preis einen Verkehrsstau in unserem Magen verhindern. Im Abschnitt über die BFK haben wir erfahren, wie falsche

Lebensmittel-Zusammenstellungen einen solchen Stau hervorrufen können – und jetzt wissen wir, dass es durch das Essen „von schwer nach leicht" ebenso passieren kann. Zu den verheerenden Folgen einer falschen Reihenfolge bei unseren Mahlzeiten, sagen wir, Obst nach einem Gericht aus der Eiweiß-Gruppe oder ein Greenie nach einem Avocado-Sandwich, gehören Gärung, Zersetzung, Blähungen, Gasbildung und Gewichtszunahme. Darüber hinaus raubt uns das Ganze unsere Schönheits-Energie.

MEHR ENERGIE = MEHR SCHÖNHEIT
LANGSAME VERDAUUNG = SCHNELLES ALTERN

IHR BEAUTY-FOOD-PLAN

Das Prinzip „Von-leicht-nach-schwer" ist von großer Tragweite für unsere gesamte Ernährungsweise. Die meisten von uns sind auf ein bestimmtes Essverhalten konditioniert, und der Gedanke, dies sei das „gesündeste" ist tief in uns verwurzelt. Lassen Sie uns einmal einen genaueren Blick darauf werfen.

Traditioneller Ernährungsfahrplan

FRÜHSTÜCK
Alter Volksglaube: Das Frühstück ist die wichtigste Mahlzeit des Tages.

MITTAGESSEN
Alter Volksglaube: Das Mittagessen sollte die schwerste Mahlzeit des Tages sein, damit wir den restlichen Tag über Zeit haben, die Kalorien zu verbrennen.

ABENDESSEN
Alter Volksglaube: Essen Sie weniger als zu Mittag, weil wir abends nicht mehr genug Zeit haben, um das Essen wieder „abzuarbeiten".

KLEINE MAHLZEITEN ZWISCHENDURCH
Alter Volksglaube: Essen Sie über den Tag verteilt alle paar Stunden kleine Mahlzeiten, um Ihren Stoffwechsel am Laufen zu halten.

Wie wir schon anhand der folgenden Zeichnung erkennen können, wird dieser Ernährungsfahrplan zu beträchtlichen Stauungen in unserem System führen:

ROUTE ZUR SCHÖNHEIT

Wenn wir uns also nach den überkommenen Essgewohnheiten richten, wird auf unserer „inneren Autobahn" ein Stau in den nächsten übergehen. Unser Körper hat gar nicht die Zeit, ein Lebensmittel oder eine eine Mahlzeit vollständig zu verdauen, bevor die nächste „eingefahren" wird. Das ist leider so!

Es liegt auf der Hand, dass der traditionelle Speiseplan nicht funktionieren kann. Wir müssen komplett umdenken und Frühstück, Mittag- und Abendessen von einer ganz anderen Warte aus betrachten.

DAS FRÜHSTÜCK

Wir haben alle gelernt, das Frühstück sei die wichtigste Mahlzeit des Tages. Nach diesem alten Verständnis von gesunder Ernährung müssen wir uns also bei der wichtigen ersten Mahlzeit tüchtig den Bauch vollschlagen, um uns richtig in Schwung zu bringen und mit ausreichend Energie für den Rest des Tages zu versorgen. Viele Menschen nehmen ihr Frühstück morgens schon unmittelbar nach dem Aufwachen oder wenig später zu sich. Manche essen vielleicht sogar „für die Energie", obwohl sie noch gar keinen Hunger haben.

Die erste neue Essregel für das Frühstück lautet: *Wir werden niemals essen, wenn wir nicht hungrig sind.* Wenn uns unser Körper keinen Hunger signalisiert, heißt das im Klartext, dass er ganz sicher nichts zu essen braucht.

Wie wir uns am Morgen verhalten, ist von entscheidender Bedeutung für das Erreichen unserer Ziele. Wenn Sie morgens aufwachen, machen Sie einen neuen Anfang. Sie haben Ihrem Körper seit dem Vorabend kein neues Essen einverleibt, folglich wird er darangehen, das im System noch vorhandene auszuscheiden und sich davon zu reinigen. Für viele von uns ist das die *einzige* Tageszeit, zu der unsere Körperenergie nicht in irgendeinem Verdauungsgprozess gebunden ist und stattdessen wirklich zur Reinigung herangezogen werden kann. Wenn wir morgens aufwachen, haben wir vielleicht einen strengen Körpergeruch, einen schlechten Atem, eine belegte Zunge und Schlaf in den Augen etc. Wir können regelrecht miefen! All diese Gerüche und Substanzen, die da zum Vorschein kommen, sind das Ergebnis verschiedener Reinigungsprozesse, die der Körper während der Nacht ablaufen lässt, um Toxine auszuscheiden.

Megan rettet ihre Haut

Die wahre Schönheitsgeschichte

Meine Klientin Megan Parker ist 33 Jahre alt und kämpft schon die meiste Zeit ihres Lebens gegen ihre Akne. Sie war jahrelang Dauergast in den Praxen verschiedener Hautärzte und hat alles ausprobiert, von Antibiotika in Tablettenform bis hin zu verschreibungspflichtigen Salben und sogar Schälkuren auf chemischer Basis. Sie hatte derart viele Produkte eingesetzt, dass ihre Haut Rötungen, Schuppen und ausgetrocknete Stellen aufwies … aber darunter lauerten immer noch die „Selbstvertrauensmörder" in Form riesiger zystenähnlicher Pickel und jede Menge geschlossene Mitesser. Megan litt unter gewaltigem Frust und konnte nicht verstehen, dass sie keine positiven Ergebnisse erzielt hatte, obwohl sie doch nun wirklich alles versucht hatte – jedes medizinische und auch jedes kosmetische Produkt.

Anstatt mich auf die äußerlichen Symptome ihrer Akne zu konzentrieren, suchte ich nach den eigentlichen Ursachen, die für mich in ihrer Ernährung lagen: Megans Speisezettel war gesteckt voll mit fettarmen Milchprodukten, Gluten, Soja und anderem „Stopf-Essen". Wir sortierten all diese Produkte aus und entwarfen ein Ernährungsprogramm für sie, das reinigende und entgiftende Nahrungsmittel enthielt, die helfen sollten, aus Megans Innerem den Schlamm herauszulösen, der seit Jahren den Stau in ihrem System verursacht hatte.

Zu Megans neuer Lebensführung gehörten auch ein paar Mittel zur Körperreinigung, darunter ein Probiotikum zur täglichen Einnahme. Innerhalb weniger Wochen verbesserte sich Megans Hautbild dramatisch, die Haut wurde klarer, und selbst ihre alten Aknenarben schienen zu verblassen. Nach zwei Monaten setzte sie das Probiotikum ab. Heute verwendet sie gute Pflegeprodukte speziell für Haut mit Akneneigung, und ein paar Mal in der Woche trägt sie eine verschreibungspflichtige Creme auf. Und siehe: Ihre Haut ist jetzt schön und klar, es sind keine Pickelzysten mehr vorhanden. Megan ist ganz erfüllt von Staunen darüber, dass das Geheimnis einer schönen Haut wirklich in der Leber und im Darm zu suchen ist!

Die Zeit vom Morgen bis zum Mittag ist entscheidend, hier liegt der Schlüssel zur Reinigung und damit zur kompletten Entleerung. Von unserem Prinzip der Schönheits-Energie wissen wir, dass uns nur eine begrenzte Menge Energie zur Verfügung steht und wir damit sparsam umgehen müssen. Und außerdem bremsen wir den Selbstreinigungsmechanismus unseres Körpers aus, wenn wir unseren Tag gleich mit essen beginnen und unsere Energie dann auf die Verdauung umgeleitet werden muss. Der Morgen schenkt uns einen buchstäblich „sauberen" Start, um dem Körper zu ermöglichen, sämtliche Toxine und Abfallstoffe mit Stumpf und Stiel auszuscheiden. Wenn ich sage „auszuscheiden", *dann meine ich* damit wirklich den Gang auf die Toilette! Zumal wir unseren Körper ja nicht daran hindern wollen, so viel wie möglich loszuwerden. Wenn wir dieser Ausscheidungsfunktion unseres Körpers entgegenwirken, kann er sich nicht restlos von den vorhandenen Abfallstoffen befreien, und diese beginnen sich anzuhäufen. Der Giftgehalt erhöht sich, wir setzen Pfunde an, die wir immer schwerer wieder loswerden, und unsere Schönheit wird dramatisch dahinschwinden.

Die typischen Frühstücksbestandteile, wie ein einfaches Müsli oder Toast mit Butter, sind Lebensmittel voll konzentrierter Stärken, die – selbst klug kombiniert – mindestens

Mya schmilzt dahin

Die wahre Schönheitsgeschichte

Die 32-jährige Mya Palermo suchte mich auf, nachdem sie ein Jahr lang versucht hatte, eine 100-prozentige Rohkost-Veganerin zu werden. Es ging ihr einfach nicht gut. Ihre Haut war fleckig, sie litt periodisch unter Akne, und zu allem Überfluss lag sie mindestens zwölf Pfund über ihrem Idealgewicht. Sie verspürte nach wie vor Heißhunger auf gekochtes Essen, auf Käse, Pommes frites und viele andere ihrer einstigen Lieblingsspeisen. Außerdem war sie andauernd müde. Sie konnte nicht verstehen, weshalb sie nicht besser aussah und sich nicht besser fühlte. Und vor allem, wie konnte sie denn bei der täglichen Unmenge an Rohkost bloß so schwer und müde sein? Myas Sichtweise ist sehr verbreitet. Die meisten Menschen glauben irrtümlicherweise, dass eine Ernährungsumstellung allein ausreichen würde, um ihr Energiereservoir bis oben hin aufzufüllen und sie optimal aussehen zu lassen. Obwohl die Umstellung der Ernährung natürlich eine wesentliche Rolle spielt, müssen wir andererseits aber auch sicherstellen, dass wir *die richtigen Lebensmittel zur richtigen Zeit* essen, was unserem Körper dabei hilft, sich von alten Abfallstoffen zu befreien. Wenn wir uns nicht gründlich reinigen, wird unser Körper mit Giftstoffen überladen, und wir fühlen uns nach wie vor keineswegs großartig, selbst wenn wir uns von qualitativ hochwertigen Lebensmitteln ernähren. Mya stellte ihre Lebensmittel regelmäßig falsch zusammen und aß sie obendrein auch noch in der verkehrten Reihenfolge – von schwer nach leicht! Zum Frühstück und zu Mittag gab es bei ihr schwer verdauliche Sachen, darunter haufenweise Nüsse sowie Dörrobst und Trockengemüse.

Um Myas Ernährung wieder ins Gleichgewicht zu bringen, bauten wir abends erst einmal kleinere Mengen leicht verdaulicher gekochter Speisen ein, außerdem gab es eine große Menge von dem „Probiotischen & enzymreichen Salat" (mehr dazu auf Seite 188). Dazu kam noch ein Probiotikum (täglich) und einige schwerkraftbasierte Colon-Hydro-Therapie-Anwendungen (Darmspülungen mit körperwarmem Wasser in einem geschlossenen System, wobei das Wasser durch die Schwerkraft („*gravity centered*") in den Darm fließt, also nicht mit Druck hineingepumpt wird). Dann veränderten wir die Reihenfolge und die Zusammenstellungen von Myas Nahrung; beispielsweise trank sie ab da in der Zeit von morgens bis mittags Greenies aus frischem Blattgemüse. Mya fühlte sich schon bald großartig, und binnen dreier Monate schmolzen 15 Pfund buchstäblich von ihr ab. Ihre Haut klärte sich, und auch ihre Gier auf bestimmte Speisen ließ immer mehr nach! Alles, was sie brauchte, um ihr schönstmögliches Selbst zu werden, war die Änderung von Reihenfolge und Kombination ihrer Nahrungsmittel, denn dadurch wurde ihre Energie maximiert und ihr Körper fortlaufend gereinigt.

ein paar Stunden im Magen bleiben. Doch leider stellen sich die meisten Menschen ihr Frühstück noch nicht einmal sinnvoll zusammen! Ein Beispiel: Ein Frühstück aus einem Eiklar-Omelett mit Weizenvollkorn-Toast oder einem Bagel mit fettarmem Frischkäse ist eine falsch kombinierte, schönheitsverderbliche Mahlzeit, die Stunden um Stunden im Magen verweilt und uns dadurch unsere kostbare Schönheits-Energie raubt.

Die Ironie des Ganzen: *Bevor die Nährstoffe in unserem Essen nicht vom Dünndarm aufgenommen wurden, können wir keine Energie daraus gewinnen.* Nach all diesen typischen Morgenessen müssen wenigstens ein paar Stunden vergehen, bis wir überhaupt das kleinste bisschen Energie daraus beziehen können. Denn während dieser paar Stunden muss sie unser Magen erst einmal verdauen! Das bedeutet: Anstatt Energie hinzuzubekommen, müssen wir Energie aufwenden, um das Essen aufzuspalten und zu verdauen – und zwar jede Menge Energie, da die meisten üblichen Frühstücksmahlzeiten aus falsch zusammengestellten Speisen bestehen. Schwer verdauliche Frühstücke sind der Hauptgrund für die berühmt-berüchtigten „Energieeinbrüche" am späten Vormittag. Wir alle kennen diese Tage, wo wir alle zwei Minuten auf die Uhr am PC oder auf dem Handy schielen und erschrocken darüber nachgrübeln, wie in aller Welt wir uns bloß den ganzen Tag über wach halten sollen!

Verzichten wir dagegen auf ein schwer verdauliches Frühstück, stecken wir später auch nicht in irgendwelchen kräftezehrenden Verdauungsprozessen fest. Die Folge: Wir sind wacher und haben den ganzen Morgen über mehr Energie. Außerdem verlängern wir auf diese Weise jeden Tag die Reinigungsphase unseres Körpers – geben ihm mehr Zeit, die Abfallstoffe, den Schlamm, auszuscheiden! Und wahrscheinlich treffen wir dadurch auch klügere Entscheidungen hinsichtlich der anderen Mahlzeiten des Tages.

Wenn Sie gerade damit beginnen, das Prinzip „Von leicht nach schwer" in Ihrer Ernährung umzusetzen und üblicherweise vielleicht schwerere Sachen zum Frühstück essen, verspüren Sie morgens eventuell richtigen Hunger und möchten sich etwas Herzhaftes zwischen die Zähne schieben. Das ist ganz normal, denn wir entwickeln ja alle bestimmte Essgewohnheiten, und in einem solchen Fall ist es unser Körper „gewohnt", zu dieser Zeit etwas „mit Biss" zu bekommen. Solange wir uns als Erstes ballaststoff- und wasserreiche Gemüse, beispielsweise Stangenselleriestücke oder Greenies (mehr dazu im nächsten Kapitel) einverleiben, können wir während der Umstellungsphase schwerer verdauliche Speisen folgen lassen, etwa Toast oder Vollkornmüsli mit Mandelmilch. Einen Mehr-Stufen-Plan zur Umstellung auf andere Frühstücksgewohnheiten finden Sie in Teil 2 des Buchs ab Seite 204.

Mit der Zeit werden wir uns nach dem neuen, leichten Frühstück so großartig fühlen, dass sich unsere Gelüste auf deftigere Genüsse von ganz alleine legen. Vertrauen Sie mir. Ich war immer eine große Frühstückerin und erwachte morgens schon immer mit Hungergefühlen und der Vorfreude auf ein ausgiebiges Frühstück. Üblicherweise vertilgte ich eine Banane, eine Orange, Tee mit Mandelmilch, dazu ein paar Scheiben Keimbrot oder eine große Schüssel Müsli oder gar – in früheren Tagen – zwei Eier. Mit der Zeit gelang es mir, diese alten Gewohnheiten abzulegen, und das können Sie auch. Wenn ich dabeibleibe, morgens nur etwas leicht Verdauliches zu essen, fühle ich mich den ganzen Tag lang unendlich viel wohler. Ich kann ohne Übertreibung sagen, dass der Grundsatz „Leichtes am Morgen" meine gesamte Lebensqualität verbessert hat! Und ich bin sehr dankbar für die Energie, die dadurch frei wird, dass ich mir nicht länger den Kopf über die Auswahl meiner Lebensmittel zu zerbrechen brauche. Außerdem kann ich sehen, was es alles bewirkt hat – die Veränderungen an meinem Körper, meinem Äußeren, von meiner Haut über meine Haare zu meinen Nägeln, ganz zu schweigen davon, wie mühelos ich mein Idealgewicht halte!

Natürlich lieben viele Menschen einen herzhaften Brunch ab und zu – im Urlaub oder am Wochenende mit Freunden oder der Familie. Machen Sie sich deshalb keine Sorgen, Sie brauchen nicht völlig auf das Brunchen zu verzichten, einen gelegentlichen „Rückfall" verkraftet unser Körper durchaus. Wir wollen unsere Aufmerksamkeit in allererster Linie auf unsere alltäglichen, sich endlos wiederholenden Gewohnheiten und Verhaltensmuster richten.

Probieren Sie es an sich selbst aus! Schauen Sie mal, wie Sie sich fühlen, nachdem Sie drei Wochen lang leichter gefrühstückt haben; anschließend versuchen Sie, Ihre angestammten Gewohnheiten wiederaufzunehmen. Das werden Sie aber gar nicht ernsthaft wollen, weil Sie sich so viel besser fühlen! Es wird Ihnen zu Bewusstsein kommen, dass die gehaltvollen Lebensmittel zum Frühstück Sie wirklich müde gemacht haben. Es geht nichts über persönliche Erfahrung …

DAS MITTAGESSEN

Wir sollten später am Tag zu Mittag essen, je nachdem, wann wir am Morgen aufgestanden sind. Wir essen Mittag, nachdem wir den Tag morgens mit einem leichten Frühstück begonnen haben, und wenn wir allmählich richtig Hunger bekommen.

Nach dem Frühstück ist das Mittagessen die zweitwichtigste Mahlzeit, die wir bewältigen müssen. Wir können damit die Phase der Körperreinigung verlängern und unsere Schönheits-Energie steigern – aber auch einen Verkehrsstau in der Tagesmitte hervorrufen. Wenn wir das geschehen lassen, verlangsamen wir sämtliche Prozesse und können uns von dem Gedanken verabschieden, unsere Gewichtsabnahme und andere Schönheits-Ziele auf leichtem Weg zu erreichen. Daher werden wir beim Mittagessen einen Bogen um konzentriertes Eiweiß machen, ganz gleich, aus welcher Quelle es stammt, ob aus tierischen (Fisch, Hühnchen etc.) oder pflanzlichen (Nüsse, Samen etc.) Produkten.

Proteine verdaut unser Körper am schwersten, deshalb sollten wir stark eiweißhaltige Mahlzeiten auf den Abend verschieben. Die Wahrscheinlichkeit eines Verkehrsstaus auf unserer „inneren Autobahn" erhöht sich beträchtlich, wenn wir an der Gewohnheit festhalten, mitten am Tag konzentriertes Eiweiß zu konsumieren. Dann stünde – wie in unserer Analogie – der Sechzehntonner in der Mitte. Und wenn wir uns unser Mittagessen nicht sinnvoll zusammenstellen, können wir das Abendessen auch gleich vergessen! Denn selbst ein superleichtes Abendessen säße ganz oben auf dem Nahrungsberg vom Mittag, der immer noch im Magen liegt, weil falsch kombinierte Mahlzeiten unter Umständen Stunden brauchen, bis sie ihn passiert haben.

Wenn wir uns mittags eine kompakte, schwere Mahlzeit einverleiben, fällt unser Nachmittag dank Trägheit und Energiearmut mehr oder weniger flach. Wir werden sang- und klanglos untergehen, bevor wir die Welle überhaupt gesehen haben! Ein Großteil unserer Energie wird direkt in unseren Bauch gelenkt, um die Verdauung unseres ungesunden Mittagessens zu ermöglichen. Auch mit unseren geistigen Fähigkeiten ist es dann nicht mehr weit her, und es wird ein mühsames Ringen, den Nachmittag mit Anstand über die Bühne zu bringen, ganz zu schweigen von der fehlenden Motivation für die Gymnastikstunde oder den Yogakurs – oder gar für einen netten Kneipenbummel mit Freunden! In solchen Momenten stiehlt sich dann klammheimlich die zweite XL-Portion fettarmer Milchkaffee und Diät-Cola auf unseren Schreibtisch und in unsere Hände. Unser Körper besitzt tagsüber einfach nicht genug Energie, um größere Mengen schwer verdaulicher Lebensmittel zu bewältigen und gleichzeitig dafür zu sorgen, dass wir bestmöglich funktionieren.

Machen Sie sich jetzt Gedanken darüber, Ihre Nahrung könnte zu wenig Eiweiß enthalten, wenn Sie es in seiner konzentrierten Form bei Ihrem Mittagessen weglassen? Denken Sie an unsere Freunde, die Gorillas, sie sind die stärksten Tiere und mit den meisten

Muskeln bepackt, und sie bestreiten nicht nur ihr Mittagessen mit Blattgemüse, sondern auch jede andere Mahlzeit. In Kapitel 1 bin ich bereits auf den tatsächlichen Eiweißbedarf eingegangen, und wir werden uns in Kapitel 5 „Schönheits-Lebensmittel" (siehe Seite 120) noch einmal mit dem Thema „Proteine" befassen.

Und was ist mit dem ganzen Gerede von wegen „das Mittagessen sollte schwerer sein als das Abendessen, damit wir die Kalorien abarbeiten können"? Bedenken Sie dabei bitte, dass wir uns nicht am Kaloriengehalt der einzelnen Lebensmittel orientieren. Wir befassen uns in erster Linie damit, wie effektiv und schnell unsere Mahlzeiten verdaut werden, wie wenig „Schlamm" sie verursachen und wie wenig Schönheits-Energie sie uns kosten – das ist unser wahres Geheimnis, wie wir Fett verbrennen und es uns auch auf Dauer vom Leib halten.

Zwei in Amerika und Deutschland unabhängig voneinander durchgeführte Studien stellten mithilfe von Laborratten dar, dass es positive Auswirkungen haben kann, wenn man weniger isst. Die Experimentalgruppe bekam ein Mal pro Tag Futter vorgesetzt, das

Sandy „erleichtert" sich

Die wahre Schönheitsgeschichte

Meine Klientin Sandy Montak ist 51 Jahre alt, eine warmherzige, mütterliche Frau und als Lehrerin in einer Schule für Kinder mit Lernschwierigkeiten tätig. Zunächst zögerte sie bei dem Gedanken, ihre Ernährung umzustellen, allerdings war ihr klar, dass sie etwas unternehmen musste. Sie litt unter Bluthochdruck, war korpulent und sah aus, als wäre sie mindestens zehn Jahre älter – also Anfang sechzig. Zuallererst nahmen wir uns ihr Frühstück vor. Sie war es gewohnt, bis mittags drei Mal etwas zu sich zu nehmen: gleich nach dem Aufwachen, noch bevor sie überhaupt hungrig war, etwas „für die Energie"; am Vormittag verputzte sie dann ein herzhaftes Frühstück, dem sie später, wenn es aufs Mittagessen zuging, eine kleine Obstmahlzeit folgen ließ. Wir ersetzten diese drei Mini-Vor-Mittags-Mahlzeiten durch einen Glowing Green Smoothie, und falls Sandy danach noch Hunger hatte, bekam sie – aber mit mindestens zwanzig Minuten Pause dazwischen – eine Avocado oder eine Scheibe glutenfreien Toast. Ihren restlichen Speiseplan ließen wir unverändert.

Anfangs litt sie unter Hungergefühlen und vermisste ihre gehaltvollen Frühstücksmahlzeiten, doch in der weiteren Umstellungsphase war Sandy schon viel weniger hungrig. Sie blieb bei ihren neuen Morgengewohnheiten, und nach sechs Wochen mit „Leicht am Morgen" hatte sie schon fast zwölf Pfund abgenommen. Ihre Verdauung funktionierte auch weit besser (und häufiger!), ihre Energie verzehnfachte sich. Wir arbeiten uns jetzt langsam Richtung Mittagessen vor, um dort und später an den anderen Mahlzeiten auch noch Verbesserungen vorzunehmen, doch Sandy ist jetzt schon unendlich viel besser drauf, als bei unserem ersten Treffen – und dabei haben wir bisher bloß ihren Start in den Tag optimiert!

nach zwei Stunden wieder entfernt wurde, die Kontrollgruppe hatte immer Futter und durfte den ganzen Tag lang fressen. Beide Forscherteams fanden heraus, dass die Ratten der Experimentalgruppe, die nicht den ganzen Tag über kleine Mengen Futter vertilgten, höhere Enzym-Aktivitäten in den Fettzellen und in der Bauchspeicheldrüse aufwiesen und ein geringeres Körpergewicht hatten. Die amerikanischen Wissenschaftler konnten auch noch belegen, dass die Lebensdauer dieser Ratten um 17 Prozent höher lag.[22]

❧ SCHÖNHEITSTIPP

Naschen macht alt!

Es gehört zum Volksglauben, dass wir öfter kleine Mahlzeiten zu uns nehmen sollten, um unseren Stoffwechsel am Laufen und den Blutzuckerspiegel konstant zu halten.

In Wahrheit ist das häufigere Essen ein sicherer Weg, um schneller zu altern. In unserem Körper gibt es unterschiedliche Arten von Enzymen mit wichtigen unterschiedlichen Aufgaben, sie bilden die Voraussetzung für das Funktionieren des Organismus, da sie viele lebenswichtige Prozesse erst in Gang bringen. So sind sie beispielsweise an fast allen Stoffwechsel- und Verdauungsvorgängen beteiligt sowie für den Aufbau von Körpergeweben zuständig, etwa des Kollagens in unserer Haut. Enzymmängel werden auch mit dem Alterungsprozess in Verbindung gebracht. Jedes Mal wenn wir etwas essen, müssen sie zur Unterstützung der Verdauung aktiv werden, und so werden die kostbaren Enzyme verbraucht. Tagsüber permanent zu „naschen" ist ein sicherer Weg, um die Enzyme unseres Körpers schneller zu verbrennen … und den Alterungsprozess zu beschleunigen.

Das Naschen sorgt aber auch dafür, dass wir ständig neue Nahrung auf die schon im Magen befindliche und noch nicht vollständig verdaute „obendraufpacken". Im Endeffekt essen die meisten Menschen auch bei ihren Mahlzeiten mehr, wenn sie zwischendurch naschen. Durch das Naschen wird auch die Passage der Nahrung durch unseren Verdauungsapparat verlangsamt. Und je langsamer die Nahrung das System durchläuft, um so höher ist die Wahrscheinlichkeit, dass dabei der Gärungs- und Fäulnisprozess einsetzt und Gase gebildet werden – es entstehen genau jene toxischen Abfallstoffe, die den Alterungsprozess fördern.

LANGSAME VERDAUUNG
=
SCHNELLE ALTERUNG

Die Lebensmittel, die wir im Rahmen des Beauty-Detox-Plans tagsüber zu uns nehmen, stecken bis obenhin voll mit natürlichen Ballaststoffen; das hilft uns, den Blutzuckerspiegel zu kontrollieren und ihn konstant zu halten, ohne dafür den ganzen Tag lang immer wieder irgendwelche Snacks „einwerfen" zu müssen.

DAS ABENDESSEN

So, jetzt haben wir uns den ganzen Tag über bis zum Abend von leichten Lebensmitteln ernährt und damit einer guten, regelmäßigen Verdauung den Weg geebnet. Super! Jetzt können wir ein leckeres Abendessen genießen, es darf auch ein paar schwerere Bestandteile haben, je nachdem, was unser Körper braucht und wonach er verlangt. Grundsätzlich sollten wir zwischen Mittag- und Abendessen mindestens vier Stunden verstreichen lassen, um dem Körper Zeit für eine gründliche Verdauung des Mittagessens zu geben. Also müssen wir sicherstellen, dass uns die Mittagsmahlzeit über diesen Zeitraum ausreichend sättigt.

Denn *zu viele und reichliche* kleine Mahlzeiten zwischen Mittag- und Abendessen können unser Verdauungssystem in Aufruhr bringen und einen Verkehrsstau verursachen. Jeder Snack stellt unseren Verdauungstrakt vor eine neue Aufgabe, die er sofort bewältigen muss. Klar, das mag unseren Stoffwechsel vorübergehend ankurbeln, aber es kostet auch mehr unserer Schönheits-Energie und strapaziert unseren Verdauungstrakt. Trotzdem – in der Realität sieht es so aus, dass viele Menschen an kleine Zwischenmahlzeiten gewöhnt sind und deshalb vor dem Abendessen noch irgendetwas zum Knabbern haben möchten. Wenn wir also eine kleine Zwischenmahlzeit brauchen, wäre etwas Neutrales ideal: beispielsweise Gemüsestifte mit einer Salsa oder einem Gemüsedip, eine Gemüsesuppe oder eine Extra-Portion von unserem mittäglichen Salat.

✿ SCHÖNHEITSTIPP

Essen Sie köstliche Desserts, die Sie nicht zurückwerfen!

Keine Angst! Der Beauty-Detox-Plan erlaubt auch Nachtisch – allerdings innerhalb gewisser Grenzen. Was wäre das Leben ohne gelegentliche ganz besondere Leckerbissen, die man ausschließlich „aus Lust an der Freude" verspeist?

Aber die Desserts sollten (natürlich!) leicht verdaulich sein, damit Sie einerseits voller Überzeugung am BDP festhalten können und andererseits nicht das Gefühl haben, sich kasteien zu müssen. Die Nachtische, die wir zubereiten werden, sind so köstlich, dass Sie das ganze „Hach-ist-das-ungesund!-Zeug" nicht vermissen werden. Sie wissen schon: Milchprodukte, raffiniertes Mehl, gentechnisch verändertes Soja, Eier, Butter, Transfette, Weizen, Gluten, stark fructosehaltiger Maissirup, hocherhitzte Öle und künstliche Süßstoffe – eben all jene Substanzen, die in den meisten anderen bekannten und beliebten Desserts zu finden sind. Und genau das sind die Inhaltsstoffe, denen die Desserts ihren schlechten Ruf verdanken, denn sie wirken toxisch, verkleistern unsere Darmwände und lassen uns altern.

Wir werden stattdessen Zutaten wie Stevia verwenden, kleine Mengen unraffiniertes Kokosöl und gelegentlich dunkle Schokolade oder Rohkakao aus ungerösteten Kakaobohnen.

Wir werden unsere Desserts auch nicht bei extrem hohen Temperaturen kochen oder backen, damit sich die leckeren Desserts ihre eigenen Enzyme erhalten (wie Sie auf Seite 105 in Kapitel 4 „Schönheits-Mineralstoffe und -Enzyme" erfahren werden), dementsprechend gut verdaulich sind und Sie in Ihrem BDP nicht zurückwerfen.

Ihr Abendessen sollten Sie immer mit einem grünen Salat beginnen. Darauf sollte – je nach der Phase im Beauty-Detox-Plan und Ihrem inneren Antrieb – eine große Auswahl verschiedener Lebensmittel folgen. Jetzt können Sie, falls Sie Appetit darauf haben, tierisches Eiweiß zu sich nehmen. Und weshalb ist das beim Abendessen in Ordnung und beim Mittagessen nicht? Wenn es Zeit ist fürs Abendessen, haben wir – körperlich wie geistig – unser hektisches Tagesgeschäft hinter uns gebracht und unsere Verpflichtungen erledigt. Jetzt können wir uns entspannen und das Zusammensein mit unserer Familie und unseren Freunden genießen. Wir müssen hinterher nicht an unseren Arbeitsplatz zurückhetzen. Und weil wir den ganzen Tag über einen Verkehrsstau auf unserer „inneren Autobahn" verhindert, dadurch unsere Verdauung optimiert und unseren Körper bei der Selbstreinigung unterstützt haben, können wir uns jetzt auch eine kompaktere Mahlzeit leisten – ganz nach Belieben.

96 | DIE GRUNDLAGEN DES BEAUTY-DETOX-PLANS

Wenn wir von unserem Kurs abkommen – was von Zeit zu Zeit der Fall sein wird! – und unsere Mahlzeiten falsch zusammenstellen, wäre das Abendessen die richtige Gelegenheit dazu. Weshalb? Wie wir gelernt haben, brauchen unsachgemäß kombinierte Lebensmittel nach dem Verzehr Stunden, bis sie unseren Magen durchquert haben und endlich im Darm angelangt sind. Wenn wir nun gegen Tagesende eine schlecht zusammengestellte Mahlzeit zu uns nehmen, sollten wir ihr die Zeit lassen, die sie zu ihrer Verdauung benötigt, indem wir danach nichts mehr essen. Wenn wir unsere „sündige Mahlzeit" etwa gegen 19 Uhr verspeisen und mit dem Frühstück bis mindestens um 10 Uhr morgens warten, geben wir ihr damit volle 15 Stunden Zeit, unseren Magen wieder zu verlassen. Wenn wir uns einen solchen „ernährungstechnischen Ausrutscher" hingegen als Mittagessen leisten, verursachen wir damit einen Verkehrsstau. Und selbst wenn wir den später mit Obst oder einem ganz leichten Abendessen ausgleichen wollen, geht das schief, denn dieses Essen „hockt" dann sozusagen ganz oben auf dem schlecht verdaulichen Nahrungsberg vom Mittag, kommt nicht daran vorbei und wird sich folglich zersetzen, gären und vor sich hin gammeln. Der Tag ist zu kurz für eine falsch zusammengestellte Mahlzeit! Eine der einfachsten Möglichkeiten, einer Anhäufung giftiger Abfallstoffe noch einen draufzusetzen, besteht darin, einer schlecht kombinierten Mahlzeit weitere Lebensmittel folgen zu lassen. Deshalb sollte das Abendessen unsere schwerst verdauliche Mahlzeit sein.

Ihr neuer Beauty-Food-Ernährungsfahrplan

FRÜHSTÜCK
Neuer Glaubenssatz: Wir essen erst, wenn wir Hunger haben. Solange das nicht der Fall ist, braucht unser Körper auch keine Nahrung. Wenn wir hungrig werden, halten wir uns den ganzen Vormittag über an leicht verdauliche Lebensmittel.

MITTAGESSEN
Neuer Glaubenssatz: Unser Mittagessen besteht ebenfalls aus leicht verdaulichen Zutaten, die überdies immer richtig kombiniert werden, damit unsere Verdauungs- und Reinigungsprozesse den ganzen Tag unter optimalen Bedingungen ablaufen können.

ABENDESSEN
Neuer Glaubenssatz: Beim Abendessen können wir uns die eine oder andere (kleine) Sünde leisten, weil wir tagsüber so klug gegessen und dadurch unseren Körper nicht bei seiner Selbstreinigung gestört haben. Wir nehmen uns vor, unsere Abendmahlzeit drei bis vier Stunden vor dem Zubettgehen zu essen, damit sie so schnell und so gründlich wie möglich verdaut werden kann.

Abgesehen davon wollen wir ja gar nicht *unmittelbar* vor dem Zubettgehen essen. Wir sollten unser Abendbrot nach Möglichkeit mindestens drei bis vier Stunden vor unserer üblichen Schlafenszeit verzehren, denn die Nahrung durchläuft unseren Verdauungstrakt schneller, solange wir wach sind. Wenn wir uns an diese Vorgaben halten, werden wir erfrischt und energiegeladen aufwachen!

Es gibt noch einen weiteren Grund, weshalb wir uns schwerere oder gekochte Lebensmittel erst gegen Abend zuführen sollten. Es ist wichtig, dass wir unsere Ernährung ganz allmählich umstellen, und dabei unbedingt darauf achten, keinen allzu raschen oder harten Übergang zu irgendeiner anderen Ernährungsweise vorzunehmen. Wenn wir den Selbstreinigungsprozess unseres Körpers durch schwerer verdauliche oder gekochte Speisen erst am Abend verlangsamen, vermeiden wir eine zu schnelle und zu starke Giftstoffbelastung und erzielen immer noch unglaubliche Fortschritte, denn wir haben ja durch leichtes Essen *den ganzen Tag über* für eine gute Verdauung und Körperreinigung gesorgt. Je länger an einem Stück wir unseren Verdauungsapparat sauber halten, desto positiver machen sich die zusätzlichen Reinigungsstunden bemerkbar.

BEAUTY-DETOX KURZ GEFASST:

- Es zählt nicht nur, was wir essen, es kommt vielmehr darauf an, wie viele Nährstoffe aus diesem Essen wir verwerten können. Läuft der Verdauungsprozess langsam ab, kann es geschehen, dass ein großer Teil der aufgenommenen Nahrung gärt und sich zersetzt und dadurch für unseren Körper unverwertbar wird.

- Wenn wir uns an das Prinzip der Beauty-Food-Kombinationen halten, befreien wir eine große Menge Schönheits-Energie aus dem Verdauungsprozess, die dazu dienen kann, unsere Haut und unser Haar wiederaufzubauen, uns im Alltag mehr Tatendrang verspüren zu lassen und das Abnehmen zu erleichtern.

- Fotokopieren Sie sich den „BFK-Spickzettel" von Seite 78 und ziehen Sie ihn immer wieder zurate, bis Ihnen das richtige Zusammenstellen von Lebensmitteln buchstäblich in Fleisch und Blut übergegangen ist.

- Essen Sie den ganzen Tag über immer „von leicht nach schwer", Sie setzen auch dadurch Schönheits-Energie frei und fördern auf diese Weise eine nachhaltige Gewichtsabnahme.

- Nehmen Sie sich den neuen Beauty-Food-Ernährungsfahrplan vor, um sich mit dem Grundgerüst des Prinzips „Von leicht nach schwer" restlos vertraut zu machen.

KAPITEL 4

SCHÖNHEITS-MINERALSTOFFE UND -ENZYME

Denken Sie an die Kraft und Energie einer Eichel! Sie vergraben sie in der Erde, sie platzt auf und wächst zu einer riesigen Eiche heran. Vergraben Sie ein Schaf, und das Ergebnis ist nichts als Verwesung.

George Bernard Shaw

Nachdem ich nun die dem Beauty-Detox-Plan zugrunde liegenden Ideen und Inhalte von verschiedenen Seiten beleuchtet habe, möchte ich Sie mit zwei Elementen bekannt machen, die ganz wesentlich zu unserer Schönheit beitragen: Mineralstoffe und Enzyme.

Mineralstoffe sind einer der Schlüssel zur Schönheit und an unglaublichen 95 Prozent unserer Körperaktivitäten beteiligt. Die Biophysiologie unseres Körpers hängt von unseren

❀ SCHÖNHEITSTIPP

So kommen Sie zu Ihrem Traum-Haar!

Unser Haar ist Bestandteil unseres Körpers, es wird von der Haarwurzel gebildet, die im Haarfollikel (oder Haarbalg) in der oberen Hautschicht eingebettet ist. Dort erhalten die Haare ihre Nährstoffe für ein starkes und gesundes Wachstum. Seit ich dem Beauty-Detox-Plan folge, hat sich mein eigenes Haar dramatisch verändert! Früher hatte ich Haare wie Kraut und Rüben – schlaffes Kraut und dünne Rüben –, weshalb ich sie meistens zu einem Knoten schlang. Oder aber ich war bis zu einer Stunde lang damit beschäftigt, sie trocken zu fönen und zu stylen, um sie vorzeigen zu können. Doch als ich mit dem BDP anfing, wurden meine Haare dick und elastisch, sie wippen vor Spannkraft. Jetzt kämme ich sie unter der Dusche und lasse sie lufttrocknen – das reicht, damit sie gut aussehen. Ein solcher „Aufschwung" – was für ein Glück!

Dünnes, kraftloses Haar deutet auf ein größeres und komplizierteres Problem hin. Wir können uns nicht einfach nur auf unser Haar konzentrieren und dabei unsere Körpergesundheit insgesamt außen vor lassen, das funktioniert hier genauso wenig wie bei der Haut. Es stimmt natürlich, dass wir alle von Typus und Beschaffenheit her unterschiedliches Haar haben,

doch wenn Haar spröde und brüchig wird oder frühzeitig ergraut, kann das ein Hinweis darauf sein, dass dem Körper bestimmte Mineralstoffe fehlen und wir etwas an unserer Ernährung ändern müssen, um die Bedürfnisse unseres Körpers zu befriedigen. Wir können uns schließlich nicht nur von teuren Pflegeserien aus dem Friseursalon abhängig machen! Solange wir nicht für ein basisches Milieu sorgen und wenigstens einige unserer inneren Blockaden auflösen, können wir die Mineralstoffe in unserer Nahrung oder bestimmten Nahrungsergänzungsprodukten nicht vollständig aufnehmen.

Sie werden feststellen, dass die Prinzipien, die wir anwenden, um unseren Teint zum Strahlen und unsere Pfunde zum Abschmelzen zu bringen, dieselben sind, die Ihrem Haar wieder einen gesunden Glanz und jede Menge Spannkraft bescheren werden. Wenn Sie Ihren täglichen Konsum basisch wirkender und mineralstoffreicher Lebensmittel erhöhen und dabei gleichzeitig Ihr System von den verkrusteten, säurehaltigen Verdauungsabfällen reinigen, wird Ihr Haar deutlich lebendiger, und Sie werden damit aussehen wie in den Shampoo-Werbespots im Fernsehen.

Mineralstoffquellen ab. Ich werde in diesem Kapitel darlegen, wie einfach wir unseren Körper mit den nötigen Mineralstoffen versorgen können, indem wir uns einfach richtig ernähren.

Enzyme sind als Katalysatoren (Beschleuniger) an Hunderten von Stoffwechselprozessen im menschlichen Organismus beteiligt, darunter die Neubildung und Erhaltung von Körpergewebe, wie etwa des Kollagens in der Haut. Bestimmte Enzyme können nicht wirklich aktiv werden, bevor nicht Spurenelemente und andere Mineralstoffe ausreichend verfügbar sind. Außerdem brauchen wir lebende, aktive Enzyme, um unsere Schönheits-Mineralstoffe restlos aufnehmen und verwerten zu können. Mineralstoffe und Enzyme sind die dicksten Freunde!

MINERALSTOFFE – FÜR DIE SCHÖNHEIT UNENTBEHRLICH

Woher kommen Mineralstoffe? In erster Linie aus der Erde, deshalb ist deren Qualität so wichtig, und deshalb wollen wir möglichst viel organische Erzeugnisse kaufen, denn der Mineralstoffgehalt von Böden mit organischem Anbau liegt deutlich höher als der konventionell bewirtschafteter Äcker und Felder. Laut einigen Studien soll bestimmtes organisches Obst und Gemüse bis zu 87 Prozent mehr Mineralstoffe aufweisen![1] Die Mineralstoffe gelangen in die Pflanzen über das Wasser im Erdreich, das ein breites Spektrum löslicher Mineralstoffe enthält, die von den Pflanzen aufgenommen werden und anschließend durch deren Stiele in die Blätter hochsteigen. Pflanzen zu essen heißt, Sonnenenergie und Mineralstoffe pur zu tanken.

Grünzeug ist die Nummer 1 auf unserer Lebensmittel-Hitliste, denn es versorgt uns mit sämtlichen Mineralstoffen, die wir brauchen, um schöner zu werden und uns absolut gesund zu ernähren, während es uns gleichzeitig die Vitamine und Aminosäuren liefert, die wir zur Eiweißbildung (Proteinbiosynthese) haben müssen. Wenn wir Blattgemüse massenhaft und in großer Vielfalt futtern, nimmt unser Körper damit automatisch die benötigten Mineralstoffe auf. Grünzeug zählt also zu unseren stärksten Waffen bei der Entgiftung, denn umso mehr wir davon essen, desto mehr kann es mit seiner machtvollen basischen Wirkung dem Körper dabei helfen, Giftstoffe fortlaufend auszuscheiden.

Die Liste der „Spitzen-Mineralstoff-Lieferanten" auf der nächsten Seite umfasst *nur einen Teil* des mineralstoffhaltigen Blattgemüses und anderer Lebensmittel. Tierisches Eiweiß, das wie Sie inzwischen wissen, überaus schwer verdaulich ist und in unserem Körper säurehaltige Rückstände hinterlässt, ist in Maßen erlaubt – all jenen, die wirklich weiterhin

Lust darauf haben –, ich habe es aber nicht mit aufgeführt, da wir uns im Hinblick auf die meisten Mineralstoffe nicht darauf stützen wollen.

ENZYME – BAUMEISTER DER SCHÖNHEIT

In den populären Ernährungslehren richtet sich der Wert eines Lebensmittels oftmals nur nach seinem Eiweiß-, Kalorien- und Kohlenhydratgehalt. Wo bleiben die Enzyme? Wie Sie selbst noch herausfinden werden, „liegt das Geheimnis der Gesundheit in der Erhaltung der Enzyme", so Dr. Ann Wigmore, eine der Pionierinnen auf dem Gebiet der Naturheilweisen. Sie ist aber keineswegs die einzige Forscherin, die die Bedeutung der Enzyme hervorhebt. Dr. Troland von der Harvard Universität sagte einmal: „Das Leben ist etwas, das um die Enzyme herumgebaut wurde; es ist eine Begleiterscheinung der Enzymaktivitäten." Und diesem Zitat möchte ich hinzufügen: Enzyme sind auch eines der Hauptgeheimnisse von Schönheit!

Spitzen-Mineralstoff-Lieferanten

MINERALSTOFFREICHES BLATTGEMÜSE		
Garten-Senfrauke	Gurken	Radicchio
Pak Choi (Senf- oder Blätterkohl)	Löwenzahn	Romanasalat (Lattich, grüne und rote Blätter)
Brokkoli	Eskariol (Winterendivie)	Spinat
Stangensellerie	Frisée-Salat	Beißkohl (Schnittmangold)
Mangold	Grünkohl (3 Sorten)	Brunnenkresse
Blattkohl	Sareptasenf (Rutenkohl)	Weizengras

MINERALSTOFFREICHE KRÄUTER		
Basilikum	Dill	Minze
Koriander	Fenchelkraut	Petersilie (glatte und krause)

MINERALSTOFFREICHE SPROSSEN		
Alfalfa	Klee	Sonnenblume
Brokkoli	Radieschen	

MINERALSTOFFREICHE GEMÜSESORTEN		
Spargel	Chicorée	Rettich/Radieschen
Rüben und Beten	Grüne Bohnen	Kohlrüben
Paprika	Topinambur	Meeresalgen (alle Sorten)
Brokkoli	Lauch/Porree	Kürbisse (alle Sorten)
Rosenkohl	Pilze	Süßkartoffeln
Kohl	Okraschoten	Tomaten
Karotten/Mohrrüben	Zwiebeln	Weißrüben
Blumenkohl	Pastinaken	Yamswurzeln
Auberginen	Erbsen	Zucchini

MINERALSTOFFREICHES OBST		
Acai-Beeren	Durian (Stinkfrucht)	Papaya
Äpfel	Orangen	Birnen
Avocado	Feigen	Ananas
Bananen	Goji-Beeren	Pflaumen
Brombeeren	Grapefruit	Granatäpfel
Blaubeeren	Weintrauben	Erdbeeren
Cherimoya	Kalifornische Heidelbeeren	Limetten
Kirschen	Zitronen	Tangerinen
Gurken	Oliven	

MINERALSTOFFREICHE NÜSSE UND SAMEN		
Mandeln	Hanfsamen	Kürbiskerne
Paranüsse	Makadamianüsse	Sesamsamen
Kakaobohnen	Pekannüsse	Sonnenblumenkerne
Kokosnüsse	Pinienkerne	Walnüsse

MINERALSTOFFREICHE WURZELN		
Ingwer	Maca-Knollen	Kurkuma (Gelbwurz)

Lebende Enzyme sind die treibenden Kräfte bei allen chemischen Vorgängen im menschlichen Organismus. Mit den Worten von Dr. Edward Howell, eines der Väter der Ernährungs- und Enzym-Forschung, sind Enzyme „komplexe Proteinmoleküle und Reservoire für Bioenergie". Mittlerweile haben Wissenschaftler über 5000 verschiedene Enzyme identifiziert, die unser Körper einsetzt und herstellt, aber es dürfte noch weit mehr geben.[2] Die Enzyme sind als Katalysatoren an allen chemischen Reaktionen in unserem Körper beteiligt und erfüllen Tausende lebenswichtiger Funktionen. So helfen sie

---

❀ SCHÖNHEITSTIPP

Die Top 6 der Schönheits-Mineralstoffe

SILIZIUM: Kräftigt unsere Haare und Nägel, erhöht unsere Lebenskraft. Es ist auch hervorragend für eine schöne, zarte Haut und kann die Faltenbildung reduzieren. Silizium stärkt auch die Bindegewebe und hilft dabei, unseren Körper elastisch zu halten.

ZINK: Hilft bei der Neubildung von Kollagen, um die Haut (wieder) gesund, zart und strahlend werden zu lassen, es beugt nicht nur der Faltenbildung vor, sondern auch Schwangerschaftsstreifen, Strahlungsschäden und anderen Zeichen der (Haut-)Alterung.

EISEN: Erzeugt einen magnetischen Blutstrom, da das Hämoglobin-Molekül eisenhaltig ist, das den Sauerstoff in der Lunge aufnimmt und im Körper verteilt. Gesundes, mit Sauerstoff angereichertes Blut fördert einen gesunden Kreislauf, der ein wundervolles, sehr anziehendes Strahlen der Haut erzeugt. Eisen hebt auch unseren Energielevel und stärkt unsere Immunabwehr, zudem begünstigt es einen erholsamen Schlaf.

MAGNESIUM: Ist an rund 300 Enzymreaktionen beteiligt und eröffnet damit im Körper 300 verschiedene Pfade zur Entgiftung. Es gehört zu den essenziellen Mineralstoffen und ist ein Schlüssel für eine regelmäßige Verdauung, ein entscheidender Teil unseres fortwährend ablaufenden Selbstreinigungsprogramms. Als kräftigender Schönheits-Mineralstoff hilft es den Knochen bei der Kalzium-Aufnahme und spielt eine bedeutende Rolle bei der Umwandlung von Vitamin D in das Hormon Calcitriol.

KALIUM: Gehört auch zu den essenziellen Mineralstoffen und ist an der Aufrechterhaltung des Gleichgewichts in verschiedenen lebenswichtigen Bereichen des Körpers beteiligt, so etwa beim Blutdruck, beim Flüssigkeitshaushalt und den Spiegeln der anderen Mineralstoffe, vor allem des Natriums. Kalium ist wichtig für das Zellwachstum und die Zellreinigung, da es den Nährstofftransport in die Zellen reguliert, und ebenso für die Ausscheidung von Abfallstoffen.

KALZIUM: Kräftigt uns, da es unsere Knochen stärkt und unsere aufrechte Haltung stabilisiert, zudem befähigt es uns zur Anmut in unseren Bewegungen.

beispielsweise bei der Replikation (Verdoppelung) unserer DNA, bei der Verdauung von Lebensmitteln wie auch bei der Aufnahme der Nährstoffe aus Proteinen, Kohlenhydraten, Fetten und Pflanzenfasern. Sie glätten und verhindern Falten, sie helfen mit, unsere Haut geschmeidig zu erhalten, und tragen überhaupt zu einer zarten, jugendlichen Haut bei. Indem sie mehr Stoffwechselenergie freisetzen, kurbeln Enzyme auch die Gewichtsabnahme und die Entgiftung an. Zur Unterstützung dieser Funktionen brauchen wir möglichst viele Enzyme.

Wir kommen mit einem enormen Vorrat an Enzymen zur Welt, der jedoch im Lauf unseres Lebens geringer wird, was zur Alterung und zur Verlangsamung unseres Stoffwechsels führt. Wie Dr. Meyer und sein Forschungsteam vom Michael Reese Hospital in Chicago herausfanden, ist die Enzymmenge bei jungen Erwachsenen im Alter zwischen 21 und 31 Jahren rund 30 Mal größer als bei älteren zwischen 69 und 100 Jahren.

Der Beauty-Detox-Plan zielt darauf ab, möglicht viele Enzyme zu erhalten. Vergessen Sie eines nicht: Wenn wir *weniger* Enzyme zur Verfügung haben, dann müssen diese an erster Stelle in den entscheidenden lebenserhaltenden Prozessen und Funktionen in unserem Körper aktiv werden, etwa in der Verdauung und der Blutbildung. Hier kommt die Schönheits-Energie ins Spiel: Enzyme sind entscheidend für unsere Vitalität und die Zunahme unserer Schönheits-Energie. Und was geschieht, wenn wir einen Riesenvorrat an Enzymen in unserem System haben? Richtig! Die Enzyme könnten beides schaffen: sich um die lebenserhaltenden wie auch um die weiter unten in der Hierarchie angesiedelten Körpervorgänge (die für uns jedoch auch sehr wichtig sind) zu kümmern, etwa um unser schlaffes Haar und die Krähenfüße um unsere Augen!

Eine Möglichkeit dazu wäre, unseren Körper mit Enzymen einzudecken, wie sie in Rohkost enthalten sind. Je mehr von diesem „Lebenstreibstoff" wir essen, desto lebendiger werden wir uns fühlen! Enzyme sind hitzeempfindlich. Sie halten es zwar im Gefrierschrank gut aus, aber bei Temperaturen ab 49 Grad Celsius nehmen sie Schaden und denaturieren; wird es noch heißer, sterben sie ab. Das ergibt Sinn, wenn Sie daran denken, dass Feuer nie etwas hinzufügt, sondern immer etwas wegnimmt. Haben Sie sich je die Finger verbrannt, als Sie ein brennendes Zündholz hielten oder einen richtig heißen Gegenstand anfassten? Die Haut an ihren Fingern verfärbte sich rot und dann möglicherweise schwarz, weil die Hautzellen zerstört wurden.

Mit Gemüse ist es nicht anders. Schauen Sie sich einen lebendigen grünen Kohlkopf an. Seine Blätter sind richtig dick und erscheinen wie gewachst, denn beim Waschen perlt das Wasser davon ab, so wie an den riesigen Blättern der Pflanzen im Regenwald des Amazonas, die uns bei einem Wolkenbruch beschirmen könnten. Nun sautieren Sie den Kohl, braten Sie ihn in einer heißen Pfanne an, und beobachten Sie, wie die Lebendigkeit

Pat gewinnt Zeit und Energie

Die wahre Schönheitsgeschichte

Meine Klientin Pat Davis ist 39 Jahre alt und Mutter dreier Kinder, alle unter zwölf. Folglich verbringt sie den Hauptteil ihrer Zeit damit, ihren Kindern hinterherzujagen, vor allem dem jüngsten, das gerade zwei Jahre alt ist. Als ich sie zum ersten Mal traf war sie dünn und blass – beinahe zerbrechlich – und hatte einen ganzen Schwarm Sommersprossen im Gesicht. Ihr hellbraunes Haar war unglaublich dünn mit reichlich Spliss an den Spitzen. Doch was mir am meisten auffiel, war ihre Haut: Sie wirkte ungleichmäßig und stumpf. Pat hatte dunkle Ringe unter den Augen und einen mutlosen Gesichtsausdruck.

Um Überessen und Abnehmen ging es bei Pat also nicht – aber ihre Schönheit musste neu aufgebaut werden. Ich könnte es so formulieren: Ihrer Ernährung mangelte es an basisch wirkenden Mineralstoffen, und ihre Haut posaunte das lauthals und unüberhörbar heraus. Keine noch so dicke Schicht keines noch so tollen Make-ups auf Pats Gesicht konnte das fehlende Strahlen ihrer Haut und das Fehlen eines gesunden, giftfreien Blutkreislaufs wettmachen. Sie hatte sich über zehn Jahre lang rein auf die Gesundheit und das Wohlergehen ihrer Kinder konzentriert, jetzt war sie an der Reihe!

Wie sich herausstellte, enthielt Pats Ernährung eine Menge Lebensmittel mit reichlich raffinierten Stärken und kaum irgendwelches Grünzeug oder anderes Gemüse. Ihr Speisezettel bestand im Wesentlichen aus „Cheerios" (Frühstückszerealien-Kringel), Bagels, Thunfisch- oder Schinken-Sandwiches mit Roggenbrot, „Pop-Tarts" (Toaster-Törtchen) und vielen anderen Lieblingsspeisen ihrer Kinder. Zum Abendessen kochte sie gern Hühnchen mit Reis, „Mac and Cheese" (Maccheroni mit Käse (überbacken)), Reis und Bohnen und andere einfach kombinierte Gerichte, die sie rasch für ihre große Familie zubereiten konnte.

Wir begannen mit der Überlegung, wie Pat an mehr Schönheits-Mineralstoffe gelangen könnte, etwa indem sie eine größere Menge an Grünzeug und anderem Gemüse in ihren Speiseplan integrierte. Von da an trank sie jeden Morgen einen Glowing Green Smoothie; um Zeit zu sparen, mixte sie sich immer gleich eine große Portion, die für zwei Tage reichte. Ich zeigte ihr, wie sich nebenbei einfache, wohlschmeckende grüne Salate herrichten konnte, während sie das Mittag- oder Abendessen für ihre Kinder kochte, sodass sie nicht das Gefühl hatte, zwei komplett verschiedene Mahlzeiten zubereiten zu müssen. Wir bauten auch ein paar „Reinigungshilfen" ein, Pat futterte große Schüsseln voll von meinem „Probiotischen & enzymreichen Salat", zusätzlich nahm sie täglich noch ein Probiotikum zur Nahrungsergänzung sowie Verdauungsenzyme ein.

Wir müssen grundsätzlich darauf achten, nicht nur gesunde Lebensmittel in unseren Körper *hinein*zubringen, sondern vor allem auch dafür sorgen, den alten Schlamm *heraus*zuschaffen. Schon wenige Wochen später war Pats Haut zarter und weit weniger schlaff, viele der feinen Linien in ihrem Gesicht hatten sich abgeschwächt. Aus ihren Augen strahlte es von innen heraus, ihre eingerissenen Lippenränder waren abgeheilt und ihre Lippen schon wieder voller. Mittlerweile arbeiten Pat und ich schon über acht Monate zusammen: Ihr Haar glänzt wundervoll, und im Gesicht sieht sie gut zehn Jahre jünger aus! Obwohl sie nach wie vor meistens für sich und ihre Kinder unterschiedliche Mahlzeiten zubereitet, hat sie dennoch das Gefühl, dass ihr *mehr Energie* und *mehr Zeit* zur Verfügung stehen. Jetzt ist sie eine richtige sexy Mami!

aus seinen Blättern entschwindet. Sie werden matschig und nehmen Flüssigkeit auf. Ihre machtvolle Energie ist verloren.

Wenn wir unser Essen kochen, töten wir die Enzyme und verringern die Lebendigkeit der Lebensmittel selbst. Essen wir nun fortwährend Nahrung mit reduzierter Lebenskraft, beginnt auch unser eigener Schwung „dahinzuwelken". Beim Verzehr eines Lebensmittels nehmen wir dessen Energie unmittelbar auf. Um unseren Verjüngungsprozess voranzutreiben, sollten wir unsere Lebens-Mittel daher mit Freunden bepacken: mit den machtvollen Enzymen. Denn Leben bringt Leben hervor.

Enzymreiche Lebensmittel sind also einzig und allein dazu vorgesehen, dass wir sie besser verdauen können. Und wie? Die Enzyme in der Rohkost erleichtern

Weshalb Sie noch nie ein altes Wildtier gesehen haben

Ist Ihnen schon einmal aufgefallen, dass Sie einem Wildtier nicht ansehen können, wie alt es ist? (Es sei denn, es ist wirklich uralt oder todkrank.) Ich habe das festgestellt, als ich auf meiner Weltreise insgesamt elf Safaris auf dem afrikanischen Kontinent unternommen habe, in Ländern wie Simbabwe, Sambia, Botswana, Tansania und Swasiland. Domestizierte Tiere und Haustiere altern mit den Jahren sichtlich und sehen verbraucht aus. Genau wie wir bekommen sie degenerative Krankheiten, beispielsweise Arthritis, Krebs und Diabetes II. Und das ist nicht weiter verwunderlich, denn schließlich fressen sie vorgefertigtes, abgepacktes Futter!

die Arbeit unserer Körperenzyme beim Aufspalten und Verdauen der Nahrung. Die drei Haupt-Verdauungsenzyme, um die es hier geht, sind Amylasen, Proteasen und Lipasen, sie sind speziell für die Verdauung geschaffen, um jeweils Stärken, Proteine und Fette aufzuspalten. Lassen Sie mich einmal am Beispiel der Fette erläutern, was passiert, wenn wir unser Esssen kochen bzw. mit Hitze in Berührung bringen. Zunächst: Wenn Sie eine Avocado essen, dann helfen Ihnen die darin enthaltenen Lipasen bei der Verdauung der Frucht, ohne dabei auf Ihren eigenen Vorrat an Verdauungsenzymen zuzugreifen. Aber jetzt stellen Sie sich mal vor, Sie verwenden Olivenöl, um ein Gemüse darin zu braten. Wenn das Fett im Öl auf eine hohe Temperatur erhitzt wird, werden dadurch seine Lipasen (seine Fettverdauungsenzyme) abgetötet. Ohne diese öleigenen Lipasen brauchen Sie mehr von Ihren körpereigenen Lipasen, um das Fett zu verdauen. Und nicht nur das: Sie verbrauchen nicht nur mehr Verdauungsenzyme, sie gehen auch das Risiko ein, dass das Olivenöl die Schlamm-Masse (und letztlich auch Ihren Körperfettanteil) erhöht, weil es nun weniger leicht verdaulich ist.

Und noch einmal: Das gilt nicht für die in Rohkost enthaltenen Fette, Rohkost wie beispielsweise die oben genannte Avocado, die der Magen mithilfe ihrer eigenen Lipasen verdaut. Deshalb machen naturbelassene Nüsse so viel weniger dick als geröstete! *Halt!* Sie denken jetzt vielleicht, *wir blicken auf jahrhundertealte Küchentraditionen zurück, die auf dem Erhitzen und Verarbeiten von Speisen gründen … Und dann haben wir angeblich nicht genug Enzyme, um unsere Nahrung zu verdauen?* Doch, natürlich haben wir die. Aber das soll nicht heißen, dass wir uns allzu fest darauf stützen sollten. Denn das würde die Enzyme von den Abertausenden anderen Dingen abziehen, die sie für Ihren Körper tun können. Im BDP dreht sich alles darum, wie Sie das Potenzial Ihres Körpers maximieren können – und dazu gehört eben auch der sparsame Umgang mit den vorhandenen Enzym-Ressourcen. Sie sollten erhalten und – wenn möglich – sogar aufgestockt werden.

Damit will ich jedoch nicht sagen, dass wir uns ausschließlich von Rohkost ernähren sollten. Leicht verdauliches gekochtes Essen hat durchaus seinen Platz auf unserem Speiseplan. Was ich damit aber schon sagen will: Wir müssen den Anteil von rohem Grünzeug und Gemüse an unserer Nahrung insgesamt erhöhen. Wie Sie in Kapitel 3 gelesen haben, ist es wichtig, jede Mahlzeit mit einem „Rohkost-Vorspiel" zu beginnen. Das kann ein Salat sein, es reichen aber auch einfach ein paar Stücke Stangensellerie. Wir können vernünftigerweise dann mit Rohkost weitermachen, aber wenn wir jeder Mahlzeit solches rohe Grünzeug oder Gemüse voranstellen, sichern wir uns damit auf jeden Fall eine erhöhte Enzym-Aufnahme. Schon allein das wird unsere Schönheit allmählich wiederaufbauen und zu unserer Schönheits-Energie beitragen. Doch sind die Enzyme nicht die einzigen hitzeempfindlichen Substanzen auf unserer Liste. Vitamine und andere Nährstoffe reagieren ebenfalls auf Temperaturerhöhungen. Wenn wir nun sämtliches Grünzeug und Gemüse vor dem Verzehr kochen, braten, grillen oder backen, kommen unseren Organen weit weniger Nährstoffe zugute als bei Rohkost. Und: Wir neigen dazu, mehr zu essen, um satt zu werden! Indem wir als Auftakt zu unseren Mahlzeiten

Beauty Detox Verdauungsenzyme

ENZYM (NAME)	SPALTET AUF:
Amylase	Stärke
Protease	Protein
Lipase	Fett

Grünzeug oder anderes rohes Gemüse verzehren, nehmen wir gleich zu Beginn einiges an Enzymen auf, die uns dabei unterstützen, das übrige Essen zu verdauen. Durch den hohen Anteil an Ballaststoffen im Grünzeug und im Gemüse fühlen wir uns schneller satt, außerdem können wir uns diese gesunden Sachen im Überfluss gönnen, wodurch wir insgesamt weniger Kalorien „einfahren".

Julian lässt das Naschen sein

Die wahre Schönheits-geschichte

Julian de Vito ist 38 Jahre alt und ziemlich weit oben auf seiner Karriereleiter als Filmproduzent und Werbefachmann in Hollywood. Während der Arbeit an einem Film konnte es sein, dass er innerhalb von drei Monaten zehn Kilo zulegte – was dem Stress geschuldet war und den allgegenwärtigen Imbissautomaten, die bis zum Rand mit Junkfood gefüllt sind. Insgesamt mochte er so um die zwanzig Kilo Übergewicht haben. Trotz seines jugendlichen Alters litt er unter Bluthochdruck und war – als passionierter Naschkater – der ideale Kandidat für einen Diabetes. Von Zeit zu Zeit machte Julian eine Diät, in deren Rahmen er ausschließlich die vorgefertigten, zum Erhitzen in der Mikrowelle bestimmten Mahlzeiten verzehrte, die das jeweilige Abnehm-Programm vorschrieb. Das zog er immer ein paar Wochen lang durch, nahm ein paar Kilo ab, um sie ein paar Wochen später wieder draufzuhaben. Ich weiß nicht, was schrecklicher war: der Jojo-Effekt mit den erst mühsam abgeworfenen und dann rasch wieder draufgefutterten Kilos und die für seinen armen Körper damit verbundenen Strapazen oder diese Riesenmenge verarbeiteter, bis obenhin voll Konservierungsstoffe steckender „toter" Lebens-Mittel, die er bei seinen Diäten regelmäßig konsumierte und die nur den Schlamm in seinem Körper vermehrten.

Am Beginn unserer Zusammenarbeit setzte ich Julian auf eine Übergangs-Ernährung, bei der er in der ersten Hälfte seines Tages hauptsächlich unverarbeitete Lebensmittel mit all ihren lebendigen Enzymen zu sich nahm. Er begann alle seine Mahlzeiten mit einem Rohkost-Salat oder rohem Gemüse und erhöhte dadurch den Anteil unverarbeiteter Nahrungsmittel auf seinem Speisezettel. Säure bildendes oder verarbeitetes Essen strich er davon, darunter Sandwiches mit gegrilltem Hühnchen und handelsübliche Zerealien mit Magermilch.

Julian liebte die einfachen Rezepte, die ich ihm beibrachte, und erkannte, wie einfach es war, wohlschmeckende Salate und andere Gerichte zuzubereiten, und wie viele großartige Möglichkeiten sich ihm auf diesem Gebiet boten. Innerhalb von acht Monaten hatte er seine 21 überschüssigen Kilos abgeschmolzen und dafür – als Extra-Bonus – einen strahlenden Teint bekommen. Immer häufiger hörte er von anderen, wie jung er aussehe, als wäre er erst Ende zwanzig (nicht schlecht für einen, der in Hollywood arbeitet)! Inzwischen berate ich Julian seit über zwei Jahren, er hat sich aus dem Teufelskreis des Jojo-Effekts befreit und hält sein neues Gewicht. Derzeit wiegt er rund 80 Kilo – das sind 22,5 Kilo weniger als bei unserem ersten Treffen – bei seiner Größe von 1,75 Metern das Idealgewicht.

WO GEKOCHTE LEBENSMITTEL SINN ERGEBEN

Gerade weil Sie sich hauptsächlich von enzymreicher Rohkost ernähren sollten, haben gekochte Speisen durchaus auch ihren Platz auf Ihrem Speisezettel. Es sollten aber die richtigen gekochten Speisen sein! Tatsächlich spielt gekochtes Essen durchaus eine positive Rolle in unserer Ernährung, weil es etwas Schwere und Erdung hineinbringt. Wir stellen immer rohes Gemüse oder Grünzeug an den Anfang unserer Mahlzeiten, doch dann darf ruhig ein gekochtes oder geschmortes Gericht aus hochwertigen Zutaten folgen, insbesondere am Abend. Menschen mit Verdauungsschwäche können schonend und kurz gegartes Gemüse, wie etwa Brokkoli, leichter verdauen als rohes. Stärkehaltige Lebensmittel, beispielsweise Süßkartoffeln oder Yamswurzeln, sind in gar gekochtem Zustand besser verdaulich. Und hochwertige glutenfreie gekochte Getreide wie Quinoa runden unsere Ernährung ganz wunderbar ab.

MINERALSTOFFE + ENZYME = GREENIES

Die effizienteste Weise, unseren Konsum von Mineralstoffen und Enzymen gleichzeitig hochzufahren, besteht darin, täglich mehrere Greenies zu trinken, vor allem den Glowing Green Smoothie (GGS, siehe Seite 112) und den Glowing Green Juice (GGJ, siehe Seite 113). In Greenies verdichten wir das Obst und Gemüse durch das Entsaften oder Mixen, und erhöhen auf diese Weise die Menge an Enzymen und Mineralstoffen, die uns zugute kommen. Getränke auf Grünzeugbasis sind die wirklichen Super-Lebensmittel – nicht die exotischen, teuren und schwer erhältlichen Früchte oder Pflanzen aus fernen Ländern.

Vielleicht denken Sie gerade: *„Wie viele Tage in der Woche muss ich das machen?"* oder: *„Wie lange muss ich das machen?"* Darauf meine Gegenfrage: *„Wie viele Tage lang möchten Sie gesund und schön sein?"* Vergessen Sie bitte eines nicht: Das hier ist keine Blitzaktion zur Entgiftung und für eine blendende Optik, sondern der dauerhafte Ausweg aus Ihren angestammten schlechten Gewohnheiten! Um möglichst viele pflanzliche Mineralstoffe und Enzyme zu tanken, sollten wir am besten täglich einen Glowing Green Smoothie oder einen Glowing Green Juice trinken.

Machen Sie sich keine Sorgen – die Grüngetränke schmecken köstlich! Das Obst schlägt durch jedes „grüne" Aroma durch und sorgt für einen ausgewogenen, fruchtigen Geschmack. Schon beim ersten Schluck werden Sie eine angenehme Überraschung erleben! Wenn ich meine Greenies trinke, bekomme ich davon einen so kräftigen Energiekick, dass das stundenlang vorhält. Mein Kopf ist klar, ich bin gelassen, und es fällt mir deutlich leichter, mich auf meine Arbeit oder irgendwelche anfallenden Aufgaben zu konzentrieren. Ich kann es kaum erwarten, dass Sie selbst diese Erfahrungen machen! Das Großartige daran: Wenn sich die Biophysiologie Ihres Körpers verändert, wenn Sie äußerlich zu erstrahlen beginnen und Ihre Energie zunimmt, dann werden Sie sich riesig auf Ihre Greenies freuen. Ganz im Ernst! Ich habe massenhaft Klienten, die mir Monate nach ihrem Einstieg in den BDP berichten, sie seien mittlerweile süchtig nach ihrem Morgenritual.

Sie finden die Idee von einem Gemüse-Mixgetränk abwegig? Sie wollen jetzt kein Geld für einen Mixer ausgeben? Damit stehen Sie nicht alleine da, und es ist auch völlig in Ordnung. In Phase 1, der Phase der „Aufblühenden Schönheit", brauchen Sie noch keine Greenies zuzubereiten oder zu trinken. In der Phase der „Aufblühenden Schönheit" sorgen wir erst einmal nur für eine gründliche innere Reinigung und einen körperlichen Aufschwung, denn hier werden all die anderen Prinzipien umgesetzt, die wir bisher behandelt haben. Irgendwann später, wenn Sie die ersten wundervollen Ergebnisse erzielt haben

Aaron trinkt grün

Die wahre Schönheits-geschichte

Aaron Steiner ist ein Banker in den Vierzigern, und seit er sich mit Börsenhandel beschäftigt, fängt sein Tag in aller Frühe an: Er geht meist schon um 5 Uhr 30 in sein Büro. Als ich ihn das erste Mal traf, lag sein normaler Kaffeekonsum *bis Mittag* bei fünf(!) Tassen, und er steckte in einer fortdauernden „Energiebaisse" fest. Abends nach Börsenschluss aß er irgendein Schnellgericht, danach kippte er für gewöhnlich um vor Müdigkeit. Er fühlte sich nie wirklich wohl und hatte auch nie das Gefühl, genug Energie für irgendetwas aufzubringen. Er schleppte sich buchstäblich durchs Leben – falls man so etwas überhaupt „Leben" nennen kann!

An seinen Mittags- und Abendessensgewohnheiten wollte Aaron eigentlich wenig ändern, denn er warf entweder in aller Eile irgendwo irgendetwas ein oder speiste mit Kunden in Nobelrestaurants. Doch er war bereit, jeden Morgen auf dem Weg ins Büro einen Glowing Green Smoothie zu trinken. Ich holte seine Frau mit ins Boot, und sie bereitete den GGS für sie beide zu. Schon nach einer Woche bekam ich von Aaron die Rückmeldung, er habe jetzt sehr viel mehr Energie und sei schon dabei, seinen Kaffeekonsum einzuschränken. Innerhalb von sechs Wochen war Aaron auf anderthalb Tassen Kaffee *pro Tag(!)* herunter und dabei, Gewicht abzuwerfen. Nach vier Monaten trank er immer noch anderthalb Tassen Kaffee am Tag, hatte aber inzwischen 7,5 Kilo abgenommen; sein Cholesterinwert war beträchtlich gesunken, und Aaron hatte so viel Energie wie schon seit Jahren nicht mehr. Einen Abend in der Woche und an den Wochenenden machte er jetzt sogar Yoga! Zwar hatte er seinen Fleischkonsum ebenfalls heruntergeschraubt und seine Ernährung auch anderweitig verbessert, doch den Hauptunterschied zu früher machte der Glowing Green Smoothie.

und Ihr Körper innerlich immer sauberer wird, haben Sie vielleicht Lust, weiterzumachen und es doch einmal mit den Greenies, die in der Phase der „Erstrahlenden Schönheit" ins Spiel kommen, zu probieren.

Mit der Zeit, wenn sich Ihr Körper im „Umbau" befindet, werden Sie nach und nach all die Blockaden und Giftstoffe beseitigen, die verantwortlich sind für Ihr Verlangen nach schwerer verdaulichen Lebensmitteln und koffeinhaltigen Getränken, wie Sie sie in der Vergangenheit konsumiert haben. Und Sie werden es lieben, wie leicht und energiegeladen Sie sich dank dieser Greenies fühlen, und wie sie Ihnen dabei helfen, Ihr Äußeres zu vervollkommnen und Ihre Pfunde loszuwerden!

❀ SCHÖNHEITSTIPP

Streichen Sie das Koffein!

Wenn wir Koffein konsumieren, wird es vom ganzen Körper aufgenommen und wirkt auf viele lebenswichtige Organe, weil es in zahllose körperliche Abläufe störend eingreift. In erster Linie belastet es die Leber, die es abbauen muss. Zu viel Koffein kann die Leber auch überlasten und dadurch ihre Kapazität für die effiziente Verbrennung von Fett und die Ausscheidung von Giftstoffen aus unserem System verringern. Koffein kann auch zu einer Erhöhung des Cortisolspiegels beitragen, des Stresshormons, das mit übermäßiger Fettspeicherung, vor allem um die Leibesmitte, in Verbindung gebracht wird. Ebenso kann Koffein die Produktion von Norepinephrin (Noradrenalin) anregen, eines weiteren Stresshormons und zugleich Neurotransmitters, das Gehirn und Zentralnervensystem beeinflusst, unseren Herzschlag und den Blutdruck hochtreibt. Es ruft dieses nervöse Flattern hervor, das viele von Ihnen bestimmt auch schon nach dem Genuss von nur ein, zwei Tassen Kaffee erlebt haben!

Aus demselben Grund rate ich auch zur Vorsicht beim Konsum von grünem Tee und trinke selbst überhaupt keinen. Grüner Tee enthält zwar etliche gesunde Antioxidantien, aber pro Tasse eben auch rund 35 Milligramm Koffein. Deshalb ist es sinnvoller, sich für weißen Tee, oder noch besser, den koffeinfreien Rooibos und Kräutertees zu entscheiden. Im Übrigen enthalten auch sie Antioxidantien – etwa Aspalathin und Nothofagin.

DER GLOWING GREEN SMOOTHIE (GGS)

Auf meiner Website und in der Presse berichte ich schon seit Jahren über meinen Glowing Green Smoothie. Sein Rezept gründet auf Ann Wigmores Philosophie der „frisch gemixten

Lebensmittel", die mir aus erster Hand in ihrem Institut in Puerto Rico vermittelt wurde. Dr. Wigmore hat sich mehr als 35 Jahre lang mit dem Thema „Heilung auf der Ebene der Zellernährung" beschäftigt. Eine ihrer Haupttheorien besagt, dass wir unsere Nahrung „vorverdauen", wenn wir sie auspressen oder zermixen, wodurch unser Körper die Nahrung nicht aufzuspalten und unnötige Energie für den Verdauungsprozess aufzuwenden braucht. *Erinnern Sie sich an unser Prinzip der „Schönheits-Energie"?*

Viele wichtige Mineral- und andere Nährstoffe in Lebensmitteln sind in den Zellwänden eingeschlossen – die man folglich aufbrechen muss, um an die Nährstoffe zu gelangen. Daher hilft das Zermixen der Lebensmittel, dem Körper das gesamte Nährstoffspektrum seiner Nahrung verfügbar zu machen, ohne dass er selbst dabei aktiv werden muss. Um den Geschmack des Grünzeugs harmonisch auszugleichen, fügen wir noch ein paar Stücke frisches Obst hinzu. Kalt getrunken ist der GGS eine Köstlichkeit!

Das Wundervolle am Glowing Green Smoothie ist, dass der strukturelle Aufbau des ganzen Obsts und Gemüses darin erhalten bleibt, weshalb wir auch in den Genuss sämtlicher Ballaststoffe kommen. Pflanzliche Rohfasern gehören zu unseren engsten Verbündeten während und nach der Umstellung unserer Ernährung, da sie uns dabei helfen, die neu erwachten Giftstoffe aus dem Körper hinauszutransportieren und auch unseren Stuhlgang fördern. Der hohe Ballaststoffanteil des Glowing Green Smoothie vermittelt uns das Gefühl des Sattseins, das den ganzen Vormittag über bis zum Mittagessen vorhält, vor allem am Anfang des BDP, wenn wir noch daran gewöhnt sind, unseren Antrieb aus größeren Mengen kompakterer und schwererer Lebensmittel zu beziehen.

DER GLOWING GREEN JUICE (GGJ)

Wenn Dr. Ann Wigmore die „Mutter" des Glowing Green Smoothie ist, dann ist für mich der moderne „Vater" des Glowing Green Juice der wunderbare Dr. Norman Walker, der 1985 im Alter von 99 Jahren starb. Der Glowing Green Juice steckt randvoll mit Enzymen, Sauerstoff, Mineralstoffen und Vitaminen, die – in Anlehnung an Dr. Walker – von den anderen Nahrungsbestandteilen „befreit" wurden und deshalb von den Dünndarmwänden sehr viel leichter aufgenommen werden können. Und weil der Saft von Pflanzen so viele gute Sachen enthält, nehmen Sie mit einem Glowing Green Juice sogar noch mehr Nährstoffe auf, als Ihnen das reinste organische Wasser der Welt bieten könnte.

Der GGJ ist flüssige Nahrung pur, Bio-Treibstoff für unseren Körper. Wenn wir ihn reinigen und ein stärker basisches Milieu aufbauen, brauchen wir kein handfestes Frühstück mehr, das uns am Morgen in Gang bringt, außerdem versorgt uns der Glowing Green Juice mit Enzymen, Mineralstoffen und Vitaminen, verlangsamt aber keinen der physiologischen Prozesse. Da der GGJ seiner Ballaststoffe „beraubt" wurde, ist seine körperreinigende Wirkung intensiver. Für Menschen mit stark übersäuertem und durch Giftstoffe belasteten Körper ist der Glowing Green Juice am Anfang des Beauty Detox Plans möglicherweise zu heftig, um ihn schon täglich trinken zu können. Bis wir unseren Körper auf einen stärker basischen Zustand eingestellt haben, kann auch der Gehalt an stärker konzentriertem Fruchtzucker aus dem Obst im GGJ zu hoch sein für das System, denn Obst ist das kraftvollste „Körperreinigungsmittel". Da im Glowing Green Juice wie gesagt die Pflanzenfasern fehlen, hält die Sättigung zu Anfang auch weniger lange vor als beim Glowing Green Smoothie, wie mir meine Klienten bestätigten.

Wer auch nach einer angemessenen Übergangzeit bei seiner Ernährungsumstellung immer noch Probleme hat mit Obst, kann die Früchte im GGJ durch Stevia ersetzen und den Powerdrink damit süßen. Der GGJ kommt in der Phase der „Wahren Schönheit" ins Spiel, nachdem wir einige andere notwendige Anpassungen vorgenommen haben. In der Phase der „Wahren Schönheit" werden Sie – abhängig von der Art Ihrer Mahlzeiten am jeweiligen Tag – sowohl den GGS wie auch den GGJ zu trinken bekommen. Viele werden den Glowing Green Juice weglassen und lieber noch länger oder ganz beim Glowing Green Smoothie bleiben – je nach persönlichem Gusto. Ich habe Klienten, die schon seit etlichen Jahren nach dem BDP leben und immer noch den ballaststoffreichen Glowing Green Smoothie bevorzugen und besser damit zurechtkommen, obwohl sie den GGJ auch

Mary bekommt ihr Wunschkind

Die wahre Schönheits-geschichte

Mary Stewart ist 39 Jahre alt und hat gemeinsam mit ihrem Mann 13 Jahre lang darum gekämpft, endlich ein Baby zu bekommen. Sie haben buchstäblich alles versucht, von der In-vitro-Fertilisation (künstliche Befruchtung im Reagenzglas) bis zur Akupunktur. Als ich die beiden traf, hatten sie die Hoffnung auf ein leibliches Kind bereits aufgegeben und begonnen, sich mit den Adoptionsmöglichkeiten in den USA und anderen Ländern zu beschäftigen. Ungefähr zu dieser Zeit suchte Mary meinen Rat, weil sie einfach nur ihre Ernährung insgesamt verbessern wollte. Als wir darangingen, ihre Ernährungsweise zu verändern, schwankte Mary zwischen den für sie idealen Mittag- und Abendessensmöglichkeiten hin und her, aber einem blieb sie immer treu: ihrem morgendlichen Glowing Green Smoothie. Nachdem sie sieben Monate lang jeden Tag einen oder zwei davon getrunken hatte, wurde sie schwanger! Der hohe Anteil an Blattgemüse, vollgepackt mit Mineralstoffen und Chlorophyll, half ihrem Körper, sein Gleichgewicht wiederzufinden und machte ihn so gesund, dass sie endlich ein Kind austragen konnte. Heute ist Mary stolze Mutter eines gesunden neun Monate alten Sohns. Sie hat ihn sogar nach der Straße, in der ich wohne, benannt!

Die wahre Schönheitsgeschichte

Margaret erdet sich

Margaret Reilly ist Fernsehproduzentin und mit ihren gerade mal Anfang dreißig unglaublich jung für die enorme Verantwortung, die auf ihr lastet. Sie arbeitet extrem hart und hat jeden Tag von Neuem jede Menge Stress. Als Sie das erste Mal zu mir kam, schleppte sie etwa zehn Kilo Übergewicht mit sich herum. Sie hatte gerade fünf Tage des „Master Cleanse Programms", eines Körperreinigungsprogramms nur auf Flüssigkeitsbasis, hinter sich und null Energie mehr, war jedoch dankbar, dass ihre Waage schon zwei Kilo weniger anzeigte. Allerdings war Margret klar, dass sie eine derartige Radikalkur nicht fortsetzen und dabei gleichzeitig weiter so hart arbeiten konnte. Folglich suchte sie nach einem Langzeit-Konzept in Sachen Ernährung. Im Allgemeinen nahm sie ihr Mittagessen am Schreibtisch zu sich, und abends ließ sie sich etwas von einem Lieferservice kommen. Für Gymnastikstunden oder irgendeinen anderen Ausgleichssport fehlte ihr die Kraft. Wie sie mir gestand, waren ihre Mahlzeiten ihre „heimlichen Freuden", die Momente des Tages, wo sie aß, worauf sie Lust hatte und sich wenigstens zeitweise wohlfühlte.

Das brachte uns in die perfekte Startposition: ans Frühstück. Gleich als Auftakt ließ ich Margaret jeden Tag einen Glowing Green Smoothie trinken. Zuerst hatte sie hinterher noch Hunger und verspeiste ein paar Eier „fürs Eiweiß" – ihr übliches Morgenessen. Doch als wir Veränderungen an ihrem Frühstück vornahmen, reichte ihr der GGS allein aus. Natürlich reduzierte sie auch ihren Kaffeekonsum und aß leichtere Gerichte zu Mittag. Nach drei Monaten hatte sie insgesamt 8,5 Kilo abgenommen. Und aus ihrem täglichen Glowing Green Smoothie bezog sie so viel Energie, dass sie anfing, mindestens drei Mal pro Woche zur Gymnastik zu gehen. Jetzt kennen Margaret und ich uns schon ein ganzes Jahr. Wir haben inzwischen auch andere Teile ihrer Ernährung umgestellt, und Margaret ist für morgens zum Glowing Green Juice übergewechselt, er bildet nun ihre einzige Mahlzeit bis zum Mittagessen. Ihren Glowing Green Smoothie trinkt sie aber weiterhin täglich – als Nachmittags-Snack. Mittlerweile hat Margaret insgesamt 12,5 Kilo abgenommen und sieht einfach fantastisch aus. Sogar ihr Gesicht hat sich verändert, die Kinnlinie hat sich gefestigt, ihre Haut ist zarter und zugleich straffer. Der Stress in Margarets Job ist nicht weniger geworden – ihr eigener schon! Sie selbst ist heute wesentlich besser geerdet und viel glücklicher.

gelegentlich trinken und ihnen die Idee dahinter durchaus klar ist. Sie werden jetzt vielleicht an die im Laden erhältlichen Obstsäfte denken – aber Multivitaminsäfte und all die anderen abgepackten oder auf Flaschen abgefüllten Getränke zählen einfach nicht. Als Bestandteil des Abfüllprozesses werden die Säfte pasteurisiert, das bedeutet, Obst und Gemüse werden so hoch erhitzt, dass die Enzyme sowie zahlreiche Nährstoffe denaturiert und abgetötet werden. Es geht hier buchstäblich um den Unterschied zwischen Leben und Tod: Sie haben die Wahl zwischen lebendigen Greenies aus lebendigen Nahrungsmitteln und erhitzten, toten, enzymarmen Säften.

Wenn Sie aus Zeitgründen lieber größere Mengen von GGS und GGJ zubereiten und sie portionsweise einfrieren möchten, geht das bestens in Ordnung. Viele meiner Klienten machen das so. Ganz frisch wäre zwar ideal, aber Enzyme und andere Nährstoffe halten sich auch im Gefrierschrank ausgezeichnet. Machen Sie sich keine Sorgen, dass Ihnen durch das Einfrieren größerer Mengen von GGS und GGJ zu viele Nähr- und Mineralstoffe verloren gehen könnten – nach dem Auftauen wird immer noch reichlich davon vorhanden sein. Es ist wichtiger, sich an den BDP zu halten und jeden Morgen seinen Greenie zu schlürfen, als sich den Kopf darüber zu zerbrechen, dass Sie ihn an manchen Morgen nicht frisch zubereiten können.

Das Rezept für den GGS und den GGJ finden Sie in Kapitel 11 unter „Schönheits-Rezepte", siehe Seite 257f. Denken Sie bitte daran, dass diese Rezepte nur „Wegweiser" für Sie sein sollen, Sie brauchen sich nicht etwa sklavisch daran zu halten! Ich bekommen so viele E-Mails von Menschen, die mir schreiben: „Ich mag keinen Sellerie. Kann ich stattdessen auch eine Gurke nehmen?" oder: „Igittigitt, zwingen Sie mich bitte nicht, Koriander

zu essen!" Ich werde mich hüten! Sie können und sollen völlig frei wählen, was Sie an Grünzeug und Obst zusammenmixen, das richtet sich ganz nach der Jahreszeit, Ihrer Heimatregion und – natürlich – nach Ihren persönlichen Vorlieben. Betrachten Sie Ihr Lieblingsobst als ihre treue Lieblingsjeans und Ihr vielblättriges Grünzeug als Ihre vielen verschiedenen schnuckeligen Tops. Die Jeans (oder in diesem Fall das Obst) bilden die Basis für die fantastischen, auffallenden Tops (oder Blattgemüse), die den wichtigsten Teil Ihres Outfits darstellen.

Die Vielfalt beim Obst und Gemüse wird sicherstellen, dass Sie eine breite Palette an Mineralstoffen abbekommen, denn in unterschiedlichem Grünzeug sind größere Mengen unterschiedlicher Mineralstoffe enthalten. Wenn Sie dem BDP weiter folgen, werden Sie überrascht feststellen, dass sich Ihr persönlicher Geschmack und Ihre Vorlieben für verschiedene Blattgemüse ausdehnen und weiterentwickeln werden, da wir beginnen, die biophysiologische Struktur Ihres Körpers zu verändern. Ich zum Beispiel mochte Kohl früher nicht besonders, und Rucola konnte ich schon gar nicht leiden – inzwischen zählen beide Gemüse zu meinen absoluten Lieblingen. Wer hätte das gedacht? Also vergessen Sie nicht: Wenn sich Ihr Körper innerlich verändert, verändert sich auch Ihr Geschmackssinn! Und greifen Sie wann immer möglich zu regionalem, saisonalem organischem Obst und Gemüse! Das hat keinen weiten Weg hinter sich und verbessert so Ihre persönliche CO_2-Bilanz. Außerdem wird sein Mineralstoffgehalt höher sein, da es länger auf dem Feld oder im Obstgarten bleiben kann, um heranzureifen.

BEAUTY-DETOX KURZ GEFASST:

- Mineralstoffe sind für den Aufbau unserer Schönheit unverzichtbar. Unsere ergiebigsten Quellen dafür sind Grünzeug und anderes Gemüse.

- Enzyme unterstützen uns dabei, den Alterungsprozess umzukehren, unsere Schönheit zu vervollkommnen und Gewicht abzunehmen.

- Wir beginnen jede Mahlzeit mit Gemüserohkost oder Grünzeug und sorgen dafür, dass wir immer große Mengen enzymreicher Lebensmittel zu uns nehmen, um unsere Enzym-Reserven aufzustocken.

- Mit Beginn der Phase der „Erstrahlenden Schönheit" erhalten der Glowing Green Smoothie und der Glowing Green Juice die Spitzenplätze auf unserem täglichen Speiseplan, weil sie uns mit Unmengen leicht verfügbarer und verwertbarer Mineralstoffe und Enzyme beliefern.

KAPITEL 5

SCHÖNHEITS-LEBENSMITTEL

Wenn wir lernen, uns sinnvoll zu ernähren, beginnen wir, unseren Körper von Grund auf zu erneuern und unsere Aufgabe auf diesem Planeten zu erfüllen: an Gesundheit, Kreativität, Weisheit und Mitgefühl zu wachsen.

Dr. Ann Wigmore
Living Foods Lifestyle™
(Textbuch „*Lebendige Nahrung*")

Jetzt kennen Sie das Konzept des Beauty-Detox-Plans, also können wir zum Kern des Programms vordringen: zu den einzelnen Lebensmitteln. Dieses Kapitel gibt Ihnen eine Einführung in die Vielfalt der mineralstoff- und enzymreichen Nahrungsmittel, die Ihnen helfen werden, Ihre Schönheits-Energie zu vervielfachen, sich von dem giftigen Schlamm in Ihrem Inneren zu reinigen und eine bisher ungekannte Schönheit zu entfalten! Ich werde Sie mit all den unterschiedlichen Lebensmitteln vertraut machen, die ich vorher bereits erwähnt habe, dazu erhalten Sie wertvolle Tipps, wie sie diese am besten in Ihren persönlichen BDP einbauen können.

Um genauer zu verstehen, weshalb welche Lebensmittel Ihrer Schönheit zuträglich sind, müssen wir noch einmal auf die Kategorien der herkömmlichen Ernährungslehren zurückkommen. Gehen Sie einfach unvoreingenommen an all das Neue heran und vergessen sie das ganze übliche Diät- und Ernährungsblabla, mit dem man Ihnen früher immer die Ohren vollgeblasen hat. Sie wissen: So funktioniert das Ganze einfach nicht! Dieses Kapitel eröffnet Ihnen eine neue Sichtweise auf die Nahrung und wie sie der Körper verwertet, sodass Sie sich den Weg zu einem schöneren Selbst im wahrsten Sinn des Wortes „er-essen" können.

PFLANZLICHE PROTEINE SIND SCHÖNHEITSPROTEINE

Proteine sind Grundnährstoffe (biologische Makromoleküle), ihre Bausteine sogenannte Aminosäuren, die zusammenhängen und auf diese Weise Proteinketten mit unterschiedlichen Kombinationen (Seitenketten) bilden. Proteine erfüllen zahlreiche Funktionen in unserem Körper: Sie steuern das Zellwachstum und die Zellerneuerung, bilden Antikörper und Hormone, außerdem sorgen sie mit für einen geregelten Flüssigkeits- und Elektrolythaushalt des Körpers. Proteine sind wahrscheinlich die Stoffe oder das Thema, das die meisten Fragen aufwirft. Es wird auch eine wahre Flut an unübersichtlichen Statistiken und Studien darüber veröffentlicht. Und während wir in den letzten paar Jahrzehnten damit beschäftigt waren, je nach den angesagten „Modediäten" Kohlenhydrate und Fett wegzulassen, hat niemand uns dazu aufgefordert, doch einmal den vielgepriesenen „königlichen" Grundnährstoff Eiweiß in unserer Ernährung zu reduzieren. Tatsächlich wird uns nur allzu häufig vorgegaukelt, wir könnten gar nicht zu viel Eiweiß aufnehmen! *Protein hilft uns bei der Gewichtsabnahme, beim Aufbau von Muskeln und der Spannkraft der Haut, also zählen Sie Kalorien, lassen Sie Kohlenhydrate und Fette weg – aber niemals das Eiweiß!* Kommt Ihnen das bekannt vor?

Eine der ersten Fragen an einen Vegetarier lautet üblicherweise: „Ja, und woher beziehen Sie dann Ihr Eiweiß?" Das beleuchtet das in unserer Gesellschaft vorherrschende Missverständnis, *ausschließlich* Fleisch und andere Tierprodukte enthielten Eiweiß, und wenn wir davon nicht genug zu uns nähmen, setzten wir uns der Gefahr eines Proteinmangels aus. Allerdings muss ich eines zugeben: Nachdem ich seinerzeit Tierprodukte komplett von meinem Speiseplan gestrichen hatte, habe auch ich mir immer wieder den Kopf darüber zerbrochen, ob ich denn noch genügend

Eiweiß abbekäme. Folglich nahm ich zur Nahrungsergänzung Eiweißpulver ein und futterte sicherheitshalber täglich auch noch einen Haufen Nüsse. Doch ich habe schon vor Jahren wieder damit aufgehört, weil ich weiß, dass mir meine pflanzliche Ernährung mehr als ausreichend Eiweiß liefert, ohne dass ich mir „künstlich" noch welches zuführen müsste. Ich fühle mich wohler denn je, und mein Körper besitzt mehr Spannkraft als je zuvor!

Lassen Sie uns eine kurze Bestandsaufnahme machen, um das „Eiweiß-Problem" aus einem erweiterten Blickwinkel zu betrachten: *Unser Körper verwertet nicht das Protein als solches, er braucht die Aminosäuren.* Langkettige Aminosäuren sind die Bausteine der Proteine. Diese Ketten verschleißen und müssen ersetzt werden. Und wir sorgen für Ersatz, indem wir Lebensmittel konsumieren, die Bausteine für Aminosäuren liefern.

Dr. T. Colin Campbell zieht in seinem Buch *China Study: Die wissenschaftliche Begründung für eine vegane Ernährungsweise* (Original: *The China Study*) zur Illustration der Weise, wie unser Körper Aminosäuren verwendet, als Beispiel Stränge aus bunten Perlen heran: Stellen Sie sich vor, Sie verlieren einen dieser bunten Perlenstränge, und es schenkt Ihnen jemand als Ersatz eine neue bunte Perlenkette – allerdings mit einer anderen Farbanordnung. Um diese neue Kette verwenden zu können, müssen wir sie auseinanderschneiden und die Perlen in der richtigen Reihenfolge neu aufziehen.[1]

Das ist das Grundkonzept, wonach sich unser Körper Eiweiß erschließt: Die Ketten der Aminosäuren müssen aufgebrochen werden, damit er ihre Elemente in einer spezifischen Weise neu anordnen kann, um sie für sich passend zu machen. Unser Körper kann die Kette einer komplexen Aminosäure also erst verwerten, nachdem er sie umgebaut hat. So weit alles klar? Das Grundmuster der Aminosäuren aller Organismen und Pflanzen ist gleich, das verwertbare Muster jedoch auf jeden Organismus speziell ausgerichtet. Das heißt, wenn wir Huhn oder Rindfleisch essen, nimmt unser Körper damit nicht automatisch „Eiweiß" auf. Stattdessen muss er die Aminosäuren in unserem Hühner- oder Rindfleischgericht aufspalten und ihre Elemente anschließend neu anordnen, um Proteinketten mit menschenspezifischem Muster zu erhalten. Tierisches Eiweiß unterteilt sich in die Kategorien Rindfleisch, Huhn und anderes Geflügel, Wildbret, Lamm, Schwein, Kaninchen, Fisch und andere Meerestiere, Eier und so weiter. Wir können beim Verzehr von tierischem Eiweiß, wie beispielsweise dem Muskelfleisch irgendeines Tieres, nicht erwarten, dass es sich auf direktem Weg in Körpermuskeln bei uns verwandelt. Wäre das der Fall, wo bekäme dann die Kuh als reiner Pflanzenfresser ihre eigenen Muskeln her? Die Kuh holt sich die Baustoffe für ihre großen Muskeln aus den *Aminosäuren* in ihrem Futtergras!

Erinnern Sie sich an meine Ausführungen zu Beginn des Buchs, als ich vom Tierreich sprach und davon, dass viele der größten und muskelkräftigsten Tiere der Erde Vegetarier sind: beispielsweise die Gorillas, Wildpferde, Nilpferde und Nashörner. Sie bauen ihr Körpereiweiß und ihre Muskeln effizient aus den Aminosäuren in ihrem Grünfutter auf. Die völlig falsche Vorstellung, ein Mensch müsste ausschließlich sehr eiweißreiche Nahrung zu sich nehmen, vor allem tierische Proteine, um Muskeln aufbauen zu können, wurde durch populäre Ernährungslehren und die Medien in die Welt gesetzt bzw. gestützt.

Wir haben also festgestellt, dass unser Körper die Proteine erst verdauen und in Aminosäuren aufspalten muss, bevor daraus Muskeln oder Körpergewebe entstehen können. Es gibt 23 verschiedene eiweißaufbauende Aminosäuren, 15 davon kann der Körper in Eigenregie herstellen, die restlichen acht müssen wir ihm über unsere Nahrung zuführen. Enthält ein Nahrungsmittelprotein alle diese acht Aminosäuren – die sogenannten essenziellen oder lebensnotwendigen Aminosäuren – bezeichnet man es als „komplettes" Protein. Diese acht essenziellen Aminosäuren sind in Obst, in Gemüse, Samen, Sprossen und Nüssen reichlich enthalten. Als Beispiele für ihren besonderen Reichtum an Aminosäuren können alle Nüsse und Samen, Spinat, Brokkoli, Grünkohl, Weißkohl, Rosenkohl, Blumenkohl, Sommerkürbis und Spargel dienen.

Die acht essenziellen Aminosäuren

Die acht essenziellen Aminosäuren kann der Körper nicht selbst herstellen, weshalb wir ihm diese acht Haupt-Bausteine mit unserer Nahrung liefern müssen.

| Phenylalanin | Valin | Lysin | Leucin |
| Isoleucin | Tryptophan | Threonin | Methionin |

Wenn Sie bei dem breiten Angebot pflanzlicher Nahrungsmittel kräftig zulangen, kommen Sie in den reichlichen Genuss der acht essenziellen Aminosäuren. Außerdem brauchen Sie sich bei der Zusammenstellung Ihrer Mahlzeiten keine besondere Mühe zu geben, um jedes Mal alle acht zu „erwischen".

Das Buch *Die Öko-Diät. Wie man mit wenig Fleisch gut ißt und die Natur schont* (Original: *Diet for a Small Planet*) von Frances Moore-Lappé war in den 1960er-Jahren ein Bestseller und propagierte die Idee einer „Eiweiß-Trennkost". Doch 1981 schrieb die Autorin selbst das Buch um, wobei sie einräumte, dass ihre früheren Theorien über die Eiweiß-Trennkost auf Fehlinformationen beruhten. Unser Körper speichert die Aminosäuren, die er für 24 Stunden braucht und setzt sie entsprechend frei, um unsere tägliche Aminosäuren-Aufnahme zu unterstützen und zu gewährleisten, dass wir sämtliche benötigten Aminosäuren auch bekommen.[2]

DIE GEFAHREN EINER SEHR PROTEINREICHEN ERNÄHRUNG

Im Zeitraum der letzten zehn Jahre etwa wurde eine ganze Reihe von Ernährungsweisen auf der Basis von viel Protein und wenig Kohlenhydraten immer populärer. Was Sie bisher in diesem Buch gelesen haben, bringt genau auf den Punkt, weshalb diese Arten von Diät uns beschleunigt altern lassen. Sie beruhen auf einer extremen Kalorienreduktion und auf ballaststoff- und nährwertarmen Lebensmitteln. Mit diesen Ernährungsweisen geht auch eine ganze Reihe möglicher Gesundheitsrisken einher.

Für eine 2002[3] veröffentlichte und vom Atkins Center for Complimentary Medecine (wörtlich: „Atkins Center für ergänzende Heilmethoden") geförderte Studie waren 51 fettleibige Menschen auf die kohlenhydratarme Atkins-Diät gesetzt und medizinisch begleitet worden.[4] 41 dieser Probanden hielten die Diät über sechs Monate lang durch, wobei jeder im Durchschnitt zehn Kilo verlor. Klingt gut? Die Teilnehmer an der Studie bekamen pro Tag Essen mit einem Gesamtgehalt von etwa 1450 Kalorien, das sind 35 Prozent weniger als die 2250 Kalorien, die der Durchschnittsamerikaner normalerweise am Tag verputzt.[5] Mit jeder Diät, bei der sie oder er pro Tag 35 Prozent weniger Kalorien als gewöhnlich zu sich nimmt, wird sie oder er Gewicht los – wenigstens kurzfristig …

In derselben Studie legten die Forscher dar, dass „zu irgendeinem Zeitpunkt während dieser 24 Wochen 28 Teilnehmer (68%) über Verstopfung klagten, 26 (63%) von schlechtem Atem berichteten, 21 (51%) unter Kopfschmerzen litten, 4 (10%) Haarausfall bei sich feststellten und sich bei einer Teilnehmerin (1%) die Monatsblutung drastisch verstärkt hatte". Eine weitere besorgniserregende Zahl aus dieser Studie besagte, dass sich der Kalziumanteil im Urin der Teilnehmer um sage und schreibe 53 Prozent erhöht hatte, woraus sich ernsthafte Probleme für die Knochendichte und -gesundheit ergeben können.

Eine im *Asia Pacific Journal of Clinical Nutrition (APJCN)* publizierte Studie, deren Untersuchungsgegenstand die kurz- und langfristigen Auswirkungen proteinreicher und zugleich kohlenhydratarmer Ernährungsweisen waren, fand heraus, dass „Komplikationen wie Herzrhythmusstörungen, Funktionsstörungen der Herzkontraktion, plötzlich eintretender Tod, Osteoporose, Nierenschäden, ein erhöhtes Krebsrisiko, Beeinträchtigungen körperlicher Funktionen sowie Lipidstörungen sämtlich mit der langfristigen Reduktion von Kohlenhydraten in der Ernährung in Zusammenhang gebracht werden können."[6]

Lassen Sie sich also nicht von der modischen und übersteigerten Anti-Kohlenhydrat-Hysterie anstecken – Ernährungsweisen *mit hohem Anteil tierischer Proteine* sind Ihrer Schönheit und Gesundheit *definitiv nicht förderlich!*

Da unser Körper die Aminosäuren zur Herstellung der von ihm benötigten Proteine verwendet, sollten wir unbedingt nicht nur darauf schauen, wie viel Gramm Eiweiß wir

---

✿ SCHÖNHEITSTIPP

Vegetarisch ist nicht unbedingt gleich „vollkommen gesund"

In diesem Buch spreche ich immer wieder die Vorteile einer pflanzlichen Ernährung an und ermuntere Sie, Ihren Konsum von tierischem Eiweiß zu beschränken. Doch einen Punkt möchte ich noch näher ausführen: Vegetarier zu sein, bedeutet nicht automatisch, sich auf der höchsten Stufe der Gesundheit zu befinden. Sie sind besser dran, wenn Sie „Allesfresser" bleiben, aber darauf achten, auch reichlich frisches Obst und Gemüse in Ihre Ernährung einzubauen, als jemand, der Fleisch komplett von seinem Speisezettel streicht und dafür von qualitativ schlechten vegetarischen Mahlzeiten lebt – ich spreche von solchen mit raffiniertem Zucker und verarbeiteten Nahrungsmitteln. Es gibt et-liche Menschen, die nach wie vor kleine Mengen Fisch und andere tierische Produkte verspeisen und daneben weit mehr Grünzeug und Obst als manche Vegetarier, vor allem als solche, die sich mit Vorliebe über raffinierte Kohlenhydrate wie Pasta oder Muffins hermachen. Da sind die Obst und Gemüse futternden Nicht-Vegetarier in jedem Fall besser dran. Wenn Sie regelmäßig hochwertige Nahrungsmittel auf Ihrem Speiseplan stehen haben, und selbst wenn auch noch einige weniger ideale „Ausreißer" dazukommen, wird das Ihre Gesundheit, Schönheit und Lebenskraft trotzdem gewaltig nach vorne bringen. Denken Sie daran: Gesundheit ist keine Frage von „alles oder nichts"!

zu uns nehmen, sondern auch auf die *Qualität* der in unserer Nahrung enthaltenen Aminosäuren achten und darauf, wie gut verfügbar sie sind. Aminosäuren sind empfindlich. Tierisches Eiweiß kommt für gewöhnlich gegrillt, gebraten, geschmort oder gekocht auf den Tisch, diese Zubereitungsarten können die Aminosäuren beschädigen („denaturieren") und sie dadurch für den Körper großenteils unverwertbar machen.[7] Wie Forscher des Max-Planck-Instituts für molekulare Physiologie in Dortmund herausfanden, zerstört der Kochvorgang rund 50 Prozent der Bioverfügbarkeit von Proteinen für Menschen.[8]

Selbst wenn man ein Argument für den Verzehr von tierischem Eiweiß ins

> ## Pflanzliche Proteine in Pulverform
>
> Pulver aus Rohhanf und Hanfsamen (eine Varietät des Hanfs ohne psychoaktive Wirkung und ohne THC-Gehalt – nicht das, woran Sie vielleicht gerade denken!) finden Sie in Gesundheitsläden. Eine 30-Gramm-Dosis des Pulvers enthält 14 Gramm Ballaststoffe und 11 Gramm Eiweiß und ist damit eine bessere Wahl als hochraffiniertes und verarbeitetes Soja sowie Molkepulver. Sie können es direkt mit Wasser oder Mandelmilch aufnehmen. (Ich möchte Ihnen empfehlen, es nicht in den Glowing Green Smoothie einzurühren, denn das ergäbe dann eine Eiweiß-Obst-Kombination.)

Feld führen könnte – man müsste das Fleisch roh essen, so wie die Wildtiere auch. Sie grillen es nicht über einem offenen Feuer und lassen es brutzeln, bis seine Farbe von dunkelrosa in dunkelbraun übergeht. Dunkelbraunes Fleisch – das ist zerstörtes und denaturiertes Eiweiß. Also kann aus dieser „toten Materie" logischerweise auch kein lebendiges, schönes neues Gewebe hervorgehen!

In Wahrheit stecken Pflanzen randvoll mit körperverwertbaren Aminosäuren, weshalb wir ganz und gar nicht auf konzentriertes Eiweiß aus tierischen Produkten angewiesen sind, um genug Proteine abzubekommen. Laut Aussage der Academy of Nutrition and Dietetics (AND, dt. „Amerikanische Gesellschaft für Diätetik und Ernährung") „kann pflanzliches Eiweiß den gesamten Eiweißbedarf abdecken, solange vielfältige pflanzliche Lebensmittel konsumiert werden" und „haben Forschungen ergeben, dass eine Mischung unterschiedlicher pflanzlicher Nahrungsmittel – über den Tag verteilt gegessen – sämtliche essenziellen Aminosäuren liefert und eine ausreichende Stickstoffspeicherung und -verwertung bei gesunden Erwachsenen sicherstellt; daher ist ein ergänzender Konsum von Proteinen innerhalb derselben Mahlzeit nicht erforderlich."[9]

Eine vegetarische Ernährungsweise wird auch von der Amerikanischen Herzgesellschaft (American Heart Association, AHA), der Amerikanischen Krebsgesellschaft (American Cancer Society, ACS) und dem „Ärztekomitee für verantwortungsvolle Medizin"

(Physicians Committee for Responsible Medicine, PCRM) befürwortet. Allen, die reichlich echte pflanzliche Nahrung konsumieren – Grünzeug, andere Gemüse, Sprossen, Obst, Samen und Nüsse – stellt sich das Problem „Eiweißmangel" nicht. Sportler können ihre Ernährung mit Proteinen aus Rohhanf, *Chlorella vulgaris* (eine Meeresalge), Hanfsamen und anderen Pflanzenproteinen in konzentrierter Form ergänzen, wenn sie an einer höheren Eiweißzufuhr interessiert sind.

Weiter vorne hatte ich erklärt, wie Aminosäuren aus denaturiertem tierischem Eiweiß zu toxischen und nicht mehr verwertbaren Substanzen verkommen, mit denen der Körper fertigwerden und die er aufspalten muss. Doch das ist nur der Anfang. Tierisches Eiweiß ist das komplexeste aller Lebensmittel und braucht doppelt so lange wie andere Nahrung,

Peter wird Weltmeister

Die wahre Schönheitsgeschichte

Mein Klient Peter Morrison ist Anfang fünfzig, ein ehemaliger Leichtathletik-Profi, der fast jeden Tag zum Gewichtestemmen in seinen Lieblings-„Muckipalast" geht. Im Lauf der Zeit haben sich langsam, aber stetig rund 15 überschüssige Kilos auf seinem einstigen Waschbrettbauch niedergelassen, und Peter bekam zunehmend Probleme mit seinem Herzen und der Schilddrüse, wogegen er verschiedene Medikamente einnahm.

Als ich mir seinen Speisezettel näher besah, entdeckte ich – was Wunder! –, dass jede von Peters Mahlzeiten tierisches Eiweiß in irgendeiner Form enthielt, beispielsweise Eiklar, Thunfisch, Steaks, Hühnchen und Pute. Wir stellten sein Frühstück auf den Glowing Green Smoothie um, zusätzlich verpassten wir seinem Mittag- und Abendessen eine solide Salatgrundlage. Peter begann, massenhaft Gesundes zu futtern: Avocados, Sprossen, Nüsse und Samen – und behielt auch Fisch und Eier bei, allerdings in kleinen Mengen und nur etwa drei Mal in der Woche. Er machte sich zwar durchaus Sorgen, seine Leistungen an den Geräten in besagtem Muckipalast könnten abfallen, doch weitaus wichtiger war ihm seine Gesundheit – um seiner selbst, aber auch um seiner Frau und der drei Kinder willen.

Peter reduzierte seinen Taillenumfang in vier Monaten von Größe 38 auf Größe 32. Die Schwellungen unter seinen Augen verschwanden ebenfalls, und die tiefen Furchen auf seiner Stirn glätteten sich allmählich. Sein „Jungengesicht" begann durchzuscheinen, und er wirkt heute mindestens zehn Jahre jünger! Und das Beste vom Ganzen? Er rief mich irgendwann an, um mir restlos begeistert mitzuteilen, dass er sich wunderbar kräftig fühlte, wesentlich mehr Energie besaß und dieselben Gewichte stemmen konnte, wie zu der Zeit, als er 15 Kilo mehr drauf- und bei jeder Mahlzeit tierisches Eiweiß vertilgt hatte! Er war so stark wie unser pflanzenfressender Freund, der Gorilla. Peter war so viel fitter und so stolz auf seinen „neuen" Körper ohne den Rettungsring! Wir hatten seinen Körper von allem Schlamm gereinigt, der den Sauerstofftransport zu seinen Muskeln behindert hatte. Und jetzt stemmt er nicht nur seine Gewichte wie ein Weltmeister, er isst auch so!

um unseren Verdauungstrakt zu passieren.[10] Wie Sie aus den vorangegangenen Kapiteln wissen, gibt ihm das reichlich Zeit, in unserem System zu giftigem, fauligem Schlamm „zusammenzubacken" und uns noch weitere Schönheits-Energie zu rauben!

Darüber hinaus hinterlässt die Fleischverdauung eine große Menge säurehaltiger Rückstände in unserem Körper, darunter die Abbauprodukte Harnsäure, Purine und Ammoniak. Gar nicht zu reden

vom extrem ungesunden und unkontrollierten Wachstum *schädlicher* Bakterien in unserem Dickdarm – Ergebnis des Zersetzungsprozesses bei der Verdauung überschüssiger tierischer Proteine.

Und was ist mit unserer Haut? Wie ich schon in Kapitel 1 (auf Seite 24) dargelegt habe, ist Ammoniak nicht nur ein Mitverursacher der starken Übersäuerung unseres Körpers, er wird auch mit den Schäden durch freie Radikale in Verbindung gebracht, was erst zu den berühmten „feinen Linien" und schließlich zu tiefen Falten im Gesicht führen kann. *Der übermäßige Konsum von tierischem Eiweiß schadet unserer Haut und unserer Schönheit. Er hinterlässt säurehaltige Rückstände, die unseren Alterungsprozess beschleunigen.*

Wir müssen unseren Konsum von konzentriertem Eiweiß definitiv begrenzen. Die „Iss-so-viel-Eiweiß-wie-möglich-Einstellung", die uns übergestülpt wurde, lässt uns tatsächlich altern – außerdem ist sie gefährlich! Mehr Eiweiß aufzunehmen, als wir wirklich benötigen, legt unserem Körper eine schwere Last auf, führt zu erhöhter Säurebildung und zur Vergeudung von Schönheits-Energie … und genau das wollen wir ja vermeiden!

SCHÖNHEITS-REGELN FÜR DEN KONSUM VON TIERISCHEM EIWEISS

Wie wir inzwischen festgestellt haben, brauchen wir kein tierisches Eiweiß, um uns zu ernähren. Viele Menschen jedoch lieben Fleischgerichte, und Sie verspüren vielleicht gar keine Lust, zur/m „Vollzeit"-VegetarierIn zu werden und völlig auf den Genuss von Fleisch zu verzichten. Das geht in Ordnung, solange Sie sich bei Ihrem Konsum von tierischen Proteinen an folgende Tipps halten:

1 | Kaufen Sie organisches, ohne Hormongaben erzeugtes Fleisch, bevorzugt aus der regionalen Bio-Landwirtschaft oder einer anderen „sicheren" Quelle.

Die traurige Wahrheit: Tiere aus Massenhaltung werden mit Unmengen chemischer Substanzen, mit Hormonen, Antibiotika und Steroiden aufgezogen – und all diese Giftstoffe landen mit auf Ihrem Teller. Ein Bericht der Union of Concerned Scientists (dt. etwa „Vereinigung betroffener Wissenschaftler") von 2001 mit Dr. phil. et jur. Margaret Mellon als Co-Autorin, der Leiterin des Programms für Ernährung und Umwelt der Organisation, hat eine Untersuchung der Antibiotika-Gaben an Masttiere zum Inhalt. In einer Presseerklärung sagte Dr. Mellon: „Nach den Feststellungen in unserem Bericht werden rund 12,5 Millionen Kilo Antibiotika an Rinder, Schweine und Geflügel verfüttert – und das nicht aus medizinisch-therapeutischen Gründen, sondern um das Wachstum anzuregen und als Krankheitsprävention. Die Aufteilung sieht folgendermaßen aus: Ungefähr 2 Millionen Kilo gehen an die Rinder, fast 5,5 Millionen Kilo an die Schweine und die restlichen 5 Millionen Kilo ans Geflügel. Die Humanmedizin steht in deutlichem Gegensatz dazu: Menschen bekommen nur rund 1,5 Millionen Kilo Antibiotika. Das heißt im Klartext, dass wir etwa die achtfache Menge der Antibiotika, die wir zur Behandlung von Krankheiten bei uns selbst und unseren Kindern aufwenden, an gesunde Tiere verfüttern."[11]

Bedenken Sie also, dass auch die Medikamente und anderen Chemikalien, die unseren „Nahrungstieren" aufgezwungen wurden, in unser Verdauungssystem gelangen. Und dazu kommen noch die unsäglichen Haltungsbedingungen in diesen „Fleischfabriken" sowie die brutale und verabscheuungswürdige Behandlung der Tiere. Kaufen Sie daher nur organisch, ohne Hormongaben erzeugte Tierprodukte in Bio-Läden und auf entsprechenden (Bauern-)Märkten – und unterstützen Sie Speiserestaurants und Gaststätten, die ihr Fleisch und Geflügel auch nur aus solchen Quellen beziehen.

2 | Tierisches Eiweiß sollten Sie höchstens ein Mal am Tag zu sich nehmen und zwar erst im Rahmen Ihrer Abendmahlzeit. Sie sollten sich in jedem Fall zum Ziel setzen, Ihren Fleischkonsum auf ein Maximum von zwei bis drei Mal die Woche zu beschränken.

Wenn wir ihm höchstens ein Mal am Tag tierisches Eiweiß aus Fleisch vorsetzen, wird unser Körper ausreichend Energie aufbringen, um diese komplexeren Proteinketten effizient zu verdauen. Wie Sie im Abschnitt über die Beauty-Food-Kombinationen gelernt haben, sollten wir immer nur eine Sorte von tierischem Eiweiß auf einmal essen. Dem Prinzip „Von leicht nach schwer" folgend, machen Sie bis zum Abendessen einen Bogen um tierisches Eiweiß, damit Ihre Schönheits-Energie tagsüber nicht vergeudet wird und zur

Körperreinigung, zur Gewichtsabnahme und zur Optimierung Ihrer äußeren Erscheinung freigesetzt werden kann. Ihrer Gesundheit zuliebe sollten Sie sich unbedingt vornehmen, Ihren Fleischkonsum auf höchstens zwei bis drei Mal pro Woche zu beschränken.

Was verbirgt sich wirklich hinter „Freilandhaltung"?

Auf immer mehr tierischen Erzeugnissen klebt ein Etikett mit der Aufschrift „Aus Freilandhaltung", das vor unserem inneren Auge ein idyllisches Szenario erstehen lässt: Glückliche Hühner, die unter strahlender Sonne auf einem offenen Feld nach Würmern picken, daneben grasen nicht minder glückliche Kühe auf einer endlosen saftigen Weide. Doch garantiert dieses Etikett wirklich einen weniger grausamen Umgang mit unseren Mitgeschöpfen?

Die für die Sicherheit und Kontrolle von Agrarprodukten zuständige Abteilung des amerikanischen Landwirtschaftsministeriums („U.S. Department of Agriculture's Food Safety and Inspection Service", USDA, FSIS) schreibt vor, dass Masthühner Zugang ins Freie haben müssen, andernfalls wird das Gütesiegel „Aus Freilandhaltung" nicht erteilt.[12] Doch fehlt in dieser ministeriellen Verordnung jede Angabe hinsichtlich der Beschaffenheit und Größe des Auslaufs oder des Zeitraums, während dessen jedes Tier dorthin Zugang haben muss.[13]

In einem Interview mit dem Sender CNN räumte Richard Lobb, Sprecher des National Chicken Council (eine Handelsgesellschaft, die Firmen bei der Aufzucht und Vermarktung von Hühnern und Hühnerprodukten unterstützt) ein, dass „man selbst bei Produktionsbetrieben mit Freilandhaltung die meisten [Hühner] in den Aufzuchteinrichtungen antrifft."[14] In einem Artikel der Washington Post von 1995 behauptete der Autor, die Bezeichnung „Freilandhaltung" im Bereich der Geflügelzucht „sagt nicht wirklich irgendetwas aus über die Lebensqualität [der Tiere], noch bietet er die Gewähr dafür, dass die Tiere tatsächlich ins Freie gehen."[15]

Und für die „Freilandhaltung" von Rindern, Schweinen und anderem „Nicht-Geflügel" existieren seitens des Ministeriums überhaupt keine spezifischen Bestimmungen.[16] Um ihre Produkte mit dem Gütesiegel „Aus Freilandhaltung" versehen zu können, müssen sich die Erzeuger weder an irgendwelche Vorgaben halten – etwa bezüglich der Größe der Koppeln oder der Fläche, die jedem einzelnen Tier dort zur Verfügung steht – noch findet überhaupt irgendeine Art von Kontrolle bei der Verwendung der Etiketten statt. Das Ministerium verlässt sich „auf die Zusagen der Fleischproduzenten, die Mindestanforderungen akkurat einzuhalten".[17]

DIE QUINTESSENZ: Das Gütesiegel „Aus Freilandhaltung" sagt im Grunde genommen gar nichts aus. Um Fleisch aus wirklich artgerechter Tierhaltung zu bekommen, kauft man am besten bei einem vertrauenswürdigen regionalen Betrieb, vielleicht auf einem Bauern- oder Biomarkt.

130 | DIE GRUNDLAGEN DES BEAUTY-DETOX-PLANS

3 | Meerestiere, wie die zahlreichen verschiedenen Fischarten aus nachhaltigem Fang, sind für uns gesünder als Landtiere.

Bei Landtieren, wie Kühen, Wild, Schweinen, Hühnern etc., ist das Muskelfleisch in der Regel härter als bei allen im Wasser lebenden Tieren und daher schwerer verdaulich, zudem hinterlässt es im Körper mehr säurehaltige Rückstände. Fisch und andere Meeresfrüchte sind daher die bessere Wahl.

Das heißt aber nicht, dass Sie essen gehen und Fisch nebst Schalentieren turmhoch auf Ihrem Teller stapeln sollen – und das womöglich auch noch jeden Tag! Fisch gilt als eines der am stärksten mit Umweltgiften belasteten Lebensmittel überhaupt, da sich Kohlenwasserstoffe (aus Mineralölen) in Fischen anreichern können. Zwei der schlimmsten und schädlichsten Wasserverunreiniger, die sich in Fischen ablagern, sind Polychlorierte Biphenyle (PCB) und Quecksilber. Deshalb sollte man sich mit höchstens zwei Fischmahlzeiten pro Woche zufrieden geben – trotz ihrer besseren Verdaulichkeit und der geringeren Menge an säurehaltigen Rückständen.

Fleisch – schädlich auch für unseren Planeten

Ein Bericht der UN-Organisation für Ernährung und Landwirtschaft (FAO) aus dem Jahr 2006 bezeichnete die Nutztierzucht als „einen der zwei oder drei maßgeblichen Verursacher der schwerwiegendsten Umweltprobleme in jeder Größenordnung – von regional bis global.“[18]
Neben anderen schockierenden Ergebnissen und Auswertungen in ihrem Bericht stellte die FAO fest, dass die Nutztierzucht 18 Prozent der weltweit emittierten Treibhausgase produziert – das ist mehr als sämtliche Autos und Geländewagen der Welt zusammen! Und die 2,4 Milliarden Tonnen an CO_2-Emmissionen durch die Nutztierzucht sind das Ergebnis der Abholzung von jährlich knapp 3 Millionen Hektar Wald für Viehweiden und Futtermittel-Anbauflächen. Bei der Wasserver-

schmutzung steht der ganze Bereich der Nutztierzucht in den USA sogar an oberster Stelle: Sie leistet den größten Beitrag dazu, da Stickstoff und Phosphor aus den intensiv gedüngten landwirtschaftlichen Nutzflächen in Gewässer und ins Grundwasser gelangen, wie auch die beim Futtermittelanbau und der groß angelegten Nutztierzucht massenhaft eingesetzten Pestizide und Antibiotika. In den USA geht ein Drittel der fossilen Brennstoffe in die Viehwirtschaft.

WENN ES UNS WIRKLICH ERNST IST MIT DEM „GRÜNEN GEDANKEN“, müssen wir bei allem, was wir tun, die Auswirkungen auf unsere Umwelt berücksichtigen – auch dabei, was wir uns Tag für Tag bei jeder unserer drei Hauptmahlzeiten auf den Teller legen.

4 | **Halten Sie sich unbedingt an die richtigen Beauty-Food-Kombinationen!**
Da Eiweiß so schwer verdaulich ist, sollte man Fleisch nie mit komplexen Stärken und Kohlenhydraten zusammenbringen. Beginnen Sie stattdessen lieber mit einem grünen Salat und essen Sie zu Ihrem Fleisch einen großen Berg Gemüse.

PFLANZLICHE PROTEINE FÜR DIE SCHÖNHEIT

Die Vielfalt der pflanzlichen Quellen für Aminosäuren und Eiweiß ist enorm:

1 | **Grünzeug und anderes Gemüse**
Grünzeug steckt voll mit für den Körper leicht verwertbaren Aminosäuren. Wir sollten deshalb jeden Tag außer unseren Greenies auch Rohkostsalate zu uns nehmen.

Vergleichen wir einmal den Kaloriengehalt unserer Lebensmittel mit ihrem Eiweißgehalt: Auf 100 Kalorien bezogen hat Brokkoli 11,2 Gramm Eiweiß – ein Steak hingegen bringt es gerade einmal auf 5,4 Gramm! Bei Romanasalat (Römersalat, Lattich) kommen 11,6 Gramm Eiweiß auf 100 Kalorien.[19] Kalorie für Kalorie: Pflanzliche Nahrungsmittel enthalten nahezu *doppelt so viel* Eiweiß wie Fleisch! Ja, gut, wir müssen dafür natürlich größere Mengen pflanzlicher Lebensmittel verzehren, aber das ist doch wunderbar: Je mehr Grünzeug & Gemüse wir essen, desto mehr Nähr- und Ballaststoffe nehmen wir auf. Ganz anders als bei tierischem Eiweiß!

2 | **Nüsse und Samen**
Unbehandelte Nüsse und Samen liefern uns jede Menge Protein. Nüsse sind hochkonzentrierte Lebensmittel mit einer großen Nährstoffdichte, deshalb sollten wir zum Ausgleich davor und dazu auch etwas Grünzeug und rohes Gemüse essen. Unser täglicher Konsum an Nüssen und Samen sollte insgesamt 60 bis 80 Gramm nicht überschreiten. Wenn Sie sehr aktiv oder sogar SportlerIn sind oder Ihr Gewicht halten/Gewicht zulegen wollen, können Sie diese Tagesration ein kleines bisschen erhöhen.

Nüsse und Samen sollten Sie immer nur roh verzehren, denn das Rösten verdirbt einige ihrer vorteilhaften Eigenschaften. Handelsübliche abgepackte Samen und Nüsse wurden häufig in gehärtetem Öl gekocht, das voll ist von ungesunden Transfetten, und anschließend gesalzen. Essen Sie also lieber nur naturbelassene Nüsse und Samen!

Cashewkerne sollten wir wirklich nur in äußerst geringen Mengen zu uns nehmen oder sie ganz meiden. Kaufen Sie ausschließlich hochwertige organische Cashews. Denn: Sie sind zwar Bestandteil vieler toller Rezepte (leider!), neigen aber auch dazu, sich mit verschiedenen giftigen Schimmelpilzen anzureichern – vielleicht reagieren deshalb so viele

Vergifteter Körper, vergifteter Geist!

Auf seinem Weg zur Schlachtbank befindet sich ein Tier im Zustand absoluter Panik. In diesen furchtbaren Schreckensmomenten schütten seine Nebennieren (haubenförmige Hormondrüsen oben auf den Nieren) das Stresshormon Adrenalin aus, das in den Blutkreislauf des Tieres gelangt und in seinem ganzen Körper zirkuliert.

Ist es überzogen, zu glauben, dass wir beim Verzehr von Fleisch auch etwas von dem Adrenalin und der ungeheuren Angst, von der ohnmächtigen Wut und dem entsetzlichen Leid, die das Tier vor seiner Schlachtung durchgemacht hat, in uns aufnehmen?

Da Geist und Körper untrennbar miteinander verbunden sind, wirkt unsere Nahrung auch unmittelbar auf unseren Geist. Je mehr Fleisch wir essen, desto ängstlicher, aufgebrachter, angespannter, leichter erregbar und nervöser können wir werden. Andersherum: Je mehr unsere Ernährung auf pflanzlichen Lebensmitteln gründet, desto gelassener, seelisch ausgeglichener, klarer, freudvoller, glücklicher, tiefer in uns ruhend und präsenter werden wir, und desto besser werden wir auch mit Stress und Problemen fertig. Auch hier ist die persönliche Erfahrung der beste Beweis!

Menschen allergisch darauf. Üblicherweise werden die Cashews mit Wasserdampf behandelt, um ihre harte Schale leichter öffnen zu können. Das bedeutet, sie sind im eigentlichen Sinn nicht mehr roh und daher auch nicht keimfähig, man sollte sie auch nicht einweichen. Seien Sie aber deswegen nicht traurig – es gibt doch so viele andere gesunde Nüsse, bei denen Sie unbesorgt zugreifen können! Bewahren Sie Nüsse und Samen immer im Kühlschrank auf, so bleibt ihre Frische am besten erhalten.

NÜSSE UND SAMEN EINWEICHEN

Weichen Sie Nüsse und Samen vor dem Verzehr zuerst immer in Wasser ein. Sie enthalten den Enzymhemmer Inhibin, der eine Keimung verhindert, solange keine günstigen Voraussetzungen dafür bestehen. Für die Nuss oder den Samen ist er überlebenswichtig, für unsere Verdauung und unseren Körper jedoch schädlich. Weicht man die Nüsse und Samen aber gründlich ein, wird das Inhibin deaktiviert, und die Nährstoffe sind leichter verfügbar. Durch das Einweichen werden aber auch nützliche Enzyme aktiviert, und es hilft dabei, viele der eingelagerten Nährstoffe vom inaktiven in den aktiven und verfügbaren Zustand zu versetzen. Wenn Sie naturbelassene Nüsse und Samen nicht einweichen, wirken sie stärker säurebildend. (Geröstete Nüsse und Samen sollte man natürlich nicht einweichen.)

WIE MAN NÜSSE UND SAMEN EINWEICHT

Legen Sie die Nüsse und Samen in eine Schüssel und geben Sie etwa 2,5 bis 5 Zentimeter hoch Wasser darauf. Je härter die Nuss oder der Same, desto länger die Einweichzeit.

„Harte Nüsse" wie beispielsweise Mandelkerne brauchen mindestens 24 Stunden, bei mittelharten wie Walnüssen oder Paranüssen sind es etwa sechs Stunden, weiche Nüsse wie Pinienkerne und Makadamianüsse kommen mit zwei Stunden oder weniger aus. Samen wie Sonnenblumen- oder Kürbiskerne lassen Sie am besten über Nacht im Wasser liegen. Die Nüsse und Samen werden aufquellen, da sie das Wasser mindestens teilweise aufsaugen. Wenn Sie Nüsse oder Samen über Nacht einweichen, sollten Sie sie vor dem Verzehr gründlich abspülen. Ganz mit Wasser bedeckt halten sie sich bis zu zwei Tage lang im Kühlschrank frisch.

Um Zeit zu sparen, weiche ich oft eine Menge verschiedener Nüsse zusammen in einer Schüssel über Nacht ein. Wenn Sie für ein bestimmtes Rezept oder als Snack ganz trockene Nüsse brauchen, können Sie sie nach dem Einweichen trocknen lassen.

DIE BESTEN NÜSSE UND SAMEN

Mandeln	Kokosnüsse	Pekannüsse	Sesamsaat
Paranüsse	Haselnüsse	Pinienkerne	Sonnenblumenkerne
Chia-Samen	Hanfsamen	Kürbiskerne	Walnüsse

3 | **Chlorella vulgaris und Spirulina**

Die grüne Meeresalge Chlorella vulgaris besteht zu 65 Prozent aus Eiweiß. Bei einem Esslöffel voll sind das rund 15 Gramm. Zwei Esslöffel voll (also 30 Gramm) entsprechen der Tagesdosis von Menschen in der Umstellungsphase oder solchen, die eine eiweißreichere Ernährung anstreben. Die blaugrüne Spirulina-Mikroalge besteht zwar zu 60 Prozent aus Eiweiß, doch müssten wir aufgrund ihrer geringeren Nährstoffdichte weit mehr als zwei Esslöffel voll davon konsumieren, um auf dieselbe Eiweißmenge zu kommen.

Alle beide Algen enthalten alle acht essenziellen Aminosäuren und obendrein einen hohen Anteil an Chlorophyll. Sie gelten auch beide als Stärkungsmittel und regelrechte „Jungbrunnen" für unseren Körper. Unterwegs oder auf Reisen, wenn frisches Grünzeug nicht so leicht zur Hand ist, kann man sie sehr gut einnehmen – es gibt sie in Pulver- oder Tablettenform. Dank ihres hohen Eiweißgehalts können sie sehr hilfreich sein, wenn man Energieeinbrüche abfangen möchte oder aktiver Athlet ist.[20] Zu allem Überfluss sind sie auch noch mit Vitaminen und Mineralstoffen vollgepackt. Die Spirulina ist reich an Gamma-Linolensäure (GLA), B-Vitaminen, Omega-3-Fettsäuren und Enzymen.

Wenn Sie Sportler und/oder auf Reisen sind, empfehle ich Ihnen, Chlorella-Tabletten nach dem Training einzunehmen bzw. sie in Ihrer Handtasche oder im Handgepäck

134 | DIE GRUNDLAGEN DES BEAUTY-DETOX-PLANS

griffbereit zu halten. Wenn Sie ein paar von den Tabletten kauen, wird das (mindestens zeitweise) Ihren Hunger stillen und Sie in jedem Fall mit reinem Pflanzenprotein und den notwendigen Mineralstoffen versorgen. Speziell unterwegs, wenn man schlecht an hochwertige Lebensmittel herankommt, ist man mit den Algen-Tabletten ganz wunderbar aus dem Schneider.

4 | Hülsenfrüchte und Bohnen

Wegen ihres hohen Eiweißgehalts empfehlen sich Hülsenfrüchte und Bohnen vor allem für die Übergangszeit Ihrer Ernährungsumstellung, insbesondere während der „Phase der Aufblühenden Schönheit" und ansonsten auch für jeden Menschen, der zu einer rein pflanzlichen Ernährungsweise übergeht. Sehr vorteilhaft für uns sind neben ihrem hohen

---

❀ SCHÖNHEITSTIPP

Lassen Sie Erdnüsse völlig „links liegen"!

Obwohl die meisten Menschen sie für Nüsse halten, gehören Erdnüsse aus botanischer Sicht tatsächlich zu den Hülsenfrüchten. Wegen ihrer Anfälligkeit für Schimmel und andere Pilze habe ich sie jedoch absichtlich nicht in meine „Liste der empfehlenswerten Hülsenfrüchte" (siehe Seite 135) aufgenommen. Diese Pilze mit ihren Giften dürften – ähnlich wie bei den Cashewkernen – der Grund für die allergischen Reaktionen vieler Menschen sein. Erdnüsse aus nicht-organischem Anbau zählen übrigens zu den am stärksten pestizidverseuchten Lebensmitteln der westlichen Welt.

1993 kam eine Studie zu dem Ergebnis, dass sich nicht weniger als 24 unterschiedliche Pilze in Erdnüssen ansiedeln können, und das selbst nachdem sie außen sterilisiert worden waren.[21] Wie Untersuchungen in England [22] und am MIT (Massachusetts Institute of Technology)[23]

gezeigt haben, verunreinigen vor allem Schimmelpilze (*Aspergillus flavus* und *Aspergillus parasiticus*) mit ihren Pilzgiften, den Aflatoxinen, die Erdnüsse. Bereits 1988 hatte die Internationale Agentur für Krebsforschung (International Agency for Research on Cancer, IARC) Aflatoxin B1 auf die Liste der krebserzeugenden Stoffe gesetzt, es wurde als äußerst gefährlich eingestuft, seine krebserzeugende Wirkung liegt zwanzig Mal höher als die von DDT. Eine ganze Reihe epidemiologischer Studien in Asien und Afrika hat ergeben, dass eine Verbindung zwischen der Aflatoxinaufnahme durch die Nahrung und Leberkrebs besteht.[25]

Weshalb also ein solches Risiko eingehen? Mein Rat: Halten Sie sich lieber an organische Mandelbutter (aus rohen Mandeln) oder andere organische Nussbutter-Varianten und lassen Sie Erdnüsse sowie Erdnussbutter völlig „links liegen"!

Eiweißanteil auch die zahlreichen Vitamine, Mineral- und sekundären Pflanzenstoffe. Dennoch landen Hülsenfrüchte und Bohnen nur auf Platz vier meiner Hitliste, hinter den drei fantastischen pflanzlichen Eiweißlieferanten, die ich Ihnen auf den vorangegangenen Seiten präsentiert habe. Es sei denn, wir essen unsere Hülsenfrüchte und Bohnen roh, als Keimlinge oder Sprossen.

Weshalb? Zum einen, weil sie „Ausrutscher" der Natur sind, denn sie enthalten beides: Eiweiß und Stärke. (Ich behandle Hülsenfrüchte und Bohnen an dieser Stelle, hätte sie aber genauso gut unter die Stärken einreihen können.) Da sie zwei verschiedenen Kategorien von Lebensmitteln angehören und damit natürlich auch deren Eigenschaften in sich vereinen, sind sie schwer verdaulich – und genau deshalb verursachen sie Blähungen, Aufstoßen, Flatulenzen, Bauchschmerzen und Völlegefühle. Sehen Sie, so kann selbst ein einzelnes Lebensmittel einen Verkehrsstau hervorrufen! Da Bohnen bei mir nicht unter „Beauty Food" rangieren, esse ich auch nur selten welche.

Trotzdem machen sich Hülsenfrüchte und Bohnen prima in der Übergangsphase einer Ernährungsumstellung, und auch sonst, solange sie nur gelegentlich auf den Teller kommen. Unten finden Sie eine Liste der bekannteren Sorten, es gibt aber natürlich noch viele Unterarten davon. Kaufen Sie sie immer nur in getrocknetem Zustand und bereiten Sie sie selbst zu. Zum einen schmecken sie besser, zum anderen ersparen Sie Ihrem Körper mögliche Belastungen durch Schwermetalle, Chemikalien und Konservierungsstoffe, die in Dosenbohnen häufig enthalten sind. Die getrockneten Bohnen sollten Sie unbedingt über Nacht einweichen, das erleichtert Ihnen die Verdauung.

DIESE HÜLSENFRÜCHTE UND BOHNEN TUN IHRER SCHÖNHEIT AM BESTEN			
Mandeln	Kichererbsen	Kidneybohnen	Mungbohnen
Schwarze Bohnen	Grüne Bohnen	Linsen	Weiße Bohnen
Schwarzaugenerbsen	Grüne Erbsen	Limabohnen	Pintobohnen

MEIDEN SIE (DIE MEISTEN) SOJA-PRODUKTE!

Wahrscheinlich haben auch Sie schon irgendwo gelesen oder gehört, was für ein „Wunder"-Lebensmittel Soja sein soll: *die* alternative Eiweißquelle überhaupt. Die ständig wachsende Soja-Industrie würde das liebend gern uns allen weismachen. In Wahrheit ist Soja keineswegs das „Gesundheitswunder", als das es so häufig hingestellt wird.

„Mal langsam!", sagen Sie. „Und was ist mit den zahllosen Asiaten, die andauernd Soja essen?" Tatsächlich tun die Asiaten das gar nicht – sie nehmen nämlich weit weniger Soja zu sich als wir! Soja dient ihnen nur als Beilage zu Reis, Gemüse und kleinen Portionen von Fisch und Fleisch. Und außerdem konsumieren sie *keineswegs* all diese Soja-Protein-Isolate und -Konzentrate wie sie bei uns in der westlichen Welt heute so ungemein beliebt sind!

Soja-Protein-Isolate zählen zu den üblichen Bestandteilen von Eiweißpulvern, abgepackten Lebensmitteln bzw. Fertigge-richten und Energieriegeln. Um diese Isolate herzustellen, durchlaufen die Sojabohnen und die daraus gewonnenen Sojaflocken aufwendige Verarbeitungsprozesse bei Hochtemperaturen in großtechnischen Anlagen, wozu auch die Säurewaschung im Aluminiumtank, Neutralisation, Pa-steurisierung und die Sprühtrocknung gehören. Zur Herstellung von Texturiertem Soja („Sojafleisch", „Textured Vegetable Protein", kurz: TVP), häufiger Bestandteil in verarbeiteten vegetarischen Erzeugnissen und Fertiggerichten, sind ebenfalls Hochtemperaturverfahren notwendig, TVP ist also ebenfalls ein hochprozessiertes Nahrungsmittel. Im Folgenden lege ich Ihnen einige der Hauptprobleme im Zusammenhang mit Soja dar:

1 | **Der Großteil der Sojabohnen in den USA ist gentechnisch verändert.**[26] Die gentechnische Veränderung verändert auch die Nährstoffchemie in bestimmten Nahrungsmitteln in hohem Maß. Und wir wollen doch Gentechnisch Veränderte Organismen (GVO, engl. „Genetically Modified Organisms", GMOs) meiden! Gentechnisch manipuliertes Soja soll

29 Prozent weniger Cholin enthalten, das ist ein essenzieller Nährstoff und wichtig für die Entwicklung unseres zentralen Nervensystems, dafür jedoch um 200 Prozent mehr Lektine, spezialisierte Proteine, die mit Lebensmittelunverträglichkeiten in Verbindung gebracht werden.[27] Das könnte der Grund sein, weshalb Soja in den USA inzwischen unter den Top Ten der allergieauslösenden Nahrungsmittel rangiert.

2 | **Soja enthält Trypsin-Inhibitoren.** Trypsin besteht aus drei Verdauungsenzymen und wird sowohl zur Aufspaltung von Eiweiß im Dünndarm als auch zur Aufnahme von Aminosäuren benötigt. Trypsin-Hemmstoffe behindern jedoch diese notwendigen Vorgänge.[28]

3 | **Soja fährt unsere Schilddrüsenfunktion herunter.** Soja enthält auch sogenannte Isoflavone, Pflanzenfarbstoffe, die laut Studien zu einer Schilddrüsenunterfunktion führen oder dazu beitragen können.[29] Neben anderen wichtigen Aufgaben (Wirkungen auf Herz und Kreislauf, Blutdruck) kontrolliert die Schilddrüse mit ihren Hormonen vor allem unseren Stoffwechsel. Wird dieser verlangsamt, trägt das zur Gewichtszunahme bei. Wie eine Studie zeigte, kann das Genistein, das ist eines der Isoflavone in Soja-Lebensmitteln, an denjenigen Enzymen, welche die Schilddrüsenhormone erzeugen, bleibende Schäden verursachen.[30]

Das investigative Magazin *ABC's 20/20* des amerikanischen Fernsehsenders ABC brachte im Juni 2000 einen Enthüllungsbericht über den behaupteten Gesundheitsnutzen von Soja.[31] Darin zitierte das Magazin einen Brief von Daniel Doerge und Daniel Sheehan, zweier Experten der US-Lebensmittelüberwachungs- und Arzneimittelzulassungsbehörde (Food and Drug Administration, FDA), mit der Feststellung, „es gibt ausreichendes Beweismaterial dafür, dass einige der in Soja gefundenen Isoflavone, darunter Genistein und Equol, ein Metabolit (Zwischenprodukt) des Isoflavons Daidzein, zu Toxizität (Giftigkeit) in östrogenempfindlichen Geweben und in der Schilddrüse führen. Das gilt für eine Reihe von Gattungen, darunter auch die menschliche."[32]

4 | **Soja ist voll mit Phytoöstrogenen.** Das sind sekundäre Pflanzenstoffe, keine „echten" Östrogene, aber mit ähnlicher Struktur, weshalb sie sich in unser Hormonsystem einklinken und darin eine ganze Anzahl von Störungen verursachen können.[33]

Soja ist auch nicht gut für Kinder! Laut einer Studie, die im *New Zealand Medical Journal* veröffentlicht wurde, sollen die in einer Tagesration Soja-Säuglingsnahrung enthaltenen Phytoöstrogene (auf das Körpergewicht umgerechnet) dem Hormongehalt von fünf Antibabypillen entsprechen.[34]

138 | DIE GRUNDLAGEN DES BEAUTY-DETOX-PLANS

5 | **Soja gehört zu den am stärksten pestizidverseuchten Nahrungsmitteln.** Wenn wir Pflanzen essen, die mit Pestiziden gespritzt wurden, nehmen wir die Giftstoffe auf.

Diese sogenannten Schädlingsbekämpfungsmittel sind Nervengifte und dienen dazu, lästige oder schädliche Kleinlebewesen zu vernichten. Es gibt zahlreiche Untersuchungen mit Belegen über die negativen Auswirkungen von Pestiziden auf Menschen, darunter Schädigungen des Zentralnervensystems, des Fortpflanzungssystems und bestimmter Organe sowie das Auftreten von Immunschwächen, Störungen des Hormonhaushalts, dazu kommen Entwicklungsstörungen und Verhaltensauffälligkeiten. Je größer der Abstand, den wir zu gespritzten Nahrungsmitteln halten, desto besser für uns!

Sagen Sie NEIN! zu Gentech-Produkten!

Gentechnisch veränderte Nahrungsmittel kennt man in Deutschland auch unter der Bezeichnung „Gentechnisch Veränderte Organismen" oder kurz „GVO". Wurden die Gene in Nahrungsmitteln manipuliert, kann das zu unvorhergesehenen Nebenerscheinungen führen, darunter eine Zunahme des Anteils giftiger Schadstoffe und allergische Reaktionen sowie eine Verringerung des Nährwerts. Weil sie eine Bedrohung für verschiedene Pflanzen- und Tierarten darstellt, kann der Einsatz von Gentechnik darüber hinaus das empfindliche Gleichgewicht unseres Ökosystems und der Nahrungskette stören.

Im Rahmen der Sendung *Good Morning America* vom 21. August 2006 auf ABC war unter anderem davon die Rede, dass der Großteil, nämlich 75(!) Prozent aller verarbeiteten Lebensmittel in den USA Bestandteile gentechnisch veränderter Kulturpflanzen enthielten.[35] Weiter wurden Aussagen der Nahrungsmittelindustrie zitiert, wonach – wenn ein Produkt Soja und/oder Getreide bzw. Mais enthält, was bei den meisten prozessierten Nahrungsmitteln der Fall ist – „diese Soja-

und/oder Getreide- bzw. Maisbestandteile gentechnisch manipuliert sind."[36]

Wie können wir uns vor diesen grauenhaften Pseudo-Lebens-Mitteln und Inhaltsstoffen schützen? Erstens, indem wir verarbeitete Nahrungsmittel möglichst ganz meiden. Das beginnt bei Fertiggerichten (auch solchen aus der Gefriertruhe) und führt weiter zu den industriell hergestellten Snacks und dem ganzen Knabberkram, wie etwa den Trillionen Sorten von Chips, die überall angeboten werden. Zweitens, indem wir möglichst viel organische Lebensmittel kaufen. Sie sind gentech-frei und weder mit Pestiziden noch mit Düngemitteln belastet.

Da ein Großteil von Soja und Getreide bzw. Mais gentechnisch verändert wurde, lesen Sie sich vor dem Kauf die Liste der Inhaltsstoffe an den infrage kommenden Waren sehr genau durch.

Die „bösen" Ingredienzien können sich allerdings auch unter verschiedenen Decknamen verbergen: etwa (Malto-)Dextrin, Maismehl oder Maisstärke, Stärke, kristalline Fructose und „texturiertes Pflanzenprotein".

SOJA, DAS SIE ESSEN KÖNNEN

Bei Produkten aus *fermentiertem* Soja, also beispielsweise Miso, Tempeh und Natto, können Sie dagegen durchaus zugreifen. Der lang dauernde Fermentationsprozess (er ähnelt der Vergärung von Getreide zu Alkohol) deaktiviert die im Soja enthaltenen Trypsin-Hemmstoffe in einer Weise, die anders (durch Kochen o. ä.) nicht darstellbar ist und macht die Soja-Produkte leichter verdaulich. Mit Nama Shoyu sollten Sie lieber sehr sparsam umgehen, denn dabei handelt es sich um eine „rohe", d. h. unpasteurisierte Soja-Sauce aus fermentierten Sojabohnen. Aber Vorsicht: Nama Shoyu enthält Gluten! Daher bietet die natriumarme, gluten- und weizen(kleber)freie Tamari-Sojasauce eine ausgezeichnete Alternative. Bragg Liquid Aminos (rohes Tamari, aus Sojaprotein und Wasser ohne Zugabe von Salz hergestellt) ist eine glutenfreie, zertifizierte gentechfreie Würzsauce aus unfermentierten Sojabohnen, allerdings extrem stark mit Wasser verdünnt. Deshalb (und weil ich sie sehr lecker finde!) verwende ich sie in kleinen Mengen. Neben ebenfalls kleinen Mengen von unpasteurisiertem Miso ist sie das einzige Soja-Produkt in meiner eigenen Ernährung.

Edamame („Bohnen am Zweig"), unreif geerntete Sojabohnen, enthalten die oben genannten Giftstoffe in geringeren Mengen; falls Sie ein echter Fan sind, können Sie sich also gelegentlich ein bisschen davon gönnen …

Aus den in den vorangegangenen Abschnitten dargelegten Gründen sollten Sie um Tofu, Soja-Milch, industriell hergestellte Soja-Energieriegel, Soja-Burger, Soja-Käse und andere verarbeitete (prozessierte) Produkte, die Soja-Protein-Isolate, Soja-Protein-Konzentrate, texturiertes Pflanzeneiweiß oder hydrolisiertes (infolge der Spaltung durch Reaktion mit Wasser denaturiertes) Pflanzeneiweiß enthalten, einen Riesenbogen machen! Ohne diese Produkte wird es Ihnen (und Ihrer Gesundheit) so viel besser gehen! Sollten Sie bei einem Produkt unsicher sein, sehen Sie sich die Liste der Inhaltsstoffe sehr genau an.

GAR NICHT SCHÖN: MILCHPRODUKTE

Üblicherweise halte ich mich bei allen Kategorien von Nahrungsmitteln, darunter auch Fisch oder anderes tierisches Eiweiß, mit negativen Äußerungen vornehm zurück, wenn jemand diese Sachen gerne weiterhin auf seinem Speisezettel behalten möchte. Nur bei einer nicht, weil es da keinen Raum für Zurückhaltung gibt: Kein Mensch sollte Milchprodukte zu sich nehmen. Punkt. Wir *alle* müssen darauf hinarbeiten, sämtliche Milchprodukte entweder mit einem Schlag aus unserer Ernährung zu streichen oder uns allmählich ganz

140 | DIE GRUNDLAGEN DES BEAUTY-DETOX-PLANS

davon zu verabschieden. Dies ist eine der ersten Empfehlungen, die ich Klienten gebe, die mich aufsuchen, weil sie etwas für ihr körperliches Wohlbefinden und ihr Aussehen tun wollen. Also mit anderen Worten … wir alle!

Wahrscheinlich denken Sie sich jetzt gerade: *„Ja, und warum kriege ich dann andauernd zu hören, ich soll Milch trinken, weil da so viel Kalzium drin ist? Sind fettarme Milch und Joghurt gesund?"* Ich wette, dass Sie das schon mal gehört haben, denn der Sektor „Milchprodukte" ist eine gigantische Industrie. Wenn täglich Hunderte Millionen Menschen Milchprodukte konsumieren, dann geht es um richtig viel Geld. Im Gegenzug gibt diese Industrie auch große Summen dafür aus, dass in der Gesellschaft bestimmte gesundheitsbezogene Angaben bzw. ein behaupteter Gesundheitsnutzen hochgehalten werden – das reicht bis zu von der Industrie in Auftrag gegebenem Aufklärungsmaterial über die „Segnungen" von Milchprodukten für Kinder.

Die amerikanischen Ernährungsrichtlinien standen von Anfang an unter dem Einfluss der Fleisch- und der Milchprodukte-Industrie. Wie Michael Pollan in seinem Buch *In Defense of Food* (dt. *Lebens-Mittel: Eine Verteidigung gegen die industrielle Nahrung und den Diätenwahn*, TB 2009) erläutert, hatte der „Kongressausschuss des US-Senats für Ernährung und menschliche Grundbedürfnisse" (U.S. Senate Select Committee on Nutrition and Human Needs) im Jahr 1977 einen ersten Entwurf für seine Ernährungsrichtlinien fertig gestellt, worin er den AmerikanerInnen empfehlen wollte, ihrer Gesundheit zuliebe weniger rotes Fleisch und Milchprodukte zu konsumieren. Doch da hatte er die Rechnung ohne die Fleisch- und die Milchprodukte-Industrie gemacht. Beide ließen ihre Muskeln spielen und nötigten dem Ausschuss als Kompromiss folgende Empfehlung auf: „Wählen Sie Fleisch, Geflügel und Fisch, das die Aufnahme gesättigter Fettsäuren reduziert."[37] Und schließlich landeten beide, Fleisch und Milchprodukte, auf vorderen Plätzen in der Nahrungspyramide.

Wir haben Milchprodukte immer selbstverständlich als etwas akzeptiert, das Menschen zu sich nehmen sollten. Denn schließlich stehen sie überall in den Kühlregalen – vom Tante-Emma-Laden bis zum XXL-Supermarkt – und gehörten immer zu den Grundnahrungsmitteln, oder etwa nicht? Lassen Sie mich meine Ausführungen über das Thema „Milchprodukte" mit einem Blick zurück in die Vergangenheit beginnen und uns die Erörterung ganz logisch und unvoreingenommen angehen. Dabei müssen wir uns mit der Herkunft und Entstehung von Milchprodukten beschäftigen, denn das wird uns dabei helfen, zu begreifen, weshalb sie unserem gesundheitlichen Interesse ganz und gar nicht dienlich sind.

In ihrer ersten Lebensphase ernähren sich alle Säugetiere von Muttermilch. Schweine trinken bei ihren Müttern, Hunde- und Katzenwelpen machen es genauso. Nachdem wir ebenfalls Säugetiere sind, ist es mit unserem Nachwuchs auch nicht anders. Innerhalb unserer ersten Lebensjahre werden wir dann entwöhnt und umgestellt, auf Lebensmittel, bei denen wir unser Leben lang bleiben und die uns mit den für unseren Körper notwendigen Nährstoffen versorgen. Das ist der natürliche Kreislauf – nicht nur bei uns Menschen, sondern auch bei allen anderen Säugetieren. Die Kuhmilch hat von Natur aus den Zweck der Ernährung von Kälbchen. Wenn die Kälbchen heranwachsen, hören auch sie auf, Milch zu trinken und steigen auf Grünfutter um. Wir sind die einzige Gattung von Lebewesen auf der Erde, die sich nicht nur weigert, das Milchtrinken aufzugeben, sondern darüber hinaus auch noch darauf besteht, die Milch einer anderen Gattung zu konsumieren. Keine erwachsene Kuh trinkt jemals Milch – und erwachsene Menschenwesen sollten das genauso wenig tun!

Und wie immer, wenn wir entgegen den Gesetzen der Natur handeln, haben wir die Folgen zu tragen. Die chemische Zusammensetzung von Kuhmilch unterscheidet sich von der der Muttermilch, und deshalb ist unser Körper auch nicht darauf eingerichtet, sie zu verdauen. Wir brauchen das Enzym Lactase, um die Kuhmilch aufzuspalten und den Milchzucker, die sogenannte Lactose, zu verdauen. Im Alter von zwei bis drei Jahren stellt der Körper bei den meisten Menschen die Lactaseproduktion komplett ein oder fährt sie mindestens drastisch herunter, weil die Natur es nicht vorgesehen hat, dass wir danach noch weiter Muttermilch trinken. Die verheerenden Konsequenzen unserer Verstöße gegen die von der Natur vorgegebenen Zyklen bestehen in einer schlechten Verdauung, beträchtlichen Einbußen an Schönheits-Energie und unzähligen Gesundheitsrisiken.

CASEIN – DAS GEFÄHRLICHE EIWEISS IN MILCHPRODUKTEN

In der Wahrnehmung der Allgemeinheit hat das *Fett* in Milchprodukten die Rolle des Schurken inne. Um ihm aus dem Weg zu gehen, sind viele Menschen auf die Magervarianten von Milch, Käse und Joghurt umgestiegen: auf fettarme Milch, fettreduzierten Käse und fettfreien Joghurt. Aber was ist mit dem Eiweiß in den Milchprodukten?

Das in der Kuhmilch am stärksten vertretene Protein heißt Casein, es macht bis zu 87 Prozent der gesamten Eiweißmenge in der Kuhmilch aus.[38] Die restlichen Proteine kennen wir unter dem Namen „Molke" oder „Molkenproteine". Das Casein kommt in geringen Mengen auch in der Muttermilch vor, doch in Kuhmilch liegt sein Anteil um 300 Prozent höher.[39] Das Casein hilft den Kälbern dabei, ein starkes Knochengerüst aufzubauen. Casein ist ein so starkes Bindemittel, dass es sogar schon als Bestandteil von Holzleim Verwendung fand.

Ohne die zu seiner Aufspaltung notwendigen Enzyme (wie Lactase) gerinnt das Casein im menschlichen Magen zu einem Klumpen, was es noch schwerer verdaulich werden lässt. Das bedeutet eine enorme Vergeudung an Schönheits-Energie. Bei seinem Abbau setzt das Casein sogenannte Casomorphine frei, das sind Peptide oder Mini-Proteine, die im Gehirn und im Zentralnervensystem einen opioidähnlichen Effekt haben. Das bedeutet, sie verhalten sich ähnlich wie Opiate und rufen dadurch eine leicht euphorisierende Wirkung hervor – eine störende Wirkung, wenn man bedenkt, wie ungesund das Casein tatsächlich ist! Untersuchungen aus den 1990er-Jahren, darunter eine besonders aussagekräftige, die 1991 durchgeführt wurde, vertraten die Hypothese, dass aus Casein hervorgegangenes Casomorphin Autismus verursachen oder verstärken kann.[40] Man fand auch heraus, dass Milchprodukte das Risiko für Prostatakrebs verdoppeln: Eine Analyse von Forschungsergebnissen der Harvard-Universität von 2001 besagt, dass „Männer mit dem höchsten Konsum von Milchprodukten ein im Verhältnis zu Männern mit geringem Konsum ungefähr doppelt so hohes Risiko trugen, an Prostatakrebs zu erkranken und ein bis auf das Vierfache erhöhtes Risiko der Metastasenbildung oder des tödlichen Ausgangs der Krankheit."[41]

Es existieren so endlos viele Studien über die schädlichen Wirkungen von Milchprodukten, dass ich allein mit ihrer Aufzählung das ganze Buch füllen könnte. Doch das stärkste Argument, das ich hier anführen kann, ist dieses: Casein ist dasjenige von allen Eiweißen, das mit der größten Durchgängigkeit und Macht krebsfördernd wirkt. Dr. T. Colin Campbells bereits erwähnte umfangreiche und umfassende Untersuchung der Verbindung zwischen Ernährung und Krankheit, *China Study: Die wissenschaftliche Begründung für eine vegane Ernährungsweise*, die von so renommierten Behörden und Organisationen wie den Nationalen Gesundheitsinstituten (National Institutes of Health, NIH), der Amerikanischen Krebsgesellschaft und dem Amerikanischen Krebsforschungsinstitut finanziert wurde, ergab u. a. auch eine enge Verbindung zwischen der Casein-Aufnahme und der Zunahme des Wachstums von Krebszellen, wenn sie Karzinogenen ausgesetzt waren (mehr zu diesem Thema finden Sie auf Seite 182). Dr. Campbell, Professor für Ernährungswissenschaften an der Cornell University, untersuchte die Wirkung der Ernährung auf Ratten, die starken Karzinogenen ausgesetzt waren, und kam auf eine enge Verbindung zwischen Eiweiß-Aufnahme und Krebswachstum. Er fand auch heraus, dass Casein von allen Proteinen „Krebs am stärksten und am durchgängigsten förderte" und dass es „den Krebs in seinen sämtlichen Stadien begünstigte".[42]

MILCHPRODUKTE ERZEUGEN SCHLEIM, UND SCHLEIM DEZIMIERT DIE SCHÖNHEIT

Wenn Milchprodukte in unseren Körper gelangen, wirken sie extrem säurebildend, und wie wir in den vorangegangenen Kapiteln erfahren haben, mindern säurehaltige Lebensmittel die Schönheit und unterstützen die Gewichtszunahme. Aber Milchprodukte bringen uns noch einen weiteren Nachteil: Schleim.

Trotz seiner eher abschreckenden Bezeichnung ist Schleim zunächst einmal ein ganz normales zähflüssiges Sekret, das der Körper – insbesondere die „Schleim"häute – absondert, um die Oberflächen von Organen zu schützen. Er ist klar und klebrig und ummantelt alles, was wir an Nahrung aufnehmen. Schleim wird erst dann zum Problem, wenn er überhandnimmt. Schleim umhüllt Giftstoffe und toxische Nahrungsüberreste; er kann dick und trüb werden, um die geballte Schadstoffladung zu umschließen und dabei zu helfen, sie aus dem Körper auszuschleusen.[43] Überschüssiger Schleim kann sich allmählich verhärten und beginnen, sich an den Darmwänden abzulagern, wodurch er den Schlamm vermehrt und den Durchgang der Nahrung durch unseren Verdauungstrakt verlangsamt. Milchprodukte zählen zu den am meisten Schleim bildenden Lebensmitteln.

Wenn wir Milch, Käse und andere Milchprodukte essen, bürden wir unserem Körper damit eine Riesenlast auf: Er muss zusehen, dass er den ganzen Schleim wieder los wird, und das kostet uns eine ganze Tonne Schönheits-Energie! Milchprodukte richten von dem Augenblick an, wo wir sie verzehrt haben, Verwüstungen in unserem Verdauungsapparat an, weshalb unser Körper dann verzweifelt und auf verschiedene Arten versucht, sie wieder auszuscheiden – etwa in Form von Auswurf, Schleim oder Pickeln. Da Milchprodukte so stark säurebildend wirken, sich so ungut verklumpen und so schwer verdaulich sind, werden wir es *nicht* schaffen, die überschüssigen Kilos an unseren Problemzonen – den Bäuchen, Oberarmen, Oberschenkeln, Hüften und unter dem Kinn – zu verabschieden, wenn wir weiterhin beim Konsum von Milchprodukten bleiben. Letztendlich hindern sie uns daran, unser wahres Schönheitspotenzial zu entfalten.

RBGH UND ANDERE SCHEUSSLICHKEITEN

Neben ihrer schlechten Eigenschaft, Schleim zu bilden, haben Milchprodukte noch weitere erhebliche Schattenseiten: Konventionell hergestellte Milchprodukte sind randvoll mit Hormonen und Medikamenten. Milchkühe werden aus rein kommerziellen Gründen künstlich zu unnatürlich hohen Milchleistungen angetrieben. Um sie am Leben und am „Funktionieren" zu halten, traktiert man sie mit Antibiotika (darunter Penicillin) und mit Hormonen, wie dem künstlich hergestellten Rinder-Wachstumshormon rBGH (*recombinant Bovine Growth Hormone*). Und diese „chemischen Keulen" gelangen unvermeidlicherweise in die Milch und darüber auch in unseren Körper, in unser Verdauungssystem.

DAS PROBLEM MIT DER PASTEURISIERUNG

Sämtliche kommerziellen Milchprodukte sind pasteurisiert, homogenisiert und hochprozessiert, das bedeutet, sie wurden mindestens auf Temperaturen von um die 75 Grad Celsius erhitzt, um sämtliche potenziell schädlichen Bakterien abzutöten. Bei dieser Prozedur sterben aber auch alle in den Milchprodukten vorhandenen natürlichen Enzyme ab, was ihre Verdaulichkeit *noch weiter verschlechtert.*

Wir können mit absoluter Sicherheit davon ausgehen, dass die Milch in allen Packungen und der Joghurt in allen Bechern im Supermarktregal pasteurisiert sind, da sie andernfalls aufgrund der bestehenden Lebensmittel-Verordnungen gar nicht legal verkauft werden dürften. Rohmilch (Vorzugsmilch) und Rohmilchkäse (falls Sie welchen bekommen) sind besser für Sie als pasteurisierte Ware, aber sie enthalten trotzdem immer noch Casein und wirken auch immer noch schleimbildend.

KALZIUM UND OSTEOPOROSE

Wir haben alle immer wieder gehört, wir müssten viel Milch trinken, um starke Knochen aufzubauen und Krankheiten abzuwehren, beispielsweise Osteoporose. Und die besten Kalzium-Lieferanten seien nun mal die Milchprodukte.

Doch wie Statistiken belegen, treten Probleme mit den Knochen, wie Osteoporose und Hüftfrakturen, bei Nationen und Völkern mit einem allgemein *hohem Konsum* an Milchprodukten sogar *häufiger* auf.[44] Amerikanerinnen trinken 30- bis 32-mal so viel Milch wie die Frauen in Neuguinea, brechen sich aber 47-mal häufiger die Hüftknochen. Eine Analyse von Untersuchungsergebnissen aus mehreren Ländern erbrachte einen eindeutigen statistischen Zusammenhang zwischen dem Konsum von Milchprodukten und der Hüftfrakturen-Rate.[45] Eine Studie der medizinischen Fakultät der Yale-Universität aus dem Jahr 1992 untersuchte die Verbindung zwischen der Eiweiß-Aufnahme und der Anzahl von Knochenbrüchen bei Frauen über fünfzig und älter aus 17 unterschiedlichen Ländern. Das Ergebnis: 70 Prozent der Knochenbrüche bei den in die Analyse einbezogenen Frauen standen mit dem Konsum von tierischem Eiweiß in Zusammenhang.[46]

Zahllose andere Studien stellten denselben Bezug her: *Je mehr Protein man konsumiert, desto mehr Kalzium verliert man!* Eine Langzeit-Studie, die im *American Journal of Clinical Nutrition* (Fachzeitschrift für klinische Ernährung) veröffentlicht wurde, fand Folgendes heraus: Bei einer Eiweiß-Zufuhr von 75 Gramm pro Tag wird mit dem Urin mehr Kalzium ausgeschieden, als vom Körper aufgenommen wird, was bedeutet, dass ein permanenter Kalzium-Verlust stattfindet.[47] Diese Aussage hat sich selbst noch bei der extremen Kalzium-Aufnahme von 1400 Milligramm pro Tag über die Nahrung als zutreffend erwiesen. Dr. T. Colin Campbell, der für seine China Studie umfassend recherchiert hatte, berichtete in der *New York Times*, Osteoporose trete in China so gut wie nicht in Erscheinung, obwohl die durchschnittliche Kalzium-Aufnahme dort bei „nur" 544 Milligramm pro Tag liege – wohingegen die Amerikaner auf durchschnittlich 1143 Milligramm pro Tag kämen, die sie hauptsächlich aus Milchprodukten bezögen.[48]

Was genau spielt sich denn hier eigentlich ab? Kuhmilch enthält in der Tat eine Menge Kalzium – das Problem ist nur, dass unser Körper einen Großteil davon nicht ohne Weiteres aufnehmen oder verwerten kann. Das ist (auch) dem reichlichen Phosphor-Anteil der Milchprodukte geschuldet, der an das Kalzium im Darm „andockt" und so dafür sorgt, dass der Darm das meiste davon nicht mehr resorbieren kann. Dazu kommt, wie schon weiter vorne dargelegt, dass Milchprodukte im Körper stark säurebildend wirken. Wie die genannten Studien (und weitere Untersuchungen, die im Kapitel „Das Säure-Basen-Prinzip" auf Seite 47 zitiert sind) gezeigt haben, führt dieser erhöhte Säuregehalt im Körper dazu, dass wir Kalzium aus den Knochen einbüßen – denn der Körper entzieht unseren Knochen das basisch wirkende Kalzium, um damit die viele Säure auszugleichen.

Und was ist mit Joghurt?

Diese Frage höre ich wirklich alle naselang, denn Joghurt wird immer und überall als Gesundheitsprodukt beworben. Doch schauen wir mal auf die Fakten: Joghurt enthält Casein, ist pasteurisiert und wirkt schleimbildend. An die im Joghurt enthaltenen nützlichen Bakterien kommen Sie leicht mit meinem „Probiotischen & enzymreichen Salat" und durch die tägliche Einnahme eines probiotischen Nahrungsergänzungsmittels, wie ich es auch ständig empfehle. Mehr dazu finden Sie in Kapitel 6 „Entgiften für die Schönheit" ab Seite 178.

Lassen Sie sich nicht beeindrucken und hinters Licht führen, wenn Sie beim Blick auf das Nährwertetikett feststellen, dass das betreffende Milchprodukt einen Haufen Kalzium enthält. Wenn das Milieu Ihres Körpers immer stärker basisch wird, bewahren Sie Ihr Kalzium und andere basische Mineralstoffe intakt darin. Die besten Kalzium-Quellen sind dunkelgrüne Blattgemüse, dazu Meeresalgen sowie Nüsse und Samen. Sie haben einen hohen Kalzium-Anteil und eine stark basische Wirkung. Wenn wir die Milchprodukte aus unserer Ernährung streichen, wird unser Körper die Chance nutzen, sich von dem Schleim zu reinigen, den sie erzeugt haben: Überschüssige Kilos werden purzeln, Ihre Haut wird sich klären, und Ihre Schönheit wird allmählich erstrahlen.

SCHÖNE PFLANZLICHE KALZIUM-QUELLEN			
Pak Choi (Senfkohl)	Blumenkohl	Grünkohl	Sesamsaat
Brokkoli	Blattkohl	Romanasalat	Spinat
Feigenkaktus	Gurken	Meeresalgen	Rübenkraut

SCHÖNE ALTERNATIVEN ZU MILCHPRODUKTEN

Einige von Ihnen sind jetzt wahrscheinlich enttäuscht darüber, dass wir Milchprodukte so konsequent ausschließen müssen. Ich kenne das und habe volles Verständnis. Käse schmeckt doch so gut! Deshalb unterstreiche ich in diesem Buch immer wieder die Bedeutung der Übergangsphase in der Ernährungsumstellung, die auch beinhaltet, dass Sie nach Alternativen zu Ihren Lieblings-Lebensmitteln Ausschau halten, damit es Ihnen leichter fällt und besser schmeckt, sich schön zu essen.

Käse-Fans, aufgepasst, ich habe gute Nachrichten für Sie! Ziegenmilch und Ziegenkäse sind weit bessere Optionen als Kuhmilch und Kuhmilchprodukte. Die Körperenzyme von Ziegen ähneln denen des Menschen weit stärker als die von Kühen, deshalb verdauen wir Ziegenmilch sehr, sehr viel besser; und zwar nicht linear, sondern sogar exponentiell besser! Sollten Sie also zu den KäseliebhaberInnen gehören, werden Sie sicher mit Begeisterung vernehmen, dass Sie sich hin und wieder ein Stück Ziegenkäse gönnen dürfen! Am besten ein Stück Rohmilchkäse, aus unpasteurisierter Milch, obwohl auch Käse aus pasteurisierter Ziegenmilch für unseren Körper noch um Klassen besser ist als alle Kuhmilchprodukte. Die nächstbessere Wahl ist Schafskäse …

Hier ein paar gesündere Lebensmittel, die Ihre Lieblings-Milchprodukte „imitieren" und sie ersetzen können:

Sie lieben:	Versuchen Sie es mit:
Milch	Mandelmilch, Hanfmilch, Reismilch
Käse	Saatenkäse und anderen nicht-sojahaltigen veganen Alternativen
	Ziegen-Rohmilchkäse oder Käse aus pasteurisierter Schafsmilch
	(nicht ideal, weil das Pasteurisieren die Produkte zum Klumpen bringt)
Joghurt	Mein „Probiotischer & enzymreicher Salat"
	Ein tägliches Probiotikum
	Ziegenmilch-Kefir (ist pasteurisiert und hat die Eigenschaft zu klumpen)

SCHÖNE KOHLENHYDRATE UND STÄRKEN

Kohlenhydrate, auch als „Stärken" oder „Zucker" bekannt, sind Makronährstoffe, die uns mit der notwendigen Energie versorgen. Viele populäre Ernährungslehren und Diäten haben sie verteufelt und sich für das „Kohlenhydrate-Zählen" stark gemacht, aber die vielgeschmähten Kohlenhydrate verdienen wirklich eine zweite Chance! Im Abschnitt *Essen Sie „Von leicht nach schwer"* auf Seite 81 haben wir gelernt, dass die Verdauung von Stärken weniger Zeit und Energie kostet als die von Eiweiß. Hochwertige komplexe Kohlenhydrate und Obst passen also perfekt in Ihren Beauty-Detox-Plan.

❀ SCHÖNHEITSTIPP

Nieder mit dem Vorurteil, alle Kohlenhydrate wären schlecht!

Nicht wenige Menschen fühlen sich unwohl bei dem Gedanken, zu viel Stärken zu konsumieren und haben sich deshalb angewöhnt, Kalorien und Kohlenhydrate zu zählen. Doch solche Diäten basieren auf Einschränkungen – sie lassen uns häufig unbefriedigt zurück und sorgen dafür, dass wir uns über unser Essen viel zu oft den Kopf zerbrechen. Der Beauty-Detox-Plan ist darauf ausgerichtet, Schönheits-Energie freizusetzen, die Verdauung anzukurbeln und unseren Körper vom Schlamm, von allen Abfallstoffen, zu reinigen. Die hochwertigen komplexen Kohlenhydrate, die Sie innerhalb des BDP essen werden, unterstützen Sie dabei, all diese Ziele zu erreichen, außerdem sind sie leicht verdaulich. Raffinierte Kohlenhydrate in Form raffinierter, verarbeiteter Stärken sowie raffinierter, prozessierter Zucker oder künstliche Süßstoffe bleiben hierbei natürlich komplett außen vor.

KOHLENHYDRAT-ARTEN

Es existieren drei Arten von Kohlenhydraten: Vielfachzucker, Einfachzucker und Ballaststoffe. Komplexe Kohlenhydrate (Vielfachzucker oder Polysaccharide) kennt man auch als Stärken, dazu zählen vollwertige, unraffinierte Getreide und faserreiche Stärken wie in Wurzelgemüse. Zu den einfachen Kohlenhydraten, den Einfachzuckern, zählen Glucose, Fructose und Galactose (Milchzucker), sie beliefern den Körper mit schneller Energie und schließen alle raffinierten Stärken und Zucker sowie Obst mit ein. Pflanzenfaserstoffe (Ballaststoffe) gehören zu den Vielfachzuckern, werden aber von unserem Körper unverdaut wieder ausgeschieden. (Mehr zur Bedeutung von Ballaststoffen finden Sie auf Seite 58.) Der Schlüssel zum sinnvollen Umgang mit Kohlenhydraten liegt darin, die richtigen Formen davon zu sich zu nehmen, und das in Verbindung mit höherwertigen Lebensmitteln.

Getreidekörner umfassen von Natur aus die Frucht- und Samenschalen (die sogenannte Kleie), das Endosperm (das Nährgewebe um den Keimling) und den Keimling selbst. Bei raffinierten Kohlenhydraten – beispielsweise Brot aus Weißmehl, Nudeln und andere Teigwaren, weißer Reis, Kartoffelchips, viele Frühstückszerealien und die meisten abgepackten Kekse, Snacks und Backwaren – wurden beim Getreidekorn durch die industrielle Verarbeitung die Kleie und der Keimling entfernt. Das heißt, ihm fehlen nicht nur die Ballaststoffe, sondern auch der Großteil an Vitaminen, Mineral- und Nährstoffen – mit anderen Worten: fast alles, was Getreide so wertvoll macht! Ist Ihnen schon einmal aufgefallen, dass Menschen, die viel raffinierte Stärken konsumieren, eine trockene, fleckige Haut oder Pickel haben? Das resultiert daraus, dass ihre Nahrung kaum mehr Pflanzenfasern und Mineralstoffe enthält. Raffinierte Kohlenhydrate rauben uns unsere Energie, lassen uns müde und träge werden.

Zwischen der Art, wie sich raffinierte Kohlenhydrate in unserem Körper verhalten und dem Verhalten unraffinierter komplexer Kohlenhydrate besteht ein gewaltiger Unterschied. Komplexe Kohlenhydrate stecken voll mit Ballaststoffen, weshalb unser Magen länger braucht, um sie zu verdauen, als das bei raffinierten Kohlenhydraten der Fall ist. Das ist einer der Zusammenhänge, in denen sich die Verlangsamung eines Vorgangs positiv auswirkt, denn hier bedeutet es, dass die Glucose langsamer und gleichmäßiger in unseren Blutkreislauf abgegeben wird, weshalb unser Sättigungsgefühl länger anhält.

Raffinierte Kohlenhydrate dagegen besitzen keine oder so gut wie keine Ballaststoffe und bewirken daher einen jähen Anstieg des Blutzuckers. Der wiederum löst eine Insulinausschüttung („Insulinantwort") der Bauchspeicheldrüse aus, die den Blutzuckerspiegel in unserem Körper reguliert. Dadurch kommt es zu Schwankungen der Blutzuckerkonzentration, die mit extremen Höhen und Tiefen einhergehen können – wie bei einer Achterbahn. Dieses Muster kann schließlich zu schwerwiegenden gesundheitlichen Problemen führen wie dem Typ-2-Diabetes und hohen Triglyzeridwerten (Risiko von Thrombosen und Arteriosklerose, „Arterienverkalkung"). Das Schlimmste: Raffinierte Stärken machen hochgradig abhängig!

Doch Sie müssen sich nicht nur vor raffinierten Stärken wie Weißmehl hüten, sondern sich auch vor raffinierten Zuckern wie Saccharose, Lactose, braunem Zucker, Melasse (Zuckersirup), Fruchtsaftkonzentraten und dem stark fructosehaltigen Maissirup in Acht nehmen. Raffinierte Zucker gehören zu den giftigsten Lebensmitteln überhaupt: Sie verursachen extreme Energieschwankungen, Heißhungerattacken und negative Emotionen wie Depressionen, Wut, Angst, Beklemmungen und eine allgemeine Anti-Haltung dem Leben gegenüber. Vor allem um den „Fructose-Hammer" Maissirup sollten Sie einen Riesenbogen machen, das ist ein besonders giftiger Zucker. Als billiges und hochprozessiertes Zuckerkonzentrat aus Maisstärke löste der hoch fructosehaltige Maissirup (auch Glucose-Fructose-Sirup, GFS; im Amerikanischen *High Fructose Corn Syrup*, HFCS) in den 1980er-Jahren den Maiszucker in verarbeiteten Lebensmitteln allmählich ab – so etwa in Softdrinks, Frühstückszerealien, Keksen und vielen anderen Backwaren. Ähnlich dem Haushaltszucker wird GFS aus Fructose und Glucose hergestellt, allerdings wurden die Mengenverhältnisse dieser Zucker im Raffinierungsprozess verändert, deshalb ist der Anteil der Fructose so unnatürlich hoch. Eine Studie, die im Juni 2008 im *Journal of Nutrition* (dt. etwa „Fachzeitschrift für Ernährung") unter dem Titel „Dietary Sugars Stimulate Fatty Acid Synthesis in Adults" („Diät-Zucker regen bei Erwachsenen die Fettsäure-Synthese an") veröffentlicht wurde, kam zu dem Schluss, dass Fructose schneller in Fett umgewandelt wird als Glucose[49], was GFS zum echten Super-Dickmacher werden lässt.

Eine kürzlich an der Universität Princeton durchgeführte und in der Fachzeitschrift *Pharmacology, Biochemistry & Behavior* („Pharmakologie, Biochemie & Verhalten") veröffentlicht wurde, ergab, dass hoch fructosehaltiger Maissirup zu einer beträchtlich höheren Gewichtszunahme führt als normaler Haushaltszucker. Professor Bart Hoebel, einer der Autoren der Untersuchung und Spezialist für die neurowissenschaftliche Seite von Appetit, Gewicht und Zuckerabhängigkeit, erklärte:

"Es wurde behauptet, hoch fructosehaltiger Maissirup unterscheide sich im Hinblick auf Gewichtszunahme und Fettleibigkeit nicht von anderen Süßungsmitteln, doch unsere Ergebnisse belegen eindeutig, dass dem durchaus nicht so ist, wenigstens unter den Bedingungen, unter denen wir getestet haben. Wenn Ratten hoch fructosehaltigen Maissirup trinken und dabei sogar noch weit unter den Mengen bleiben, wie sie üblicherweise in Limonaden enthalten sind, werden sie dick – jede einzelne von ihnen und bei jeder Versuchsreihe. Selbst bei einer extrem fettreichen Ernährung ist dieser Effekt bei Ratten nicht zu beobachten; sie nehmen dabei keineswegs alle zu."[50]

Zudem enthält Fructose potenzielle "Schönheitskiller" für unsere Haut – sie treten in Form oxidativer Schäden auf. Wie Forscher bei einem Laborversuch mit zwei Gruppen von Ratten herausfanden, wiesen diejenigen Tiere, denen Fructose gefüttert wurde, mehr strukturelle Veränderungen im Kollagen ("Cross-Linking") ihrer Haut auf, als ihre Kolleginnen, die Glucose bekamen.[51] Wie ich schon im Zusammenhang mit dem Ammoniak (Kapitel 1, Seite 24) dargelegt habe, ist Cross-Linking ein Prozess, der mit Faltenbildung und anderen Zeichen der (Haut-)Alterung in Zusammenhang gebracht wird.

Fazit? Lassen Sie den schrecklich dickmachenden und hautschädigenden hoch fructosehaltigen Maissirup gar nicht erst in die Nähe Ihres kostbaren Körpers! Meiden Sie alle raffinierten Stärken und Zucker, wenn Sie abnehmen und Ihr schönstmögliches Selbst entdecken wollen. Und machen Sie sich keine Sorgen: Auf dem Beauty-Detox-Plan stehen so viele leckere und sättigende komplexe Kohlenhydrate und Früchte, die Sie unbeschwert genießen können – weshalb Sie Ihre Stimmungs- und Energieschwankungen oder die Extra-Kilos kein bisschen vermissen werden!

MEIDEN SIE GLUTEN – IHRER SCHÖNHEIT ZULIEBE!

Im Gegensatz zur herrschenden Meinung sind Brot, Bagels, Cracker und andere Erzeugnisse aus "Vollkorn-Weizen" gar nicht so toll für unseren Körper. Weizen gehört zu den sehr alten Getreidesorten, doch der Weizen, wie wir ihn heute anbauen, dürfte mit dem Weizen in seiner antiken Originalform nicht mehr viel gemeinsam haben. Heute wächst er nicht nur auf mineralverseuchten Böden, sondern wird auch noch nach allen Regeln der Kunst mit Pestiziden sowie anderen Chemikalien gespritzt. Einige dieser furchterregenden "chemischen Keulen", die hier zur Schädlingsbekämpfung eingesetzt werden, wie Fungizide, Insektizide und Herbizide, enthalten Disulfoton (Handelsname Di-Syston), Methyl-Parathion, Chlorpyrifos, Dimethoat, Dicamba und Glyphosat.[52]

Obwohl diese Substanzen offiziell zugelassen und als "sicher" für den Einsatz in der industriellen Landwirtschaft anerkannt sind, wollen wir uns diesen potenziell

Bloß keine Agavenprodukte!

Agavenprodukte, als „Agavendicksaft" und „Agavennektar" im Handel, sind in den letzten Jahren zunehmend beliebter geworden – als „gesunde" Süßungsmittel „mit niedrigem glykämischem Index". Inzwischen findet man Agavenprodukte nicht mehr nur in speziellen Naturkost-Läden, sondern sogar in den Regalen der großen Supermarktketten und auch in immer mehr anderen Erzeugnissen: in Energieriegeln, Getränken, in Nahrungsmitteln wie auch in Rezepten für gesunde andere Gerichte und Roh-Kost. Ich selbst habe Agavenprodukte verwendet und mich sogar dafür eingesetzt! Doch nachdem ich mich mittlerweile schlau gemacht und mehr über die Erzeugnisse selbst und ihren Herstellungsprozess erfahren habe, konnte ich nicht anders, als sie sofort von meinem Speisezettel zu streichen.

Es stimmt zwar, dass Agavennektar einen niedrigen glykämischen Index hat, aber dafür liegt sein Fructosegehalt bei bis zu 90 Prozent! Ja, ich weiß, das ist heftig! Diese Entdeckung war auch für mich ein Schock. Denn das ist tatsächlich noch mehr als beim Maissirup, der mit seinen durchschnittlich 55 Prozent Fructosegehalt auch schon „schwer geladen" hat. Dr. Ingrid Kohlstadt, Mitglied des American College of Nutrition und assoziiertes Fakultätsmitglied der Johns Hopkins School für Public Health bringt es auf den Punkt: „Agavenprodukte bestehen nahezu ausschließlich aus Fructose, einem hochprozessierten Zucker, der grandios vermarktet wird."[53]

Agavendicksaft oder Agavennektar kommt so in der Natur nicht vor. Er durchläuft vielmehr üblicherweise einen ausgedehnten und aufwendigen Herstellungsprozess, bis er als der bekannte süße, dickflüssige Sirup im Glas oder in der Flasche landet. Zu diesem Herstellungsprozess gehört wohl auch der Einsatz von Chemikalien und Hitze, selbst wenn die Etiketten auf dem fertigen Erzeugnis den Zusatz „roh" tragen.[54]

Das alles enttäuschte mich schon sehr, denn die Agavenprodukte lassen sich bei Desserts und für andere Rezepte so wunderbar einfach verwenden. Aber Fructose ist und bleibt Fructose. Punkt. Und ist die Gesundheitsrisiken sicher nicht wert. Das beste Süßungsmittel ist Stevia, das in Granulat- und Pulverform wie auch als flüssiges Konzentrat angeboten wird. Hier eine kurze Auflistung einiger anderer Süßungsmittel-Alternativen, die Sie allerdings nur sehr sparsam einsetzen sollten: Trockenobst, wie Feigen und Datteln, kann gehackt oder gemixt in bestimmten Rezepten den Zucker ersetzen. Roh-Honig enthält zwar Fructose, ist jedoch ein vollwertiges, naturbelassenes Nahrungsmittel (wenn auch kein veganes). Achten Sie beim Einkaufen darauf, dass Sie nur Roh-Honig aus organischer Erzeugung mitnehmen. Wenn Sie nach einem flüssigen Süßungsmittel suchen, ist reines, organisches Ahornsirup eine Option. Es ist zwar nicht roh, denn es wird im Verlauf seiner Herstellung erhitzt und besteht aus Saccharose, ist aber kein derart hochprozessiertes und hochtechnisiertes Produkt wie Agavendicksaft und künstliche Süßstoffe. Eine akzeptable Wahl ist auch Xylitol, ein sogenannter Zuckeralkohol und Zuckerersatzstoff mit niedrigem glykämischem Index.

schönheitsgefährlichen giftigen Chemikalien definitiv immer weniger aussetzen, die mit dem Weizen ihren Weg in unseren Körper finden und mit den Produkten auf Weizenbasis, die wir konsumieren. Dazu kommt noch, dass Weizen über längere Zeit in Silos gespeichert werden kann und dadurch oft, allerdings in unterschiedlichem Ausmaß, mit (Schimmel-) Pilzen kontaminiert wird. Diese Schadstoffe addieren sich zu dem in unserem Körper bereits vorhandenen „Schlamm" und rauben uns Schönheits-Energie. Weizen zählt – neben Milch, Eiern, Erdnüssen, Baum- und Strauchnüssen (wie Cashewkernen), Fisch, Schalentieren und Soja – zu den acht gebräuchlichsten Lebensmitteln, auf ihr Konto gehen ungefähr 90 Prozent aller allergischen Reaktionen in den USA.[55] Das Allergen im Weizen ist das Gluten („Kleber", „Klebereiweiß"), ein Proteingemisch. Gluten ist auch in Roggen und Gerste enthalten, es kann toxische Reaktionen auslösen, die unser Immunsystem aktivieren und Entzündungen im Verdauungstrakt hervorrufen können.

Viele von uns haben eine Gluten-Unverträglichkeit, ohne sich dessen überhaupt bewusst zu sein oder irgendwelche offenkundigen Symptome auszubilden. Doch Dr. James Braly und Ron Hoggan, M.A., die beiden Autoren des Buchs *Dangerous Grains: Why Gluten Cereal Grains May Be Hazardous to Your Health* (dt.: „Gefährliches Getreide: Weshalb glutenhaltige Getreide ein Risiko für Ihre Gesundheit darstellen können") behaupten, eine Gluten-Intoleranz äußere sich nicht nur als Zöliakie (eine Autoimmunkrankheit, bei der die Dünndarmschleimhaut angegriffen und dadurch an der Verarbeitung des Glutens gehindert wird), sondern in Form zahlreicher Autoimmunstörungen sowie neurologischer und psychiatrischer Probleme, darunter rheumatoide Arthritis (entzündliche Erkrankung der Gelenke), Schilddrüsenüberfunktion und Lebererkrankungen.[56]

Wenn wir also hochallergene und bei sehr weiten Teilen der Bevölkerung allergisch wirkende Nahrungsmittel wie das Gluten aus unserer Ernährung streichen, kann das unser Allgemeinbefinden verbessern helfen, aber auch dazu beitragen, Heißhungerattacken auf Zucker und Kohlenhydrate zu verhindern, unsere Stimmungen auszugleichen und Gewicht loszuwerden. Wenn Sie sich auf glutenfreie Nahrung umstellen, werden Sie nicht sofort Ergebnisse spüren, denn es kann eine Weile dauern, bis eventuell vorhandene Entzündungen abklingen. Doch im Lauf der Zeit werden Sie den positiven Unterschied sehr wohl bemerken.

Diese erfreulichen Auswirkungen habe ich nicht nur bei vielen meiner Klienten beobachten können, sondern auch an mir selbst erfahren. Seitdem ich glutenfrei lebe, besitze ich deutlich mehr Energie, mein Gewicht hat sich super eingependelt – und ich bin überhaupt nicht mehr verrückt nach Brot!

Um die höchste Stufe Ihrer Schönheit zu erklimmen, arbeiten Sie daraufhin, sämtliche Weizenerzeugnisse aus Ihrer Ernährung wegzulassen, all die Zerealien, Backwaren,

Nudeln, Brot, Brezeln, Kekse, Bagels und dergleichen mehr. Nein, bitte flippen Sie jetzt nicht aus! Das heißt doch nicht, dass Sie Ihr ganzes Leben lang nie wieder eine Scheibe Brot essen dürfen. Sie sollen doch nur Weizen & Weizenprodukte durch qualitativ höherwertige Getreide ersetzen!

STÄRKEHALTIGE GEMÜSE – EINE SCHÖNE WAHL!

Stärkehaltige Gemüse ergänzen jede Mahlzeit fabelhaft, außerdem schmecken sie wunderbar und sättigen reichlich. Das Angebot an guten stärkehaltigen Gemüsen und Knollenpflanzen ist unglaublich groß – halten Sie ruhig einmal Ausschau nach Unterarten, die Ihnen bisher vielleicht noch nicht begegnet sind. Es gibt Maniok-Wurzelknollen, Spaghettikürbisse, Eichelkürbisse, Kabochakürbisse (Winterkürbis, auch Japanischer Kürbis), Butternusskürbisse und viele mehr.

Die beste Art der Zubereitung besteht darin, sie gar zu kochen, denn dann sind sie leichter verdaulich und schmecken auch besser. Yamswurzeln, Winterkürbisse und Süßkartoffeln kann man auch im Ofen bei großer Hitze backen. Der Winterkürbis eignet sich auch vorzüglich für eine Suppe: erst gar kochen, dann pürieren.

DIE BESTEN STÄRKEHALTIGEN SCHÖNHEITS-GEMÜSE			
Rotschalige Kartoffeln	Kürbisse (alle Sorten)	Süßkartoffeln	Yamswurzeln

SCHÖNHEITS-GETREIDE

Die vier besten Beauty-Detox-Getreide sind Hirse, Quinoa, Amaranth und Buchweizen. Sie sind alle glutenfrei und hinterlassen – mit Ausnahme des Buchweizens, auch bekannt als „Kascha" (Buchweizengrütze), der einen leicht säurehaltigen Rückstand bildet – nach der Verdauung leicht basisch wirkende Rückstande. Vor Ihrer Getreidemahlzeit und dazu sollten Sie immer Gemüse essen, auch um die Portionsgröße zu kontrollieren. Diese Getreide liefern uns wichtige Pflanzenfaserstoffe und helfen mit, den Heißhunger auf raffinierte Kohlenhydrate, wie Brot und andere Backwaren, zu bremsen.

Selbst wenn Ihnen die genannten Getreidearten bisher noch nie untergekommen sein sollten, sie sind leicht erhältlich: Quinoa gibt es inzwischen sogar in jedem Bio-Laden oder in den Bio-Abteilungen der Supermärkte. Sie sind sehr preisgünstig (ein Pfund Bio-Hirse kostet zwischen 1,50 und 2,50 Euro), leicht zu kochen und zuzubereiten; sie sind schmackhafte Begleiter für Gemüsegerichte und Salate und geben den Mahlzeiten etwas mehr Gehalt. Es werden auch fertige Produkte aus diesen Getreidesorten angeboten, etwa Hirsebrot, Hirse-Frühstückszerealien, Buchweizen-Zerealien, Quinoa-Cracker, Quinoa-Nudeln, Quinoa-Flakes und Brei aus Buchweizenflocken. Es wird Ihnen bestimmt ganz leichtfallen, Ihre gegenwärtigen Stärkelieferanten, wie geschälten Reis und Nudeln, gegen diese leckeren Getreide-Alternativen einzutauschen. Wenn Sie zu diesen Getreidearten und -erzeugnissen überwechseln, wird Ihnen nichts fehlen! Außer vielleicht Ihre überschüssigen Pfunde …

Sie sollten Getreidekörner und -schrot vor der Verwendung unbedingt mindestens acht Stunden einweichen, besser noch über Nacht. Das deaktiviert die Enzym-Inhibitoren, die in allen Getreidekörnern (und Bohnenkernen) enthalten sind und verhilft zu einer leichteren Verdaulichkeit. Gewöhnen Sie sich an, vorauszuplanen. Weichen Sie am Vorabend ausreichend Quinoa oder Hirse ein, damit Ihnen die Menge für ein, zwei, drei Mahlzeiten zu Hause ausreicht – oder auch zum Mitnehmen.

Denn bestimmte Produkte – wie etwa Hirsebrot – sind in Restaurants oder unterwegs und auf Reisen oft schwer erhältlich. Dann müssen Sie improvisieren und das unter den betreffenden Umständen für Sie Beste herauspicken! Reis ist besser als Weizen, Vollkornreis besser als geschälter weißer. Jedes Mal, wenn Sie ein Getreide oder ein anderes stärkehaltiges

Schönheits-Getreide und -Stärken

DIE BESTE WAHL FÜR IHRE SCHÖNHEIT	
Amaranth	Quinoa
Buchweizen („Kascha", Buchweizengrütze)	Soba-Nudeln (japanische Buchweizen-Nudeln)
Hirse	Stärkehaltige Gemüse (Winterkürbis, Yamswurzeln, Süßkartoffeln etc.)
DIE ZWEITBESTE WAHL FÜR IHRE SCHÖNHEIT	
Bohnen, alle Sorten	Kichererbsen
Schwarzaugenerbsen	Glutenfreie Cracker, Nudeln und andere Lebensmittel
Vollkorn- oder Wildreis	Linsen
DIE SCHLECHTE WAHL – ALSO KEINE!	
Prozessierte und raffinierte Stärken und Zucker	Weizen und Weizenprodukte
Roggen und Gerste	Weißer (geschälter) Reis

Erzeugnis essen, und vor allem, wenn es sich dabei um eines aus der Kategorie „2. Wahl" handelt, sollten Sie zusätzlich ein Verdauungsenzym einnehmen, um Ihren Körper bei der Verdauung zu unterstützen. (Mehr zum Thema „Enzyme" in Kapitel 6 „Entgiften für die Schönheit" ab Seite 187.) Und vergessen Sie nicht: Ihr Verhalten im Normalfall, in Ihrem Alltag, ist wirklich entscheidend, nicht die gelegentlichen Ausnahmen!

SCHÖNHEITS-FETTE – ABER NUR MASSVOLL!

Fette sollten in unserer Ernährung nur eine untergeordnete Rolle spielen. Denn Fett erfüllt zwar einige wichtige Funktionen, beispielsweise macht es unsere Haut geschmeidig, außerdem dient es als Gelenkschmiere, bildet einen Schutzschirm für unser Zentralnervensystem und stärkt unsere Zellmembranen gegen oxidative Schäden. Wir werden genug Fett aus unserer Beauty-Detox-Ernährung beziehen, durch Avocados, Samen und Nüsse, daher brauchen wir uns nicht auf fetthaltige Lebensmittel zu konzentrieren.

❀ SCHÖNHEITSTIPP

Der glykämische Index

In den letzten Jahrzehnten hat sich die Bezeichnung „Glykämischer Index (GI)" zu einer Art Modewort entwickelt. Der GI misst die Wirkung eines bestimmten kohlenhydrathaltigen Lebensmittels auf unseren Blutzuckerspiegel.

Doch entscheidet der GI nicht als einziger Faktor darüber, ob ein Nahrungsmittel gesund ist oder nicht. Bestimmte Lebensmittel wie beispielsweise Bananen, Papayas, Aprikosen und Karotten haben zwar einen höheren GI, sind aber dennoch natürlich und gesund. Wir wollen unsere Ernährung logischerweise nicht mit lauter Nahrungsmitteln mit hohem GI befrachten, aber manche Lebensmittel haben eine höhere Nährstoffdichte und damit auch einen höheren GI – so wie einige Obst- und Gemüsesorten –, sie sind aber gut für die Gesundheit und liefern uns jede Menge Ballaststoffe. Eine Ernährung, die mit auf vielen Pflanzenfaserstoffen basiert, die aus Obst, Gemüse und bestimmten natürlichen, unraffinierten Vollkorn-Kohlenhydraten herstammen, hilft dabei, den Blutzuckerspiegel im Gleichgewicht zu halten. Nach Ansicht etlicher Forscher ist das Vorhandensein oder Fehlen von Ballaststoffen der zuverlässigste Indikator für die Kontrolle der Glucose im Blut.[57]

FAZIT: Wir erreichen unsere Endziele in Sachen Gesundheit und Schönheit, wenn wir uns eine nährstoff- und pflanzenfaserreiche Ernährung zusammenstellen – aus naturbelassenen, unraffinierten und unverarbeiteten Lebens-Mitteln.

Es existieren verschiedene Arten von Fett:

- Gesättigte Fette/Fettsäuren: sind in Fleisch und Milchprodukten enthalten, wie auch in einigen pflanzlichen Quellen, etwa im Kokosnussöl.
- Ungesättigte Fette/Fettsäuren: werden oft als „Fette für die Herzgesundheit" bezeichnet und stammen aus pflanzlichen Quellen, wie Avocados, Nüssen, Samen und Olivenöl – und aus Fisch.
- Transfette/Transfettsäuren: Ungesättigte Fettsäuren, die bei der unvollständigen Härtung (Hydrogenierung) pflanzlicher Öle entstehen. Sie gelten als die schlechtesten Nahrungsfette und werden mit Herzkrankheiten und anderen Gesundheitsproblemen in ursächlichen Zusammenhang gebracht. Diese Fette sind außerordentlich schädlich für die Gesundheit wie auch für die Schönheit und deshalb unbedingt komplett zu meiden!

Fette bestehen in erster Linie aus Fettsäuren. Darunter sind auch – ähnlich wie bei den acht essenziellen Aminosäuren – essenzielle, d. h. lebenswichtige Fettsäuren, die wir uns mit der Nahrung zuführen müssen: die Omega-3- und die Omega-6-Fettsäuren. Die meisten Menschen erwischen eher zu viel von den Omega-6ern, die in Pflanzenöl und Margarine enthalten sind, dafür aber viel zu wenig Omega-3-Fettsäuren. Ich empfehle Ihnen, jeden Tag einen Esslöffel gemahlene oder geschrotete Leinsamen unter Ihren grünen Salat zu mischen, sie werden Ihnen Ihre Tagesdosis an essenziellen Omega-3-Fettsäuren liefern. Wir brauchen die Omega-3er, damit unser Gehirn und unsere Nerven einwandfrei funktionieren.

Jetzt ist aber erst einmal Schluss mit den ganzen chemischen und physiologischen Details, dafür Klartext: Wenn Sie abnehmen wollen, sollten Sie Ihren Ölkonsum herunterschrauben, und zwar auch den an guten, gesunden Ölen. Öle haben eine beträchtliche Nährstoffdichte und beinahe endlos viel Kalorien, weshalb sie uns ganz schön „aufquellen" lassen können. In früheren Jahren haben sich die Medien für bestimmte pflanzliche Öle stark gemacht, beispielsweise für Olivenöl, als einer guten Quelle der gesunden ungesättigten Fettsäuren. Doch Öl bleibt nun mal Öl – ganz gleich, wie Sie es drehen oder wenden. Im Rezeptteil dieses Buchs finden Sie einige ölfreie Salatsaucen (siehe Seite 264). Wenn Sie Gewicht loswerden wollen, schränken Sie sich beim Öl ein. (Sollten Sie jedoch von Haus aus sehr dünn sein, dann fügen Sie Ihrer Nahrung ruhig etwas Öl bei, das wird Ihnen helfen, ein bisschen zuzulegen.) Ich selbst genieße meinen Salat schon seit Jahren ohne Olivenöl.

Wie Sie in Kapitel 3 „Essen Sie sich schön" gelernt haben, sollten Sie eine größere Menge Fett niemals mit Protein zusammen in derselben Mahlzeit verzehren – das ist eine schlechte

Beauty-Food-Kombination. Größere Mengen Fett – und vor allem raffiniertes und hocherhitztes Fett – bremst die Ausschüttung der Salzsäure; die jedoch braucht unser Magen zur effizienten Verdauung von Eiweiß. Wenn Sie eine Mahlzeit auf der Grundlage von tierischem Protein (Fisch, Hühnchen o. ä.) planen, rate ich Ihnen, sich Ihren Vor-Speisensalat ohne Öl anzumachen. Sollten Sie Fett aus einer anderen Quelle als aus Avocados zu sich nehmen, „federn" Sie Ihre Mahlzeit mit hoch lipasehaltigen Verdauungsenzymen ab. (Mehr dazu in Kapitel 6 „Entgiften für die Schönheit" auf Seite 187).

IDEALE QUELLEN FÜR PFLANZLICHES FETT

Avocados: Aus biologischer Sicht zu den Früchten zählend, sind Avocados eine wundervolle Fett-Quelle für Ihren Beauty-Detox-Plan. Dr. Norman Walker nennt Avocados „so ziemlich das beste Fett, das wir unserem Körper zuführen können". Mit ihrer cremigen Konsistenz und den Schönheitsölen sättigen Avocados ausgesprochen gut und liefern uns nachhaltigen Brennstoff. Sie spielen eine wichtige Rolle in meiner eigenen Ernährung, da sie mir das Gefühl von kompakter Nahrung und von (bis zum Abendessen ausreichendem) Sattsein vermitteln. Wer an herzhaftere Mahlzeiten gewöhnt war, wird in Avocados seine Rettung und einen guten Ersatz für Fleisch & Milchprodukte finden. Wenn wir abnehmen wollen, müssen wir unsere Fettaufnahme logischerweise einschränken, da sollte es dann bei einer halben großen oder einen ganzen kleinen Avocado pro Tag bleiben.

Avocados enthalten auch ein bisschen Wasser und durchlaufen unser Verdauungssystem sehr leicht. Dennoch sollten Sie sie im Zusammenhang der Beauty-Food-Kombinationen am besten als „konzentriertes Nahrungsmittel" betrachten. Essen Sie sie zusammen mit Grünzeug oder stärkelosem Gemüse oder nach anderem Obst. Ein Beispiel: Wenn Sie als Mittagsmahlzeit einen Salat mit Avocado verspeisen, reichern Sie ihn nicht mit Nüssen an. Falls Sie sich zum Abendessen konzentriertes Eiweiß gönnen wollen, etwa ein Fischfilet, dann lassen Sie die Avocado in Ihrem grünen Salat weg. Eine Avocado enthält zu viel Fett, um sie mit Protein zusammen in einer Mahlzeit zu essen – diese Kombination wird schwer verdaulich und neigt dazu, sich auf Bauch und Hüften niederzulassen!

Als Bestandteil sinnvoller Lebensmittel-Zusammenstellungen kann die Avocado zu einer unserer besten Beauty-Detox-Freundinnen werden. Ich selbst esse fast jeden Tag eine, und wenn es bei mir richtig rund geht, sogar anderthalb. Für ein fixes Mittagessen lege ich Avocadoschnitze auf Nori-Algenblätter (die schwarze Algenart, die als Umhüllung für Sushi-Rollen dient, man bekommt sie in Gesundheitsläden), füge Sprossen und Babyspinat hinzu, gebe etwas Zitronensaft und ein paar Gewürze darüber und rolle alles zusammen. Ein superleichtes, sättigendes und gesundes Mittagessen – und blitzschnell zubereitet!

Andere schönheitsfetthaltige Früchte, die Sie probieren können, sind die aus Asien stammende Durianfrucht (mit gutem Grund auch „Stinkfrucht" genannt) und Oliven, aber halten Sie sich bitte auch hier an die goldenen Regeln für Beauty-Food-Kombinationen – dieselben wie bei den Avocados.

Rohe, kaltgepresste Öle: An bestimmten Rezepten und Gerichten ist eine kleine Portion Öl erlaubt. Es sollte ein kaltgepresstes (natives), unverarbeitetes Öl sein. Am besten: Kokosnussöl, Leinsamenöl, Olivenöl, Kürbiskernöl, Hanfsamenöl, Borretschöl, Nachtkerzenöl und Sonnenblumenkernöl. Entscheidend ist, dass diese Öle nach der Kaltpressung nicht weiter verarbeitet werden. Die anderen Öle werden nach der Pressung unter Wärmezufuhr bzw. nach der chemischen Auslaugung der Ölsaaten (Extraktionsverfahren) raffiniert (gereinigt), beispielsweise gebleicht (entfärbt) oder desodoriert (gedämpft), daher belasten sie unsere Leber wesentlich stärker, außerdem gehen bei diesen Verarbeitungsschritten die essenziellen Fettsäuren verloren.

Unraffinierte Öle enthalten auch keine Konservierungsstoffe und wurden nie Licht oder Sauerstoff ausgesetzt. Sie sollten am besten Öl in dunklen Glasflaschen kaufen, denn bei längerer Aufbewahrung können Licht und Sauerstoff zu einer Oxidationsreaktion führen, das heißt, die freien Fettsäuren zersetzen sich. Je höher der Anteil an mehrfach ungesättigten Fettsäuren ist, desto schneller kann das geschehen. Zwar sind solche hochwertigen Öle teurer als die übliche Handelsware, aber denken Sie an Ihre Leber und an Ihre Haut: Sie verdienen das Beste! Betrachten Sie das Öl folglich als Investition in Ihr optimales Aussehen und Ihr maximales Wohlbefinden!

Kokosnussöl ist ein sehr spezielles Öl. Sie können es in seiner jungfräulichen (virgin, nativen, unverarbeiteten) Form sparsam für Desserts verwenden. Kokosnussöl wird bei der Verdauung problemlos emulgiert, dadurch belastet es weder Leber noch Gallenblase, was zur Freisetzung von Schönheits-Energie führt. Rund 50 bis 55 Prozent des Gesamtanteils von Fettsäuren in Kokosöl bestehen aus Laurinsäure, die unterstützend und wiederherstellend auf die Schilddrüse wirken kann. In ihrem Buch *Virgin Coconut Oil* (dt. „Jungfräuliches Kokosnussöl") erläutern Brian und Marianita Shilhavy, dass Kokosöl in seiner Eigenschaft als gesättigtes Fett cholesterin- wie auch transfettsäurenfrei ist, und dass es dank seiner Fähigkeit, die Schilddrüsenfunktion anzuregen, auch dazu beiträgt, den Cholesterinspiegel zu senken.[58]

Jungfräuliches Kokosöl besteht aus mittelkettigen Fettsäuren/Triglyzeriden (MKT), die nachweislich verschiedene Vorteile für unsere Gesundheit haben, beispielsweise kurbeln sie den Stoffwechsel an und wirken Viren, Pilzen und Bakterien entgegen. Nach der Muttermilch ist Kokosnussöl die beste natürliche Quelle für MKT.

Nüsse und Samen: Das Thema „rohe Nüsse und Nussbutter" habe ich im Zusammenhang mit pflanzlichem Eiweiß (siehe Seite 131) bereits ausführlich behandelt, aber sie enthalten zusätzlich gesunde Schönheits-Fette. Pasten aus Nüssen und Samen bilden eine großartige Grundlage für kompaktere Mahlzeiten. Nüsse und Samen sollten immer zuerst eingeweicht und gründlich ausgespült werden, um die darin vorhandenen Enzymhemmer zu entfernen, die ihre Verdauung erschweren. Da Nüsse eine große Nährstoffdichte besitzen, zudem eiweiß- und fettreich sind, genießen Sie sie als die „schwersten" Bestandteile einer Mahlzeit und kombinieren Sie sie nicht mit Avocados oder konzentriertem tierischem Eiweiß, ganz gleich, aus welcher Quelle. Probieren Sie doch einfach die Rezepte in Kapitel 11 aus!

Freie Radikale und Antioxidantien

Freie Radikale sind Teile von Molekülen, an deren Bruchstelle sich ein Atom mit einem sogenannten ungepaarten Elektron befindet, sie sind instabil (kurzlebig) und hochreaktiv. Sie entstehen durch Stoffwechselprozesse aus Sauerstoff (Oxidation) in Zellen infolge unterschiedlicher Belastungen im Inneren und von außen, etwa durch Luft- bzw. Umweltverschmutzung, Chemikalien und Strahlung. Freie Radikale stehen im Verdacht, für die Zellfunktion wichtige Moleküle zu schädigen, wie etwa die DNA sowie Proteine und Lipide. Durch die wachsende Zahl beschädigter Zellbestandteile wird unser Alterungsprozess beschleunigt.

Antioxidantien sind „Radikalfänger", chemische Verbindungen, die unsere Zellen vor Beschädigungen durch freie Radikale schützen können, indem sie schädliche Formen des Sauerstoffs deaktivieren und dadurch unerwünschte Oxidationsreaktionen verhindern. Nehmen diese schädlichen Sauerstoffe überhand, ist die Folge „oxidativer Stress", der mit dem Alterungsprozess und etlichen Erkrankungen in ursächliche Verbindung gebracht wird. Zu den Antioxidantien zählen Beta-Carotin, Lycopin sowie die Vitamine A, C, und E, die alle in pflanzlichen Nahrungsmitteln vorkommen.

SCHÄDLICHE HOCHERHITZTE ÖLE

Hocherhitzte Öle und frittierte Speisen zählen zu den am meisten alt- und dickmachenden sowie die meiste Säure bildenden Lebensmitteln, die wir uns antun können. Übermäßiger Konsum von hocherhitztem Fett kann mit einigen unliebsamen „Nebenwirkungen" einhergehen: Akne, vorzeitige Alterung, Gewichtszunahme, schlechter Körpergeruch, Leberstauungen und Herz-Kreislauf-Probleme, um nur ein paar zu nennen. (Das raubt den gelegentlichen „unschuldig" daherkommenden Pommesbergen schon etwas von ihrer Anziehungskraft, oder?!)

Hocherhitztes Fett verstopft den Körper und erschwert ihm den Stoffwechsel sehr gründlich, zugleicht bürdet es der Leber und dem Verdauungssystem eine Riesenlast auf – was insgesamt eine drastische Gewichtszunahme zur Folge hat. Insbesondere hocherhitzte Öle und Fette aus tierischen Quellen können oxidativen Stress verursachen und zur Entstehung freier Radikaler führen; die Hautalterung, aber auch andere gesundheitliche Schwierigkeiten sind sichtbare Zeichen davon.

Margarine, gehärtete Öle sowie Transfett-Säuren jeglicher Art und raffiniertes Öl zählen zu den allerschlechtesten Nahrungsmittelfetten. Sie sollten Ihren Konsum von gesättigten Fettsäuren und mit der Nahrung aufgenommenem Cholesterin aus tierischen Erzeugnissen unbedingt stark einschränken. Überschüssiges Cholesterin aus Lebensmitteln

✿ SCHÖNHEITSTIPP

Essen Sie die braun gesprenkelten Bananen!

Reifes Obst ist basenbildend. Organisches Obst wirkt am stärksten basisch, weil es auf mineralstoffreichen Böden angebaut wird. Unreife Früchte können hingegen säurebildend wirken. Ein Beispiel: Wenn Sie den pH-Wert zweier Bananen mit unterschiedlichem Reifegrad ermitteln wollen, werden Sie feststellen, dass die Banane mit den meisten dunklen Sprenkeln einen höheren (das heißt stärker basischen) pH-Wert hat als ihre Kollegin mit dem noch grünen Stielansatz und der fleckenlosen gelben Schale! Achten Sie also immer darauf, dass die Früchte, die Sie essen oder für Ihre Glowing Green Smoothies verwenden wollen, richtig reif sind.

Im Übrigen hat reifes Obst nicht nur gesundheitliche Vorteile – es ist auch saftiger und schmeckt besser! Doch woran merken wir, ob eine Frucht schon reif ist? Sie haben ja schließlich nicht alle dunkelbraune Sprenkel wie die Banane! Je reifer eine Frucht, desto strahlender ist ihre Farbe und desto süßlicher ihr Duft. Bei Ihren Einkäufen sollten Sie nach Obst mit gleichmäßiger kräftiger Farbe und Oberflächenstruktur sowie appetitanregendem Geruch Ausschau halten. Die Farbe sollte leuchtend und flächendeckend sein, ohne Spuren von Grün oder Weiß, es sei denn, das gehört zum natürlichen Aussehen der betreffenden Frucht. Bei Melonen erkennen Sie an der schwach gefärbten Region, dass sie damit auf der Erde gelegen hat, wobei das mitunter der am süßesten schmeckende und leckerste Teil der ganzen Frucht sein kann.

kann die Leber schwächen und wird mit Gesundheitsproblemen wie Herzerkrankungen und hohen Blutcholesterinwerten in Zusammenhang gebracht.

Im Gegensatz dazu fördern naturbelassene, unverarbeitete Fette – wie vor allem in Avocados enthalten – Ihre Gesundheit und Ihre Schönheit! Deshalb wollen wir unserem Körper Fette möglichst ausschließlich in deren natürlicher, unerhitzter und verschönernder Form zuführen.

OBST: DAS BEAUTY FOOD SCHLECHTHIN

Von allen Nahrungsmitteln, die wir zu uns nehmen können, verbessert Obst unsere Lebensqualität am nachhaltigsten. Es hat den höchsten Wasseranteil aller Nahrungsmittelgruppen und versorgt uns mit den lebenswichtigen Aminosäuren, Mineralstoffen, Vitaminen und Fettsäuren. Weil Obst von unserem System am schnellsten aufgespalten wird und dabei keinerlei giftige Rückstände hinterlässt, beliefert es uns mit fertig verfügbarer Energie, die sofort als „Lebens-Treibstoff" genutzt werden kann.

Obst ist auch das wirksamste Mittel zur Reinigung. Wir können uns Obst als die „Reiniger" des Körpers und Grünzeug sowie andere Gemüse als seine „Gerüstbauer" vorstellen. Früchte helfen auch dabei, giftige Substanzen aufzulösen und die Gewebe und unser ganzes System zu reinigen, indem sie alte toxische Rückstände in unserem Inneren wieder in Bewegung bringen.

Allerdings wird Obst erst dann wirklich zur Gesundheitsnahrung, wenn das Milieu in unserem Körper basisch genug und der Körper ausreichend gereinigt ist, um damit umgehen zu können, und wenn wir in unserem Inneren eine tüchtige Menge gesunder Bakterien haben, um den Fruchtzucker aufzuspalten. Viele Menschen haben diese Flora nützlicher Bakterien ahnungslos durch Antibiotika, Hormongaben (etwa mit der Antibabypille), Konservierungsstoffe, durch Umweltverschmutzung und zahlreiche andere Faktoren beeinträchtigt. Wenn Sie mit Ihrem persönlichen Beauty-Detox-Plan beginnen, kann es passieren, dass Ihr Körper auf Obst abwehrend reagiert. Wenn der Verzehr von Obst bei Ihnen Übelkeit hervorruft, zu Aufstoßen, Gasbildung oder heftigen Magenverstimmungen führt,

162 | DIE GRUNDLAGEN DES BEAUTY-DETOX-PLANS

kann das daran liegen, dass das Milieu in Ihrem Körper (zu) sauer ist oder Sie Probleme mit dem Fruchtzucker haben, die Sie daran hindern, Obst richtig zu verstoffwechseln.

Wenn Sie mehr als zehn Kilo Übergewicht haben, die von einer Ernährung mit devitalisierten und verarbeiteten Lebensmitteln herrühren oder der Verdacht auf irgendeine Candida-Art oder ein anderes inneres Ungleichgewicht der Hefen im Körper besteht, sollten Sie ein bis drei Monate länger in Phase 1, der „Phase der Aufblühenden Schönheit" bleiben, als ich es sonst vorschlage – oder bis Ihre innere Balance wiederhergestellt ist. Denn in dieser Phase steht noch kein süßes Obst auf dem Speisezettel.

DIE BESTEN FRÜCHTE FÜR DIE SCHÖNHEIT

Acai-Beeren	Cranberries	Kumquats	Pflaumen
Äpfel	Gurken	Zitronen	Granatäpfel
Aprikosen	Johannisbeeren	Limetten	Backpflaumen
Avocados	Feigen	Mangos	Rosinen
Bananen	Goji-Beeren	Nektarinen	Himbeeren
Brombeeren	Stachelbeeren	Orangen	Erdbeeren
Blaubeeren	Grapefruits	Papayas	Tangerinen
Cantaloup-Melonen	Trauben	Pfirsiche	Tomaten
Cherimoyas	Guaven	Birnen	Wassermelonen
Kirschen	Honigmelonen	Kakifrüchte	

Obst mit geringem Zuckeranteil

Alle genannten Früchte haben einen bestimmten Säuregrad und eignen sich sehr gut dazu, Obst wieder in die Ernährung von Menschen zurückzubringen, die auf Fruchtzucker empfindlich reagieren. Avocados, Gurken und Tomaten gehören aus biologischer Sicht zu den Früchten, sind jedoch nicht süß und daher in diesem Zusammenhang auch von Vorteil.

Brombeeren	Grapefruit	Limetten
Blaubeeren	Grüne Äpfel	Zitronen
Cranberries	Kiwis	Granatäpfel
Johannisbeeren	Kumquats (Zwergorangen)	Erdbeeren

Sie sollten Obst immer roh verzehren. Wenn es erhitzt wird, verliert es seine reinigenden Eigenschaften und viele Nährstoffe, zudem wirkt es dann im Körper eher säurebildend als basisch. Unter den gekochten Früchten und den Produkten aus hocherhitztem Obst, die wir meiden sollten, sind alle pasteurisierten Säfte (praktisch alle abgepackten und abgefüllten Fruchtsäfte und Fruchtsaftgetränke), Marmeladen, Gelees, Obstkuchen, Obsttörtchen und andere Desserts aus hocherhitztem Obst sowie industriell hergestellte Apfel- und andere Fruchtsaucen. Trockenobst, wie beispielsweise getrocknete Feigen (ungeschwefelt und ohne Zuckerzusatz) sind sehr konzentriert und enthalten viel Fruchtzucker, deshalb sollte man sie nur in kleinen Mengen essen – beispielsweise als Zutat in Desserts.

❀ SCHÖNHEITSTIPP

Prall mit Leben gefüllt: Kernobst

Der exakten Definition nach ist eine Frucht ein Lebensmittel, das seine eigenen Samen enthält. Diese Samenkerne tragen den „Programmcode" der betreffenden Pflanze, sämtliche in Form von DNA gespeicherten Gene, in sich und entwickeln sich je nachdem zu hohen Bäumen oder niedrigeren Gewächsen. Früchte mit Kernen sind sozusagen prallvoll mit Fruchtbarkeit und besitzen das Potenzial zur Fortpflanzung. Naturbelassene Früchte mit Samenkernen bersten fast vor Lebenskraft; wenn wir davon essen, nehmen wir diese Energie in uns auf und erhöhen damit unsere eigene positive Ausstrahlung.

Wird eine Obstsorte als „kernlose" Variante angeboten, bedeutet das, dass das Erbgut, das genetische Programm, des betreffenden Obsts von Wissenschaftlern im Labor verfälscht wurde, um eine widerstandsfähigere Variante zu erzielen, von der man sich einen größeren kommerziellen Erfolg verspricht. Die Forscher haben eine Methode entwickelt, mit der diesen sogenannten Hybridfrüchten ein doppelter Chromosomensatz in ihren Fortpflanzungszellen „entzogen" wird. Mit anderen Worten: Diese Früchte haben keine Kerne und können sich demzufolge auch nicht vermehren. Und das widerspricht der Definition von Obst sozusagen in der „Kernaussage"! Und um das Ganze noch zu verschlimmern, enthalten diese Hybridfrüchte häufig mehr Zucker und dafür aber weniger Mineralstoffe als die „normale" Spezies.

Wenn Sie sich von innen heraus sexier fühlen möchten, essen Sie ausschließlich organisches, naturbelassenes Obst, das auch seine eigenen Samen in sich trägt. Ich sammle immer ganz vergnügt ungefähr zwölf Kerne aus der Zitruspresse, bevor ich den Saft über meinen Salat gieße, in dem vollen Bewusstsein, dass ich den frischesten, natürlichsten Zitronensaft bekomme, den es gibt, um mich zu nähren!

Was ist Candidiasis und woher weiß ich, ob ich eine habe?

Candidiasis (auch Candidose) entsteht, wenn das Wachstum des in der menschlichen Darmflora natürlich vorkommenden, an sich nützlichen Hefepilzes *Candida albicans* so stark zunimmt, dass er den Darm überbesiedelt. Zu dieser krankmachenden Entwicklung können viele unterschiedliche Faktoren führen: Einnahme von Antibiotika, der Antibabypille oder anderer Hormone – und der reichliche Konsum prozessierter Nahrungsmittel, der eine Übersäuerung des Verdauungstrakts bewirkt. Zu den Symptomen zählen unter anderem: Heißhunger auf Süßes, Brot oder alkoholische Getränke; starke Menstruationsbeschwerden; chronische Vaginitis (Scheidenentzündung); chronischer Pilzbefall an Haut, Schleimhäuten und Nägeln; Langzeit-Schlaflosigkeit; chronische Verstopfung und/oder Durchfall; übermäßig starke Blähungen oder Gasbildung im Darm; Panikattacken; heftige emotionale Ausbrüche oder Weinkrämpfe; häufig wiederkehrende Kopfschmerzen; geistige Leere; Nahrungsmittelallergien sowie extreme Schwierigkeiten bei der Gewichtsabnahme.

Ihre krankmachende Wirkung entfaltet die *Candida albicans* hauptsächlich bei Frauen – obwohl vielen nicht bewusst ist, dass sie eine Candidiasis haben. Da sich der Hefepilz von Zucker ernährt, müssen Sie sehr streng auf Ihre Ernährung achten, bis Sie den pathogenen Pilz wieder los sind. Wenn Sie den Verdacht haben, Sie könnten betroffen sein, beginnen Sie Ihren persönlichen Beauty-Detox-Plan mit der „Phase der Aufblühenden Schönheit", in der Sie völlig zucker- und glutenfrei essen und dadurch für ein stärker basisches Körpermilieu sorgen.

Zur Diagnose der Candidiasis und anderer Infektionskrankheiten durch Hefepilze gibt es mehrere Labortests. Die beste Methode, um herauszufinden, ob Sie betroffen sind oder nicht, besteht jedoch im Blick auf Ihre Geschichte, Ihre Symptome und darauf, wie gut Sie auf die Behandlung ansprechen. Ich hatte zahllose Klientinnen, die nicht die blasseste Ahnung hatten, dass sie eine Candidiasis hatten, denen es aber nach Durchlaufen der „Phase der Aufblühenden Schönheit" plötzlich gelang, ihre überschüssigen Kilos abzuwerfen und ihr Leben wieder gut in den Griff zu bekommen.

Um mit Sicherheit festzustellen, ob Sie eine Candidiasis haben oder nicht, befolgen Sie zwei Wochen lang strikt die Richtlinien der „Phase der Aufblühenden Schönheit" und beobachten, ob Ihre Symptome allmählich abklingen. (Wenn das der Fall ist, haben Sie buchstäblich den Nagel auf den Kopf getroffen und bleiben einfach für einen bis drei Monate in der „Aufblühenden Schönheit", das reicht im Allgemeinen, um die Infektion loszuwerden. Falls nicht, wie das manchen Frauen geschieht, bleiben Sie länger in der Phase – wenn es sein muss, bis zu einem Jahr lang. (Mehr dazu finden Sie auf Seite 222f.). Wenn Sie sich exakt an das Programm der „Aufblühenden Schönheit" halten, werden Sie den Hefepilz aushungern und Ihren Körper innerlich wieder ins Gleichgewicht bringen!

Sofern in der Vergangenheit das Abnehmen ein absolutes Dauerproblem für Sie war, könnte diese wiedergefundene Balance dazu beitragen, Sie auch in puncto „leichtes Abnehmen" wieder auf die richtige Spur zu setzen.

SCHÖNHEITS-GRÜNZEUG UND -GEMÜSE

Wie ich schon in Kapitel 4 „Schönheits-Mineralstoffe und -Enzyme" ausgeführt habe, ist das Grünzeug die für uns wichtigste Gruppe von Lebensmitteln. Grünzeug hat mit die höchste Nährstoffdichte und steckt randvoll mit basisch wirkenden Mineralstoffen, Chlorophyll (Blattgrün) und Aminosäuren. Sie gehören zu den Grundnahrungsmitteln für die Schönheit, denn sie reinigen und regenerieren unsere Zellen. In den Phasen „Erstrahlende Schönheit" und „Wahre Schönheit" gibt es für Sie täglich einen Glowing Green Smoothie bzw. einen Glowing Green Juice zu trinken.

Zusätzlich zum Grünzeug haben wir noch die Wahl aus einem riesigen Angebot an Gemüsen, die uns mit den wichtigsten Mineralstoffen, Enzymen und Vitaminen versorgen. Ihre Pflanzenfaserstoffe werden uns sättigen und zudem dabei helfen, die Abfallstoffe aus unserem Körper „hinauszukehren". Alle Gemüse hinterlassen basische Rückstände – mit Ausnahme der stärkehaltigen (siehe dazu Seite 147 „Schöne Kohlenhydrate und Stärken").

Alle Gemüse sollten nach Möglichkeit frisch verzehrt werden. Doch falls Sie keine Zeit zum Einkaufen haben, sind Gemüse aus der Tiefkühltruhe immer noch eine gute Option. Wenn Sie den Glowing Green Smoothie portionsweise einfrieren und Ihr Quantum für den nächsten Tag jeweils am Vorabend herausnehmen, sparen Sie eine Menge Zeit. Um Dosen-Gemüse sollten Sie grundsätzlich einen großen Bogen machen!

GEMÜSE: ROHKOST CONTRA KOCHTOPF

Weil wir mit Rohkost die meisten schönheitsfördernden Vitamine, Enzyme und Nährstoffe zu uns nehmen, sollten wir täglich Unmengen von Salat und rohem Gemüse vertilgen. Hitze in jeder Form würde einen Teil ihrer Nährstoffe zerstören.

Aber natürlich ist mir auch klar, dass sich nicht jeder Mensch ausschließlich von Salat ernähren kann und will! Kleinere Mengen gekochtes Gemüse sind schon in Ordnung, vor allem während der Ernährungsumstellung und zum Abendessen. Achten Sie beim Kochen und Garen von Gemüse immer darauf, es nicht zu stark zu erhitzen oder gar zu zerkochen – schließlich sollen ja so viele Nährstoffe wie möglich erhalten bleiben! Beim Dampfgaren oder leicht Anschwenken (Ansautieren) beispielsweise werden etliche Nährstoffe bewahrt und sorgen für eine leichte Verdaulichkeit des Gemüses.

Stärkehaltige Gemüse stehen ebenfalls auf dem BDP-Speisezettel, sie besitzen aber andere Eigenschaften. (Mehr dazu im Abschnitt „Schöne Kohlenhydrate und Stärken" auf Seite 147.) Stärkehaltige Gemüse sollten gar gekocht werden.

DIE BESTEN BLATT- UND ANDEREN GEMÜSE FÜR UNSERE SCHÖNHEIT

Jerusalem-Artischocke	Kohlblätter	Petersilie
Rucola/Ölrauke	Löwenzahnblätter	Pastinaken
Spargel	Dill	Paprikaschoten
Bohnensprossen (alle Sorten)	Endiviensalat	Radieschen
Rübenkraut	Eskariol	Romanasalat (Winterendivie)
Rüben	Friséesalat	Frühlingszwiebeln
Pak Choi (Senfkohl)	Grüne Bohnen	Schalotten
Brokkoli	Grünkohl	Spinat
Rosenkohl	Weißer Gänsefuß	Stielmangold
Kohl (Weiß-, Rot- und Chinakohl)	Lauch/Porree	Weißrüben
Karotten	Kopfsalat	Brunnenkresse
Blumenkohl	Champignons	Weizengras
Stangensellerie	Senfblätter	Mangold
Okraschoten	Schnittlauch	Zwiebeln

WESHALB ORGANISCHER LANDBAU SO WICHTIG IST

Der einzige Weg, unser höchstes und größtes Schönheits-Potenzial zu entfalten, ist ein Leben im Einklang mit den Gesetzen der Natur. Mutter Natur weiß es einfach immer noch am besten! Organischer Landbau liegt vollkommen auf der Linie der Naturgesetze und begegnet dem Boden und unserer Erde mit dem Respekt, den beide verdienen. Der organische Landbau basiert auf der Fruchtfolge, um den Boden nicht auszulaugen und seiner lebenswichtigen Mineralstoffe zu berauben. Obst und Gemüse werden mit Liebe und Sorgfalt herangezogen. Pflanzen aus organischem Anbau besitzen die höchstmögliche Energie und Lebenskraft, was sich in ihrem – gegenüber den Artgenossen aus der industriellen Landwirtschaft – höheren Vitamin- und Mineralstoffgehalt sowie den höheren Anteilen an sekundären Pflanzenstoffen und Antioxidantien äußert. *Starke, schöne und chemiefreie landwirtschaftliche Erzeugnisse sorgen für starke, schöne und chemiefreie Körper!*

Beim organischen Landbau dürfen Obst und Gemüse so lange am Baum oder im Boden bleiben, bis sie richtig reif sind, statt dass man ihnen mit sogenannten Pflanzenwachstumsregulatoren („Reifebeschleuniger") eine vorgezogene künstliche Reife aufzwingt. Ist ein Lebensmittel einmal geerntet oder gepflückt, kann es keine weiteren Mineral- oder Nährstoffe mehr aufnehmen – weder aus seiner Mutterpflanze noch aus der Erde oder über das Sonnenlicht. Da organisch erzeugte Lebensmittel üblicherweise in schadstofffreien Böden gewachsen und erst in reifem Zustand geerntet werden, verwundert weder ihr höherer Gehalt an schönheitsförderlichen Vitaminen und Nährstoffen noch ihr weit besserer, weil intensiverer Geschmack! Als ich auf meiner Rucksack-Weltreise nach anderthalb Jahren Asien zur Hälfte durchquert hatte, hatten mich Geruch und Aroma der himmlischen süßen Bananen – sie schienen mir nicht von dieser Welt und wuchsen doch auf den Philippinen und in Laos überall ganz natürlich – für alles andere verdorben. Alles andere – das war das andere Ende des Spektrums: die bananenförmigen, aber nur sehr, sehr entfernt nach Banane schmeckenden Kümmerfrüchte, wie man sie an Tankstellen zu kaufen bekommt. Sehr unbefriedigend!

Eine Studie der Rutgers Universität

Unterstützen Sie die lokalen Bauernmärkte!

Ich kenne die Grenzen, die uns Wohnort und Budget setzen können, wenn wir uns für den Kauf von Erzeugnissen aus organischem Anbau entscheiden. Also müssen wir das Beste aus unserer jeweiligen Situation machen. Wenn eines von beiden auf Sie zutrifft, dann versuchen Sie es doch mal bei unseren einheimischen Freunden – den örtlichen Bauern! Die Produkte der Bauern, die man direkt ab Hof oder auf den regionalen Bauernmärkten kaufen kann, sind meist günstig und liegen nicht wesentlich über den Preisen der im großen Stil erzeugten Waren bei den Lebensmitteldiscountern. Selbst wenn die Bauern aus Ihrem Umland ihre Erzeugnisse nicht immer mit dem Etikett „aus organischem Anbau" versehen können, weil ihnen vielleicht der finanzielle Aufwand für die Zertifizierung und das Gütesiegel zu hoch ist, heißt das noch längst nicht, dass sie ihr Obst und Gemüse nicht nach den Grundsätzen des organischen Landbaus heranziehen. Da ihre Höfe wesentlich kleiner sind, brauchen sie ihr Heil auch nicht in der Anwendung sämtlicher Praktiken kommerzieller landwirtschaftlicher Großbetriebe zu suchen. Auf den Märkten in Ihrer Nähe können Sie die Bauern doch direkt auf ihre Methoden zur Schädlingsbekämpfung oder die verwendeten Düngemittel ansprechen. Regional und organisch ist die bei Weitem beste Kombination!

von 2002 offenbarte erstaunliche Unterschiede beim Mineralstoffgehalt von organisch erzeugtem Obst und Gemüse gegenüber konventionell produzierter Ware, vor allem bei Eisen, Kalzium, Magnesium, Mangan und Kalium. Die Untersuchung der Rutgers-Forscher ergab, dass die aus organischem Landbau stammenden Erzeugnisse 87 Prozent mehr Spurenelemente und Mineralstoffe enthielten als die Produkte aus konventioneller Landwirtschaft.[59] Die genannten Mineralstoffe zählen zu unseren wichtigsten Schönheits-Helfern.

Seit den 1950er-Jahren, als sich die kommerzielle Landwirtschaft sowohl bei der Düngung als auch bei der Pflanzenzucht immer stärker der Chemie verschrieb, haben sich die Bodenverhältnisse stetig verschlechtert, was sich in einer deutlichen Abnahme des durchschnittlichen Nährstoffgehalts der Pflanzen niederschlug, nicht nur beim Getreide, sondern auch bei frischem Obst und Gemüse.[60] Dazu ein Zitat von Michael Pollan aus seinem Buch *In Defense of Food* (dt. *Lebens-Mittel: Eine Verteidigung gegen die industrielle Nahrung und den Diätenwahn*, TB 2009):

„Die Zahlen des USDA (U.S. Department of Agriculture, amerikanisches Landwirtschaftsministerium) zeigen eine Abnahme des Nährstoffgehalts bei allen 43 Nahrungspflanzenarten, die seit den 1950er-Jahren daraufhin untersucht wurden. Laut einer kürzlich erstellten Analyse nahm der Anteil von Vitamin C um 20 Prozent ab, beim Eisen waren es 15 Prozent, beim Riboflavin (Vitamin B2) 38 Prozent und beim Kalzium 16 Prozent. Offizielle Zahlen aus England sprechen dieselbe Sprache: Bei einer ganzen Auswahl an Nahrungspflanzen sank der Gehalt an Eisen, Zink, Kalzium und Selenium seit den Fünfzigerjahren um mindestens 10 Prozent. Konkret bedeutet das: Um dieselbe Menge an Eisen abzubekommen wie aus einem einzigen Apfel der 1940er-Jahre müssen Sie heute drei Äpfel essen."[61]

Alle Methoden der kommerziellen Landwirtschaft zur Erzeugung von Nahrungsmitteln stehen in direktem Gegensatz zu den Gesetzen der Natur und sind ausschließlich von finanziellen Interessen bestimmt: Man will immer mehr Ware immer schneller und immer kostengünstiger produzieren – aber in Wahrheit bezahlen wir einen hohen Preis dafür!

Denn organisch angebaute Lebensmittel sind ja nicht nur reicher an Nährstoffen, sie enthalten eben auch keines der vielfältigen ungesunden Schädlingsbekämpfungsmittel, wie sie in der konventionellen Landwirtschaft eingesetzt werden. Pestizide sind Nervengifte, die auf das Zentralnervensystem unterschiedlicher Pflanzenschädlinge abzielen und es zerstören. Und wir nehmen jedes Mal, wenn wir Produkte aus konventioneller Landwirtschaft essen, Spuren solcher Pestizide in unseren Körper auf. Dieser Kontakt mit den Nervengiften dürfte bei uns zu einer ganzen Zahl von Gesundheitsproblemen beitragen, darunter Krebs, Geburtsschäden, Schädigungen des Zentralnervensystems und Entwicklungsprobleme.[62] Darüber hinaus wirken sich die Pestizide und Herbizide auch auf unsere Schönheit negativ aus: Sie vermehren den giftigen Schlamm und belasten unsere Leber. Fazit: Saubere Lebensmittel = saubere Körper = reine, natürliche Schönheit. Punkt.

Wenn Sie es sich nicht leisten können, ausschließlich organische Produkte (siehe den Kasten auf Seite 170 „Diese Erzeugnisse sollten unbedingt organisch sein") zu kaufen, dann sehen Sie sich doch einmal in den Gesundheits- und Bio-Läden nach Reinigungsmitteln für Obst und Gemüse um, das Angebot ist reichhaltig. Sie können Ihr Obst oder Gemüse auch 30 bis 60 Minuten in einer Mischung aus gefiltertem Wasser und einer ¾ Tasse Apfelessig einweichen – oder eben ein Reinigungsmittel verwenden. So lässt sich der Schadstoffgehalt wenigstens ein bisschen verringern – aber an der Mineralstoffarmut können Sie damit natürlich nichts ändern.

Wahre Schönheit erlangen wir nur in völligem Einklang mit dem Universum und unserer Erde und den Elementen – Sonne, Wasser und Luft –, die uns mit unserer Nahrung versorgen. Zu dieser Harmonie und diesem Verständnis gehört auch, dass wir nicht in die Abläufe der Natur eingreifen oder gar versuchen, ihre Vollkommenheit zu „verbessern".

Mit den Entscheidungen, die wir treffen und dem Lebensstil, den wir pflegen, setzen

---

❀ SCHÖNHEITSTIPP

Halten Sie Ausschau nach Produkten von OceanSolution

Die Firma OceanSolution hat den ersten sauberen „Mineraldünger" der Welt entwickelt, der im Gegensatz zu den vor Chemie strotzenden Kunstdüngern jedes Element in seinem natürlichen Anteil enthält, reine ionische Mineralstoffe vom sauberen Meeresgrund, um die Erde und die darauf angebauten Pflanzen wirklich zu nähren.

OceanSolution arbeitet nachhaltig und mit erneuerbaren Rohstoffen. Achten Sie in Ihrem Gesundheitsladen oder im Bio-Supermarkt auf die zertifizierten Produkte mit dem Etikett „OceanSolution"! Die Website des Unternehmens finden Sie unter: http://www.oceansolution.com (bisher allerdings nur auf Englisch).

wir unsere Überzeugungen in die Realität um. Kaufen Sie deshalb so viel und so oft wie möglich Erzeugnisse aus organischem Anbau. Ihre Schönheit wie auch Ihre Gesundheit sind wirklich jede Investition wert! Mit der Entscheidung für den organischen Landbau entscheiden wir uns für die Natur und werden dabei selbst auf natürliche Weise immer schöner.

Diese Erzeugnisse sollten unbedingt organisch sein

In seinem Buch *Diet for a Poisoned Planet* (dt. „Ernährung für einen vergifteten Planeten") lässt uns David Steinman an seinen Erkenntnissen aus den umfassenden Untersuchungen teilhaben, die er an konventionell erzeugten landwirtschaftlichen Produkten vornahm, um herauszufinden, welche davon am stärksten mit Schadstoffen belastet sind.[63] Er testete die Nahrungsmittel auf über hundert verschiedene industriell hergestellte chemische Substanzen, und das auf der Basis von Messverfahren, mit denen sich der Nachweis ungefähr zehn Mal präziser führen lässt als mit den normalen Standards der FDA (Food and Drug Administration, die US-amerikanische Behörde für Lebensmittelsicherheit). Aus seiner Bestimmung des Schadstoffgehalts der einzelnen Obst- und Gemüsesorten konnte Steinman präzise ableiten, was davon wir unbedingt ausschließlich aus organischem Anbau kaufen sollten. Wenn Sie also nicht ohnehin alles in organischer Qualität kaufen, achten Sie darauf, dass es bei folgendem Obst und Gemüse der Fall ist:

Äpfel	Stangensellerie
Pfirsiche	Rosinen
Erdbeeren	Paprika
Gurken	Birnen
Spinat	Sommerkürbisse

SPROSSEN: MACHTVOLL FÜR IHRE SCHÖNHEIT

Sprossen zählen zu den magischsten und segensreichsten Lebens-Mitteln, die wir uns gönnen können. Samen enthalten die DNA mit den Erbgutinformationen für die nächste Pflanzengeneration und entscheiden, ob daraus ein Baum oder eine niedrigere Pflanze hervorgeht. Wenn ein Samenkorn keimt, vollzieht es damit den Übergang vom schlafenden Samen zur lebendigen Pflanze. Während dieses spannenden Reifeprozesses vervielfacht sich ein Großteil der gespeicherten Nährstoffe allmählich. Der Eiweißgehalt kann um bis zu 30 Prozent ansteigen, und bei den Enzymen sind es gar 1000 Prozent oder mehr! Ebenso verhält es sich bei der Verfügbarkeit von Chlorophyll, Ballaststoffen, der B-Vitamine wie auch der Vitamine C, E und K – sie nimmt enorm zu. In den Augen vieler Naturheilkundler gehören Sprossen zu den großartigsten Heilnahrungsmitteln, die es gibt. Dr. Ann Wigmore befasste sich ausführlich mit Sprossen und schrieb auch darüber, und sowohl die Leiter wie die Mitarbeiter des Ann Wigmore Natural Health Institute in Rincón, Puerto Rico,

> ## SCHÖNHEITSGEHEIMNIS
>
> Nach der Lehre des Yoga sind Sprossen die Nahrungsmittel mit dem höchsten *prana* (Lebensenergie) von allen, da jeder Keimling so viel Lebenskraft wie möglich in sich sammelt, um den Übergang vom Samen zur Pflanze „stemmen" zu können.

wie auch die des von Dr. Wigmores Werk inspirierten Hippocrates Health Institute in West Palm Beach, Florida, betonen immer wieder, wie wichtig der regelmäßige Verzehr von Sprossen ist. Viele Menschen begeben sich dorthin, um ihren Körper auf natürliche Weise zu heilen, und bekommen dort eine Ernährung, die reichlich Sprossen enthält.

Und was die Kosten betrifft: Ich glaube kaum, dass Sie je irgendein Lebensmittel mit einem besseren Preis-Leistungs-Verhältnis finden werden: Sprossen liefern viele großartige Nährstoffe für wenig Geld! In Ihrem Bio-Supermarkt bekommen Sie für ein paar Euro jede Menge unterschiedlicher Sprossen. Wenn Sie Lust und genug Platz in der Küche haben, können Sie auch selbst Samen zum Keimen bringen. Und geben Sie möglichst viel Sprossen an Ihren Salat, in Ihre Wraps und an andere Gerichte!

DIE BESTEN SCHÖNHEITS-SPROSSEN

Adzuki	Klee	Linsen	Radieschen
Alfalfa	Kuherbsen (Schwarzaugenerbsen)	Hirse	Sesam
Brokkoli	Bockshornklee	Mungbohnen	Sonnenblumenkerne (meine Favoriten!)
Weißkohl	Grüne Erbsen	Senf	Triticale
Kichererbsen	Kamut	Hafer	Brunnenkresse

SCHÖNHEITS-GEMÜSE AUS DEM OZEAN

Auch die Meeresgemüse bilden eine wichtige Nahrungsmittelgruppe. Vielleicht sind sie Ihnen ja noch fremd, insbesondere wenn Sie sich bisher an irgendeinem nationalen Standard-Ernährungsplan orientiert haben. Aber Sie werden in jedem Fall davon profitieren, wenn Sie sich mit den Meeresalgen vertraut machen!

Wenn wir die Begriffe „Meeresalgen" oder „Meeresgemüse" hören, denken wir fast immer nur an die japanische Küche – aber das ist zu kurz gedacht, denn Meerespflanzen stehen seit Jahrtausenden auf den Speisezetteln vieler Völker rund um den Globus, von Australien bis zu den Britischen Inseln. Meeresgemüse lassen sich auch sehr einfach in unsere „normalen" täglichen Mahlzeiten einbauen. Sie machen sich großartig in Salaten, in Pasteten und Aufläufen, in Gemüsegerichten und als Suppeneinlage. Und erst ihre „inneren" Qualitäten: Unmengen der Vitamine A, B6, C und E, dazu kommen leicht absorbierbare hochkonzentrierte Mineralstoffe, speziell Eisen, Kalium, Magnesium und Jod. Letzteres hilft bei der Regulierung des gesamten Stoffwechsels, indem es die Schilddrüse beim Fettstoffwechsel unterstützt. Meeresalgen sind auch sehr reich an Eiweiß, Carotinen und Chlorophyll.

Ein weiterer Vorteil: Man kann sie als Salzersatz verwenden und damit Salate und andere Speisen würzen, ohne auf das ungesunde Natriumchlorid (Kochsalz, siehe Seite 208) zurückgreifen zu müssen – und dabei kommt man auch noch in den Genuss der vorher aufgezählten gesundheitlichen Vorteile!

Wenn Sie Meeresalgen in Ihrem Bio-Supermarkt suchen, werden Sie sie üblicherweise in der harten, getrockneten Form finden. Waschen Sie sie vor der Verwendung gründlich, um alles Meersalz herauszuspülen, dann weichen Sie sie etwa 10 bis 15 Minuten lang ein, damit sie wieder aufquellen. Und vergessen Sie eines nicht: Wenn sich getrocknete Meeresalgen mit Wasser vollsaugen, vergrößert sich ihr Volumen um etwa das Zehn- bis

SCHÖNHEITS-LEBENSMITTEL | **173**

DIE BESTEN SCHÖNHEITS-ALGEN			
Arame	Hijiki	Kombu	Wakame
Dulse	Kelp	Nori	

Fünfzehnfache. Das sollten Sie bei der Zubereitung Ihrer Mahlzeiten vielleicht im Auge behalten!

Jetzt, da Sie all die wundervollen Schönheits-Lebensmittel kennen, sehen Sie selbst, wie reich und vielfältig das Angebot köstlicher, mineralstoffreicher Nahrung ist, die Sie zur fortlaufenden Reinigung Ihres Körpers essen können. Wenn Sie dem Beauty-Detox-Plan folgen, werden Sie nie Hunger oder so etwas wie Unbefriedigtsein verspüren. Im Gegenteil: Je umfassender Sie Ihren Körper von dem giftigen Schlamm reinigen und ihn mit den genannten nährstoffreichen Lebensmitteln füttern, desto wohler und zufriedener werden Sie sich fühlen!

So, nun habe ich Ihnen die Basis des Beauty-Detox-Plans ausführlich erläutert. Im zweiten Teil des Buchs werde ich Ihnen die Grundregeln für die Entgiftung und die einzelnen Beauty-Detox-Phasen nahebringen, damit Sie diese in Ihr Leben einbauen und den größtmöglichen Nutzen daraus ziehen können!

BEAUTY-DETOX KURZ GEFASST:

● Die in diesem Kapitel vorgestellten mineralstoff- und enzymreichen Schönheits-Lebensmittel bilden das Herzstück des Programms und die Grundlage des Beauty-Food-Kreises – essen Sie möglichst viel davon, um Ihr Aussehen wie auch Ihr Wohlbefinden zu optimieren.

● Greifen Sie für Ihren Beauty-Detox-Plan zu pflanzlichen Eiweiß- und Kalziumquellen und zu basisch wirkenden stärkehaltigen Gemüsen und Getreidesorten.

● Wenn Ihr Körper gereinigt und sein Milieu wieder basisch ist, gibt es für Sie und Ihre Lebensqualität nichts Besseres als Obst! Zudem ist es auch das wirksamste Reinigungsmittel.

● Langen Sie bei der Schönheits-Rohkost und dem Schönheits-Gemüse tüchtig zu! Und kaufen Sie möglichst oft und viel im organischen Landbau erzeugtes Obst & Gemüse aus Ihrer Heimatregion.

DER
BEAUTY
DETOX
PLAN

TEIL 2

IHR BEAUTY-PLAN

KAPITEL 6

ENTGIFTEN FÜR DIE SCHÖNHEIT

Außer bei Unfällen muss jede Reparatur und Regeneration unseres Körpers von innen her kommen.

Dr. Norman Walker

Einer der wichtigsten Wege, um unsere höchsten Ziele bei Gesundheit und Schönheit zu erreichen, den Alterungsprozess umzukehren und Gewicht zu verlieren, ist das fortdauernde Reinigen unseres Körpers. Tatsächlich dürfte es sogar der *wichtigste* Weg sein. Wenn sie das Wort „reinigen" hören, assoziieren die meisten Menschen doch zuerst das Substantiv, „die Reinigung" – sie denken an Heilfasten oder ein Körperreinigungsprogramm auf pflanzlicher Basis – hier und da ein paar Tage lang, ein paarmal pro Jahr. Doch wir müssen „reinigen" als *Verbum* und als fortdauernden Prozess verstehen, das bedeutet, wir müssen diesen Prozess erst einmal in Gang bringen und ihn dann vorantreiben.

Im Februar 2010 hatte ich einen Auftritt bei *Extratv*, und Moderatorin Star Jones wollte wissen, ob ich Körperreinigungen für wirksam hielte. Ich antwortete: „Hilft es, wenn Sie Ihr Haus nur ein oder zwei Mal im Jahr saubermachen?" Ja, sicher, in manchen Fällen ist *eine* Reinigung wahrscheinlich *besser als gar keine*. Doch schaffen wir es tatsächlich, in ein *paar wenigen* Tagen bis an die „Wurzeln" des in den Tiefen unseres Körpers gelagerten Abfalls und der Giftstoffe zu gelangen und all das „auszureißen", was sich in Jahren und Jahrzehnten aufgehäuft hat? Ich denke, nein!

Reinigen heißt, dass sich unser Körper befreit von dem Haufen an Abfallstoffen, Giften und Schlamm, der in seinem Inneren eingeschlossen ist und ständig weiterwächst. Erinnern Sie sich an meine Analogie von dem Rad und seinen Speichen? Wenn wir uns nicht gründlich reinigen, kann es passieren, dass wir die Giftstoffe immer tiefer in unseren Körper zurückdrängen, wo sie uns fortwährend schwächen, unsere Schönheits-Energie rauben, uns buchstäblich alt und müde aussehen lassen und schließlich zu Krankheit führen. Unsere Gesellschaft ist besessen davon, Dinge in uns *hinein*zutun, einzunehmen, wie die angesagtesten neuen Tabletten zur Gewichtsreduktion oder bestimmte pflanzliche und mineralstoffhaltige Nahrungsergänzungsmittel. Wir müssen unsere Aufmerksamkeit aber darauf richten, Dinge aus uns *heraus*zubekommen.

Ohne uns zu reinigen, können wir uns nicht wiederaufbauen, heilen oder unser Gewicht mit Leichtigkeit halten. Das Reinigen bringt uns innerlich wieder ins Gleichgewicht und räumt Schlamm und Schleim aus unserem Körper, damit wir hinreichend Nährstoffe aus unserem Essen aufnehmen können. Das trifft auch auf diejenigen zu, die mit Untergewicht zu kämpfen haben – der Kampf, Gewicht zuzulegen und Ihrem Körper die benötigten Nährstoffe zuzuführen, wird weitergehen, bis Sie Ihren Körper von den Giftstoffen gereinigt haben. Wenn Sie Ihre Ernährung umstellen, Ihren Körper aber nicht fortwährend reinigen, werden Sie nicht die ersehnten Resultate erzielen, ganz gleich, wie streng Sie sich an das Ernährungsprogramm halten.

Wenn Sie den Prinzipien folgen, die ich in Teil 1 dieses Buchs dargelegt habe, werden Sie die Giftstoffe in Ihrem System allmählich „vor die Tür setzen". Und genau deshalb müssen Sie Ihren Körper gleichzeitig immer weiter *reinigen*. Andernfalls geht es Ihnen vielleicht ein paar Monate lang richtig gut, doch wenn Sie Ihren Körper mithilfe der Reinigungsmethoden nicht auch von den jeweils neu hinzukommenden Giftstoffen „leerräumen", werden Sie sich in Wahrheit immer von Neuem vergiften und sich krank und elend fühlen.

Durch das Reinigen befreien wir unser Rad von Schlamm und drehen den Alterungsprozess zurück.

Dasselbe gilt auch jedes Mal, wenn Sie Ihre Ernährung umstellen – vom „Allesfresser" auf vegetarisch, von vegetarisch auf vegan oder von vegan zur Rohkostlerin. Wenn wir uns nicht von Grund auf entgiften, werden die Giftstoffe, die wir durch die Ernährungsumstellung aufrühren, dafür sorgen, dass wir uns krank fühlen. Das schieben wir dann darauf, dass wir „nicht genug Nährstoffe bekommen" oder „unter Eiweißmangel leiden" – doch daran liegt es nicht. Der Grund für unser Unwohlsein besteht nicht in einem Mangel an irgendetwas in unserer Ernährung (jedenfalls nicht, wenn Sie sich an den Beauty-Detox-Plan halten – eine Ernährung, die vollgepackt ist mit Vollwert-Lebensmitteln und pflanzlicher Nahrung!), sondern daran, dass unser System durch die wiedererweckten Giftstoffe überlastet ist.

Stellen Sie sich die Reinigungsprozedur vor wie eine Reorganisation Ihres gesamten Büros. Ihre Aktenordner sind nicht auf dem neuesten Stand und in den falschen Regalen abgelegt, jede einzelne Schreibtischschublade quillt über von Büromaterial und alten Belegen, und dann türmen sich noch die Gebirge aus sorgfältig aufeinandergestapelten Dokumentenboxen, die mit diversem Papierkram gefüllt sind. Aus dem Auge, aus dem Sinn, stimmt's? In der Woche, in der Sie darangehen, Ihr Büro neu zu ordnen, sieht es zunächst *schlimmer* aus als vorher. Sie müssen sämtliche Boxen und Schubladen ausleeren und den Inhalt auf dem Fußboden verteilen, um zu schauen, was Sie alles wegwerfen können. Keine Frage: Das kann ein mitunter schmerzhafter Prozess sein. Doch am Ende sind sämtliche Dokumentenboxen verschwunden, weil Sie so viel altes Zeug losgeworden sind, dass in den Aktenschränken und Schubladen genug Platz war, um alles fein säuberlich hineinzuräumen! Sie haben gleich pfundweise alten Schrott entsorgt, und jetzt ist alles viel, viel besser. Und die Körperreinigung vollzieht sich nach demselben Prinzip.

Die Entgiftung können wir uns auch als eine ähnliche Erfahrung vorstellen, wie sie ein Drogenabhängiger bei der Entwöhnung macht. Wenn Sie dem Süchtigen seinen Stoff wegnehmen, geht er erst einmal auf Entzug, dessen Symptome Müdigkeit, Kopfschmerzen, Durchfall, Verstopfung und anderes einschließen können. Geben Sie dem Süchtigen seine Drogen zurück, wird er sich sofort besser fühlen, und seine Symptome werden

---

❀ SCHÖNHEITSTIPP

Sich reinigen und fitter aussehen

Ausgleichssport ist wichtig für uns alle. Ich selbst liebe Yoga, das uns lehrt, richtig und wirklich tief zu atmen und die Verteilung des Sauerstoffs im ganzen Körper fördert. Yoga hilft uns auch dabei, die emotionalen, mentalen, spirituellen und physischen Aspekte unseres Seins als Ganzheit in Einklang zu bringen.

Wenn wir uns reinigen, schaffen wir auf natürliche Weise mehr Platz in unserem Körper, da Abfallstoffe und eingeschlossenes Gas (das durch Gärung entstanden ist und Druck auf unsere Venen und Arterien ausüben kann) verschwinden, weshalb der Sauerstoff mehr Raum hat zum Zirkulieren. Um so sauberer unsere Gewebe werden, desto leichter kann der Sauerstoff zu unseren Muskeln gelangen. Mit Anfang zwanzig habe ich jede einzelne Kalorie gezählt, die ich aufgenommen habe, genauso wie jede Kalorie, die ich an den Geräten im Fitness-Studio verbrannt habe. Ich joggte fast täglich und stemmte drei Mal die Woche Gewichte. Die Ironie dabei: Obwohl ich seit Jahren weder gelaufen bin noch ein einziges Mal in einer „Muckibude" trainiert habe, ist mein Körper heute viel straffer als damals, vor allem um den Bauch herum sowie an Armen und Beinen. Was für eine Befreiung! Zwar praktiziere ich Yoga und bin auch sonst aktiv, muss mich aber nicht mehr andauernd mit Training schinden, um so auszusehen, wie es mir vorschwebt. Die Methoden der fortdauernden Reinigung, die ich anwende, machten – und machen nach wie vor – einen *gewaltigen* Unterschied. Sie werden auch Ihnen eine enorme Hilfe sein!

Wir alle brauchen Ausgleichssport, um gesund zu bleiben. Aber wir brauchen uns nicht länger mit übertriebenem Training verrückt zu machen, denn wenn wir Anstrengungen in unsere Reinigung investieren, werden wir mit der Zeit auf natürliche Weise fitter und schlanker aussehen.

verschwinden, weil er den Reinigungsvorgang *gestoppt* hat. Und bei uns ist es nicht anders: Wenn wir den Entgiftungsprozess und all seine Symptome umgehen wollen oder ihn stark verlangsamen, indem wir zu unserer alten Ernährungsweise zurückkehren und schwer verdauliche Dinge essen – wie beispielsweise Pizza –, werden wir die Krankheitsgefühle los, weil wir den Reinigungsprozess gestoppt haben. Doch so werden wir nie wirklich ausheilen! Genau daher kommt es, dass jemand, der bei der Umstellung seiner Ernährung so etwas wie eine unangenehme Entgiftungsphase durchläuft und dann eben doch wieder Hühnchen isst, auf magische Weise bald wieder besser drauf ist. Wobei die Beschwerden nicht etwa durch Eiweißmangel verursacht waren, sondern vielmehr durch das Aufbrechen der verkrusteten Giftstoffe im Körper – bis der neuerliche Verzehr von Hühnchen den Reinigungsprozess gestoppt hat. Seien Sie unbesorgt! Die Begleiterscheinungen der Reinigung dauern nicht ewig. Tatsächlich klingen die meisten Entzugssymptome – falls überhaupt welche auftreten – innerhalb von ein paar Wochen ab.

Der „Giftmüll" in unserem Körper, der sich überall in unseren Zellen und unseren Geweben abgelagert hat, stammt von jahrelanger schlechter Verdauung her, aus Konservierungsmitteln in unserer Nahrung und in Hautpflegeprodukten, von der Umweltverschmutzung und anderen Faktoren. Sie alle wären geschockt, wenn Sie die Mengen an Abfallstoffen in Ihrem Körper sehen könnten! Unsere Ausscheidungsorgane Lunge, Leber, Nieren, Darm und Haut werden von diesen Giftstoffen überschwemmt und sind nicht imstande, sie vollständig loszuwerden. Der Körper versucht, sich auf *verschiedene* Weisen zu entgiften, wenn die Ausscheidungsorgane ihrer Aufgabe nicht mehr gewachsen sind. So eine Entgiftung kann sich in Form einer unerwünschten Akne oder von Hautausschlägen manifestieren, als Ekzeme oder Erkältung. Und was dann? Dann nehmen wir Medikamente. Das Problem: Diese Substanzen packen das Übel nicht bei der Wurzel – bei den Giftstoffen im Körper, die sich in gefährlich großen Mengen angesammelt haben. Und sie verschleiern, was stattfinden müsste: Reinigung und Entgiftung.

Hier zähle ich Ihnen einige typische, vorübergehende Reinigungssymptome auf: Kopfschmerzen, Halsschmerzen, Erschöpfung, Ekzeme oder Hautausschläge, verschiedene Arten von Schmerzen, wunde Stellen, erhöhte Erregbarkeit, Schwindelgefühle und Benommenheit. Vielleicht fühlen Sie sich zeitweise auch stärker aufgebläht und sogar ein paar Pfund *schwerer*, weil säurehaltiger Schlamm in Ihnen hochsteigt und Ihr Körper beim Versuch, diese Abfallstoffe zu neutralisieren, mehr Wasser einlagert. Die Symptome prägen in den ersten Wochen am stärksten aus, wenn Sie Ihre Ernährung auf den Beauty-Detox-Plan umstellen – falls sich überhaupt Symptome bei Ihnen einstellen. Wenn Sie sich an die Grundprinzipien des BDP halten, wird eine große Menge an Giftstoffen aus Ihrem Körper ausgeschwemmt. Am Ende dieses Prozesses werden Sie sich großartig fühlen!

Die Wurzeln der westlichen Medizin

Die westliche Medizin orientiert sich bis heute stark an dem französischen Chemiker und Mikrobiologen Louis Pasteur (1822-1895). Seine Hypothesen gründeten auf seiner „Keimtheorie", die im Großen und Ganzen besagt, dass die Bakterien und Keime, die uns krank machen, also die „Krankheitserreger", von außen in unseren Körper gelangen. Auf der Basis dieser Theorie entwickelte Pasteur das Verfahren zur Haltbarmachung von Lebensmitteln, die *Pasteurisierung*. Dabei werden potenziell vorhandene schädliche Keime durch Erhitzen abgetötet.

Doch Pasteur hatte in seinem weit weniger bekannten Zeitgenossen und Kollegen Antoine Béchamps (1816-1908, Professor für Klinische Chemie) einen intellektuellen Gegner, der die exakt gegenteilige Ansicht vertrat. Béchamps' Theorie fußte auf dem Gedanken, dass „alles einen (Nähr-) Boden bildet". Mit anderen Worten: Die Erreger von außen sind es nicht allein, die Krankheit verursachen, vielmehr ermöglicht ein beeinträchtigtes Immunsystem es den Keimen, im Körper zu gedeihen und Krankheit hervorzurufen. Ein Beispiel: Ein vergrippter Mensch hustet zwei Leuten in der U-Bahn direkt ins Gesicht – aber nur einer der beiden „erbt" die Erkältung, weshalb? Dr. Robert Young hat dafür eine wunderbar einleuchtende Analogie gefunden: Wenn man Samenkörner auf Beton aussät, wird daraus nichts hervorgehen. Legt man sie jedoch auf fruchtbaren Boden, treiben sie aus und entwickeln sich zu Pflanzen.[1] Und genauso verhält es sich mit Krankheitskeimen und Krankheiten.

Die Erkenntnisse, die Dr. T. Colin Campbell im Rahmen seiner *China Studie* gewann, stützen Béchamps' Theorie. Campbell erörterte das Thema, dass bei zwei Experimentalgruppen, die beide denselben Mengen an krebserregenden Substanzen ausgesetzt wurden, diejenige Gruppe mit dem höheren Konsum an tierischem Eiweiß und Milchprodukten die Krankheit (Krebs) ausbildete, wohingegen die Gruppe mit dem geringeren Konsum verschont blieb.[2] Gemäß der Theorie von Antoine Béchamps hatte die erste Gruppe den richtigen „(Nähr-)Boden", um eine Krankheit zu entwickeln.

In Anlehnung an die Béchamps-Theorie können wir auch die Hypothese aufstellen, dass es tatsächlich nur eine *einzige* Krankheit gibt: einen übersäuerten Körper, der säurehaltige Stoffwechselprodukte und Giftstoffe freisetzt, die das Immunsystem beeinträchtigen. Dann wird der Körper zum fruchtbaren Nährboden für Krankheiten und ernsthafte Erkrankungen sowie für Bakterien und Keime.

Möglicherweise deshalb kommt es in Einrichtungen für Naturheilweisen wie dem Ann Wigmore Natural Health Institute und dem Hippocrates Health Institute immer wieder vor, dass Symptome von Krankheiten – wie etwa Krebs – abklingen, nachdem die Patienten auf Rohkost-Ernährung und Körperreinigung umgestellt worden sind. In diesen Gesundheits-Institutionen wird ganzheitlich gearbeitet, das heißt, es werden keine Chemotherapien oder Bestrahlungen isolierter Körperregionen verordnet, vielmehr steht der Körper in seiner Gesamtheit im Zentrum der Aufmerksamkeit, und die Behandlung zielt darauf ab, dass sein Milieu insgesamt wieder stärker basisch (alkalisch) wird.

❀ SCHÖNHEITSTIPP

Nehmen Sie möglichst wenig Medikamente!

Es war einmal eine Zeit, da wurden Arzneimittel erst mal „zusammengebraut" und kamen – wie chirurgische Eingriffe auch – in erster Linie bei Verletzungen, Wunden und Unfällen zum Einsatz. Heute jedoch sind Medikamente nicht nur fertig verfügbar, sie werden auch sehr fleißig verschrieben! Die amerikanische Gesellschaft sucht inzwischen bei nahezu jedem körperlichen oder seelischen Leiden ihr Heil in verschreibungspflichtigen Medikamenten: von Akne und Allergien über Schlafstörungen, Angstzuständen, Depressionen bis hin zu Diabetes und Herzproblemen. Wie Dr. Joel Fuhrman in seinem Buch *Eat to Live* (dt. „Essen, um zu leben") ausführt, sind diese verschreibungspflichtigen Arzneimittel giftig. Er schreibt: „Angehende Mediziner lernen in ihrem Pharmakologie-Grundkurs an der Universität, dass alle Medikamente mehr oder weniger giftig sind, unabhängig davon, ob dabei mit Nebenwirkungen zu rechnen ist oder nicht."[3]

Unglücklicherweise scheint es tatsächlich jede Menge Nebenwirkungen zu geben. In einem Artikel von 1998 aus der *Newsweek* mit dem Titel „Wenn Medikamente schaden" stand zu lesen, dass „unerwünschte Reaktionen auf verschreibungspflichtige Medikamente auf der Liste der zehn häufigsten Todesursachen in den USA irgendwo zwischen Platz vier und sechs rangieren …"[4] Überrascht uns das wirklich? Arzneimittel bestehen aus einer Unmenge von Chemikalien, die Gift sind für unsere Leber und zum Säuregehalt, zur Vergiftung unseres Bluts und dem insgesamt vorhandenen Ungleichgewicht in unserem Körper beitragen. Sie sind häufig einfach nur dazu bestimmt, die äußeren Symptome auf unnatürliche Weise zu unterdrücken, anstatt das eigentliche Übel zu kurieren.

Inzwischen werden Antibiotika auch ganz zwanglos gegen Grippe und Akne verschrieben. Das Hauptproblem bei Antibiotika besteht darin, dass sie nicht nur die schädlichen krankmachenden Bakterien töten, sondern auch die freundlichen, unserem Körper nützlichen. Als Resultat kann es zu vermehrtem Wachstum des an sich nützlichen Hefepilzes *Candida albicans* in unserem Darm kommen, das zu einer Überbesiedelung des Darms führt und damit zu einer Störung der Darmflora und der Schwächung unseres Immunsystems.[5] Da Antibiotika üblicherweise auch bei der Massentierhaltung und -aufzucht reichlich eingesetzt werden, gelangen sie auch mit dem Verzehr von Tierprodukten in unseren Körper.

Das soll jetzt nicht heißen, dass Antibiotika grundsätzlich schlecht wären. Natürlich kann es Situationen geben, wo Antibiotika und andere Medikamente lebensrettend wirken – doch wir sollten uns grundsätzlich bemühen, unseren Konsum zu reduzieren bzw. wo immer möglich auf Medikamente zu verzichten, und ausschließlich dann dazu greifen, wenn es absolut not-wendig ist. Unser Körper besitzt schier unglaubliche Selbstheilungskräfte, wenn wir ihm die „Medizin" geben, die er wirklich braucht: eine hochwertige Ernährung und fortdauernde Entgiftung.

„Gut, ich habe verstanden, dass das wichtig ist!", sagen Sie jetzt wahrscheinlich. „Doch wie soll ich das Ganze denn anstellen?" Lassen Sie uns also tiefer in die Materie eindringen.

Die Reinigungsmethoden müssen mit den Veränderungen in Ihrer Ernährung Hand in Hand gehen, um sicherzustellen, dass Sie möglichst viele Giftstoffe loswerden. *Das Ausscheiden von Giftstoffen hat denselben Stellenwert wie das, was wir unserem Körper zuführen.*

BEAUTY-DETOX-GEHEIMNIS NR. 1: PROBIOTIKA

Ich rate Ihnen aus tiefstem Herzen zur täglichen Einnahme eines guten Probiotikums. Probiotika helfen dabei, ein gesundes Verdauungsmilieu zu erhalten und spielen eine entscheidende Rolle für unser Immunsystem, das zu etwa 80 Prozent in unserem Darm „verankert" ist, denn bis zu 80 Prozent aller Zellen, die Antikörper produzieren, befinden sich in unserer Darmschleimhaut. Als Erwachsene haben wir rund 400 verschiedene nützliche Bakterienarten und -stämme in unserem Verdauungstrakt. Wenn wir gesund sind, sollte der Prozentsatz der nützlichen Bakterien bei etwa 80 bis 85 liegen. Überwiegen jedoch die schädlichen Bakterien in unserem System und nimmt die Menge der nützlichen Bakterien ab, entsteht eine sogenannte Dysbiose, eine Störung der Darmflora durch zu viele Gärungs- und Fäulnisbakterien.

In Teil 1 habe ich Ihnen ausführlich geschildert, wie gärende und faulende Proteine in unserem Darm einen fruchtbaren Nährboden für schädliche Bakterien bereiten und damit zur Vergiftung unseres Darmmilieus beitragen. Wie wir nun sehen, kann das ebenfalls ein gewichtiger Faktor bei der Ausbildung einer Dysbiose sein. Ein solches Ungleichgewicht kann auch durch die reichliche Aufnahme von

Antibiotika (auf direktem wie auf indirektem Weg über den Verzehr von Fleisch und Milchprodukten, die Antibiotika enthalten) entstehen, durch den Konsum zu vieler synthetisch hergestellter chemischer Produkte und von Zucker, durch die Einnahme von Medikamenten, durch das Trinken mit Chlor oder Fluor versetzten Wassers, durch eine schlechte Verdauung und Verstopfung – und ganz allgemein durch das Leben in unserer von Stress und Umweltverschmutzung geplagten Welt!

Probiotika können uns dabei helfen, unser inneres Gleichgewicht wiederzugewinnen, außerdem werden sie sich auf folgende Weisen positiv auf unsere Lebendigkeit und unser Allgemeinbefinden auswirken, indem sie

- unsere Verdauung auf Trab bringen und dazu beitragen, Verstopfung und Durchfall zu beseitigen.
- unsere Leberfunktion stärken.
- unsere Widerstandskraft gegenüber Allergien erhöhen.
- unsere körpereigene Vitaminproduktion ankurbeln, insbesondere die Herstellung der B-Vitamine.
- unsere Energie vermehren.
- unsere Nährstoffaufnahme erhöhen.
- dabei helfen, Gasbildung und Herzrasen zu unterbinden.

Wenn Sie nun nach einem geeigneten probiotischen Nahrungsergänzungsmittel Ausschau halten, wird Ihnen auffallen, wie riesig das Angebot an solchen Produkten ist. Doch viele davon sind weit weniger wirksam, als sie sein könnten oder sollten. Probiotika sind Zubereitungen mit lebenden Mikroorganismen, und diese sind sterblich – wie andere Lebewesen auch. In den Genuss der Vorteile eines Probiotikums kommen Sie nur dann, wenn lebende probiotische Zellen ihren Weg in Ihren Darm finden. Die scharfe Säure im menschlichen Magen tötet bereits einen Gutteil der lebenden Zellen, bevor sie im Darm ankommen und ihren Gesundheitsnutzen entfalten können. Achten Sie bei der Auswahl Ihres Probiotikums also darauf, dass es ein spezielles „Liefersystem" besitzt, das eigens für den sicheren Transport der lebenden Zellen in den Darm geschaffen wurde. Außerdem sollten Sie differenzieren: Es geht nicht darum, dass Ihr Probiotikum insgesamt möglichst viele lebende Mikroorganismen enthält, sondern vielmehr darum, dass es sich um eine möglichst hohe Anzahl von möglichst vielen verschiedenen sehr nützlichen Bakterienstämmen handelt. Der *Lactobazillus acidophilus* ist ein verbreiteter Stamm und vor allem für die Kontrolle der Candida sehr hilfreich. Das *Bifidobacterium bifidum* stärkt unser Immunsystem ganz allgemein.

❁ SCHÖNHEITSTIPP

Wie unser Gesicht unser Inneres spiegelt

Schon vor über 5000 Jahren hat die chinesische Medizin erkannt, dass Unregelmäßigkeiten in Farbe und Oberflächenstruktur, Falten, Unreinheiten und andere Probleme, die sich in unserem Gesicht abzeichnen, Hinweise sind auf tiefer liegende Schwierigkeiten im Körper.[6] Hier ein paar alte Grundregeln der chinesischen Heilkunde, was wir aus einer eingehenden Untersuchung unseres Gesichts für Schlüsse ziehen können:

Unreinheiten im Bereich des Kinns und Unterkiefers könnten ein hormonelles Ungleichgewicht und Stockungen im Dickdarm anzeigen.

Falten oberhalb der Oberlippe könnten auf Blockaden im Verdauungstrakt hindeuten, die speziell mit dem Magen und dem Dünndarm in Verbindung stehen. Das kann auf eine Anhäufung säurehaltiger Abfallstoffe und Toxizität im Körper zurückzuführen sein, wenn diese nicht vollständig ausgeschieden werden.

Tiefe Lachfalten (und eine scharfe Nasolabialfalte) werden mit unserer Lunge und der Leber in Verbindung gebracht. Diese Falten könnten vom Rauchen oder von der flachen Brustatmung herrühren, wobei nicht genug Sauerstoff in die Lungen gelangt (hier hilft Yoga ganz entscheidend!), oder der Dickdarm ist dermaßen verstopft, dass der Lungenmeridian dadurch blockiert wird. Sie können aber auch Anzeichen für eine Überlastung der Leber sein.

Eine „Runzelstirn" kann allgemein auf eine Verstopfung hinweisen und speziell auf Blockaden und eine Anhäufung von Giftstoffen im Dickdarm und der Gallenblase hindeuten. Große Beiträge dazu leisten ein reichlicher Konsum von Milchprodukten, hocherhitzten Ölen oder verarbeiteten Lebensmitteln. Andererseits kann es auch sein, dass sich jemand zwar gesund ernährt, sich aber nicht gründlich reinigt, um die alten, teilweise verkrusteten Giftstoffe, die durch die richtige Ernährung „aufgerührt" werden, Schritt für Schritt ausscheiden zu können.

Dunkle Augenringe oder Schwellungen unter den Augen können auf eine Schwächung der Nebennieren hinweisen. Zu viel Koffein, zu wenig Schlaf und zu viel Stress können dazu führen.

Krähenfüße um die Augen können ebenfalls Anzeichen für einen Erschöpfungszustand unserer Nebennieren sein und dafür, dass das Milieu unseres Körpers zu sauer und er insgesamt aus dem Gleichgewicht geraten ist.

Eine fleckige Haut oder Falten im oberen Bereich der Jochbeine werden mit Herzproblemen in Verbindung gebracht. Diese können in hohem Maß durch den Konsum von zu viel „verklumpendem" tierischem Eiweiß, von zu viel Tierprodukten allgemein und/oder von hocherhitztem Öl verursacht werden.

DIE GUTE NACHRICHT: Unsere Zellen regenerieren sich! Wenn wir von jetzt an die richtigen Schritte zur Verbesserung unserer Ernährung und zur Körperreinigung unternehmen, können wir die Probleme zurückfahren und einen deutlichen Aufschwung bei unserem Allgemeinbefinden und unserer Schönheit erzielen!

BEAUTY-DETOX-GEHEIMNIS NR. 2: VERDAU-UNGSENZYME AUF PFLANZLICHER BASIS

Wie wichtig Enzyme für unsere Gesundheit und Schönheit sind, hatte ich in Kapitel 3 und 4 ausführlich dargelegt. Mit den Jahren schwinden unsere Enzymreserven dahin. Deshalb kann unser Körper Nahrung nicht mehr so gut verdauen wie in der Kinderzeit, selbst wenn es Mahlzeiten aus richtig kombinierten Lebensmitteln sind. Wie wir nun wissen, beginnen sämtliche Überreste schlecht verdauter Nahrung im Darm zu gären und zu faulen, wodurch sie die Zunahme schädlicher Bakterien begünstigen und damit die Entstehung ihrer giftigen, säurehaltigen Abbauprodukte. Diese werden dann in den Blutkreislauf aufgenommen und in den Geweben überall im Körper eingelagert, vor allem in Bindegeweben, wie sie in den Gelenken enthalten sind.[7] Giftstoffe im Blut haben auch negative Auswirkungen auf unsere Haut und unser physisches Erscheinungsbild!

Deshalb sind Verdauungsenzyme eine großartige Unterstützung für uns. Man kann sie täglich und direkt vor dem Essen einnehmen, und man sollte das unbedingt vor jeder Mahlzeit mit gekochten Bestandteilen tun. Verdauungsenzyme sind eine Extra-Portion an Lipasen, Amylasen und Proteasen, die uns helfen, Fette, Stärken und Proteine effizient aufzuspalten und abzubauen. Wir *alle* können diese Extra-Portionen gebrauchen!

Hier ein paar der spezifischen Vorteile von Verdauungsenzymen:

- Sie verbessern Aufnahme und Verwertung von Schönheits-Mineral- und -Nährstoffen.
- Sie tragen dazu bei, den Alterungsprozess zu verlangsamen, indem sie uns helfen, die körpereigenen Enzymreserven zu sparen.
- Sie fördern eine effiziente Verdauung.
- Sie befreien Schönheits-Energie aus der Verdauungsarbeit, die dann zum Wiederaufbau und zur Erneuerung beschädigter Zellen genutzt werden kann, beispielsweise beim Kollagen in unserer Haut.
- Sie bringen uns eine Menge zusätzlicher Energie.
- Sie intensivieren die Körperreinigung, was sich positiv auf Akne und andere Störungen des Gleichgewichts im Körper auswirken kann.
- Sie verringern Blähungen, die Gasbildung und Verstopfung.

Wenn Sie sich also auf die Suche begeben nach einer Nahrungsergänzung mit Verdauungsenzymen, achten Sie darauf, dass das Mittel vegan und pflanzlich basiert ist und keine Enzyme von Rindern (Kühe oder Ochsen) oder anderen Tieren oder aus Tierprodukten enthält. Pflanzliche Enzyme sind aktiver und wirken stärker basisch als Enzyme aus Tieren bzw. Tierprodukten. Greifen Sie zu einem Mittel, das eine Mischung aus Lipasen, Amylasen und Proteasen enthält, mit dessen Hilfe Sie Fette, Stärken und Protcinc cffizient verdauen können. Eine weitere Kategorie von Verdauungsenzymen bilden die Cellulasen, als Bestandteil einer Nahrungsergänzung können sie Ihnen ebenfalls nützlich sein, da sie Cellulose und Chitin abbauen können, Pflanzenfasern, die der Cellulose in den Zellwänden des Hefepilzes *Candida* ähneln.[8]

BEAUTY-DETOX-GEHEIMNIS NR. 3: MEIN PROBIOTISCHER & ENZYMREICHER SALAT

Der Probiotische & enzymreiche Salat besteht aus rohen milchsäurevergorenen Gemüsen (nein, das hat nichts mit Milchprodukten zu tun!), die klein geschnitten und in luftdicht

---

✿ SCHÖNHEITSTIPP

Die Kraft von Apfelessig

Obstessig aus organisch angebauten rohen Äpfeln wirkt nicht säurebildend und ist daher der einzig aktzeptable Essig für den häufigen Gebrauch. O ja, ich kann mir vorstellen, was Sie sich jetzt denken: *„Und was wird mit meiner Lieblingszutat für Salatsaucen, mit dem Balsamico?"* Balsamico ist in Ordnung bei speziellen Anlässen, wie Hochzeitsfeiern oder formellen Abendessen mit Sitzordnung, wo die Salate immer schon vorher zubereitet werden. Aber weil er so stark säurebildend wirkt, sollte Balsamico nicht auf Ihrem täglichen Speisezettel stehen.
Und jetzt mehr über den feinen Stoff! Apfelessig aus rohen organischen Äpfeln fördert eine optimale Verdauung und regt das Wachstum gesunder Bakteri-

en in unserem Körper an. Und er eignet sich hervorragend für Salatsaucen. Hier ein Rezept für eine seit Urzeiten erprobte Verdauungshilfe: Eine Tasse Wasser mit einem Esslöffel Apfelessig darin, die man zwanzig Minuten vor dem Essen schlückchenweise austrinkt. Hochwertiger organischer Apfelessig ist reich an Mineralstoffen und Kalium, die die Zellreinigung unterstützen. Zudem wirkt er antiseptisch, kann bei der Reinigung unseres Magen-Darm-Trakts mithelfen und fördert die Verdauung insgesamt.
Achten Sie beim Kauf unbedingt auf das Etikett, es muss „roh" und „ungefiltert" oder „naturtrüb" darauf stehen, denn pasteurisiertem Apfelessig fehlen die Heilkräfte!

✿ SCHÖNHEITSTIPP

Joghurt und Kefir

Viele Menschen betrachten Joghurt und Kefir als gute Quelle für Probiotika. Ich hingegen rate vom Konsum von Joghurt ab, denn er besteht aus pasteurisierter Tiermilch. Solche Erzeugnisse klumpen im Verdauungstrakt zusammen, zudem enthalten sie größere Mengen des Proteins Casein. Isst man Joghurt gleich zum Frühstück, und das tun die meisten am liebsten, wirkt es sich noch schlimmer aus, denn es verursacht gleich am Anfang Ihres langen (Arbeits-)Tages einen „Verkehrsstau" in ihrem Inneren. Wenn Sie täglich ein Probiotikum zu sich nehmen und regelmäßig bei meinem Probiotischen & enzymreichen Salat zugreifen, brauchen Sie wirklich keinen Joghurt. Sollte es Ihnen gelingen, Kefir aus Ziegen-Rohmilch aufzutreiben (vielleicht auf einem Bauernmarkt?), können Sie guten Gewissens davon essen, denn Ziegen(roh)milch ist wesentlich leichter verdaulich als Kuhmilch in jeglicher Form – aber tun Sie das trotz allem nicht *täglich!*

verschlossenen Gläsern bei Zimmertemperatur einige Tage lang gestanden haben. Das lässt die segensreichen Lactobazillen (Milchsäurebakterien) und Enzyme, die in den Gemüsen bereits natürlich vorhanden sind, großartig gedeihen. Auf diese Weise werden die Gemüse zu Lebensmitteln, die extrem reich sind an Probiotika (nützlichen Bakterien), Enzymen und Mineralstoffen.

Es ist wirklich rohes Sauerkraut, hat aber nicht das Geringste mit der wässrigen, salzigen Pampe gemeinsam, die man uns an Hotdog-Ständen oder im Supermarkt als Beilage zu Fleisch und Bratwürsteln andrehen will. Von so etwas ist hier nicht die Rede! Kommerziell hergestelltes Sauerkraut ist voll von raffiniertem Salz und hocherhitzt, was seine natürlichen Vorzüge zerstört. Rohes Sauerkraut hingegen ist reich an wirksamen Probiotika und Enzymen – zwei wesentliche Garanten für eine gesunde Verdauung, zusätzliche Schönheits-Energie und eine fortdauernde Körperreinigung.

Vor Jahren erzählte mir mein griechischer Freund Yannis von einem Bauern, der auf dem Bauernmarkt am New Yorker Union Square einen Stand hatte und wunderbares rohes Sauerkraut und andere milchsauer eingelegte Gemüse verkaufte. Da ich den Markt mehrmals pro Woche besuche, beschloss ich, dem Tipp nachzugehen. Ich hatte mich schon länger mit den Vorzügen milchsäurevergorenen Gemüses beschäftigt und ein paar von Dr. Ann Wigmores „Rejuvelac"-Rezepten ausprobiert (Eine Art selbst hergestellter Brottrunk, aber nicht aus Brot, sondern direkt aus Getreide, er ist besonders reich an B-Vitaminen. Frau Dr. Wigmore bevorzugte Weizengras.), aber bisher noch nie selbst milchsauer eingelegte Gemüse gegessen und ihre Vorteile nicht am eigenen Leib erfahren. Ich fand den Geschmack grandios und begann, mir auf meinen abendlichen Salatteller jeweils auch einen Berg rohes Sauerkraut zu häufen, manchmal genoss ich es auch schon zum Mittagessen. Ich fand heraus, dass mir rohes Sauerkraut wunderbar dabei half, andere Nahrungsmittel zu verdauen – wenn ich zufällig einmal Getreide aß, etwa Hirse, oder ein eiweißhaltiges Gericht, wie eine Paste aus Nüssen. Ich hatte mehr Energie und musste deutlich häufiger auf die Toilette. Tolle Sache!

Mittlerweile bin ich davon überzeugt, dass rohe milchsäurevergorene Gemüse zu den wichtigsten Lebensmitteln unserer Zeit zählen. Denn sie sind mächtige, extrem nützliche Werkzeuge, um den Körper vom Schlamm zu befreien, um jünger und strahlender auszusehen. Ich bezeichne diese wirksamen rohen milchsauer eingelegten Gemüse so gerne als „Probiotischen & enzymreichen Salat", weil uns dieser Name an ihre Hauptvorzüge erinnert.

Milchsauer eingelegte Gemüse gehören in vielen Kulturen zu den unverzichtbaren Bestandteilen der Ernährung, so etwa Kimchi in Korea und Kefir in Russland, wohingegen die Ernährungsrichtlinien in den USA und im Westen solche Lebensmittel schmerzlich vermissen lassen. Und noch schlimmer: Sämtliche in unserer Nahrung möglicherweise enthaltenen nützlichen Bakterien werden von der kommerziellen Nahrungsmittelindustrie zerstört. Deren Erzeugnisse sind mit verschiedenen Schädlingsbekämpfungsmitteln und anderen Chemikalien verseucht, in Böden gewachsen, denen sämtliche gesunden Mikroorganismen abgehen; außerdem werden Nutz- und andere Tiere oft mit chemisch verändertem Getreide gefüttert und zusätzlich mit Antibiotika sowie Wachstumshormonen vollgepumpt.

Genau deshalb müssen wir uns darauf ausrichten, viel milchsauer eingelegte Gemüse zu essen, weil sie uns helfen, unsere Därme wieder mit nützlichen Bakterien zu besiedeln!

DER SCHÖNHEITSNUTZEN DES PROBIOTISCHEN & ENZYMREICHEN SALATS

- **Er setzt Schönheits-Energie frei.** Rohe milchsäurevergorene Gemüse gehen mit sehr wirksamen nützlichen Bakterien und Enzymen einher. Da der Probiotische & enzymreiche Salat bei der Verdauung anderer, in Verbindung damit gegessener Lebensmittel hilft, setzt er dadurch Schönheits-Energie frei. Diese Tatsache spielt bei der ersehnten Gewichtsreduktion eine wichtige Rolle! Wenn wir den Probiotischen & enzymreichen Salat zusammen mit Stärken und Eiweiß essen, das heißt, wenn wir uns mal eine schlechte Beauty-Food-Kombination leisten, erleichtert er uns die Verdauung der ganzen Mahlzeit beträchtlich.

- **Er stockt unsere Schönheits-Enzymreserven auf.** Die nützlichen Bakterien bringen Enzyme mit und helfen auf diese Weise, die körpereigenen Enzymreserven zu schonen. Je mehr Enzyme wir haben, desto mehr Energie besitzt unser Körper, um Haut und Haare zu regenerieren, zudem wird das Abnehmen begünstigt.

- **Er hilft, Giftstoffe auszuscheiden und beschleunigt die Körperreinigung.** Die rohen milchsauer eingelegten Gemüse in unserem Probiotischen & enzymreichen Salat sind als „Entgifter" derart wirksam, dass sie praktisch unmittelbar nach dem Verzehr damit anfangen, unsere Darmflora wieder ins Gleichgewicht zu bringen. Sie gehen auf den giftigen Schlamm los, lockern harte und verkrustete Abfallstoffe. In Ordnung – das Bild als solches mag zwar etwas sonderbar erscheinen, aber die Vorgänge selbst sind grandios! Während dieses Entgiftungs- und Lösungs-Prozesses kann es in unserem Körper zu vermehrter Gasbildung und Blähungen kommen. Doch das ist nur eine Phase, die rasch vorübergeht. Wenn man sich von dem zu reichlich vorhandenen Gas erleichtern möchte, kann eine Darmspülung oder ein Einlauf gute Dienste leisten.

- **Er stellt das Gleichgewicht der nützlichen Bakterien im Körper wieder her.** Die natürlichen Probiotika sorgen mit dafür, dass die Darmflora wieder mit „guten" Bakterien aufgefüllt wird.

- **Er hilft dabei, Heißhungerattacken (vor allem auf Süßes) in den Griff zu bekommen und zügelt den Appetit.** Der Probiotische & enzymreiche Salat schenkt uns ein angenehmes Gefühl der Sättigung und reduziert unsere Gier nach Süßigkeiten. Das ist eine enorme Unterstützung, weil wir ja Limonaden, Eiscreme, Kekse, Nudeln, Milchprodukte, Donuts und andere Erzeugnisse mit raffiniertem Zucker und Kohlenhydraten von unserem Speisezettel streichen wollen.

Wenn unser Körper innerlich wieder im Gleichgewicht ist und die nützlichen Bakterien in ausreichender Menge vorhanden sind, wird es uns leichter fallen, Gewicht loszuwerden, und auch unser Hautbild wird sich verbessern. Unsere Energie wird dynamischer, pulsie-render. Und weil das so wichtig ist, müssen wir den Probiotischen & enzymreichen Salat regelmäßig essen, sozusagen als Ergänzung der Nahrungsergänzung durch Probiotika und Verdauungsenzyme. Vielleicht fragen Sie sich gerade: *„Und weshalb reicht es nicht aus, einfach nur die Pillen einzuwerfen?"* Um die bestmöglichen Ergebnisse zu erzielen, müssen wir mehrgleisig fahren. Das heißt, wir müssen bestimmte Lebensmittel *zusätzlich* konsumieren, um die bestmögliche Aufnahme und Verwertung der Nahrung sicherzustellen und unserem Körper die höchstmögliche Nährstoffmenge zuzuführen.

Wir können rohe milchsauer eingelegte Gemüse einfach in Gesundheits- und Bio-Läden kaufen (halten Sie im gekühlten Bereich Ausschau nach Fässern mit rohem Sauerkraut – hüten Sie sich jedoch vor den Produkten mit sehr hohem Salzgehalt!), sie aber genauso einfach zu Hause zubereiten. Und das in größeren Mengen, damit wir wirklich einen Vorrat haben, auf den wir regelmäßig zugreifen können. Sie brauchen nur etwas Zeit, um die Gemüse zu schneiden und etwas Geduld, um sie vergären zu lassen. Vertrauen Sie mir: Es ist wirklich ganz einfach. Und die Vorteile, die Sie aus dem ständigen Konsum der milchsauren Gemüse ziehen, sind jede Sekunde mehr als wert! Wenn wir unsere Ernährung umstellen und unser Aussehen und unser Wohlbefinden drastisch verbessern wollen, ist der regelmäßige Verzehr von milchsauer eingelegtem Gemüse ungeheuer wichtig. Ideal wäre eine halbe bis eine Tasse voll zum Abendessen, mindestens fünf Mal die Woche. Probieren Sie das Rezept für meinen Probiotischen & enzymreichen Salat in Kapitel 11 (siehe Seite 259) doch einfach mal aus! Mit etwas geschickter Planung wird es Ihnen sicher gelingen, sich einen ausreichend großen Vorrat im Kühlschrank anzulegen, sodass Sie eine Tagesration nur noch ein paar Cents kostet.

BEAUTY-DETOX-GEHEIMNIS NR. 4: MAGNESIUMOXID ALS NAHRUNGSERGÄNZUNG

Dieses hochwirksame Reinigungsmittel enthält Magnesiumoxid-Verbindungen, die ozonisiert und stablisiert wurden, um einatomigen oder naszenten („im Werden begriffenen") Sauerstoff über eine Zeit von zwölf Stunden oder länger in unser gesamtes

Verdauungssystem abzugeben. Das Magnesium dient dabei als Vehikel für den Transport des Sauerstoffs durch den gesamten Körper. Das Ganze hat die Wirkung, Gift- und Abfallstoffe behutsam zu lockern, abzulösen und aus dem Körper auszuschleusen.

Sauerstoff unterstützt außerdem das Wachstum nützlicher Bakterien, die entscheidend wichtig sind für eine gründliche Verdauung und eine gute Darmgesundheit. Magnesiumoxid-Nahrungsergänzungsmittel sind bei richtiger Anwendung sicher und sorgen für eine täglich fortdauernde Entgiftung. Befolgen Sie die Einnahmevorschriften auf dem Beipackzettel und verringern Sie die Dosis oder die Einnahmehäufigkeit, falls Sie irgendwelche Nebenwirkungen spüren.

Im Folgenden zähle ich Ihnen einige spezifische Vorteile der Magnesiumoxid-Nahrungsergänzung auf:

- Sie erhöht die Sauerstoffanreicherung im Körper, wodurch ein beachtlicher Reinigungseffekt erzielt wird, jedoch ohne den Körper zu reizen.
- Sie spaltet zusammengepresste toxische Abfallstoffe auf, die sich im Verdauungstrakt angesammelt haben, entgiftet sie und schleust sie aus.
- Durch diese Reinigung des Körpers von alten säurehaltigen Abfallprodukten hilft sie mit, den pH-Wert des Körpers zu erhöhen, d. h. sein Milieu wird wieder stärker basisch.
- Sie unterstützt die Selbstreinigungsmechanismen des Körpers, das kann bei Akne oder anderen Störungen des inneren Gleichgewichts helfen.
- Sie vermindert Blähungen, Gasbildung und Verstopfung.

Im Gegensatz zu synthetisch hergestellten Abführmitteln oder auch zu Kräutern mit stark abführender Wirkung (wie die Alexandrinische Senna) stellt sich bei einem qualitativ hochwertigen Magnesiumoxid-Nahrungsergänzungsmittel kein Gewöhnungseffekt ein, zudem stärkt es sämtliche Organfunktionen, weshalb man es auch ruhig regelmäßig einnehmen darf.

Dieses Nahrungsergänzungsmittel war auch mir auf meinem eigenen Weg hin zu einer fortlaufenden Entgiftung eine große Unterstützung, und ich habe viele verschiedene Marken und Darreichungsformen getestet, beispielsweise Pulver (igitt!) und Kapseln. Sie wurden für diejenigen meiner Klienten unverzichtbar, die entweder keine Möglichkeit haben, eine Darmspülung vornehmen zu lassen, oder sie sich nicht leisten können oder das Verfahren schlicht ablehnen. Für Sie selbst und Ihren eigenen Beauty-Detox-Plan ist es unabdingbar, dass Sie – zusätzlich zur richtigen Ernährung – ständig weiter „Schlamm aus Ihren Radspeichen" entfernen! Und diese Nahrungsergänzung hilft Ihnen genau dabei.

BEAUTY-DETOX-GEHEIMNIS NR. 5: SCHWERKRAFTBASIERTE DARMSPÜLUNGEN UND EINLÄUFE

Darmspülungen sind professionelle Anwendungen und kosten in Deutschland zwischen 70 und 100 Euro. Das ist zwar nicht gerade wenig Geld, aber meiner festen Überzeugung nach gehören richtig durchgeführte Darmspülungen zu den besten Körperreinigungsmethoden überhaupt. Bei der schwerkraftbasierten Darmspülung ist keine Maschine oder Apparatur beteiligt, mit deren Hilfe Wasserdruck aufgebaut wird, ansonsten läuft das Verfahren ähnlich ab wie die „übliche" Colon-Hydro-Therapie mit Apparat. Dem Patienten wird ein spezielles rohrförmiges Speculum mit einem zweiten Zugang und Schläuchen daran in den Anus eingeführt, durch den einen Zugang wird zuerst gereinigtes warmes Wasser aus einem erhöht stehenden Wassertank in den Darm geleitet, durch den anderen wird später der Darminhalt (die Abfallstoffe) ausgeschieden.

Zugegeben, das klingt nicht gerade nach einer rauschenden Ballnacht – man könnte es eher mit einer Fahrt durch die Powerwaschanlage vergleichen, bei der Sie den Unterboden Ihres Autos in 45 Minuten blitzblank gewienert bekommen. Die auf der Einleitung des Wassers mithilfe der Schwerkraft basierende Methode (daher der erhöht stehende Wassertank) sollte nicht wehtun oder als extrem unangenehm empfunden werden. Der nur leichte Druck, mit dem das warme Wasser eindringt, hilft, alte Abfallstoffe von den Darmwänden abzulösen und sie sofort auszuschwemmen. Dieser alte Schlamm muss raus aus unserem Verdauungssystem, um die „Radspeichen" zu säubern und sauberzuhalten. Selbst jemand mit häufigem Stuhlgang wäre vermutlich geschockt, wenn er oder sie sehen könnte, welche Mengen an Abfall unser Körper im Dickdarm zurückhalten kann und zurückhält, weil der Dickdarm aufgrund seiner Dehnbarkeit eine enorme Aufnahmekapazität besitzt. Und denken Sie daran: Unser Körper hat eine Betriebstemperatur von 37 Grad Celsius – genug, um den ganzen Giftmüll regelrecht „zusammenzubacken"!

Unser Dickdarm bildet das Kanalisationssystem unseres Körpers und speichert große Mengen des vor sich hin alternden Schlamms, den ich weiter vorne (siehe Seite 40ff.) schon ausführlich beschrieben habe. Ist unser Dickdarm dann irgendwann überlastet, drängt der Giftmüll weiter und besetzt den übrigen Verdauungstrakt, etwa die Leber, die Nieren etc. Durch die Darmreinigung bringen wir eine Kettenreaktion in Gang, bei der auch die anderen Organe im ganzen Körper gereinigt werden.

Obwohl das zunächst überhaupt nicht eingängig klingt, stimmt es doch: Je besser unsere Ernährung, desto öfter sollten wir eine Darmspülung durchführen lassen. Wenn

ENTGIFTEN FÜR DIE SCHÖNHEIT | 195

Antonia bringt sich ins Gleichgewicht

Die wahre Schönheitsgeschichte

Antonia Giovanni ist eine warmherzige, temperamentvolle Italienerin von Anfang fünfzig, die es liebt, ihre Großfamilie mit selbst gekochtem Essen zu verwöhnen. Diese Mahlzeiten sind üblicherweise sehr aufwendig zubereitet und umfassen mehrere Gänge. Zunächst nahm ihre 25-jährige Tochter Kontakt zu mir auf: Sie machte sich Sorgen um ihre Mutter, weil diese mehr als 25 Kilo Übergewicht mit sich herumschleppte – und das bei einer Größe von gerade mal 1,53 Metern! Inzwischen war es schon so weit, dass Antonia ein blutdrucksenkendes Medikament einnehmen musste und ihr die vorher so reichlich vorhandene Energie abhandengekommen war. Anstatt wie früher ihre Besorgungen zu erledigen und Zutaten für ihre leckeren Mahlzeiten einzukaufen, verbrachte sie nun immer mehr Zeit vor dem Fernseher oder thronte auf der offenen Veranda ihres Hauses in Brooklyn und hielt Schwätzchen mit den Nachbarn, die sie besuchen kamen.

Gleich bei unserem ersten Treffen machte mir Antonia unmissverständlich klar, dass ein vegetarischer Lebensstil für sie definitiv kein Thema war. Ich versicherte ihr, dass sie auch gar keine Vegetarierin zu werden brauchte. Dann besahen wir uns gemeinsam ihre Ernährung und nahmen erst einmal ein paar Umstellungen vor, insbesondere am Morgen. Wir setzten eine Menge rohes Gemüse auf ihren Speiseplan und „erleichterten" ihre Mittagsmahlzeiten.

Das Abendessen bildete für Antonia den Höhepunkt des Tages – und die Mahlzeiten waren entsprechend: beispielhaft für schlechte Lebensmittel-Kombinationen, etwa Pasta mit Fleischbällchen oder in Panade gebackenes Hühnchen etc. Mir war jedoch auch klar, dass Antonias kultureller Hintergrund und die Leidenschaft, mit der sie anspruchsvolle Gerichte für ihre Familie kochte, es nicht zulassen würden, all das zu streichen. Wenigstens nicht alles auf einmal. Also schlossen wir einen Handel: Sie konnte einige ihrer Lieblingsessen behalten, musste dafür aber ihre Portionsgrößen verringern und jede Abendmahlzeit mit einem Probiotischen & enzymreichen Salat beginnen.

Die Zubereitung des Probiotischen & enzymreichen Salats in ihrer eigenen Küche war für Antonia ein Kinderspiel, schließlich ist sie eine italienische Köchin. Sie hielt das Ganze nicht für „eine große Sache" und hatte auch nichts am Geschmack des milchsauren Gemüses auszusetzen. Und – haste gedacht: Als es um die Auswirkungen auf ihre Gesundheit ging, war es plötzlich doch eine große Sache! Allein durch die beschriebenen Veränderungen an ihrer Ernährung purzelten bei Antonia schon innerhalb weniger Wochen die Pfunde. Der Probiotische & enzymreiche Salat gab ihr so viel ab, dass ihre Portionen der folgenden Gerichte sogar noch kleiner ausfielen, als wir es besprochen hatten. Normalerweise war sie schon vor dem Nachtisch satt und hatte auch ihren Appetit darauf großenteils verloren. Dazu kam ein weiteres Plus: Sie verdaute ihre gesamte Nahrung sehr viel besser!

Ihre Darmtätigkeit war reger, sie besaß auch wieder mehr Energie, und nach fünf Monaten hatte Antonia schon mehr als 14 Kilo abgenommen! Es liegt zwar noch ein Berg Arbeit vor uns, aber wir sind auf dem richtigen Weg. Der Probiotische & enzymreiche Salat hatte den Schlüssel geliefert, indem er nicht nur Antonias Esslust gebremst hatte, sondern auch auf den alten Schlamm in ihrem Körper losgegangen war, um sie innerlich wieder ins Gleichgewicht zu bringen.

wir uns innerlich reinigen und dabei den alten „schlummernden" Giftmüll wieder zum Leben erwecken, helfen uns Darmspülungen dabei, die Unmengen von Abfallstoffen, die in unserem Körper verborgen waren, loszuwerden. Darmspülungen wirken auch großartig bei Menschen mit Akne und Hautausschlägen. *Doch wenn wir nicht zuallererst unsere Ernährung umstellen, bringen uns auch Darmspülungen nicht wirklich weiter.*

Halten Sie in Ihrer Gegend nach einem Heilpraktiker Ausschau, der die Methode der schwerkraftbasierten Darmspülung beherrscht und anwendet. Denn schwerkraftbasierte Darmspülungen verursachen kein größeres Unbehagen dadurch, dass Wasser im Körper „gehalten" werden müsste – ein Problem, das bei Darmspülungen, die mit hydraulisch gesteuertem Wasserdruck arbeiten, üblicherweise auftritt. Manche Menschen betrachten Darmspülungen als „ungesund", weil sie glauben, dadurch würden auch nützliche Bakterien aus unserem Verdauungstrakt herausgespült. Ich kann Ihnen jedoch versichern, dass jedes einzelne nützliche Bakterium, das vielleicht mit herausgespült wurde, durch die tägliche Einnahme eines Probiotikums und den regelmäßigen Genuss des Probiotischen & enzymreichen Salats sofort problemlos ersetzt wird. Schwerkraftbasierte Darmspülungen

---

❋ SCHÖNHEITSTIPP

Senna

Inzwischen sind einige Kräuter auf dem Markt, wie beispielsweise die Alexandrinische Senna (ein Johannisbrotgewächs) und *Cascara sagrada*, der Rindenextrakt eines Faulbaums, die im Rahmen bestimmter Körperreinigungsprogramme im Schnelldurchlauf als Abführmittel empfohlen wurden. Sie sollten von diesen Kräutern jedoch nur ganz selten Gebrauch machen, etwa wenn Sie ein paar Tage unterwegs waren und sich dabei eine Verstopfung eingehandelt haben. Bei regelmäßiger Einnahme können diese Kräuter eine Schwächung Ihrer Nebennieren verursachen!
Tatsächlich tragen geschwächte Nebennieren und Energieverluste langfristig zu Verstopfung bei. Senna sollte deshalb keinesfalls gewohnheitsmäßig eingenommen werden!

arbeiten – wie der Name schon sagt – mit der Schwerkraft und der Energie des Körpers, um ihn von den Abfallstoffen zu befreien, wodurch die natürlichen Darmkontraktionen (Darmperistaltik) und der natürlich stattfindende Stuhlgang gefördert und nicht etwa beeinträchtigt werden.

EINLÄUFE: DIE ALTERNATIVE ZUR DARMSPÜLUNG

An sich gibt es keinen wirklichen Ersatz für eine schwerkraftbasierte Darmspülung, doch ist diese nicht immer möglich, und es kann sie sich auch nicht jede(r) immer leisten. In diesen Fällen sind Sie mit einem Einlauf-Set zur Selbstanwendung gut beraten; diese Sets gibt es in einigen Drogeriemärkten, in Apotheken, Sanitätshäusern und (natürlich!) im Internet. Bei so einem Einlauf liegen Sie entspannt auf der Seite, durch einen Schlauch in Ihrem Anus wird Wasser aus einem Behälter mithilfe der Schwerkraft in Ihren Darm geleitet. Anschließend setzen Sie sich auf die Toilette, um die Abfallstoffe auszuscheiden. Wiederholen Sie das mehrmals. Und halten Sie sich strikt an die beiliegende Bedienungsanleitung! Wenn nur schmutziges Wasser aus Ihnen herausströmt und keine kompakteren Abfallstoffe, dann brechen Sie die Prozedur ab, damit Sie den Schlamm nicht noch tiefer in sich hineindrücken, und versuchen Sie es nach ein paar Tagen noch einmal.

Denken Sie daran: Ein sauberer Körper kann sich regenerieren, kann heilen und frische Nährstoffe aufnehmen. Wie wir die Abfallstoffe aus unserem Körper herausschaffen, ist genauso wichtig, wie die Qualität der Nahrung zu verbessern. Das liefert uns den Schlüssel, um jünger, schöner und dynamischer zu werden!

❁ SCHÖNHEITSTIPP

Bringen Sie die Farbe zurück in Ihr graues Haar!

Graue Haare können ein Anzeichen dafür sein, dass unser Körper Eiweiß und Mineralstoffe nicht richtig und nicht ausreichend aufnimmt. Wenn wir unser Verdauungssystem reinigen und mehr mineralstoff- und enzymreiche Lebensmittel in unsere Ernährung einbauen, kann es durchaus geschehen, dass die Originalfarbe in unser Haar zurückkehrt! Bei der großen Dr. Ann Wigmore, die immer dafür plädierte, Unmengen rohes Grünzeug zu essen und sich Greenies aus rohem Blattgemüse zu mixen, und die Darmspülungen empfahl, verwandelte sich das Grau auf natürliche Weise zurück in ihre ursprüngliche Haarfarbe – ein tiefes Schwarz!

KAPITEL 7

SCHÖN WERDEN

Die Schönheit wird die Welt retten.

Fjodor Dostojewski
Der Idiot

In den nächsten Kapiteln werde ich Sie mit dem Drei-Phasen-Programm des Beauty-Detox-Plans vertraut machen. Auf diesen Seiten erfahren Sie, wie Sie die überaus wirkungsvollen Körperreinigungsmethoden, die ich bisher schon so häufig angesprochen habe, in die Praxis umsetzen können. Bereits nach kurzer Zeit werden Sie die ersten Resultate sehen: ein klareres Hautbild, weniger ausgeprägte Augenringe, glänzenderes Haar und ein gesundes, strahlendes Leuchten von innen. Direkt von Anfang an werden Sie deutlich mehr Energie haben – eine „aufgefrischte" Energie, die Ihnen den ganzen Tag über erhalten bleibt – und dazu weniger Stress. Sie werden den Unterschied spüren, wenn Sie Schönheits-Energie freisetzen!

Bevor wir jetzt wirklich in das Thema einsteigen, möchte ich Ihnen jedoch unbedingt noch eines ans Herz legen: Es ist ungeheuer wichtig, dass Sie sich *langsam* durch diesen Prozess der Veränderungen bewegen! Wenn Ihnen allmählich bewusst wird, wie Sie durch ein immer stärker basisch werdendes Milieu im Körper Ihre Gesundheit und Schönheit unmittelbar beeinflussen können, könnten Sie leicht in allzu großen Enthusiasmus verfallen und Ihrer Ernährung eine Art „Generalüberholung" verpassen oder zu dem vorschnellen Schluss kommen, Sie sollten überhaupt nur noch rohes Obst und Gemüse essen … und zwar ab sofort! Genau das ist mir nämlich passiert. Ich war dermaßen fasziniert von den neuen Ernährungskonzepten, die ich kennenlernte, dass ich gleichsam über Nacht einschneidende Veränderungen vornahm. Ich habe zwar kein ernsthaftes Trauma erlitten, bin aber auf meinem Weg gegen etliche physische und geistige „Straßensperren und Entzugsmauern" geprallt – was ich Ihnen gerne ersparen möchte.

Außerdem bin ich mittlerweile davon überzeugt, dass es nicht immer realistisch ist, sich strikt auf Rohkost beschränken oder in irgendeine „Ernährungsschublade" passen zu wollen, wobei diese im Übrigen nicht unbedingt kompatibel ist mit der genetischen Veranlagung oder der individuellen Lebensführung eines Menschen. Dazu kommt, dass es absolut vorteilhaft sein kann und es uns erleichtert, am Gesamtkonzept festzuhalten, wenn wir die richtigen gekochten Lebensmittel mit auf unseren Speisezettel setzen. Ich selbst esse mittlerweile durchaus kleine Mengen von gekochtem Essen (Gemüse und basisch wirkende Getreide) und fühle mich wohler denn je! Eine Ernährung mit reichlich basisch wirkenden und einem kleinen Teil an gekochten Lebensmitteln ist gesünder als die eines eingeschworenen Rohköstlers, der Zentner von Agaven und dehydrierten, konzentrierten Lebensmitteln vertilgt und obendrein noch hektoliterweise Öl darüberschüttet!

DIE ENORME BEDEUTUNG DER ERNÄHRUNGS-UMSTELLUNG

Der Schlüssel zum Beauty-Detox-Plan ist die *Umstellung* der Ernährung. Im Zusammenhang mit der „fortdauernden Reinigung" bin ich schon darauf eingegangen, doch das Thema ist so wichtig, dass ich es an dieser Stelle vertiefen möchte. Die meisten Menschen sprechen nie von einer *Umstellung* oder einer *Übergangsphase*, doch gerade sie bildet die Grundlage für den langfristigen Erfolg. Warum das so ist? Denken Sie daran, dass die meisten von uns mindestens ein paar *Jahrzehnte* lang säurebildende Lebensmittel zu sich genommen haben, deren faulende und gärende Rückstände als „Schlamm" in unterschiedlicher Menge und Konsistenz in verschiedenen Teilen unseres Körpers hängen geblieben sind. Wenn wir uns nun eines Tages zu einer radikalen Veränderung unserer Ernährung entschließen, einer Ernährung mit hohem Anteil an basisch wirkenden Lebnsmitteln wie Obst und Gemüse, lassen wir damit auch die stärkstmöglichen „Reinigungskräfte" auf unseren Körper los.

Was passiert, wenn wir ein Dutzend Flaschen Abflussreiniger-Gel in einen verstopften Ausguss leeren? Wir lösen damit eine Unmenge Ablagerungen von den Rohrwänden und sollten unbedingt dafür sorgen, dass der gesamte Schmutz auch ja mit rausgespült wird. Andernfalls bleibt er unterwegs stecken, verklumpt sich mit Vorliebe in der Mitte, und wir sind schlechter dran, als wenn wir die Verkrustungen an den Seiten belassen hätten!

Genau das kann uns auch geschehen, wenn wir zu schnell zu drastische Veränderungen in unserer Ernährung vornehmen – selbst wenn wir auf sehr hochwertige Lebensmittel umsteigen. Wir wecken schlafende Dämonen im Körper – in Gestalt giftiger Abfallprodukte! Wenn wir nicht darauf achten, nur *begrenzte* Mengen von Toxinen auf einmal „aus dem Schlaf zu wecken", die den Körper dann unter kontrollierten Bedingungen verlassen können, erleben wir möglicherweise sehr unangenehme Nebenwirkungen, etwa Kopfschmerzen, Übelkeit, Schwindel, Ausschläge und andere Hautprobleme sowie Durchfall und fühlen uns richtiggehend krank. In manchen Fällen, wenn große Mengen säurehaltiger Abfallstoffe aufgewühlt wurden, muss der Körper mehr Wasser speichern, um sie zu neutralisieren, und wir fühlen uns gleich am Anfang ein paar Pfund schwerer. Machen Sie sich keine Sorgen: Das geht vorbei!

Entscheidend ist, dass wir unsere Ernährung *in der richtigen Weise umstellen*. Wenn die Giftstoffe nicht schnell oder nicht allesamt aus dem Körper ausgeschieden werden, haben wir nur Gift reaktiviert und an die Oberfläche gebracht, wo es dann von den Geweben aufgenommen wird. Das habe ich viel zu häufig bei übereifrigen Klienten und Lesern meines

Blogs erlebt! Oftmals fühlen sich Menschen geschwächt, wenn sie gerade dabei sind, sich auf stärker basisch wirkende Lebensmittel und eine vegetarische Lebensweise umzustellen. Und dann bekommen sie von ihrer Familie und den Freunden zu hören: „Siehst du, du kannst dich eben doch nicht auf diese Art ernähren! Es bekommt deinem Körper nicht, und dir fehlen Eiweiß und Nährstoffe!" Sind Sie schon mal jemandem begegnet, der Vegetarier werden wollte und sich nach ein paar Wochen oder Monaten allmählich hundeelend fühlte? Der betreffende Mensch wird also zum Fleischkonsum und zu seiner vorherigen Ernährungsweise insgesamt zurückkehren – und es wird ihm schlagartig wieder *besser* gehen. Warum?

Was da tatsächlich los ist, hat nichts mit einer Mangelernährung zu tun oder damit, dass Hauptnährstoffe wie Eiweiß fehlen (natürlich nur unter der Voraussetzung, dass die betreffende Person den Beauty-Detox-Plan einhält, der auf Grünzeug und anderen pflanzlichen Lebensmitteln basiert). Vielmehr wird die- oder derjenige von innen her vergiftet – von den toxischen Abfallstoffen, die die neu in die Ernährung eingebrachten machtvollen „Reinigungs-Lebensmittel" losgerüttelt und aufgerührt haben. Diese Abfallstoffe, die alten säurehaltigen giftigen Verdauungsrückstände, hindern uns daran, ausreichend Nährstoffe in unseren Körper aufzunehmen und zu verwerten. Und genau deshalb ist es so wesentlich, seine Ernährung behutsam umzustellen und den Körper währenddessen fortlaufend weiter zu entgiften, damit der Durchbruch auf neue Ebenen von Gesundheit, Heilung und Schönheit gelingt.

Die drei Phasen des Beauty-Detox-Plans – „Aufblühende Schönheit", „Erstrahlende Schönheit" und „Wahre Schönheit" – berücksichtigen das. Es ist wesentlich, dass Sie Ihre Entgiftung von Phase zu Phase weiterführen, damit Sie ganz allmählich und kontrolliert bei einer Ernährung mit einem hohen Anteil basisch wirkender Lebensmittel ankommen.

Und ganz gleich, in welcher Phase Sie sich gerade befinden – Sie werden Ergebnisse sehen.

Der BDP ist kein „Körperreinigungsprogramm" oder eine „Diät" im Sinne von etwas, das wir drei Wochen oder ein paar Monate lang anwenden, um danach zu unseren alten Gewohnheiten zurückzukehren. Der BDP ist eine wirklich auf Dauer angelegte Ernährungsweise, ein Lebensstil. Und deshalb ist hier keine Eile angesagt – Sie müssen nicht „losrennen", um gleich

SCHÖN WERDEN | 203

Die wahre Schönheits-geschichte

Sarah lernt dazu

Sarah Lewis, 25, ist ein klassisches Beispiel für jemanden, dem es mit den Veränderungen an seiner Ernährung nicht schnell genug gehen kann. Sie gehört zu den Leserinnen meines Blogs und lebt in Denver, Colorado. Also haben wir die Ernährungsberatungen am Telefon abgehalten. Sarah wollte rund 3,5 Kilo loswerden und etwas für ihre Haut tun. Ich riet ihr, die Veränderungen an ihrem Speiseplan eine nach der anderen vorzunehmen, damit ihr Körper Schritt halten konnte und die Entgiftung nicht zu rasch vonstatten gehen würde. Sie fing mit kleineren Veränderungen an und verlor schon in der ersten Woche 3,5 Pfund! Ihr Energielevel ging richtig schön hoch – und: Anstatt die besprochenen langsamen Schritte zu tun, geriet Sarah in einen Strudel von Übereifer und stellte ihre Ernährung binnen nur weniger Wochen von „viel gekochte Speisen mit hohem Fleischanteil" auf reine Rohkost um.

Eines Nachmittags rief sie mich an, ihre Stimme klang hohl und weit, weit weg, was ich zunächst auf eine schlechte Verbindung schob. Doch dann hörte ich sie klagen: „Ich liege im Bad auf dem Boden, mir ist total schwindlig, außerdem habe ich Durchfall und brüllende Kopfschmerzen. Mir geht's bescheiden." Sarah war bös abgestürzt: aus der luftigen Höhe von „Ich könnte Bäume ausreißen" hinunter auf den Badezimmerboden zu „Ich fühl' mich hundeelend". Sie hatte die Veränderungen zu stark forciert, und ihre neue Ernährung hatte alte Giftstoffe aufgerührt, gegen die ihr Körper nun verzweifelt ankämpfte, weil er sie ausscheiden wollte. Ich erklärte ihr: „Ihnen geht gar nichts ab. Es liegt auch nicht daran, dass die neue Ernährung nicht für Sie geeignet wäre. Es liegt daran, dass Sie zu schnell vorgegangen sind und Ihre Ernährung zu abrupt verändert haben, ohne sich dabei kontrolliert zu reinigen!"

Also bauten wir in Sarahs Ernährung wieder gekochte Gerichte und schwerer verdauliche Lebensmittel ein, um den Reinigungsprozess zu verlangsamen. Schließlich gelangte Sarah auf ein annehmbares Übergangsniveau. Sie fühlte sich rasch besser und hatte ihre Lektion gelernt! Seit dem Beginn unserer Zusammenarbeit sind mittlerweile 14 Monate verstrichen, und Sarah hat einige wesentliche Veränderungen in ihrer Ernährung vorgenommen, aber festgestellt, dass eine zu 100 Prozent vegane Lebensweise nicht wirklich ihr Ding ist. Das muss ja auch gar nicht sein! Schließlich liebt sie Fisch, Eier und gesunde Getreidearten. Sie hat 5 Kilo abgenommen, ihre Haut strahlt und ihr Körper ist straff geworden. Sie hat mir ein neues Foto von sich geschickt – und ich muss sagen: Sie sieht einfach klasse aus! Wir haben eine ausgeglichene Ernährungsweise für sie gefunden, mit der sie sich pudelwohl fühlt und die zu ihrem Lebensstil passt.

anzukommen. Nehmen Sie sich Zeit für die Veränderungen und drosseln Sie unbedingt das Tempo Ihrer Umstellung, während Sie sich mit den allgemeinen Grundsätzen und Vorgehensweisen der jeweiligen Phase vertraut machen.

DIE SCHÖNHEITS-PHASEN

Jetzt sind Sie an der Reihe. Sie können es. Machen Sie es sich zu eigen und eignen Sie es sich an. Es gibt eine Phase, die zu Ihrem Lebensstil und zu Ihrem Einkommen passt und Sie dort abholt, wo Sie gerade sind.

FINDEN SIE IHRE SCHÖNHEITS-PHASE

Jetzt kann es endlich losgehen! Jetzt, wo Sie Teil 1 ganz gelesen haben (und das haben Sie doch, oder?), können Sie auch wirklich verstehen, warum die einzelnen Phasen *genau so* strukturiert sind und nicht anders. Sie haben neue Einsichten gewonnen, anhand derer Sie beurteilen können, welche Lebensmittel gesund sind und weshalb, und Sie haben gelernt, wie Sie Ihre Lebensmittel richtig kombinieren und in welcher Reihenfolge Sie sie tagsüber essen sollten, um möglichst viel Schönheits-Energie daraus zu beziehen.

Unabhängig davon, in welche Phase Sie eintreten: Sie werden in jedem Fall enorm profitieren, weil Ihr Körper eine Unmenge basisch wirkender, chlorophyllreicher pflanzlicher Nahrungsmittel aufnimmt; und mit der Ausscheidung des „Schlamms" beginnt dann Ihre wirkliche Verjüngung. Obwohl diese neue Ernährungsweise vielleicht in krassem Gegensatz zu Ihren bisherigen Essgewohnheiten steht oder gegen alle Ihnen bisher bekannten Ernährungsrichtlinien verstößt, vertraue ich darauf, dass Ihnen – wenn Sie die ersten positiven Ergebnisse am eigenen Leib erfahren haben – klar sein wird, dass Sie mit dem Beauty-Detox-Plan die richtige Lösung gefunden haben!

DIE PHASE DER „AUFBLÜHENDEN SCHÖNHEIT"

In dieser Phase haben Sie alle Zeit, um sich an Ihre neue, basisch wirkende Ernährung zu gewöhnen, eine Ernährung, die sich hauptsächlich aus den Bestandteilen des Beauty-Food-Kreises zusammensetzt. Sie brauchen sich dafür weder neue Küchengeräte zu kaufen noch wird Ihnen alles fremd erscheinen: Viele der hier vertretenen Lebensmittel sind einfach nur höherwertige Varianten der Ihnen längst vertrauten Dinge. Auch ohne drastische Veränderungen an Ihrer Ernährung werden Sie gewaltige Fortschritte machen – dank des basisch wirkenden Grünzeugs und der richtigen Lebensmittel-Kombinationen, die Sie mit Genuss essen werden! Sie werden mehr Energie und weniger Blähungen haben, und Sie werden Gewicht verlieren, vor allem um den Bauch herum.

Um die Veränderungen nicht zu sehr zu beschleunigen, werden Sie zum Frühstück und zu Mittag etwas gekochtes Getreide essen. Tierische Erzeugnisse – außer Milchprodukte!

– können Sie beibehalten, allerdings nur ein Mal pro Tag und erst im Rahmen Ihrer Abendmahlzeit, denn andernfalls würden Sie gegen das Prinzip „Von leicht nach schwer" verstoßen. Raffinierten Zucker und hochraffinierte Kohlenhydrate werden Sie ganz weglassen und sich von glutenhaltigen Nahrungsmitteln wie Weizen, Roggen und Gerste allmählich verabschieden, da diese schwer verdaulich sind und Blähungen hervorrufen. Doch machen Sie sich keine Sorgen – Sie werden nichts von alledem vermissen, da Sie ja auf Schönheits-Getreide, beispielsweise Quinoa und Hirse, zurückgreifen können, wie auch auf Produkte daraus: Brot, Cracker und Nudeln.

Sollten Sie mehr als 25 Kilo Übergewicht haben, unter Erschöpfung leiden, vielleicht den Verdacht auf eine Candida-Infektion hegen, mit einer Menge Hautproblemen kämpfen und/oder absoluter Neuling auf dem Gebiet der Ernährung sein, dann empfehle ich Ihnen als Beginn die Phase der „Aufblühenden Schönheit". Wenn Sie daran gewöhnt sind, fünf Mal am Tag tierisches Eiweiß in irgendeiner Form zu konsumieren, dann dürfte die „Aufblühende Schönheit" der richtige Einstieg für Sie sein. Falls Ihnen jedoch der Sinn danach steht, sich direkt auf den Glowing Green Smoothie zu stürzen und Sie keine der eingangs erwähnten Schwierigkeiten haben, dann dürfen Sie direkt in die Phase der „Erstrahlenden Schönheit" eintauchen!

DIE PHASE DER „ERSTRAHLENDEN SCHÖNHEIT"

In dieser Phase erwartet Sie der Glowing Green Smoothie, den Sie lieben werden! Vormittags werden Sie nur basisch wirkende pflanzliche Nahrung zu sich nehmen – kein gekochtes Getreide mehr zum Frühstück. Das verlängert den „Reinigungsmodus", worin sich Ihr Körper die ganze Nacht über befunden hat, und erhöht jeden Tag und jede Woche die Zahl der Stunden, in der Sie sich innerlich reinigen – auf diese Weise säubern Sie Ihre „Radspeichen" fortlaufend von immer mehr Schlamm!

Sie werden Ihren Konsum von Tierprodukten noch stärker herunterfahren, doch ein paarmal in der Woche können Sie weiter welche essen, vor allem Fisch und Eier. Sie werden Unmengen der Schönheits-Fette aus Avocados zu sich nehmen, dazu die Schönheits-Getreide und die Erzeugnisse daraus.

Das ist die Phase, in der Sie die vielleicht eindrucksvollsten Ergebnisse erzielen und das meiste Gewicht verlieren werden! Ihr Teint wird zart und strahlend, Ihre Augenringe verschwinden allmählich, und Ihre Haare glänzen.

DIE PHASE DER „WAHREN SCHÖNHEIT"

In dieser Phase werden Sie morgens einen Glowing Green Juice trinken – oder beim Glowing Green Smoothie bleiben, falls Sie den lieber mögen. Sie werden Ihren Konsum an

Tierprodukten auf kleine Mengen an Fisch, Eiern und Ziegenkäse beschränken und Landtiere komplett von Ihrem Speisezettel streichen. Es kann auch sein, dass Sie an diesem Punkt des BDP für sich beschließen, überhaupt auf tierische Erzeugnisse zu verzichten.

Sie werden auch morgens, mittags und nachmittags kein gekochtes Getreide mehr verzehren, das hält Ihren Verdauungstrakt noch länger sauber und beschleunigt den Reinigungsvorgang über einen längeren Zeitraum. Dieses vergleichsweise hohe Ernährungsniveau mag nicht bei allen Menschen zur genetischen Veranlagung und/oder zum Lebensstil passen. Wenn Sie aus der Phase der „Erstrahlenden Schönheit" hierher übergewechselt sind, aber dann feststellen, dass Phase 3 für Sie einen täglichen Kampf bedeutet und Ihnen die Anstrengung zu groß ist, oder Sie das Empfinden haben, Ihnen werde etwas vorenthalten, oder Ihnen Ihre Ernährung zu viel Kopfzerbrechen bereitet, dann sollten Sie besser in die Phase der „Erstrahlenden Schönheit" zurückkehren. Das kann dann auch langfristig die richtige Phase für Sie sein! Doch wenn Sie sich in der Phase der „Wahren Schönheit" zu Hause fühlen, dann werden Sie zur Belohnung auf eine sehr hohe Stufe von Gesundheit und Schönheit gehoben.

❀ SCHÖNHEITSTIPP

Bleiben Sie dran!

Solange wir nicht aufgeben, machen wir immer weitere Fortschritte! Bleiben Sie in der Phase, in der Sie gerade sind – und sollten Sie einmal vom Weg abkommen, dann kehren Sie eben gleich wieder auf den richtigen Pfad zurück. Sie verfügen *wirklich* über die innere Stärke und Kraft, um Ihr Allgemeinbefinden zu verbessern und einfach großartig auszusehen. Behalten Sie Ihre übergeordneten Ziele immer im Auge.

Stellen Sie sich im Geist ganz plastisch vor, wie Sie aussehen und sich fühlen wollen – und bleiben Sie dran! Jetzt kommt Ihre große Zeit! Machen Sie sie dazu. Machen Sie sich das zu eigen.

BASISRICHTLINIEN FÜR DIE ERNÄHRUNGSUMSTELLUNG

- Bleiben Sie mindestens einen Monat in einer Phase, bevor Sie wechseln.

- Wenn Sie sich in einer Phase wohlfühlen, können Sie so lange darin bleiben, wie Sie möchten. Sie werden auf jeder Ebene Verbesserungen erfahren; der größte Umschwung erwartet Sie beim Einstieg oder Wechsel in die Phase der „Erstrahlenden Schönheit", wenn Sie den Glowing Green Smoothie als „Verbündeten" bekommen. Sobald Sie höhere Ergebnisse erzielen möchten, können Sie einen Schritt nach vorne tun und in die nächste Phase einsteigen. Das Ausmaß der von Ihnen gewünschten Fortschritte und Ihr gegenwärtiger Gesundheitszustand werden Ihnen die Geschweindigkeit vorgeben, mit der Sie die einzelnen Phasen durchlaufen.

- Wenn Sie zwar abnehmen und sich wohlfühlen, Sie das Durchhalten jedoch sehr viel Disziplin kostet – Sie träumen ständig von bestimmten Speisen und halten sich nur mit großer Willensanstrengung auf dem vorgegebenen Weg, während sich ein Teil von Ihnen heftig nach Ihrer früheren Ernährungsweise zurücksehnt – dann sind Sie noch nicht bereit für die nächste Phase. Hunger und Gelüste auf bestimmte Lebensmittel zeigen an, dass Ihrem Körper die neue Ernährung immer noch zu restriktiv ist. Gehen Sie also auf die nächstuntere Stufe zurück oder bleiben Sie so lange auf der derzeitigen, bis sich für Sie alles ganz angenehm und natürlich anfühlt. Bleiben Sie so lange in derselben Phase, bis Ihnen die damit verbundene Lebensweise völlig selbstverständlich geworden ist und alles ganz automatisch abläuft – ohne dass Sie darüber nachdenken müssten. Wenn Sie diesen Zeitpunkt nicht abwarten und früher in die nächste Phase überwechseln, werden Sie das Gefühl haben, sich kasteien zu müssen und anfangen zu „mogeln".

- Fangen Sie bitte nicht an, zu kritisch mit sich umzugehen, treten Sie auch nicht in Konkurrenz zu sich selbst und verurteilen Sie sich nicht etwa für Momente der Schwäche! Denken Sie immer daran, dass Sie sich ja einen völlig neuen Lebensstil erschaffen. Nehmen Sie sich viel Zeit für Ihre Umstellungsphase!

- Am besten halten Sie die Dinge so einfach wie möglich: Was wir mehr als andere brauchen, ist massenhaft Salat und Grünzeug. Wir müssen umdenken lernen und den Salat nicht länger als Vorspeise oder Beilage betrachten, sondern als *Hauptgang* einer Mahlzeit. Und verkünsteln Sie sich bitte nicht mit exotischen oder sonstwie ausgefallenen Rezepten, sammeln Sie lieber ein paar gute Grundrezepte für Salate und Gemüse- und/oder Getreidegerichte, die Sie richtig gerne mögen und die Sie immer nach Lust und Laune abwandeln können.

Und was ist mit Salz?

Wir haben vielleicht ja auch schon damit argumentiert, dass Salz ein Würzmittel ohne Kalorien ist und es fertigbringt, fade schmeckende Speisen in echte Gaumenfreuden zu verwandeln. Nun – die Tage des grenzenlosen Salzkonsums sind vorüber! Wir streben nach ausgezeichneter Gesundheit und größtmöglicher Schönheit. Zu viel Salz kann uns auf diesem Weg ein Stück zurückwerfen. Salz kann das Risiko einer Herzerkrankung, von Bluthochdruck und Nierenleiden erhöhen.

Über Kochsalz brauchen wir gar nicht erst zu diskutieren, das ist nichts anderes als denaturiertes Natriumchlorid und reines Gift für uns – also bitte *sofort völlig* vom Speisezettel streichen! Es ist ein „hungriges" oder biologisch unvollständiges Molekül, das Kalzium und andere Mineralstoffe aus unserem Körper laugt, und dafür sorgt, dass sie mit dem Urin ausgeschieden werden. Koch- oder Tafelsalz ist tote Materie, ofengetrocknet, es wurde hochtechnischen Verfahren unterzogen (hochprozessiert) und ist hochgiftig – und daher eine ernsthafte Gesundheitsgefahr für unseren Körper. Kochsalz erschafft auch „unechtes Fett", indem es uns aufbläht und deutlich schwerer aussehen lässt, als wir tatsächlich sind. Wir müssen unbedingt die Finger davon lassen! Werfen Sie es am besten jetzt sofort in den Müll! Und widerstehen Sie dem Bedürfnis, nach dem Salzstreuer zu greifen, wo auch immer Sie essen mögen.

Bestimmte Salze, wie etwa das „keltische" Meersalz (eigentlich *Sel gris*, es stammt von der bretonischen Atlantikküste) und andere unraffinierte, undestillierte (Meer-) Salze aus dem Bio- oder Gesundheitsladen ohne Beimengungen anderer Stoffe, wie beispielsweise Rieselhilfen, dürfen Sie für besondere Gerichte verwenden – aber nur ganz vorsichtig und sparsam! Die Meersalze werden von Sonne und Wind getrocknet, sind folglich naturbelassen und enthalten Enzyme sowie eine Menge Mineralstoffe und Spurenelemente. Darunter auch Magnesium, das allerdings nur in Meersalz mit einer bestimmten Restfeuchtigkeit vorkommt. Es zählt zu den Mineralstoffen, die wir am dringendsten brauchen, weil es zahlreiche Funktionen in unserem Körper übernimmt, beispielsweise als Koenzym für über 300 Enzyme bei der Entgiftung hilft. (Schauen Sie sich das Packungsetikett genau an, es muss „von Sonne und Wind getrocknet" darauf stehen.) Billigere Meersalze können nach wie vor im Ofen getrocknet worden sein. Meeresgemüse, wie Seetang und Algen, schmecken salzig, enthalten aber nur wenig Natrium und machen sich großartig in Salaten sowie Gemüsegerichten und weiteres Salzen überflüssig. Je weniger Salz wir verbrauchen, desto besser. 1 bis 1,5 Gramm Salz pro Tag *oder weniger* ist eine verträgliche Menge. Die meisten Menschen sind bei ihrem Essen an einen sehr salzbetonten Geschmack gewöhnt, weil wir so viele verarbeitete Lebensmittel und Fertiggerichte konsumieren, in denen Unmengen von Salz stecken. Je größer unser Abstand zu solchen Industrieprodukten und je stärker wir uns naturbelassenen Lebensmitteln zuwenden, desto feiner werden unsere Geschmacksknospen auf besondere, feine Geschmacksnuancen reagieren – und wir unsere „Salzberge" überhaupt nicht vermissen!

DIE GRUNDLAGEN DER SCHÖNHEITS-PHASEN

Im Folgenden mache ich Sie mit dem Herzstück des Beauty-Detox-Plans vertraut, den Kernsätzen, die für jede Schönheits-Phase gelten.

1 | **Denken Sie an die Beauty-Foods.**
Denken Sie daran, dass die Ernährung innerhalb des BDP hauptsächlich auf Rohkost basiert. Grünzeug & Obst & Gemüse sind die eigentlichen Hauptdarsteller in unserem Ernährungsschauspiel. Sie liefern uns die Vitamine, Aminosäuren, Mineral-, Ballast- und anderen Nährstoffe, die wir brauchen, um uns bestmöglich zu fühlen und auch dementsprechend auszusehen.

Hier einige wichtige Gedächtnisstützen:

- Primärer Bestandteil der Mahlzeiten sollte Rohkost sein, die immer als Erstes gegessen wird. Der Salat kommt daher auch zuerst, die einstige Vorspeise ist beim BDP jedoch zum umfangreichen Hauptgericht avanciert. Behalten Sie den Beauty-Food-Kreis im Kopf und versuchen Sie, 80 Prozent (es dürfen auch mehr sein) Ihrer Mahlzeiten aus basisch wirkenden Lebensmitteln zu bestreiten.

- In Phase 2 kommen die Greenies ins Spiel. Widerstehen Sie dem Drang, sie einfach herunterzukippen! „Kauen" Sie sie beim Trinken, damit die Masse gründlich mit Speichel durchmischt wird, um den Verdauungsprozess anzuregen und die Nährstoffaufnahme zu optimieren. Wenn Sie die Greenies zu schnell trinken, können Sie Blähungen bekommen – und das wollen wir doch auf jeden Fall vermeiden …

- Seien Sie immer gewappnet! Wenn Sie auf eine Party gehen oder zum Chinesen oder verreisen oder sich in irgendeine andere Situation begeben, wo Rohkost schwer aufzutreiben sein dürfte, stecken Sie sich ein paar Karotten oder Stangenselleriestücke ein, die Sie dann eine Stunde vor der jeweiligen „fremden" Mahlzeit knabbern.

- Raffinierte Kohlenhydrate in Form raffinierter, verarbeiteter Stärken und raffinierter, prozessierter Zucker oder Süßstoffe sind komplett gestrichen. In Kapitel 5 finden Sie jede Menge Schönheits-Getreide und -Stärken.

- Milchprodukte sind schlechte Nahrungsmittel und kommen deshalb in keiner Phase des BDP vor. Sollten Sie die Gründe dafür noch einmal nachlesen wollen, schauen Sie in Kapitel 5 auf Seite 139.

Wie steht es mit Nahrungsergänzungsmitteln?

Nahrungsergänzungsmittel können *niemals* als Ersatz für eine gesunde Ernährung auf der Basis frischen Grünzeugs und anderer Rohkost dienen. Dennoch empfehle ich vielen meiner Klienten ein hochwertiges, auf organischen Rohstoffen basierendes und organisch hergestelltes Multivitamin/Multimineralstoff-Ergänzungsmittel, wenn sie in Sorge sind, ihre Ernährung könnte nicht ausgewogen genug sein. Sie können die Nahrungs-supplemente als eine Art „Versicherung für alle Fälle" betrachten. Die meisten von uns sollten sich Vitamin D_3 zusätzlich zuführen und meine vegan lebenden Freunde Vitamin B_{12}. Darüber hinaus sollten Sie immer Nahrungsergänzungen mit Probiotika und solche mit Verdauungsenzymen einnehmen, außerdem Magnesiumoxid und gemahlene/geschrotete oder frische Leinsamen (ein Esslöffel davon deckt Ihren Tagesbedarf an Omega-3-Fettsäuren).

2 | **Essen Sie nur, wenn Sie wirklich Hunger haben.**

Essen Sie niemals, wenn Sie nicht wirklich hungrig sind, beispielsweise morgens direkt nach dem Aufwachen. Widerstehen Sie dem „Frühstückszwang", nur weil „Frühstückszeit" ist. Warten Sie ab, bis Sie tatsächlich etwas zu essen brauchen. Mit der Zeit, wenn unser Körper immer gesünder wird und deutlich besser im Gleichgewicht ist, kommen wir in besseren Kontakt mit unseren Körperempfindungen – auch mit den echten Hungergefühlen.

3 | **Halten Sie sich an die BFK und das Prinzip „Von leicht nach schwer".**

Es ist zwingend erforderlich, dass wir sowohl der Zusammenstellung unserer Lebensmittel bzw. Mahlzeiten als auch ihrer Reihenfolge unsere volle Aufmerksamkeit widmen. Das heißt, wir müssen die Beauty-Food-Kombinationen (BFK) und das Prinzip „Von leicht nach schwer (essen)" anwenden, denn das ist nicht nur wesentlich, um schnell Fortschritte zu erzielen, es ist der Schlüssel zum ganzen Programm des BDP!

Die richtige Reihenfolge und die richtige Zusammenstellung sorgen dafür, dass unsere Nahrung ständig weiterwandert auf ihrem Weg durch unseren Körper und nicht ins Stocken gerät („Verkehrsstau"!). Deshalb sollten Sie niemals gegen diese Grundregeln verstoßen – mit Ausnahme gelegentlicher „Ausrutscher" beim Abendessen.

Tagsüber schwelgen wir in pflanzlichen Lebensmitteln, dazu gehören Greenies, wasser- und ballaststoffreiche Salate, Gemüse und Obst. Je mehr Grünfutter und Obst wir essen, desto schöner werden wir! Das Abendessen bildet die einzige Mahlzeit des Tages, bei der wir konzentriertes Eiweiß zu uns nehmen, sodass wir keinen Verkehrsstau

✿ SCHÖNHEITSTIPP

Auswärts essen

Es ist absolut möglich (und auch total einfach!) in einem Restaurant zu essen und sich dabei trotzdem an den BDP zu halten, ganz gleich, in welcher Phase Sie sich gerade befinden. Der BDP verlangt nicht von Ihnen, irgendwelche sonderbaren oder sehr seltenen Dinge zu bestellen oder zu essen. Sie werden sehen, dass er Ihnen genug Spielraum lässt, um daran festzuhalten und trotzdem in den meisten Restaurants essen und sich an verschiedenen Landesküchen erfreuen zu können. Beginnen Sie immer mit einem Salat. Wenn das betreffende Lokal nur wirklich kümmerliche Beilagensalate anbietet, dann bestellen Sie einfach zwei davon – das mache ich auch oft. Überlegen Sie sich vorher, ob Sie eine Mahlzeit aus konzentrierten Stärken oder aus konzentriertem Eiweiß zusammen mit Gemüse essen wollen und geben Sie eine entsprechende Bestellung auf. So könnten Sie beispielsweise Salat gefolgt von Fisch und Gemüse oder Salat gefolgt von Pasta *alla marinara-americana* oder braunem Reis (Vollkornreis) und Gemüse essen. In asiatischen Restaurants, vor allem bei den Thailändern, werden Sie sich mit am Leichtesten tun, denn sie haben im Allgemeinen eine ganze Reihe von Gemüsevorspeisen auf der Karte. Ich versuche immer, meine Familie, Freunde oder Geschäftspartner in diese Richtung zu manövrieren. Wenn Sie aber gerne zum Pizzaessen in eine gemütliche italienische Osteria gehen wollen, dann bitten Sie doch den Koch, Ihnen statt des Kuhkäses Ziegenkäse auf Ihre Pizza zu legen! Ich komponiere mir manchmal selbst eine doppelte Portion Salat aus einem Berg von Beilagengemüse, etwa aus sautiertem Spinat, Pilzen oder Spargel, danach esse ich eine Gemüsesuppe. Ich finde immer etwas!

Doch ganz gleich, was Sie essen: Bestellen Sie nie Obst zum Nachtisch oder eine Süßspeise mit Früchten darin (siehe Seite 76). Und vergessen Sie nicht, direkt vor dem Essen Ihre Verdauungsenzyme einzunehmen!

---

hervorrufen, während wir den restlichen Tag über permanent Schönheits-Energie aus dem Verdauungsprozess befreien.

4 **Reinigen Sie Ihren Körper kontinuierlich.**

Für die ständig fortlaufende Körperreinigung ist es wichtig, dass Sie sich die Einnahme von Probiotika, Verdauungsenzymen sowie einer Magnesiumoxid-Nahrungsergänzung zur Gewohnheit machen und auch tüchtige Mengen meines „Probiotischen & enzymreichen Salats" essen. Von der andauernden Körperreinigung ist auch die Nährstoffaufnahme abhängig: Wenn Sie Ihren Körper immer weiter reinigen, nehmen Sie auch immer mehr

Schönheits-Nährstoffe auf. Professionell durchgeführte Darmspülungen (oder Einläufe in Selbstanwendung zu Hause) sind ebenfalls sehr empfehlenswert. Was wir an Abfallstoffen (Stichwort „Schlamm") aus unserem Körper hinausbefördern, ist ebenso wichtig wie das, was wir ihm zuführen. Je mehr Rohkost wir essen, desto mehr alte Giftstoffe werden wieder zum Leben erweckt, und desto wichtiger und hilfreicher sind Darmspülungen.

RICHTLINIEN FÜR DIE BEAUTY-DETOX-PORTIONSGRÖSSEN

In der gegenüberstehenden Übersicht habe ich Ihnen ein paar allgemeine Richtlinien für Portionsgrößen zusammengestellt. Doch da Menschen sehr verschieden sind – im Hinblick auf ihre genetische Veranlagung, ihre Konstitution, den Stoffwechsel, ihre körperliche Fitness (Ausgleichssport!) und ihr Gewicht –, sollten Sie selbst Ihre Ernährung wie auch die Größe Ihrer Portionen individuell für sich „maßschneidern".

❀ SCHÖNHEITSTIPP

Wählen Sie Ihr Gift sorgfältig ...

Obwohl der Konsum von Alkohol grundsätzlich begrenzt werden sollte, ist mir natürlich auch klar, dass nicht alle Menschen für den ganzen Rest ihres Lebens dem Alkohol entsagen und nie mehr auch nur einen einzigen Schluck trinken werden. Der Trick im Umgang mit Alkohol liegt in der klugen Wahl:

Wein in Maßen ist in Ordnung, zumal er Flavonoide und Antioxidantien enthält. Greifen Sie aber zu Wein aus organischem Anbau oder wenigstens in Bio-Qualität, weil möglichst keine Sulfite darin sein sollten. Obwohl er vergoren ist und immer einen gewissen Zuckeranteil hat, setzt Wein unserer Leber doch nicht ganz so schwer zu wie die berühmten „harten Sachen".

Die schlimmsten und giftigsten alkoholischen Getränke sind die gebrauten Biere und die gebrannten Schnäpse, wie Tequila und Rum, denn sie bringen den Blutzuckerspiegel durcheinander und rufen Blähungen hervor. Wenn Sie wirklich dringend einen Cocktail trinken wollen, dann halten Sie sich an Wodka. Und sollten Sie wirklich nicht auf Ihr gelegentliches Bier verzichten wollen (etwa am Vatertag oder zum Oktoberfest), dann trinken Sie wenigstens ein untergäriges Dunkles, da sind mehr Mineralstoffe drin als in den helleren stärker vergorenen und gefilterten Biersorten. Da die Kohlenhydrate aus dem Dunklen langsamer in den Blutkreislauf aufgenommen werden, bringt es auch den Blutzuckerspiegel nicht ganz so aus dem Häuschen.

LEBENSMITTEL	MENGE
ROHES GRÜNZEUG, STÄRKELOSE GEMÜSESORTEN	unbegrenzt
GEKOCHTE STÄRKELOSE GEMÜSE (GEDÄMPFT, GEBACKEN ODER OHNE BZW. IN GANZ WENIG ÖL ANGESCHWENKT)	unbegrenzt
OBST	Wenn unser Körpermilieu stärker basisch wird, sind 3 bis 4 Portionen pro Tag ideal. Greenies zählen als 2 bis 3 Portionen, je nachdem, wie viel davon im Lauf des Tages getrunken wird.
STÄRKEHALTIGE GEMÜSE	Wenn Sie abnehmen oder Ihr Gewicht halten wollen und in der Vergangenheit damit Schwierigkeiten hatten, bleiben Sie bei 1 bis 1,5 Tassen pro Tag. Viele Menschen vertragen mehr als eine Portion, wenn sie raffinierte Stärken weglassen und stattdessen bei den stärkehaltigen Gemüsen zulangen. Bestimmen Sie Ihre Portionsgrößen individuell, unter Berücksichtigung Ihrer körperlichen Aktivitäten und der Erfordernisse Ihres Stoffwechsels.
BASISCH WIRKENDE GETREIDE	Wenn Sie abnehmen oder Ihr Gewicht halten wollen und in der Vergangenheit damit Schwierigkeiten hatten, belassen Sie es bei 1 bis 1,5 Tassen (gekochtes) Getreide pro Tag. Manche Menschen vertragen mehr als eine Portion, wenn sie raffinierte Getreide und Stärken weglassen und stattdessen bei den Vollkorngetreiden bleiben. Legen Sie Ihre Portionsgrößen individuell fest, unter Berücksichtigung Ihrer Aktivitäten und Ihres Stoffwechsels.
NÜSSE	Wenn Sie abnehmen wollen, essen Sie pro Tag nicht mehr als 30 Gramm Nüsse. Grundsätzlich sollten es nicht mehr als 60 bis 90 Gramm am Tag sein. Körperlich aktive Menschen, Sportler, Kinder und Menschen, die Gewicht zulegen wollen, können die Portionsgröße erhöhen.
ÖL	Wenn Sie abnehmen wollen, verzichten Sie am besten ganz darauf. Ansonsten beschränken Sie sich strikt auf einen Esslöffel pro Tag. Beim Kochen verwenden Sie kleine Mengen Kokosnussöl oder Traubenkernöl, oder reduzieren Sie die Hitze und nehmen Sie stattdessen ein bisschen Wasser oder Gemüsebrühe.
FLEISCH, FISCH UND ZIEGENKÄSE	Begrenzen Sie eine Portion auf 60 bis 90 Gramm und essen Sie auch höchstens eine Portion am Tag und diese erst im Rahmen Ihrer Abendmahlzeit. Arbeiten Sie daran, Ihren Konsum auf 2 bis 3 Mal die Woche zu beschränken.

IHRE BEAUTY-DETOX-KÜCHE

Sie werden Ihre Küche am Anfang nicht allzu stark aufrüsten müssen, doch ein paar wichtige Dinge möchte ich Ihnen schon ans Herz legen. Und lassen Sie mich Ihnen eines sagen: Wenn Sie Geld für neue Küchengeräte und -utensilien ausgeben müssen – diese Investitionen werden sich für Sie hundertfach auszahlen! Eine gute Ausstattung vereinfacht die Zubereitung von Mahlzeiten und Greenies wesentlich und hilft sogar dem Geschmack der Speisen weiter auf die Sprünge – und das hilft uns, bei der Stange zu bleiben. (Um zusätzlich zu den im Folgenden genannten weitere Produkt-Alternativen zu finden, besuchen Sie mich doch auf meiner Website: www.kimberlysnyder.net).

DIE BDP-KÜCHENGRUNDAUSSTATTUNG

MIXER

Ein guter Mixer steht ganz oben auf unserer Hit-Liste. Wir werden damit den Glowing Green Smoothie und andere Greenies, Rohkostsuppen, Salatdressings, Nusspasten und vieles andere zubereiten. Ein guter Mixer spart Ihnen einen Haufen Zeit, denn er zerkleinert Lebensmittel rasend schnell, er bricht die Zellwände von Gemüse & Co. auf und macht ihre Nährstoffe unserem Körper fertig verfügbar, ohne dass er dabei Arbeit leisten müsste. Mein persönlicher Favorit ist der Vitamix. Zunächst ist es natürlich eine Investition (Preise

im Internet ab 450 Euro für Neugeräte), aber eine, die sich bezahlt macht: Das Gerät ist fast unverwüstlich, und seine Dienste sind einfach unschätzbar. Es lässt sich auch ganz leicht reinigen. Sie können ja nach einem technisch überprüften Vorführmodell Ausschau halten, das ist praktisch genauso gut wie ein neues und deutlich preisgünstiger.

ENTSAFTER

Den Entsafter brauchen wir für den Glowing Green Juice. Denken Sie daran, dass ich von Getränke aus reinem Fruchtsaft *abrate*. Die folgenden Entsafter kann ich Ihnen empfehlen:

Den Breville-Entsafter mit zwei Geschwindigkeiten: Ein gutes Basiswerkzeug mit Zentrifugaltechnik und leicht zu reinigen. Saft, der durch die Zentrifugalkraft aus den Früchten „geschleudert" wurde, sollten Sie am besten ganz frisch genießen. Wenn Sie ihn doch aufbewahren möchten, dann in einem fest verschlossenen Gefäß im Kühlschrank! Alternativ können Sie ihn portionsweise einfrieren.

Den Hurom Slow Juicer: Er arbeitet nach einem anderen Prinzip, er zerkleinert erst das Fruchtfleisch und presst es dann aus, um mehr Saft aus dem Obst herauszuholen. Er soll tatsächlich eine höhere Saftausbeute erzielen als andere Geräte.

Den Norwalk-Entsafter: Das ist der absolute Star unter den Entsaftern, er zerquetscht Obst und Gemüse mit einer hydraulischen Presse, anstatt – wie andere Entsafter – die Zellwände zu „zerschreddern". Der Hauptvorteil dieses Verfahrens liegt darin, dass dieser Saft im Vergleich zu anders gewonnenen sehr viel langsamer oxidiert; das hält die Enzyme weit länger am Leben, und man kann den Saft länger aufbewahren. Der Preis liegt allerdings bei rund 2500 US$.

KÜCHENMASCHINE

Das ist ein wichtiges Küchengerät, das mehr Funktionen erfüllt als ein Mixer. Küchenmaschinen sind besser zum Zerhacken von Zutaten geeignet (als sie ultrafein zu zerkleinern und/oder sie miteinander zu vermischen) und ideal zum Zerkleinern von Zutaten für Füllungen und Krusten und für die Zubereitung von allerlei Nusspasten oder von allem, was eine bestimmte Konsistenz haben bzw. behalten soll. Wenn Sie aufs Geld schauen müssen, leisten Sie sich erst einmal einen guten Mixer, über die Küchenmaschine können Sie später immer noch nachdenken. Meine Favoritin ist die von Cuisinart.

SCHNEIDEBRETT UND SCHARFE MESSER

Am besten legen Sie sich ein Extra-Schneidebrett nur für Obst und Gemüse zu. Scharfe Messer sind ein Muss und erleichtern Ihnen das Leben beträchtlich. Das soll kein Witz sein! Sorgen Sie mit einem Wetzstahl oder Wetzstein dafür, dass Ihre Messer scharf bleiben.

HACKMESSER

So ein großes, rechteckiges Messer ist unverzichtbar zum Öffnen junger Kokosnüsse!

SALATSCHLEUDER

Diese Küchenhelferin befreit Salate und anderes Blattgemüse von überschüssigem Nass.

MESSBECHER UND -LÖFFEL

Die Beauty-Detox-Rezepte sind alle einfach, aber ein Messbecher und ein Satz Messlöffel werden Ihnen den Umgang mit den richtigen Zutatenmengen erleichtern.

PASSIERSIEB

Das ist sehr nützlich, um Nussmilch schnell von den Rückständen abzugießen oder auch unsere basisch wirkenden Getreide, wie Quinoa und Hirse.

SEIHTUCH

Sehr nützlich zum Filtern von Nussmilch. Ihre „Ausbeute" ist größer, wenn Sie zum Abgießen ein Seihtuch (Mulltuch) statt eines Siebs benutzen.

MANDOLINE

Damit ist nicht das Musikinstrument gemeint, sondern ein nicht dringend erforderlicher, aber ungemein praktischer Gemüsehobel mit verschiedenen Einsätzen und Restehalter, womit man gleichmäßig dicke oder auch ganz dünne Scheiben schneiden kann.

ROHKOST-DÖRRGERÄT

In diesem Buch sind keine Rezepte mit getrocknetem Obst oder Gemüse enthalten, weil wir uns auf einfache Gerichte aus frischen, wasserreichen Zutaten und einigen Vollwertgetreidesorten konzentrieren wollen. Vorstellen möchte ich den Apparat aber trotzdem: Es handelt sich – mit einfachen Worten – um einen Kasten mit einem Ventilator und einem kleinen elektrischen Heizgerät, worin man Lebensmittel auf kleinen Tabletts übereinander trocknen oder „dörren" kann. Dabei wird die Feuchtigkeit langsam, das heißt über Stunden hinweg, aus den Lebensmitteln „herausgezogen" – mit diesen Trockenobststücken lassen sich herrliche rohe Früchtebrote, Cracker und Desserts zubereiten. Die Anschaffung eines solchen Automaten lohnt sich, wenn Sie nach den höheren Weihen der Rohkost-Küche streben und aufwendige neue Leckerbissen ausprobieren wollen, die mehr Zeit brauchen. Notwendig ist so ein Gerät an sich aber nicht. Falls Sie Interesse haben: Excalibur ist eine gute Marke.

SCHÖN WERDEN | 217

IHRE BEAUTY-DETOX-EINKAUFSLISTE

Die auf den nächsten Seiten aufgeführten Produkte bekommen Sie in Ihrem (Bio-) Supermarkt, in Gesundheitsläden und auf Bauernmärkten. Kaufen Sie wann immer möglich Erzeugnisse aus organischem Anbau aus Ihrem Umland!

Ihre Auswahl an Obst und Gemüse sollte sich an den Jahreszeiten und Ihrem persönlichen Geschmack orientieren. Die Einkaufsliste enthält nur einen *Grundstock* an Obst und Gemüse, darunter auch etliche Zutaten für Salate und Greenies.

Bevor Sie zu Ihrem BDP-Einkauf aufbrechen, durchforsten Sie Ihre Vorratskammer und sämtliche Küchenschränke gründlich und trennen Sie sich von allem, was nicht im Einklang mit dem Beauty-Detox-Plan steht. Es mag Ihnen viel vorkommen: Tafelsalz, Balsamico, alte, ausgerauchte Gewürze sowie in Salzlake eingelegtes Dosengemüse. Denken Sie daran, dass diese Sachen nun für Sie nutzlos sind. Ab jetzt gibt es bessere und kraftvolle Schönheits-Nahrung! Wenn Sie sich bei irgendeinem Lebensmittel nicht sicher sind, studieren Sie das Etikett genau und werfen Sie alles weg, was chemische Fremdstoffe, Zusätze, Farb- und Konservierungsstoffe enthält. Starten Sie eine große Aufräum-Aktion und schaffen Sie dadurch Platz für Ihren neuen, besseren Lebensstil!

Meine Einkaufsliste ist natürlich weder vollständig noch ein Muss. Sie soll Ihnen Ideen liefern, Sie inspirieren, womit Sie Ihre neue Beauty-Detox-Küche ausstatten können. Vielleicht haben Sie etliche Sachen ja schon längst in Ihrer Speisekammer …

Bringen Sie Ihre frischen Einkäufe wie auch die Grundnahrungsmittel in ein überschaubares, praktisches System und vergewissern Sie sich, dass immer überall Sauberkeit herrscht. Bewahren Sie Nüsse und Samen in fest verschließbaren Behältern auf und frieren Sie sie ein, wenn Sie genug Platz haben. Je sauberer und ordentlicher Ihre Küche, desto größer der Spaß bei der Essenszubereitung – wie auch die Gaumenfreude!

AROMATEN, ÖLE UND SÜSSUNGSMITTEL

- ○ Organischer, naturtrüber Apfelessig
- ○ Unraffiniertes Kokosöl
- ○ Traubenkernöl
- ○ Extra-Vergine-Olivenöl (erste Kaltpressung)
- ○ „Keltisches" oder anderes naturbelassenes Meersalz
- ○ Steinmühlen- oder Dijonsenf
- ○ Salzarme Tamari (Sojasauce)
- ○ Unpasteurisierte Nama Shoyu (Sojasauce, glutenhaltig)
- ○ Organische Miso-Paste (möglichst unpasteurisiert)
- ○ Bragg Liquid Aminos (flüssige Aminosäure, gibt's im Internet)
- ○ Nährhefe
- ○ Rohe Tahini (Sesampaste)
- ○ Rohkakao
- ○ Stevia (Pulver oder flüssig) oder Xylitol
- ○ Organischer Honig (optional, nur zum gelegentlichen Gebrauch, nicht vegan)
- ○ Getrocknete Feigen und Datteln
- ○ Organischer Vanille-Extrakt
- ○ Ungesüßte Mandel- oder Hanf-Milch (wenn Sie sie nicht selbst herstellen wollen)

BASISCH WIRKENDE GETREIDE

- ○ Amaranth
- ○ Buchweizen (-grütze, „Kascha")
- ○ Hirse
- ○ Quinoa
- ○ Glutenfreie Getreideprodukte aus den obigen Sorten, wie Brot, Cracker, Zerealien etc.

MEERESGEMÜSE

- ○ Arame (Braunalgen)
- ○ Dulse (Rotalge, „Lappentang", Flocken oder Stückchen)
- ○ Kelp (Seetang)
- ○ Nori-Algenpapier
- ○ Wakame (Braunalgenprodukt)

GRUNDGEWÜRZE

- ○ Cajun (Ich liebe diese Gewürzmischung! – ohne Salz!)
- ○ Cayennepfeffer
- ○ Curry-Pulver
- ○ Dill (getrocknet)
- ○ Italienische Gewürzmischung
- ○ Koriander
- ○ Kreuzkümmel
- ○ Kurkuma (Gelbwurz)
- ○ Oregano
- ○ Paprika

- ○ Rosmarin (getrocknet)
- ○ Schwarzer Pfeffer
- ○ Zimt

ROHE, UNGESALZENE NÜSSE UND SAMEN

- ○ Hanfsamen
- ○ Junge Kokosnüsse (frisch)
- ○ Kürbiskerne
- ○ Leinsamen
- ○ Macadamianüsse
- ○ Mandeln
- ○ Pekannüsse
- ○ Pinienkerne
- ○ Sonnenblumenkerne
- ○ Walnüsse

ALGEN (GETROCKNET)

- ○ Chlorella vulgaris (Tabletten)
- ○ Spirulina

GRUNDAUSSTATTUNG AN OBST, GEMÜSE UND KRÄUTERN

Denken Sie daran, sich am saisonalen und regionalen Angebot zu orientieren (Bauernmärkte!)

- ○ Acai-Beeren (TK)
- ○ Äpfel
- ○ Avocados

- ○ Bananen
- ○ Basilikum
- ○ Birnen
- ○ Blaubeeren
- ○ Dill
- ○ Eichblattsalat
- ○ Erdbeeren
- ○ Grünkohl
- ○ Gurke
- ○ Himbeeren
- ○ Kohlblätter
- ○ Koriander
- ○ Limetten
- ○ Mangold
- ○ Nektarinen
- ○ Orangen
- ○ Papayas
- ○ Petersilie
- ○ Pflaumen
- ○ Romanasalat
- ○ Rucola
- ○ Senfblätter
- ○ Spinat
- ○ Sprossen (Sonnenblumen, Klee etc.)
- ○ Stangensellerie
- ○ Tomaten
- ○ Weißkohl (jede Woche, wesentlich für den Probiotischen & enzymreichen Salat!)
- ○ Zitronen
- ○ Zwiebeln

KAPITEL 8

PHASE 1:
AUFBLÜHENDE SCHÖNHEIT

Gesundheit, Zufriedenheit und Vertrauen
Sind euer größter Besitz,
Und Freiheit eure größte Freude.

Buddha

Der folgende Ernährungsplan beweist, dass alle Menschen ihren Gesundheitszustand verbessern können – jetzt sofort, sozusagen „aus dem Stand"! Sie werden sich keine neue Küchenausstattung kaufen müssen, und viele der hier vertretenen Lebensmittel sind nichts anderes als qualitativ höherwertige Versionen von Ihnen längst vertrauten Dingen. In der Phase der „Aufblühenden Schönheit" können Sie Fortschritte bei Ihrer Gesundheit erzielen, ohne etwas durch Tempo oder Anstrengung forcieren zu müssen. Sie werden ein neugewonnenes Selbstvertrauen spüren und einen natürlichen Glanz von innen her ausstrahlen – und das schneller, als Sie für möglich halten!

Ich habe viele Menschen in die Phase der „Aufblühenden Schönheit" eingeführt: hart arbeitende Mütter, dauergestresste Führungskräfte und Leute, denen es vorher nie gelungen war, irgendeine „Diät" durchzuhalten – und ich habe Überraschendes zu sehen bekommen! Dieser Plan ist für all jene bestimmt, die 25 oder mehr Kilo Übergewicht mit sich herumschleppen, eine Candida-Infektion haben und nicht wissen, wo sie anfangen sollen.

DIE VORTEILE DER „AUFBLÜHENDEN SCHÖNHEIT"

Während dieser Phase werden Sie beglückt feststellen, dass Sie überschüssiges Gewicht „abschmelzen" und sich langsam und stetig auf Ihr natürlich vorgegebenes Idealgewicht einpendeln – aber das geschieht allmählich und wird deshalb von Dauer sein. Im Kontrast zu anderen Ernährungsprogrammen, mit denen Sie schon abgenommen haben, werden Sie hier einen Energiezuwachs verspüren, Energie, die Ihnen den ganzen Tag über erhalten bleibt. Verdauungsprobleme wie chronische Gasbildung und Blähungen werden geringer oder sogar vollständig verschwinden! Und etwas wird Sie überraschen: Durch den Verzehr üppiger Salatportionen und großer Mengen anderer pflanzlicher Nahrungsmittel werden Sie die Tierprodukte gar nicht mehr brauchen, um satt zu werden und zu bleiben – ganz anders, als Sie vielleicht gedacht haben.

Wann Sie Gluten komplett streichen sollten

Alle Menschen mit einer Candida-Infektion oder dem Verdacht darauf müssen vollständig glutenfrei essen. Wechseln Sie zu anderen Getreidesorten und -produkten, wie ich sie Ihnen im Abschnitt „Schönheits-Getreide und -Stärken" auf Seite 154 vorgestellt und erläutert habe. Es ist bei Weitem weniger schlimm, als Sie es sich jetzt ausmalen mögen – und vor allem werden Sie rundherum glücklich sein, wenn es Ihnen im Ergebnis deutlich besser geht!

Für meine FreundInnen mit einer Candida-Infektion oder dem Verdacht darauf: Sie werden voller Erleichterung bemerken, dass die heftigen Schwierigkeiten, mit denen Sie möglicherweise viele Jahre lang zu kämpfen hatten – etwa Übergewicht, Blähungen, Gasbildung, chronische Hefepilz-Infektionen, mehr oder weniger chronische Erschöpfungszustände und jähe Stimmungsschwankungen –, immer weniger werden! Behalten Sie dabei im Kopf, dass dies hier ein Prozess ist, denn der Körper braucht Zeit, um wieder ins Gleichgewicht zu kommen und zu heilen – aber Sie werden sehr bald erkennen, dass Besserung in Sicht und in Ihrer Reichweite ist!

DIE GRUNDSÄTZE DER „AUFBLÜHENDEN SCHÖNHEIT"

- In dieser Phase der „Auflühenden Schönheit" geht es darum, unseren Zuckerspiegel einzupendeln, den Heißhunger auf Kohlenhydrate loszuwerden und eine potenzielle Dysbalance bei den Hefepilzen im Körper (Candida!) wieder auszugleichen. Deshalb sollten wir in dieser Phase um folgende Lebensmittel einen Bogen machen:
  - Obst (außer den nicht-süßen Sorten, wie Zitronen, Limetten, Tomaten, Avocados und Gurken), dazu kommen alle Fruchtsäfte
  - Milchprodukte
  - Glutenhaltige Produkte, wie Weizen, Roggen und Gerste (wenn Sie diese Lebensmittel haben müssen, reduzieren Sie Ihren Konsum lieber auf höchstens drei bis vier Portionen pro Woche, anstatt sie ganz wegzulassen)
  - Raffinierten Zucker und raffinierte Stärken, dazu zählen auch alle Limonaden
  - Künstliche Süßstoffe, darunter fallen sämtliche Diät-Limonaden
  - Dosen- und Mikrowellenprodukte
  - Unfermentierte Soja-Produkte
  - Lebensmittel mit künstlichen Zusätzen oder Zutaten, dazu zählen abgepackte Nahrungsmittel/Fertiggerichte und abgefüllte/abgepackte Obst- und Gemüsesäfte
  - Tafel-/Kochsalz
  - Frittierte/in Fett gebratene Lebensmittel
  - Alkohol (da der enthaltene Zucker die Hefepilze nähren kann; später ist der gelegentliche Genuss von Alkohol in geringen Mengen möglich)
  - Raffinierte oder (hoch)erhitzte Öle (Ausnahme: eine kleine Menge Kokosöl)
  - Andere Öle (sogar Olivenöl, es sei denn, Sie haben Untergewicht)

- Essen Sie tagsüber kein tierisches Eiweiß, das verlangsamt den Verdauungsprozess. Wir „machen uns leicht" und bleiben bei pflanzlichen Produkten.
- Futtern Sie möglichst wenig nebenbei – ich meine Snacks und Co. Denn das Nebenherknabbern kostet Sie Schönheits-Energie und überlastet Ihr Verdauungssystem. Langen Sie stattdessen bei den Mahlzeiten tüchtig zu, damit Sie sich satt und zufrieden fühlen.
- Sollte Sie nachmittags der Hunger packen, weil Sie es gewohnt sind, öfter etwas oder herzhaftere Mahlzeiten zu bekommen, essen Sie einfach mehr von meinem Probiotischen & enzymreichen Salat! Außerdem sollten Sie immer Gemüsestifte

Wie lange sollen Sie eine „Aufblühende Schönheit" bleiben?

Falls Sie eine ernst zu nehmende Candida-Infektion oder Probleme mit Ihrem Blutzucker haben, könnte es für Sie notwendig sein, drei Monate in der Phase der „Aufblühenden Schönheit" zu bleiben. Anschließend können Sie sehen, ob Sie die Hefepilze ausgehungert bzw. Ihren Körper ausreichend gereinigt haben, sodass Sie Obst wieder gut vertragen können.

Um das herauszufinden, nehmen Sie die „Obst-Herausforderung" an, wie sie Dr. William G. Crook in seinem Buch *The Yeast Connection and Women's Health* (dt. etwa „Die Verbindung zwischen Hefe und der Frauengesundheit") beschreibt.[1] Er regt an, einen kleinen Bissen von einem Stück Obst zu nehmen und zehn Minuten lang abzuwarten, ob eine negative Reaktion erfolgt. Falls nicht, soll man noch einmal hineinbeißen und dann eine Stunde Zeit verstreichen lassen. Treten keinerlei unliebsame Wirkungen ein, kann man das Stück Obst aufessen. Für diesen Test zur Wiedereinführung von Obst in unser Verdauungssystem eignen sich saure Früchte wie Grapefruits und Kiwis am besten. In seinem Buch *Enzyme Nutrition* (dt.

„Enzym-Ernährung") empfiehlt Dr. Edward Howell eine ähnliche Vorgehensweise – man soll mit einer kleinen Menge Obst anfangen und diese schrittchenweise heraufsetzen, bis man Obst wenigstens in kleinen Mengen wieder gut verträgt.[2]

Wir beginnen in der Phase der „Erstrahlenden Schönheit" mit der Wiedereinführung von Obst. Achten Sie während der Übergangsphase sehr genau darauf, wie Sie sich fühlen, wenn Sie beginnen, wieder Obst zu essen. Wenn Sie auf Obst nach wie vor negative Rückmeldungen von Ihrem Körper bekommen (beispielsweise Blähungen oder irgendeine Art von Verdauungsproblemen), gehen Sie zurück in die „Aufblühende Schönheit" und versuchen Sie es nach ein paar Wochen noch einmal oder dann, wenn Sie sich dazu bereit fühlen.

Wenn unser Körper immer sauberer wird und sein Milieu immer stärker basisch, werden wir mit Obst prächtig gedeihen und es auch wunderbar verdauen. Obst wird zu einem unserer mächtigsten Verbündeten bei unserem Streben nach wahrer Schönheit!

bei sich oder in der Nähe haben, die Sie mit einer Salsa oder einem anderen Gemüse-Dip knabbern. Auch Chlorella-Tabletten können unterstützend wirken.

● Nüsse dürfen Sie bis zu 30 Gramm pro Tag essen, in dieser Phase wäre mehr zu schwer verdaulich und kompakt, und das könnte Ihre Fortschritte beeinträchtigen.

● Essen Sie mindestens drei Mal pro Woche vegetarisch zu Abend.

Da Sie gerade erst am Anfang Ihrer Ernährungsumstellung stehen, kann es vorkommen, dass Sie aufgrund von Heißhunger oder speziellen Essgelüsten, vielleicht auch aus gefühlsmäßigen oder durch Ereignisse in Ihrem Leben bedingten oder irgendwelchen anderen Gründen, Ihre Mahlzeiten schlecht zusammenstellen und bei Ihren alten Lieblings-Nahrungsmitteln Zuflucht suchen. Um das wieder auszugleichen, stocken Sie die Portion Ihres grünen Salats mit ölfreiem Dressing vor dem Abendessen auf. Erinnern Sie sich an mein Bild von der Wippe? Je gehaltvoller Ihr nächster Gang ausfallen wird (beispielsweise eine Fleischlasagne), umso größer sollte der vorausgehende ölfreie grüne Salat sein! Der Salat steckt voller Wasser und Ballaststoffe, deshalb wird er Ihren Magen dabei unterstützen, mit ein paar wirklich ungünstigen kompakten Nahrungsmitteln fertigzuwerden. Der Salat hilft, die Wippe so gut wie möglich in der Balance zu halten, selbst wenn wir beim Essen „mogeln".

BEISPIEL EINES SIEBEN-TAGE-SPEISEPLANS FÜR DIE „AUFBLÜHENDE SCHÖNHEIT"

● Sie können die einzelnen Mahlzeiten eines Tages immer durch *leichtere* ersetzen (beispielsweise das Avocado-Schönheits-Brot durch Dharma's Kohl-Salat), aber nie andersherum.

● Dieser Speiseplan soll Ihnen als Wegweiser dienen, um Ihnen eine gewisse Sicherheit bei der Zusammenstellung Ihrer Mahlzeiten zu geben. Natürlich erwarte ich nicht, dass Sie sich jede Woche an die hier vorgegebenen Rezepte halten. Es sind ganz simple Gerichte dabei, die Sie lieben werden und die Sie problemlos und ohne großartiges Nachdenken zubereiten können. Das ist wundervoll! Bleiben Sie bei einfachen Sachen! Sie können sich auch aus vorhandenen Resten etwas zaubern.

● Orientieren Sie sich an den Richtlinien für die Beauty-Detox-Portionsgrößen (Seite 212f.), bis Sie sozusagen „im Schlaf wissen", wie viel von bestimmten Lebensmitteln Sie essen können.

IHR BEAUTY-PLAN

- Wenn Sie der Süßhunger überfällt, kann Ihnen Kräutertee oder warme ungesüßte bzw. mit Stevia gesüßte Mandelmilch weiterhelfen. Oder: 30 bis 60 Gramm Bitterschokolade mit mindestens 70 Prozent Kakaoanteil (aus organischem Anbau!) – aber bitte nicht jeden Tag Schokolade essen! Sollte Ihre Gier nach Süßem die Oberhand behalten, versuchen Sie es doch mit meinen Rezepten für Smoothies und Desserts (solche ohne Nüsse und Trockenfrüchte) in Kapitel 11. Besonders empfehlenswert: der „Regenwald-Acai-Beeren"-Smoothie, die „Glückliche Kuh" (milchproduktfreie heiße Schokolade) und die „Chia-Samen-Lust".

- Streuen Sie täglich einen Esslöffel gemahlene oder geschrotete Leinsamen über Ihren Vor-dem-Abendessen-Salat, das deckt Ihren Bedarf an Omega-3-Fettsäuren.

- Eine Tasse heißes Wasser mit dem Saft einer halben Zitrone als Erstes am Morgen unterstützt Ihre Leber und damit Ihren Körperreinigungsprozess.

TAG 1		
NUMMER 1:	Eine Tasse (250 ml) heißes Wasser mit dem Saft einer halben Zitrone Ein Probiotikum mit einem halben Liter Wasser eingenommen	
FRÜHSTÜCK (bleibt immer gleich)	Zwei bis drei Stangen Sellerie, danach Rohkost-Hafergrützbrei oder eine bis zwei getoastete Scheiben glutenfreies Hirsebrot (ohne Belag; falls nötig, können Sie ein bisschen organische Butter aufstreichen)	
MITTAGESSEN	Als Erstes ein Verdauungsenzym, danach eine große Portion Dharma's Kohl-Salat, gefolgt von einer großen Schüssel Minestrone (Gemüsesuppe) oder der Köstlichen Kürbiscremesuppe mit einer Handvoll glutenfreier Cracker (optional)	
SNACK (mind. drei Stunden später)	Gemüsestifte mit Sally's Salsa	
ABENDESSEN	Als Erstes ein Verdauungsenzym, danach ein großer grüner Salat mit ölfreiem Rote-Paprika-und-Koriander-Dressing und eine halbe Tasse von meinem Probiotischen & enzymreichen Salat, danach schonend gedämpfter Brokkoli und ein Stück gebratener Fisch mit Zitrone oder ein Veggie-Burger aus basisch wirkendem Getreide	
AM SPÄTEREN ABEND	Sollte Sie der Hunger packen, trinken Sie Kräutertee mit Stevia oder essen Sie noch mehr Gemüsestifte mit Sally's Salsa oder dem Grüne-Bohnen-Miso-Dip.	
VOR DEM ZUBETTGEHEN	Ein Probiotikum. Nach Bedarf zwei bis vier Kapseln einer Magnesiumoxid-Nahrungsergänzung	

PHASE 1: AUFBLÜHENDE SCHÖNHEIT | 227

TAG 2

NUMMER 1:	Eine Tasse (250 ml) heißes Wasser mit dem Saft einer halben Zitrone. Ein Probiotikum mit einem halben Liter Wasser eingenommen
FRÜHSTÜCK (bleibt immer gleich)	Zwei bis drei Stangen Sellerie, danach Rohkost-Hafergrützbrei oder eine bis zwei getoastete Scheiben glutenfreies Hirsebrot (ohne Belag; falls nötig, können Sie ein bisschen organische Butter aufstreichen)
MITTAGESSEN	Als Erstes ein Verdauungsenzym, danach eine große Portion Romana-Salat mit ölfreier/balsamicofreier italienischer Vinaigrette, gefolgt von einem Avocado-Schönheits-Brot
SNACK (mind. drei Stunden später)	Gemüsestifte mit Rohkost-Hummus ohne Kichererbsen
ABENDESSEN	Als Erstes ein Verdauungsenzym, danach ein großer gemischter grüner Salat mit Kim's Classic Dressing und eine halbe Tasse (125 ml) von meinem Probiotischen & enzymreichen Salat, danach ein bis zwei Tassen (250-500 ml) angeschwenkter Spinat mit Knoblauch und Kokosöl und etwas gebratenes Hühnchen oder der Griechisch inspirierte Hirse-Salat
AM SPÄTEREN ABEND	Sollte Sie der Hunger überfallen, trinken Sie Kräutertee mit Stevia oder essen Sie noch mehr Gemüsestifte mit Sally's Salsa oder dem Grüne-Bohnen-Miso-Dip.
VOR DEM ZUBETTGEHEN	Ein Probiotikum. Nach Bedarf zwei bis vier Kapseln einer Magnesiumoxid-Nahrungsergänzung

TAG 3

NUMMER 1:	Eine Tasse (250 ml) heißes Wasser mit dem Saft einer halben Zitrone. Ein Probiotikum mit einem halben Liter Wasser eingenommen
FRÜHSTÜCK (bleibt immer gleich)	Zwei bis drei Stangen Sellerie, danach Rohkost-Hafergrützbrei oder eine bis zwei getoastete Scheiben glutenfreies Hirsebrot (ohne Belag; falls nötig, können Sie ein bisschen organische Butter aufstreichen)
MITTAGESSEN	Großer gemischter grüner Salat mit Asiatischem Miso-Karotten-Dressing und eine halbe Tasse (125 ml) von meinem Probiotischen & enzymreichen Salat, gefolgt von Frischen Romana-Soft-Tacos
SNACK (mind. drei Stunden später)	Gemüsestifte mit einer halben Tasse Schönheits-Guacamole
ABENDESSEN	Als Erstes ein Verdauungsenzym, danach eine Portion Dharma's Kohl-Salat und eine halbe Tasse von meinem Probiotischen & enzymreichen Salat, gefolgt von Quinoa mit Gemüse und Kurkuma
AM SPÄTEREN ABEND	Sollte Sie der Hunger überfallen, trinken Sie Kräutertee mit Stevia oder essen Sie noch mehr Gemüsestifte mit Sally's Salsa oder dem Grüne-Bohnen-Miso-Dip.
VOR DEM ZUBETTGEHEN	Ein Probiotikum. Nach Bedarf zwei bis vier Kapseln einer Magnesiumoxid-Nahrungsergänzung

IHR **BEAUTY**-PLAN

TAG 4		
NUMMER 1:	Eine Tasse (250 ml) heißes Wasser mit dem Saft einer halben Zitrone Ein Probiotikum mit einem halben Liter Wasser eingenommen
FRÜHSTÜCK (bleibt immer gleich)	Zwei bis drei Stangen Sellerie, danach Rohkost-Hafergrützbrei oder eine bis zwei getoastete Scheiben glutenfreies Hirsebrot (ohne Belag; falls nötig, können Sie ein bisschen organische Butter aufstreichen)
MITTAGESSEN	Eine große Portion Spirulina-Spinat-Salat oder Dharma's Kohl-Salat
SNACK (mind. drei Stunden später)	Gemüsestifte mit Rohkost-Hummus ohne Kichererbsen
ABENDESSEN	Als Erstes ein Verdauungsenzym, danach eine große Portion Sonntags-Salat und eine halbe Tasse (125 ml) von meinem Probiotischen & enzym-reichen Salat, danach Quinoa-Nudeln mit organischem Sugo *alla marinara-americana* und Gemüse oder Gefüllte Regenbogen-Paprikaschoten
AM SPÄTEREN ABEND	Sollte Sie der Hunger überfallen, trinken Sie Kräutertee mit Stevia oder essen Sie noch mehr Gemüsestifte mit Sally's Salsa oder dem Grüne-Bohnen-Miso-Dip.
VOR DEM ZUBETTGEHEN	Ein Probiotikum. Nach Bedarf zwei bis vier Kapseln einer Magnesiumoxid-Nahrungsergänzung

TAG 5		
NUMMER 1:	Eine Tasse (250 ml) heißes Wasser mit dem Saft einer halben Zitrone Ein Probiotikum mit einem halben Liter Wasser eingenommen
FRÜHSTÜCK (bleibt immer gleich)	Zwei bis drei Stangen Sellerie, danach Rohkost-Hafergrützbrei oder eine bis zwei getoastete Scheiben glutenfreies Hirsebrot (ohne Belag; falls nötig, können Sie ein bisschen organische Butter aufstreichen)
MITTAGESSEN	Als Erstes ein Verdauungsenzym, danach ein großer gemischter grüner Salat mit ölfreiem Rote-Paprika-und-Koriander-Dressing, gefolgt von einem Avocado-Schönheits-Brot
SNACK (mind. drei Stunden später)	Gemüsestifte mit Grüne-Bohnen-Miso-Dip
ABENDESSEN	Als Erstes ein Verdauungsenzym, danach eine große Portion Dharma's Kohl-Salat und eine halbe Tasse von meinem Probiotischen & enzymreichen Salat, danach ein bis zwei Tassen (250-500 ml) schonend gedämpftes Gemüse mit Zitrone und einer Prise keltischem Meersalz, dazu ein Stück pochierter Alaska-Wildlachs oder ein Gemüseomelett aus zwei Eiern (artge-rechte Hühnerhaltung!) oder der Hirse-„Couscous"-Salat
AM SPÄTEREN ABEND	Sollte Sie der Hunger überfallen, trinken Sie Kräutertee mit Stevia oder essen Sie noch mehr Gemüsestifte mit Sally's Salsa oder dem Grüne-Bohnen-Miso-Dip.
VOR DEM ZUBETTGEHEN	Ein Probiotikum. Nach Bedarf zwei bis vier Kapseln einer Magnesiumoxid-Nahrungsergänzung

PHASE 1: AUFBLÜHENDE SCHÖNHEIT | 229

TAG 6

NUMMER 1:	Eine Tasse (250 ml) heißes Wasser mit dem Saft einer halben Zitrone. Ein Probiotikum mit einem halben Liter Wasser eingenommen
FRÜHSTÜCK (bleibt immer gleich)	Zwei bis drei Stangen Sellerie, danach Rohkost-Hafergrützbrei oder eine bis zwei getoastete Scheiben glutenfreies Hirsebrot (ohne Belag; falls nötig, können Sie ein bisschen organische Butter aufstreichen)
MITTAGESSEN	Als Erstes ein Verdauungsenzym, danach ein großer grüner Salat mit dem Traumhaft cremigen Avocado-Dressing, gefolgt von ein bis zwei Tassen (250-500 ml) West-Östlichem Ofengemüse
SNACK (mind. drei Stunden später)	Gemüsestifte mit Grüne-Bohnen-Miso-Dip
ABENDESSEN	Als Erstes ein Verdauungsenzym, danach ein großer grüner Salat mit ölfreier/balsamicofreier italienischer Vinaigrette und eine halbe Tasse von meinem Probiotischen & enzymreichen Salat, danach schonend gedämpfter Brokkoli und ein Stück gebratener Fisch mit Zitrone oder der Tabouli Rohkost-Salat mit Hanfsamen und zwei hartgekochten Eiern aus artgerechter Hühnerhaltung
AM SPÄTEREN ABEND	Sollte Sie der Hunger überfallen, trinken Sie Kräutertee mit Stevia oder essen Sie noch mehr Gemüsestifte mit Sally's Salsa oder dem Grüne-Bohnen-Miso-Dip.
VOR DEM ZUBETTGEHEN	Ein Probiotikum. Nach Bedarf zwei bis vier Kapseln einer Magnesiumoxid-Nahrungsergänzung

TAG 7

NUMMER 1:	Eine Tasse (250 ml) heißes Wasser mit dem Saft einer halben Zitrone. Ein Probiotikum mit einem halben Liter Wasser eingenommen
FRÜHSTÜCK (bleibt immer gleich)	Zwei bis drei Stangen Sellerie, danach Rohkost-Hafergrützbrei oder eine bis zwei getoastete Scheiben glutenfreies Hirsebrot (ohne Belag; falls nötig, können Sie ein bisschen organische Butter aufstreichen)
MITTAGESSEN	Der Israelische Würfel-Salat, gefolgt von einem Ananda-Burrito
SNACK (mind. drei Stunden später)	Gemüsestifte mit Schönheits-Guacamole
ABENDESSEN	Als Erstes ein Verdauungsenzym, danach eine große Portion Sonntags-Salat und eine halbe Tasse von meinem Probiotischen & enzymreichen Salat, gefolgt vom Quinoa-Avocado-Mais-Salat
AM SPÄTEREN ABEND	Sollte Sie der Hunger überfallen, trinken Sie Kräutertee mit Stevia oder essen Sie noch mehr Gemüsestifte mit Sally's Salsa oder dem Grüne-Bohnen-Miso-Dip.
VOR DEM ZUBETTGEHEN	Ein Probiotikum. Nach Bedarf zwei bis vier Kapseln einer Magnesiumoxid-Nahrungsergänzung

KAPITEL 9

PHASE 2:
ERSTRAHLENDE SCHÖNHEIT

Entschließt euch jetzt, aus dem Gefängnis eurer Gewohnheiten auszubrechen und euch den Weg in die Freiheit zu bahnen.

Paramahansa Yogananda

Sich in eine „Erstrahlende Schönheit" zu verwandeln, ist wahnsinnig aufregend! Wir erklimmen eine höhere Stufe von Schönheit und Gesundheit und schöpfen immer mehr aus der himmlischen Fülle frischer, nährstoffreicher und verschönernder pflanzlicher Nahrungsmittel! In der Phase der „Erstrahlenden Schönheit" nehmen wir den Glowing Green Smoothie in unser Ernährungsprogramm auf – er ist ein machtvoller Verbündeter, der unsere Haut und Haare zum Schimmern bringt und uns hilft, unser Idealgewicht zu erreichen und zu halten. Heißen Sie die Segnungen dieses Plans mit offenen Armen willkommen und freuen Sie sich darüber, wie großartig Sie aussehen und sich fühlen werden, je länger Sie dabeibleiben.

Die Phase der „Erstrahlenden Schönheit" folgt denselben Grundsätzen wie die „Aufblühende Schönheit", mit einer Ausnahme: Wir haben das Obst von der „Vermeiden-Sie-Liste" gestrichen. Auch Öl können Sie jetzt in kleinen Mengen verwenden und Ihre Tagesration an Nüssen von 30 auf 60 Gramm heraufsetzen. Wenn Sie aus der Phase der „Aufblühenden Schönheit" in die „Erstrahlende Schönheit" überwechseln, dann lesen Sie bitte unbedingt zuerst den Kastentext „Wie lange sollen Sie eine „Aufblühende Schönheit" bleiben?" auf Seite 236.

So, und jetzt machen Sie sich bitte startklar zum Sprung auf eine ganz neue Ebene von Schönheit!

DIE VORTEILE DER „ERSTRAHLENDEN SCHÖNHEIT"

Meine Damen und Herren, hier spricht Ihre Kapitänin: Ich danke Ihnen, dass Sie sich mir angeschlossen haben, um mir mir gemeinsam zu ganz neuen Höhen von Gesundheit und Schönheit emporzufliegen. Unterwegs werden wir Grenzen überschreiten und in neue Energiedimensionen vordringen, einen strahlenden Teint, glänzende Haare und das Abschmelzen überschüssiger Pfunde erleben – möglicherweise die Phase der höchsten Gewichtsabnahme. Wenn wir unsere Flughöhe erreicht und uns während der nächsten 30 Tage stabil darauf eingependelt haben, werden wir die Leuchtanzeige für das Anlegen der Sitzgurte ausschalten und Sie sich frei durch Ihr Leben bewegen lassen ... sehr viel gesünder und schöner – und ganz ohne Kalorien- und Kohlenhydratezählen! Ich danke Ihnen, dass Sie diese Erfahrung mit mir geteilt haben, und ich hoffe, dass Sie sich in Zukunft, wann immer Sie einen Anstoß in Sachen Schönheit und Gesundheit brauchen, an die Grundsätze der „Erstrahlenden Schönheit" erinnern und darauf zurückgreifen werden. Denken Sie auch immer an Ihre Geheimwaffe: den Glowing Green Smoothie!

Was passiert, wenn ich gegen eine Wand fahre?

Das passiert uns allen. Wir fliegen hoch hinauf, nehmen leicht und schnell ab, unsere Energie ist unerschöpflich, und dann – rummms! –, kommen alle Räder mit lautem Kreischen zum Stillstand. Die Gewichtsabnahme stagniert. Die alten Essgelüste tauchen wieder auf. Ein paar Pickel erheben ihre hässlichen Köpfe. Zusätzlich zu den physischen Problemen machen wir uns dann vielleicht auch noch geistig fertig oder landen in einem tiefen Frustloch und fragen uns: *„Was in aller Welt mache ich bloß falsch?"*

Die Antwort lautet: *„Wahrscheinlich machen Sie gar nichts falsch."* Erinnern Sie sich an meine Analogie von dem Rad mit den schlammverkrusteten Speichen? Eine echte und tief gehende Reinigung dauert nicht nur Jahre – sie ist ein fortwährender Prozess.

Und dabei werden Sie Höhen und Tiefen erleben. Es wird vielleicht Phasen geben, in denen Sie mehr alte Abfallstoffe auf einmal an die Oberfläche holen, und dann wird es schwieriger, sie alle auf einmal loszuwerden. Möglicherweise haben Sie gerade einen großen Batzen abgelöst und nach oben befördert, und jetzt packen Sie plötzlich Anfälle von Fressgier auf all die Köstlichkeiten, die noch immer in Ihrem Gehirn verankert sind. Vielleicht sind Sie ein paarmal „vom rechten Weg abgekommen" und haben ein mit Käse überbackenes Thunfisch-Mayonnaise-Sandwich oder eins mit Hühnchen verdrückt. Na und, was ist schon dabei? Vergessen Sie's und folgen Sie wieder dem Plan! Der Impuls, sich vorwärts zu bewegen, ist entscheidend! Sie müssen nicht perfekt sein, Sie sollen sich nur darauf konzentrieren, Fortschritte zu machen. Wissen Sie, wie lange ich gebraucht habe, Käse und auch mein Verlangen danach wirklich aus dem Gedächtnis zu streichen? Zwei Jahre! Jawohl, ich habe zwei Jahre gekämpft, um Käse aus meinem Leben zu verbannen!

Wenn Sie wieder auf den alten eingefahrenen Gleisen landen, dann sollten Sie darauf achten, Ihre Magnesiumoxid-Nahrungsergänzung zu nehmen, literweise Wasser zu trinken und bewusst ganz einfach zu essen. Es wäre auch gut, wenn Sie sich eine fachmännisch durchgeführte schwerkraftbasierte Darmspülung gönnten, um auf gründliche und schnelle Art einen Haufen Abfallstoffe auszuscheiden. Essen Sie einen oder zwei Tage lang wirklich nur ganz leicht verdauliche Dinge, halten Sie sich sogar bei basisch wirkenden Getreiden und Nusspasten zurück, und warten Sie ab, ob Ihnen das hilft, diese „Talsohle" zu überwinden.

Und denken Sie vor allem daran: Wir alle machen Wandlungsphasen durch! Übrigens geschieht das meistens auch im Wandel der Jahreszeiten. Das geht mir genauso!

Haben Sie Geduld mit sich selbst und vergessen Sie niemals: Dieses Programm ist ein neuer Lebensstil und keine zeitlich begrenzte Diät. Bleiben Sie positiv, verhätscheln Sie sich nicht, aber gehen Sie auch nicht zu hart mit sich ins Gericht und geben Sie Ihren Essgelüsten nicht allzu sehr nach!

Da wir mit dem Glowing Green Smoothie unsere Aufnahme von frischem Grünzeug noch deutlich erhöht und ansonsten den Anteil der säurebildenden Lebensmittel in unserer Ernährung weiter gesenkt haben, werden Sie feststellen – falls Sie übergewichtig sind oder jedenfalls eine größere Menge Gewicht verlieren wollen –, dass Sie in dieser Phase Ihre größten Abnehmerfolge erleben. Vielleicht sind Sie skeptisch und haben Ihre Zweifel, dass ein kleiner Smoothie – der Glowing Green Smoothie – so viel Gutes bewirken soll ... Sie werden sich wundern, wie viel Energie Sie aus dem Konsum dieses „Wundergetränks" beziehen, und Sie werden sich so großartig fühlen, dass Ihnen Ihre alten üppigeren Frühstücksmahlzeiten mit der Zeit nicht mehr fehlen werden. Wahrscheinlich werden Sie auch etwas häufiger als gewohnt den Gang zur Toilette antreten, ein deutliches Anzeichen dafür, dass Sie begonnen haben, einen Teil des alten Schlamms auszuscheiden.

Sie werden größere Veränderungen an Ihrem Hautbild bemerken, Ihr Teint ist klarer, zarter und strahlender. Bis Sie einen Unterschied bei Haaren und Nägeln feststellen können, dauert es meist ein paar Monate, doch dann werden Sie sehen, dass Ihr Haar stärker glänzt, allmählich dicker wird und Sie stabilere Nägel ausfahren können!

DIE GRUNDSÄTZE DER „ERSTRAHLENDEN SCHÖNHEIT"

In dieser Phase werden Sie morgens einen Glowing Green Smoothie genießen und Ihre Morgenmahlzeit weiter „erleichtern", um den Körperreinigungsprozess zu fördern. Viele der anderen Grundsätze decken sich mit denen der „Aufblühenden Schönheit", dazu kommt aber noch, dass Sie den Anteil säurebildender Tierprodukte in Ihrer Ernährung noch mehr reduzieren und das Gluten völlig daraus streichen.

IN DER PHASE DER ERSTRAHLENDEN SCHÖNHEIT:

- Der Glowing Green Smoothie soll mindesten fünf Mal die Woche Ihr Frühstück bilden. An den anderen Tagen gibt es frisches Obst.
- Morgens keine gekochten Lebensmittel – auch kein Getreide!
- Tierprodukte, darunter fallen Landtiere, Milchprodukte, Fisch, Eier und Käse aus Ziegen-Rohmilch, werden auf höchstens drei Portionen pro Woche beschränkt und diese erst im Rahmen der Abendmahlzeit verspeist.
- Essen Sie wenigstens vier Mal pro Woche vegetarisch zu Abend!

FÜR ALLE PHASEN GÜLTIG:

- Meiden Sie folgende Nahrungsmittel:
  - Milchprodukte
  - Glutenhaltige Produkte, wie Erzeugnisse aus Weizen, Roggen und Gerste
  - Raffinierten Zucker und raffinierte Stärken, dazu zählen auch alle Limonaden
  - Künstliche Süßstoffe, darunter fallen sämtliche Diät-Limonaden
  - Dosen- und Mikrowellenprodukte
  - Unfermentierte Soja-Produkte
  - Lebensmittel mit künstlichen Zusätzen oder Inhaltsstoffen, dazu zählen abgepackte Nahrungsmittel/Fertiggerichte
  - Fertig abgefüllte/abgepackte Obst- und Gemüsesäfte
  - Tafel-/Kochsalz
  - Frittierte/in Fett gebratene Lebensmittel
  - Raffinierte oder (hoch)erhitzte Öle (Ausnahme: eine kleine Menge Kokosöl)
- Essen Sie tagsüber kein tierisches Eiweiß, das verlangsamt den Verdauungsprozess. Wir „machen uns leicht" und bleiben bei pflanzlichen Produkten.
- Futtern Sie möglichst wenig nebenbei – ich meine Snacks und Co. Denn das Nebenherknabbern kostet Sie Schönheits-Energie und überlastet Ihr Verdauungssystem. Langen Sie bei den Mahlzeiten zu, damit Sie sich satt fühlen.
- Sollte Sie nachmittags der Hunger packen, weil Sie es gewohnt sind, öfter etwas oder herzhaftere Mahlzeiten zu bekommen, essen Sie einfach mehr von meinem Probiotischen & enzymreichen Salat! Außerdem sollten Sie immer Gemüsestifte bei sich oder in der Nähe haben, die Sie mit einer Salsa oder einem anderen Gemüse-Dip knabbern können. Auch Chlorella-Tabletten können hier unterstützend wirken.

Wie lange sollen Sie eine „Erstrahlende Schönheit" bleiben?

Diese Phase beinhaltet die wohl größte Umstellung, denn hier führen wir den Glowing Green Smoothie ein. Mithilfe dieses wichtigen „Verbündeten" wird Ihr Körper nach und nach wirklich ins Gleichgewicht gebracht, stärker als bisher, denn der GGS enthält Unmengen von Ballaststoffen und Chlorophyll. Also nehmen Sie sich für den Anpassungsprozess bitte ordentlich Zeit! Das absolute Minimum sind 30 Tage. Denn tatsächlich ist der Wechsel in die Phase der „Erstrahlenden Schönheit" eine große Sache! Sie sollten richtig stolz auf sich sein, dass Sie derart umfassende Veränderungen bewältigen, um Ihre Schönheit und Ihre Gesundheit gleichzeitig „hochzufahren". Sie werden fast jeden Tag morgens einen GGS trinken, das bedeutet eine Ernährungsumstellung für die ganze erste Tageshälfte! Sie lassen inzwischen Milch- und glutenhaltige Produkte weg (wenigstens fast immer!) und haben Ihren Konsum tierischer Erzeugnisse stark eingeschränkt.

Auch wenn Sie sich nicht völlig vegetarisch ernähren, so essen Sie säurebildende Tierprodukte doch nur noch wenige Male pro Woche (abends!). Ich selbst habe mich inzwischen komplett gegen tierische Erzeugnisse entschieden, mit der einzigen Ausnahme von ein bisschen Honig dann und wann. Mir ist jedoch klar, dass das nicht für alle Menschen hundertprozentig erstrebenswert bzw. machbar ist – sei es aus familiären Rücksichten oder ihres kulturellen/sozialen Hintergrunds wegen.

Da die Veränderungen in dieser Phase wirklich umwälzend sind, bleiben die meisten meiner Klienten viele Monate dabei, manche sogar Jahre, und ein paar wollen gar nicht mehr heraus. Wenn Sie sich hier wohlfühlen, ermuntere ich Sie ausdrücklich dazu, ebenfalls dabeizubleiben! Nicht jede(r) BDP-AnhängerIn wird in die Phase der „Wahren Schönheit" überwechseln, ganz einfach deshalb, weil die „Erstrahlende Schönheit" sehr gut zu ihr/ihm und ihrem bzw. seinem Lebensstil passt. Und das ist auch völlig in Ordnung, denn den großen Fortschritt haben Sie hier schon gemacht!

Das soll aber nicht heißen, dass ich Sie davon abhalten möchte, weiterzugehen und die Phase der „Wahren Schönheit" für sich auszuprobieren. Wenn das bei Ihnen aber nicht funktioniert und Sie dann doch lieber in der „Erstrahlenden Schönheit" bleiben wollen, ist das wunderbar! Wichtig ist, dass Ihnen der jeweilige Lebensstil behagt, dass er Ihnen zur zweiten Natur wird und dass Sie sich nicht die ganze Zeit über eingeengt fühlen. Es hängt davon ab, wie Sie selbst die Ergebnisse empfinden – die bedeutende Verbesserung Ihres Allgemeinzustands, auf der körperlichen, der seelisch-geistigen und der energetischen Ebene –, ob Sie das einfach vorantreibt oder eher dazu motiviert, den Lebensstil beizubehalten, den Sie gerade pflegen. Handeln Sie im Einklang mit sich selbst und lassen Sie sich nicht dazu verleiten, sich selbst zu bewerten und im Versuch noch „höher" hinaufzukommen, mit sich selbst in Konkurrenz zu treten. Genießen Sie die großartigen Ergebnisse, ganz gleich, wo Sie im Moment stehen und was Ihnen gerade guttut!

BEISPIEL EINES SIEBEN-TAGE-SPEISEPLANS FÜR DIE „ERSTRAHLENDE SCHÖNHEIT"

- Sie können die Mahlzeiten eines Tages immer durch leichtere ersetzen (beispielsweise das Avocado-Schönheits-Brot durch Dharma's's Kohl-Salat), aber nie andersherum.
- Dieser Speiseplan soll Ihnen als Wegweiser dienen. Natürlich erwarte ich nicht, dass Sie sich jede Woche an die hier vorgegebenen Rezepte halten. Es werden Reste übrigbleiben, aus denen Sie wie im Vorbeigehen ganz einfache Gerichte zaubern.
- Orientieren Sie sich an den Richtlinien für die Beauty-Detox-Portionsgrößen (Seite 212f.), bis Sie sozusagen „im Schlaf wissen", wie viel von bestimmten Lebensmitteln Sie essen können.
- Wenn Sie der Süßhunger überfällt, kann Ihnen Kräutertee oder warme ungesüßte bzw. mit Stevia gesüßte Mandelmilch weiterhelfen. Oder: 30 bis 60 Gramm Bitterschokolade mit mindestens 70 Prozent Kakaoanteil (aus organischem Anbau!) – aber bitte nicht jeden Tag Schokolade essen! Sollte Ihre Gier nach Süßem tatsächlich nicht vergehen, versuchen Sie es doch mit meinen Rezepten für Smoothies und Desserts in Kapitel 11.
- Streuen Sie täglich einen Esslöffel gemahlene oder geschrotete Leinsamen über Ihren Vor-dem-Abendessen-Salat, damit decken Sie Ihren Bedarf an Omega-3-Fettsäuren.
- Eine Tasse heißes Wasser mit dem Saft einer halben Zitrone als Erstes am Morgen trinken unterstützt Ihre Leber und damit Ihren Körperreinigungsprozess.

TAG 1		
NUMMER 1:	Eine Tasse (250 ml) heißes Wasser mit dem Saft einer halben Zitrone Ein Probiotikum mit einem halben Liter Wasser eingenommen
FRÜHSTÜCK (wenn Sie wirklich hungrig sind)	450 bis 850 ml Glowing Green Smoothie, nun warten Sie 20 Minuten, und wenn Sie dann immer noch Hunger haben, essen Sie eine ganze kleine oder eine halbe große Avocado.
MITTAGESSEN	Als Erstes ein Verdauungsenzym, danach eine große Portion Dharma's Kohl-Salat, gefolgt von der Rohkostsuppe aus roter Paprika und Tomaten mit einer Handvoll glutenfreier Cracker (optional)
SNACK (optional und mind. drei Stunden später)	225 bis 550 ml Glowing Green Smoothie oder Regenwald-Acai-Beeren-Smoothie
ABENDESSEN	Als Erstes ein Verdauungsenzym, danach ein großer grüner Salat mit ölfreier/balsamicofreier italienischer Vinaigrette und eine halbe Tasse von meinem Probiotischen & enzymreichen Salat, gefolgt von der Schönheits-Nusspaste oder dem Mus aus Macadamianüssen und sonnengetrockneten Tomaten in Blattgemüse-Wraps
VOR DEM ZUBETTGEHEN	Ein Probiotikum. Nach Bedarf zwei bis vier Kapseln einer Magnesiumoxid-Nahrungsergänzung

TAG 2		
NUMMER 1:	Eine Tasse (250 ml) heißes Wasser mit dem Saft einer halben Zitrone Ein Probiotikum mit einem halben Liter Wasser eingenommen
FRÜHSTÜCK (wenn Sie wirklich hungrig sind)	450 bis 850 ml Glowing Green Smoothie, nun warten Sie 20 Minuten, und wenn Sie dann immer noch Hunger haben, essen Sie eine ganze kleine oder eine halbe große Avocado.
MITTAGESSEN	Ein großer grüner Salat mit Kim's Classic Dressing, gefolgt von Frischen Romana-Soft-Tacos
SNACK (optional und mind. drei Stunden später)	Frisches Obst der Saison aus organischem Anbau
ABENDESSEN	Als Erstes ein Verdauungsenzym, danach ein großer grüner Salat mit ölfreiem Rote-Paprika-und-Koriander-Dressing und eine halbe Tasse von meinem Probiotischen & enzymreichen Salat, gefolgt vom West-Östlichen Ofengemüse und einem Stück gebratenem Fisch mit Zitrone oder der JMP Rohkost-Lasagne
VOR DEM ZUBETTGEHEN	Ein Probiotikum. Nach Bedarf zwei bis vier Kapseln einer Magnesiumoxid-Nahrungsergänzung

PHASE 2: ERSTRAHLENDE SCHÖNHEIT | 239

TAG 3

NUMMER 1:	Eine Tasse (250 ml) heißes Wasser mit dem Saft einer halben Zitrone Ein Probiotikum mit einem halben Liter Wasser eingenommen
FRÜHSTÜCK (wenn Sie wirklich hungrig sind)	Eine ganze Grapefruit (oder ein anderes Obst der Saison), nun warten Sie 20 Minuten, und wenn Sie dann immer noch Hunger haben, essen Sie eine ganze kleine oder eine halbe große Avocado.
MITTAGESSEN	Ein großer grüner Salat mit dem Traumhaft cremigen Avocado-Dressing, gefolgt von einem Ananda-Burrito oder einem Avocado-Schönheits-Brot
SNACK (optional und mind. drei Stunden später)	225 bis 550 ml Glowing Green Smoothie
ABENDESSEN	Als Erstes ein Verdauungsenzym, danach ein großer grüner Salat mit Omega-3-Leinsamen-Dressing und eine halbe Tasse von meinem Probiotischen & enzymreichen Salat, danach Quinoa mit Gemüse und Kurkuma oder das Yamswurzel-Grundrezept mit West-Östlichem Ofengemüse
VOR DEM ZUBETTGEHEN	Ein Probiotikum. Nach Bedarf zwei bis vier Kapseln einer Magnesiumoxid-Nahrungsergänzung

TAG 4

NUMMER 1:	Eine Tasse (250 ml) heißes Wasser mit dem Saft einer halben Zitrone Ein Probiotikum mit einem halben Liter Wasser eingenommen
FRÜHSTÜCK (wenn Sie wirklich hungrig sind)	450 bis 850 ml Glowing Green Smoothie, nun warten Sie 20 Minuten, und wenn Sie dann immer noch Hunger haben, essen Sie eine ganze kleine oder eine halbe große Avocado.
MITTAGESSEN	Als Erstes ein Verdauungsenzym, danach eine große Portion Sonntags-Salat, gefolgt von der Energetischen Blumenkohlsuppe mit einer Handvoll glutenfreier Cracker (optional)
SNACK (optional und mind. drei Stunden später)	Frisches Obst der Saison aus organischem Anbau
ABENDESSEN	Als Erstes ein Verdauungsenzym, danach ein großer grüner Salat mit Asiatischem Miso-Karotten-Dressing und eine halbe Tasse von meinem Probiotischen & enzymreichen Salat, danach schonend gedämpfter Spargel und ein Stück gebratener Fisch mit Zitrone oder ein Gemüse-Omelett aus zwei Eiern (artgerechte Hühnerhaltung!) oder ein Veggie-Burger aus basisch wirkendem Getreide
VOR DEM ZUBETTGEHEN	Ein Probiotikum. Nach Bedarf zwei bis vier Kapseln einer Magnesiumoxid-Nahrungsergänzung

240 | IHR BEAUTY-PLAN

TAG 5

NUMMER 1:	Eine Tasse (250 ml) heißes Wasser mit dem Saft einer halben Zitrone Ein Probiotikum mit einem halben Liter Wasser eingenommen
FRÜHSTÜCK (wenn Sie wirklich hungrig sind)	450 bis 850 ml Glowing Green Smoothie, nun warten Sie 20 Minuten, und wenn Sie dann immer noch Hunger haben, essen Sie eine ganze kleine oder eine halbe große Avocado.
MITTAGESSEN	Eine große Schüssel Spirulina-Spinat-Salat
SNACK (optional und mind. drei Stunden später)	Gemüsestifte mit Sally's Salsa
ABENDESSEN	Als Erstes ein Verdauungsenzym, danach ein großer grüner Salat mit ölfreiem Rote-Paprika-und-Koriander-Dressing und eine halbe Tasse von meinem Probiotischen & enzymreichen Salat, gefolgt vom Quinoa- Avocado-Mais-Salat oder den Gefüllten Regenbogen-Paprikaschoten
VOR DEM ZUBETTGEHEN	Ein Probiotikum. Nach Bedarf zwei bis vier Kapseln einer Magnesiumoxid-Nahrungsergänzung

TAG 6

NUMMER 1:	Eine Tasse (250 ml) heißes Wasser mit dem Saft einer halben Zitrone Ein Probiotikum mit einem halben Liter Wasser eingenommen
FRÜHSTÜCK (wenn Sie wirklich hungrig sind)	Eine ganze Grapefruit (oder ein anderes Obst der Saison), nun warten Sie 20 Minuten, und wenn Sie dann immer noch Hunger haben, essen Sie eine ganze kleine oder eine halbe große Avocado.
MITTAGESSEN	Als Erstes ein Verdauungsenzym, danach eine große Portion Dharma's Kohl-Salat, gefolgt von den Süßkartoffeln *alla italiana* oder den Süßkartoffeln nach Art des Elefantengottes Ganescha
SNACK (optional und mind. drei Stunden später)	225 bis 550 ml Glowing Green Smoothie
ABENDESSEN	Als Erstes ein Verdauungsenzym, danach ein großer grüner Salat mit Kim's Classic Dressing und eine halbe Tasse von meinem Probiotischen & enzym- reichen Salat, gefolgt von Bruce's Pinienkern-Parmesan oder der Schön- heits-Nusspaste und Sprossen in Blattgemüse-Wraps
VOR DEM ZUBETTGEHEN	Ein Probiotikum. Nach Bedarf zwei bis vier Kapseln einer Magnesiumoxid-Nahrungsergänzung

PHASE 2: ERSTRAHLENDE SCHÖNHEIT | 241

NUMMER 1:	Eine Tasse (250 ml) heißes Wasser mit dem Saft einer halben Zitrone. Ein Probiotikum mit einem halben Liter Wasser eingenommen
FRÜHSTÜCK (wenn Sie wirklich hungrig sind)	450 bis 850 ml Glowing Green Smoothie, nun warten Sie 20 Minuten, und wenn Sie dann immer noch Hunger haben, essen Sie eine ganze kleine oder eine halbe große Avocado.
MITTAGESSEN	Tabouli Rohkost-Salat mit Hanfsamen und eine Schüssel Energetische Blumenkohlsuppe
SNACK (optional und mind. drei Stunden später)	Frisches Obst der Saison aus organischem Anbau
ABENDESSEN	Als Erstes ein Verdauungsenzym, danach eine große Portion Sonntags-Salat und eine halbe Tasse von meinem Probiotischen & enzymreichen Salat, gefolgt vom West-Östlichen Ofengemüse mit 90 Gramm Ziegen-Rohmilchkäse (optional) oder einem Kaffeelot (= ½ EL) vom Mus aus Macadamianüssen und sonnengetrockneten Tomaten
VOR DEM ZUBETTGEHEN	Ein Probiotikum. Nach Bedarf zwei bis vier Kapseln einer Magnesiumoxid-Nahrungsergänzung

TAG 7

KAPITEL 10

PHASE 3:
WAHRE SCHÖNHEIT

Wenn ihr euch gebunden fühlt, seid ihr gebunden. Fühlt ihr euch frei, seid ihr frei. Dinge im Außen binden euch weder, noch befreien sie euch; nur eure innere Einstellung tut das.

Sri Swami Satchidananda
Kommentierte Übersetzung des Yoga-Sutras von Patanjali

Willkommen im Land der „Wahren Schönheit"! Mit dieser Phase sind Sie bei Ihrem Reinigungsprozess auf einem sehr hohen Niveau angekommen, und wenn Sie hierher übergewechselt sind, dürfen Sie sehr stolz auf sich sein.

Jetzt können Sie den unglaublichen Nutzen des Beauty-Detox-Plans allmählich klar erkennen: Die dunklen Ringe unter Ihren Augen haben sich deutlich aufgehellt, Ihr Teint ist sehr viel ebenmäßiger und strahlender, Ihre Augen leuchten stärker, Ihre Energie hat sich vervielfacht – und wahrscheinlich fühlen Sie sich dank der vielen Mineral- und anderen Nährstoffe, die in Ihrem Körper kursieren, auch weit weniger gestresst!

Als „Wahre Schönheit" werden Sie Ihren inneren Reinigungsprozess noch weiter vertiefen und so eine neue Stufe der Gesundheit und Schönheit erklimmen. Je länger Sie eine „Wahre Schönheit" bleiben, desto besser werden Sie sich fühlen und auch so aussehen. Denken Sie an das Rad mit den schlammverkrusteten Speichen und unsere Theorie, dass unser Alterungsprozess im Wesentlichen davon bestimmt wird, wie viel Schlamm wir in unseren „Radspeichen" kleben haben. In dieser Phase werden wir eine enorm hohe Ebene erreichen – wir werden uns von sehr viel Schlamm befreien, den Alterungsprozess umkehren und wieder jünger werden!

DIE VORTEILE DER „WAHREN SCHÖNHEIT"

Während dieser Phase wird sich Ihr Gewicht auf der Ihnen und Ihrem Körperbau entsprechenden Höhe stabil einpendeln. Sie werden feststellen, dass sich bestimmte Teile Ihres Körpers straffen, beispielsweise die Arme, weil der Sauerstoff jetzt auf sehr viel breiterer Basis in Ihrem Körper zirkulieren kann.

Jetzt, da Sie Ihren Körper auf einer so hohen Ebene reinigen und erneuern, werden Sie auch bemerken, dass Ihre alte quengelnde Gier nach bestimmten „Leckerbissen" immer schweigsamer wird und Sie in dem Moment ganz verlässt, in dem die „Erinnerungsstücke" an die alten Nahrungsmittel aus Ihrem Körper ausgeschieden sind und Sie das innere Gleichgewicht in Ihrem Körper wiederhergestellt haben. Die Menge der nützlichen Bakterien in Ihrem Körper ist wieder aufgefüllt, und sein ganzes Milieu wird immer stärker basisch. Sie werden weder Ihren alten Lieblingsspeisen noch Ihrem alten Lebensstil auch nur eine einzige Träne nachweinen! Sie werden restlos hin und weg sein, wie großartig Sie aussehen und sich fühlen! Anstatt immer nur einzelne Verbesserungen hier und da an Ihrem äußeren Erscheinungsbild wahrzunehmen, werden Sie nun beim Blick in den Spiegel immer öfter einer strahlenderen, jüngeren Version Ihrer selbst begegnen. Sie werden am eigenen Leib erfahren, dass es wahr ist und die richtige Ernährung und Reinigung tatsächlich genug Macht besitzen, um Ihren Körper zu heilen und Ihre Schönheit zur Vollendung zu bringen.

Unübertreffliche Gesundheit und Schönheit warten nur auf Sie!

DIE GRUNDSÄTZE DER „WAHREN SCHÖNHEIT"

In der Phase der „Wahren Schönheit" gehen wir vom Glowing Green Smoothie auf den Glowing Green Juice über. Dadurch, dass wir die Ballaststoffe aus unserem morgendlichen Ablauf herausnehmen, stellen wir uns allmählich um – wir werden ein Leben auf der Basis rein pflanzlichen „Treibstoffs" führen. Die Antioxidantien und die reinigenden Kräfte des Glowing Green Juice gehen unser System noch härter an als die des Glowing Green Smoothie. Sollten Sie sich dabei nicht wohlfühlen, vor allem am Beginn, machen Sie nicht sich selbst dafür verantwortlich! Sollten Sie an irgendeinem Punkt in dieser Phase das Gefühl haben, Ihnen wird es zu viel, kehren Sie für eine Weile in die Phase der „Erstrahlenden Schönheit" zurück, bis Ihnen danach zumute ist, es noch einmal mit der „Wahren Schönheit" zu versuchen.

Falls Sie den Glowing Green Smoothie dem Glowing Green Juice vorziehen und sich damit wohler fühlen (was bei vielen meiner Klienten der Fall ist), können Sie ohne Weiteres dabei bleiben – aber halten Sie sich ansonsten an die Grundsätze der „Wahren Schönheit". Den Glowing Green Smoothie können Sie auch in der zweiten Tageshälfte, nach dem Mittagessen, als Snack genießen, selbst wenn Sie morgens schon einen Glowing Green Juice getrunken haben.

IN DER PHASE DER WAHREN SCHÖNHEIT:

- Mindestens fünf Mal die Woche wird Ihr Frühstück aus dem Glowing Green Juice bestehen (es sei denn, der Glowing Green Smoothie bekommt Ihnen besser und Sie wollen lieber dabei bleiben).
- Kein gekochtes Getreide mehr zum Mittagessen – gekochtes Gemüse und Avocados sind die kompaktesten Bestandteile Ihrer Mittagsmahlzeit.
- Fisch und andere Meerestiere, Eier und Ziegen-Rohmilchkäse gibt es nur noch höchstens zwei Mal pro Woche zum Abendessen. Alle anderen Mahlzeiten enthalten keine tierischen Erzeugnisse.
- Landtiere (Huhn, Rind, Schwein, Pute etc.) sind definitiv von Ihrem Speisezettel gestrichen.

FÜR ALLE PHASEN GÜLTIG:

- ● Meiden Sie folgende Nahrungsmittel:
  - Milchprodukte
  - Glutenhaltige Produkte, wie Weizen, Roggen und Gerste
  - Raffinierten Zucker und raffinierte Stärken, dazu zählen auch alle Limonaden
  - Künstliche Süßstoffe, darunter fallen sämtliche Diät-Limonaden
  - Dosen- und Mikrowellenprodukte
  - Lebensmittel mit künstlichen Zusätzen oder Inhaltsstoffen, dazu zählen abgepackte Nahrungsmittel/Fertiggerichte
  - Unfermentierte Soja-Produkte
  - Fertig abgefüllte/abgepackte Obst- und Gemüsesäfte
  - Tafel-/Kochsalz
  - Frittierte/in Fett gebratene Lebensmittel
  - Raffinierte oder (hoch)erhitzte Öle (Ausnahme: eine kleine Menge Kokosöl)
- ● Essen Sie tagsüber kein tierisches Eiweiß, das verlangsamt den Verdauungsprozess. Wir „machen uns leicht" und bleiben bei pflanzlichen Produkten.
- ● Futtern Sie möglichst wenig nebenbei – ich meine Snacks und Co. Denn das Nebenherknabbern kostet Sie Schönheits-Energie und überlastet Ihr

Verdauungssystem. Langen Sie stattdessen bei den Mahlzeiten tüchtig zu, damit Sie sich satt und zufrieden fühlen.

- Sollte Sie nachmittags der Hunger packen, weil Sie es gewohnt sind, öfter etwas oder herzhaftere Mahlzeiten zu bekommen, essen Sie einfach mehr von meinem Probiotischen & enzymreichen Salat! Außerdem sollten Sie immer Gemüsestifte bei sich oder in der Nähe haben, die Sie mit einer Salsa oder einem anderen Gemüse-Dip knabbern können. Auch Chlorella-Tabletten können unterstützend wirken.

BEISPIEL EINES SIEBEN-TAGE-SPEISEPLANS FÜR DIE „WAHRE SCHÖNHEIT"

- Sie können die einzelnen Mahlzeiten eines Tages immer durch *leichtere* ersetzen (beispielsweise das Avocado-Schönheits-Brot durch Dharma's Kohl-Salat), aber nie andersherum.
- Dieser Speiseplan soll Ihnen als Wegweiser dienen, um Ihnen eine gewisse Sicherheit bei der Zusammenstellung Ihrer Mahlzeiten zu geben. Natürlich erwarte ich nicht, dass Sie sich jede Woche an die hier vorgegebenen Rezepte halten. Es werden Reste übrigbleiben, aus denen Sie wie im Vorbeigehen ganz einfache Gerichte zaubern. Legen Sie eine Liste mit Standardgerichten an, die Sie sich öfter zubereiten.
- Orientieren Sie sich an den Richtlinien für die Beauty-Detox-Portionsgrößen (Seite 212f.), bis Sie sozusagen „im Schlaf wissen", wie viel von bestimmten Lebensmittel Sie essen können.
- Wenn Sie der Süßhunger überfällt, vor allem während der Umstellungsphase, kann Ihnen Kräutertee oder warme ungesüßte bzw. mit Stevia gesüßte Mandel-milch weiterhelfen. 30 bis 60 Gramm Bitterschokolade mit mindestens 70 Prozent Kakaoanteil (aus organischem Anbau!) wären auch eine Option – aber bitte nicht jeden Tag Schokolade essen! Sollte Ihre Gier nach Süßem tatsächlich nicht abklingen, versuchen Sie es doch mit meinen Rezepten für Smoothies und Desserts in Kapitel 11.
- Streuen Sie täglich einen Esslöffel gemahlene oder geschrotete Leinsamen über Ihren Vor-dem-Abendessen-Salat, damit decken Sie Ihren Bedarf an Omega-3-Fettsäuren.
- Eine Tasse heißes Wasser mit dem Saft einer halben Zitrone als Erstes am Morgen unterstützt Ihre Leber und damit Ihren Körperreinigungsprozess.

248 | IHR BEAUTY-PLAN

TAG 1		
NUMMER 1:	Eine Tasse (250 ml) heißes Wasser mit dem Saft einer halben Zitrone. Ein Probiotikum mit einem halben Liter Wasser eingenommen
FRÜHSTÜCK (wenn Sie wirklich hungrig sind)	450 bis 900 ml Glowing Green Juice, nun warten Sie 20 Minuten, und wenn Sie dann immer noch Hunger haben, essen Sie ein Stück Obst oder trinken Sie einen Glowing Green Smoothie.
MITTAGESSEN	Eine große Schlüssel Dharma's Kohl-Salat
SNACK (optional und mind. drei Stunden später)	225 bis 550 ml Glowing Green Smoothie
ABENDESSEN	Als Erstes ein Verdauungsenzym, danach ein großer grüner Salat mit Omega-3-Leinöl-Dressing und eine halbe Tasse von meinem Probiotischen & enzymreichen Salat, danach ein Veggie-Burger aus basisch wirkendem Getreide
VOR DEM ZUBETTGEHEN	Ein Probiotikum. Nach Bedarf zwei bis vier Kapseln einer Magnesiumoxid-Nahrungsergänzung

TAG 2		
NUMMER 1:	Eine Tasse (250 ml) heißes Wasser mit dem Saft einer halben Zitrone. Ein Probiotikum mit einem halben Liter Wasser eingenommen
FRÜHSTÜCK (wenn Sie wirklich hungrig sind)	450 bis 900 ml Glowing Green Juice, nun warten Sie 20 Minuten, und wenn Sie dann immer noch Hunger haben, essen Sie ein Stück Obst oder trinken Sie einen Glowing Green Smoothie.
MITTAGESSEN	Ein großer grüner Salat mit Kim's Classic Dressing, gefolgt von einem Ananda Burrito
SNACK (optional und mind. drei Stunden später)	225 bis 550 ml Glowing Green Smoothie oder Gemüsestifte mit Sally's Salsa
ABENDESSEN	Als Erstes ein Verdauungsenzym, danach eine große Schüssel Dharma's Kohl-Salat, gefolgt von den Süßkartoffeln alla italiana oder den Süßkartoffeln nach Art des Elefantengottes Ganescha
VOR DEM ZUBETTGEHEN	Ein Probiotikum. Nach Bedarf zwei bis vier Kapseln einer Magnesiumoxid-Nahrungsergänzung

PHASE 3: WAHRE SCHÖNHEIT | 249

TAG 3

NUMMER 1:	Eine Tasse (250 ml) heißes Wasser mit dem Saft einer halben Zitrone Ein Probiotikum mit einem halben Liter Wasser eingenommen
FRÜHSTÜCK (wenn Sie wirklich hungrig sind)	450 bis 900 ml Glowing Green Juice, nun warten Sie 20 Minuten, und wenn Sie dann immer noch Hunger haben, essen Sie ein Stück Obst oder trinken Sie einen Glowing Green Smoothie.
MITTAGESSEN	Eine große Schüssel Spirulina-Spinat-Salat, gefolgt von der Avocado-Tomaten-Mittagsplatte
SNACK (optional und mind. drei Stunden später)	225 bis 550 ml Glowing Green Smoothie oder 30-Sekunden-Spirulina-Superdrink
ABENDESSEN	Als Erstes ein Verdauungsenzym, danach ein großer grüner Salat mit ölfreiem Rote-Paprika-und-Koriander-Dressing und eine halbe Tasse von meinem Probiotischen & enzymreichen Salat, danach schonend gedämpfter Brokkoli und ein Stück gebratener Fisch mit Zitrone oder Quinoa-Avocado-Mais-Salat oder die JMP Rohkost-Lasagne
VOR DEM ZUBETTGEHEN	Ein Probiotikum. Nach Bedarf zwei bis vier Kapseln einer Magnesiumoxid-Nahrungsergänzung

TAG 4

NUMMER 1:	Eine Tasse (250 ml) heißes Wasser mit dem Saft einer halben Zitrone Ein Probiotikum mit einem halben Liter Wasser eingenommen
FRÜHSTÜCK (wenn Sie wirklich hungrig sind)	450 bis 900 ml Glowing Green Juice, nun warten Sie 20 Minuten, und wenn Sie dann immer noch Hunger haben, essen Sie ein Stück Obst oder trinken Sie einen Glowing Green Smoothie.
MITTAGESSEN	Eine große Portion grüner Salat mit dem Asiatischen Miso-Karotten-Dressing, gefolgt von einer Schüssel Energetische Blumenkohlsuppe
SNACK (optional und mind. drei Stunden später)	225 bis 550 ml Glowing Green Smoothie
ABENDESSEN	Als Erstes ein Verdauungsenzym, danach eine große Portion Sonntags-Salat und eine halbe Tasse von meinem Probiotischen & enzymreichen Salat, darüber ein Kaffeelot von (= ½ EL) Bruce's Pinienkern-Parmesan oder 90 Gramm Ziegen-Rohmilchkäse
VOR DEM ZUBETTGEHEN	Ein Probiotikum. Nach Bedarf zwei bis vier Kapseln einer Magnesiumoxid-Nahrungsergänzung

IHR BEAUTY-PLAN

TAG 5		
NUMMER 1:	Eine Tasse (250 ml) heißes Wasser mit dem Saft einer halben Zitrone Ein Probiotikum mit einem halben Liter Wasser eingenomen	
FRÜHSTÜCK (wenn Sie wirklich hungrig sind)	450 bis 900 ml Glowing Green Juice, nun warten Sie 20 Minuten, und wenn Sie dann immer noch Hunger haben, essen Sie ein Stück Obst oder trinken Sie einen Glowing Green Smoothie.	
MITTAGESSEN	Israelischer Würfelsalat, gefolgt von Frischen Romana-Soft-Tacos	
SNACK (optional und mind. drei Stunden später)	225 bis 550 ml Glowing Green Smoothie oder ein Stück Obst	
ABENDESSEN	Als Erstes ein Verdauungsenzym, danach ein großer grüner Salat mit ölfreier/balsamicofreier italienischer Vinaigrette, gefolgt von einem Gemüse-Omelett aus zwei Eiern (artgerechte Hühnerhaltung!) oder Quinoa mit Gemüse und Kurkuma oder ein Kaffeelot (= ½ EL) vom Mus aus Macadamianüssen und sonnengetrockneten Tomaten	
VOR DEM ZUBETTGEHEN	Ein Probiotikum. Nach Bedarf zwei bis vier Kapseln einer Magnesiumoxid-Nahrungsergänzung	

TAG 6		
NUMMER 1:	Eine Tasse (250 ml) heißes Wasser mit dem Saft einer halben Zitrone Ein Probiotikum mit einem halben Liter Wasser eingenomen	
FRÜHSTÜCK (wenn Sie wirklich hungrig sind)	450 bis 900 ml Glowing Green Juice, nun warten Sie 20 Minuten, und wenn Sie dann immer noch Hunger haben, essen Sie ein Stück Obst oder trinken Sie einen Glowing Green Smoothie.	
MITTAGESSEN	Eine große Portion grüner Salat mit dem Traumhaft cremigen Avocado-Dressing, gefolgt von einer Schüssel Rote-Paprika-mit-Toma- ten-Rohkost-Suppe	
SNACK (optional und mind. drei Stunden später)	225 bis 550 ml Glowing Green Smoothie	
ABENDESSEN	Als Erstes ein Verdauungsenzym, danach ein großer grüner Salat mit ölfreier/balsamicofreier italienischer Vinaigrette, gefolgt vom Griechisch inspirierten Hirse-Salat oder den Gefüllten Regenbogen-Paprikaschoten	
VOR DEM ZUBETTGEHEN	Ein Probiotikum. Nach Bedarf zwei bis vier Kapseln einer Magnesiumoxid-Nahrungsergänzung	

PHASE 3: WAHRE SCHÖNHEIT | 251

NUMMER 1:	Eine Tasse (250 ml) heißes Wasser mit dem Saft einer halben Zitrone Ein Probiotikum mit einem halben Liter Wasser eingenommen	**TAG 7**
FRÜHSTÜCK (wenn Sie wirklich hungrig sind)	450 bis 900 ml Glowing Green Juice, nun warten Sie 20 Minuten, und wenn Sie dann immer noch Hunger haben, essen Sie ein Stück Obst oder trinken Sie einen Glowing Green Smoothie.	
MITTAGESSEN	Als Erstes ein Verdauungsenzym, danach eine große Schüssel Dharma's Kohl-Salat, gefolgt von einer Schüssel Energetische Blumenkohlsuppe	
SNACK (optional und mind. drei Stunden später)	225 bis 550 ml Glowing Green Smoothie	
ABENDESSEN	Als Erstes ein Verdauungsenzym, danach ein großer grüner Salat mit Kim's Classic Dressing, gefolgt von der Schönheits-Nusspaste oder Bruce's Pinienkern-Parmesan in Blattgemüse-Wraps	
VOR DEM ZUBETTGEHEN	Ein Probiotikum. Nach Bedarf zwei bis vier Kapseln einer Magnesiumoxid-Nahrungsergänzung	

KAPITEL 11

SCHÖNHEITS-REZEPTE

Nichts wird der menschlichen Gesundheit größeren Nutzen bringen und die Chancen für ein Überleben auf der Erde so sehr erhöhen wie die Umstellung auf eine vegetarische Ernährungsweise.

Albert Einstein

IHR BEAUTY-PLAN

Als ich vor Jahren begann, meine eigene Ernährung umzustellen, war ich ganz wild auf neue und aufwendige Rezepte – ich stand stundenlang in meiner Küche und experimentierte herum. Mittlerweile ist mir eines aber völlig klar geworden: Je einfacher wir essen, desto besser für unsere Verdauung. Einfachheit ist wundervoll und wird uns verschönen! Wenn wir einfachere Mahlzeiten zu uns nehmen, lernen wir die natürlichen Geschmäcker der Zutaten besser kennen und wertschätzen – und unsere Geschmacksknospen werden aufhören, nach betont süßen und salzigen Speisen, nach extravaganten Saucen und Menüs mit hunderterlei Zutaten zu gieren. Essen, das auf Schlichtheit und natürlichen Aromen basiert, kann großartig schmecken!

Ich selbst esse inzwischen ausgesprochen einfach. Tagsüber trinke ich Greenies und futtere relativ wahllos zusammengemischte grüne Salate mit meinem Classic Dressing oder einen Ananda Burrito. Abends mache ich mir fast immer eine Riesenportion Salat, meist Dharma's's Kohl-Salat, und dazu gibt es eine der Getreidespeisen oder eine der Nusspasten, die ich Ihnen in diesem Kapitel vorstelle. Manchmal esse ich zu meinem Salat auch bloß eine kleine Menge Quinoa oder Hirse – pur!

Wenn wir uns auf eine neue Ernährungsweise umstellen, haben wir natürlich das Bedürfnis nach einer Unmenge neuer Rezepte, an denen wir uns orientieren können. Doch dieses Gefühl trügt uns! Was wir tatsächlich herbeiführen müssen, ist eine Veränderung unserer Geisteshaltung. Wir müssen uns innerlich darauf ausrichten, dass die wahren Geschenke von Mutter Natur – Grünzeug, andere Gemüse und Obst – den Löwenanteil unserer Nahrung darstellen sollten. Niemand von uns muss Stunden in der Küche zubringen. Wir alle schaffen es, Gemüse und Obst klein zu schneiden, in den Mixer zu packen und uns einen Glowing Green Smoothie zu zaubern! Wir alle können lernen, ein paar einfache Salate zuzubereiten, von der Art, wie ich Sie Ihnen in diesem Kapitel präsentiere. Diese Salate sollten Ihre Hauptmahlzeiten bilden! Salat ist weit mehr als eine Vorspeise oder eine Beilage. Er ist der Hauptgang! Wie Sie gleich sehen werden, ist das Unterkapitel mit den Salatsaucen das umfangreichste im nun folgenden Rezeptteil. Und das nicht von ungefähr, sondern um Sie dabei zu unterstützen, Ihren Körper jeden Tag mit einem dieser fantastischen Salate zu verwöhnen!

Wir entstammen einem Kulturkreis, in dem es üblich geworden ist, Dinge möglichst kompliziert erscheinen zu lassen: angefangen bei der Hautpflege mit ihren Tausenden von Make-up- und anderen Produkten über Abertausende von Nahrungsergänzungsmitteln, rezeptfreien Medikamenten und anderen Heilmitteln auf Chemiebasis, die kilometerweise Regalbretter füllen. Die bringen uns nicht weiter! Je intensiver wir uns mit der Auffassung anfreunden, dass Mutter Natur uns mit allem Notwendigen versorgt, desto besser wird es uns ergehen. Wir brauchen keine verarbeiteten Lebensmittel und mit Sicherheit auch

SCHÖNHEITS-REZEPTE | 255

keine überkandidelten Rezepte. Tatsächlich ist es so: Je extravaganter und aufwendiger ein Rezept ist, desto größer die Wahrscheinlichkeit, dass die Lebensmittel im Sinn unserer Beauty-Food-Kombinationen schlecht zusammengestellt sind.

Und jetzt zu den Rezepten, sie sind bewusst einfach gehalten, nahrhaft und köstlich. Genug für Sie, um an Ihrem persönlichen Beauty-Detox-Plan festhalten zu können und Ihren Körper jeden Tag fortlaufend weiter zu reinigen und immer schöner zu werden!

Zu den Maßen und Gewichten: Für die deutsche Ausgabe wurden die amerikanischen Maßangaben entsprechend umgerechnet, wobei 1 Tasse 250 ml entspricht, ein Esslöffel (EL) 15 ml, ein Kaffeelot einem halben EL und ein Teelöffel (TL) 5 ml.

DIE SCHÖNHEITS-GRUNDLAGEN FÜR JEDEN TAG

Der Glowing Green Smoothie	257
Der Glowing Green Juice	258
Der Probiotische & enzymreiche Salat	259
Rohkost-Hafergrützbrei (für meine „Aufblühenden Schönheiten")	260

SCHÖNHEITS-DIPS UND -DRESSINGS

Rohkost-Hummus ohne Kichererbsen	261
Sally's Salsa	262
Schönheits-Guacamole	263
Grüne-Bohnen-Miso-Dip	264
Kim's Classic Dressing	264
Traumhaft cremiger Avocado-Dip	265
Omega-3-Leinsamen-Dressing	266
Süßes Basilikum-Limetten-Dressing	267
Asiatisches Miso-Karotten-Dressing	267
Ölfreies Rote-Paprika-und-Koriander-Dressing	268
Ölfreie/balsamicofreie italienische Vinaigrette	268
Ölfreies Dressing für Basilikum-Fans	269
Frisches Minz-Dressing mit Olivenöl	270

SCHÖNHEITS-SALATE

Dharma's Kohl-Salat	270
Sonntags-Salat	272
Tabouli Rohkost-Salat mit Hanfsamen	273
Israelischer Würfel-Salat	274
Spirulina-Spinat-Salat	274
Avocado-Tomaten-Mittagsplatte	275

SCHÖNHEITS-WRAPS UND -SANDWICHES

Frische Romana-Soft-Tacos	276
Avocado-Schönheits-Brot	277
Der Ananda-Burrito	278

SCHÖNHEITS-SUPPEN UND SCHÖNHEITS-GEMÜSEGERICHTE

Rohkostsuppe aus roter Paprika und Tomaten	279
Energetische Blumenkohlsuppe	280
Köstliche Kürbiscremesuppe	281
West-Östliches Ofengemüse	282
Yamswurzel- Grundrezept	282
Süßkartoffeln *alla italiana*	283
Süßkartoffeln nach Art des Elefantengottes Ganescha	283

SCHÖNHEITS-GETREIDESPEISEN

Hirse-„Couscous"-Salat	284
Quinoa mit Gemüse und Kurkuma	285
Gefüllte Regenbogen-Paprikaschoten	286
Veggie-Burger aus basisch wirkendem Getreide	288
Griechisch inspirierter Hirsesalat	289
Quinoa-Avocado-Mais-Salat	290

SCHÖNHEITS-NUSSGERICHTE

Bruce's Pinienkern-Parmesan	291
Schönheits-Nusspaste	292
Mus aus Macadamianüssen und sonnengetrockneten Tomaten	293
Die JMP Rohkost-Lasagne	294

SCHÖNHEITS-SMOOTHIES

Hausgemachte Mandel- oder Haselnussmilch	296
Regenwald-Acai-Beeren-Smoothie	297
30-Sekunden-Spirulina-Superdrink	298
Wassermelonen-Smoothie	298

SCHÖNHEITS-DESSERTS

Rohkost-Pekannuss-Liebeskuchen	299
„Glückliche Kuh" (milchproduktfreie heiße Schokolade)	300
Rohkost-Kakao-Trüffel	300
„Chia-Samen-Lust"	301

SCHÖNHEITS-REZEPTE | 257

DIE SCHÖNHEITS-GRUNDLAGEN FÜR JEDEN TAG

GLOWING GREEN SMOOTHIE

Ergibt etwa 1,25 bis 1,5 Liter

Mein Rezept soll Ihnen nur als Orientierungshilfe dienen – für diesen Smoothie können Sie ganz nach Ihrem Belieben Grünzeug und Obst der Saison zusammenstellen und -mixen. Wenn Sie Rucola und/oder Grünkohl lieben – ab damit in den Mixer! (Nur keine Melonen, die sollten Sie immer separat essen.)

Der GGS schmeckt kalt am besten. Und ein wirklich guter Mixer ist sehr wesentlich für den richtigen Geschmack und die richtige Konsistenz. (Weitere Einzelheiten dazu finden Sie auf Seite 214 und auf meiner Website: www.kimberlysnyder.net) Falls Sie nicht schon einen tollen Mixer haben – an diesem wichtigen Küchengerät sollten Sie nicht sparen, die Investition lohnt sich! Manche werfen zusätzlich ein paar Eiswürfel ins Glas, das ist auch prima. Der GGS hält sich in einem verschlossenen Gefäß im Kühlschrank bis zu zwei Tage. Für meine vielbeschäftigen Freunde: Bereiten Sie einmal in der Woche eine große Menge GGS zu, die Sie dann portionsweise einfrieren und einzeln über Nacht auftauen lassen können.

ZUTATEN: *(Die Zutaten sollten nach Möglichkeit alle aus organischem Anbau stammen.)*

1 ½ Tassen Wasser
1 Kopf Romanasalat, geschnitten
½ großer Bund (oder ¾ von einem kleinen Bund) Spinat
3 - 4 Stangen Sellerie
1 Apfel, entkernt und klein geschnitten
1 Birne, entkernt und kleingeschnitten
1 Banane
Saft von ½ Zitrone

Optional:
⅓ Bund Koriander (auch mit Stielen)
⅓ Bund Petersilie (auch mit Stielen)

SCHÖNHEITSGEHEIMNIS

Frische Kräuter wie Koriander und Petersilie sind wunderbar zur Körperreinigung geeignet, sie können dabei helfen, Schwermetalle und andere Toxine auszuleiten. Wenn Sie den Geschmack mögen, greifen Sie zu!

ZUBEREITUNG:
Geben Sie den Romanasalat zusammen
mit dem Spinat und dem Wasser in den Mixer. Fangen Sie mit einer niedrigen Geschwindigkeit an, lassen Sie das Gerät laufen, bis ein weicher Brei entstanden ist. Dann erhöhen Sie die Geschwindigkeit und geben die Sellerie-, Apfel- und Birnenstücke dazu. Falls Sie mögen, auch Koriander und Petersilie. Am Schluss kommen die Banane und der Zitronensaft hinein.

GLOWING GREEN JUICE

Ergibt ungefähr 450 ml

Wie beim GGS möchte ich Sie auch hier beim GGJ dazu anregen, sich Ihr Obst und Gemüse nach eigenem Belieben zusammenzustellen. Wobei der GGJ allerdings weniger Obst enthalten und fast ausschließlich aus Gemüse bestehen sollte. Der Apfel in meinem Rezept bringt etwas Süße hinein, sollten Sie das nicht brauchen, lassen Sie ihn einfach weg. Wenn Ihnen der Fruchtzucker Sorgen bereitet, greifen Sie zu flüssigem Stevia und verzichten Sie ganz auf süßes Obst. Die Zitrone mildert den „Grasgeschmack" des Getränks und ist insgesamt ausgleichend. Außerdem wirkt Sie – wie auch schon erwähnt – sehr positiv unterstützend auf die Leber!

Im Folgenden zähle ich Ihnen einige Kräuter und Gemüsesorten auf, die ich selbst gerne in meinem GGJ genieße: Palmkohl (milder im Geschmack als Grünkohl), Grünkohl, Koriander, Petersilie, Spinat, Löwenzahnblätter, Romanasalat, Blattsalat, Mangold und Rucola. Gelegentlich können Sie auch ein paar Karotten oder andere Rüben hineinwandern lassen – aber da sie einen hohen Fruchtzuckeranteil haben, gehen Sie am besten genauso sparsam damit um wie mit süßem Obst.

Wenn Sie sehr aufs Geld achten müssen, schauen Sie doch mal, ob Sie sich nicht bei einem Bauern in Ihrer Umgebung mit Obst und Gemüse eindecken können. Die Preise direkt ab Hof sind in der Regel sehr günstig und die Produkte oftmals wenn schon nicht organisch angebaut, dann wenigstens mit weniger (oder sogar ohne) Pestizideinsatz erzeugt. Romanasalat, Kopfsalat, Äpfel und Karotten sind im Allgemeinen ohnehin recht preiswert!

ZUTATEN:
(Die Zutaten sollten nach Möglichkeit alle aus organischem Anbau stammen.)

1 Bund Kohlblätter
oder 1 Bund Spinatblätter
3 - 4 Stangen Sellerie
1 kleiner Apfel, zerteilt
Saft von ½ Zitrone

ZUBEREITUNG:
Lassen Sie alle Zutaten durch den Entsafter laufen, immer nur kleine Mengen auf einmal, die Reihenfolge spielt keine Rolle. Der Saft läuft in einen kleinen Tank, woraus Sie ihn in Gläser umfüllen können. Die Obst- und Gemüsereste werden in einem anderen Behältnis aufgefangen.

Am besten sollten Sie den Saft ganz frisch trinken, innerhalb von 15 Minuten nach der Zubereitung, denn da sind seine Enzyme noch vollständig erhalten. Da Entsaften ein grundlegend anderes Verfahren ist als Mixen, lässt sich der GGJ – anders als der GGS – nicht ein bis zwei Tage lang im Kühlschrank aufbewahren; im Notfall – und gut abgedeckt – aber wenigstens für ein paar Stunden! Das Rezept ergibt einen knappen halben Liter, das ist ein sinnvolles Quantum für den Anfang. Mit der Zeit können Sie sich vom Morgen bis zum Mittag auf die doppelte Menge „hochtrinken". Wenn es für Sie einfacher ist, die ganze Menge auf einmal zuzubereiten und die Hälfte – wie oben erwähnt – ein paar Stunden lang im Kühlschrank aufzuheben, dann tun Sie das! Selbst wenn dabei ein paar Enzyme verloren gehen – entscheidend ist, das Sie am BDP fest- und Ihre Morgen „leicht" halten. Außerdem kommen Sie so auch immer noch in den Genuss zahlreicher Segnungen des GGJ, in Form von Chlorophyll, Mineralstoffen und vielem mehr!

KIM'S PROBIOTISCHER & ENZYMREICHER SALAT

Ergibt etwa 12 Tassen (ca. 3 Liter)

Für die Menge aus diesem Rezept brauchen Sie 4 Weckgläser (Einmachgläser, Twist-off-Gläser) mit je 750 ml Fassungsvermögen oder 3 mit je 1 Liter, die in kochendem Wasser sterilisiert wurden.

GRUNDZUTATEN:
(Der Kohl sollte nach Möglichkeit aus organischem Anbau stammen.)

1 mittelgroßer Kopf Weißkraut,
zerkleinert, lassen Sie 6 große Außenblätter heil, die Sie zur Seite legen

ZUTATEN FÜR DIE LAKE:
1 L Wasser
10 cm Ingwer, geschält und gerieben
1 EL unpasteurisierte Miso-Paste

ZUBEREITUNG:
Legen Sie den Weißkohl in eine große Schüssel. Vermixen Sie die Zutaten für die Lake zu einer homogenen Masse und ver-

> ## SCHÖNHEITSGEHEIMNIS
>
> Das ist ein wahrhaft gesegneter, unglaublich nährstoffreicher Salat, der massenhaft Enzyme und freundliche Bakterien enthält, die uns helfen, unsere Nahrung zu verdauen.

teilen Sie diese über den Kohl. Gut durchmischen. Schichten Sie die Masse dann in die sterilisierten Gläser und drücken Sie sie dabei mit einem Holzlöffel zusammen, damit die überschüssige Luft entweicht. Lassen Sie oben zum Glasrand 5 Zentimeter Platz, damit der Salatsaft aufsteigen kann. Rollen Sie die aufbewahrten Kohlblätter sehr fest zusammen und legen Sie sie auf die Kohlmasse, um den Zwischenraum zu füllen. Verschließen Sie das Glas fest. Lassen Sie die Gläser 5 Tage lang bei einer Temperatur von 18 bis 22 Grad Celsius in Ihrer Speisekammer stehen. Herrscht dort eine niedrigere Temperatur, wickeln Sie die Gläser in Handtücher. Öffnen Sie die Gläser nach 5 Tagen und entfernen Sie die zusammengerollten Kohlblätter und werfen Sie sie weg. Stellen Sie die wieder fest verschlossenen Gläser anschließend in den Kühlschrank, die Kälte verlangsamt den Gärungsprozess. Die Bildung von Gasbläschen zeugt davon, dass das Kraut von gesunden, sehr nützlichen Keimen nur so wimmelt. „Knacken" Sie nun eines der Gläser mit Ihrem Probiotischen & enzymreichen Salat und genießen Sie jeden Tag mindestens eine halbe Tasse davon zum Abendessen, wenn möglich auch schon zu Mittag. Nach Anbruch hält sich der Salat im Kühlschrank bis zu 4 Wochen.

ROHKOST-HAFERGRÜTZBREI

Ergibt 2 Portionen

Kaufen Sie nur echte Vollkorn-Hafergrütze!

Die Teilchen gleichen großen braunen Reiskörnern. Die blässlich-weiße oder maschinell zerkleinerte Hafergrütze, die Sie vielleicht früher für Ihren Haferbrei hergenommen haben, ist verarbeitet und kommt daher nicht infrage. Es ist sehr wichtig, dass Sie naturbelassene Vollkorn-Hafergrütze aus organischem Anbau kaufen, denn dadurch wird das Risiko einer Verunreinigung mit anderen Getreiden, wie etwa Weizen, sehr gering gehalten. Wenn Ihnen nach Abwechslung ist, können Sie statt Hafer- auch Buchweizengrütze verwenden, die Sie ebenfalls über Nacht einweichen und gut abspülen müssen.

Ich weiß, dass viele von Ihnen bestimmt enttäuscht waren, als ich Sie über die negativen und schönheitsverderblichen Eigenschaften raffinierter und abgepackter Zerealien aufgeklärt habe, die größtenteils aus Weizen hergestellt sind. Aber seien Sie unbesorgt – Sie werden diesen Rohkost-Hafergrützbrei bestimmt lieben, er lässt sich einfach zubereiten und schmeckt prima, außerdem gleicht er in seiner Konsistenz „normalem" gekochtem Haferbrei! Das ist ein sehr sättigendes Frühstück, und die Kombination aus den faserreichen komplexen Kohlenhydraten der Hafergrütze und der rohen, ebenfalls ballaststoffreichen Avocado wird auch für eine gute Weile vorhalten!

ZUTATEN: *(Die Zutaten sollten nach Möglichkeit alle aus organischem Anbau stammen.)*

½ Tasse Hafergrütze, über Nacht eingeweicht und gut abgespült
½ Avocado
¼ TL keltisches Meersalz
½ TL Stevia
1 - 2 EL kaltes Wasser,
gefiltert, je nach Bedarf

ZUBEREITUNG:

Geben Sie die Hafergrütze zusammen mit der Avocado in den Mixer und lassen Sie ihn laufen. Fügen Sie Stevia und Salz hinzu. Wenn Sie die Masse lieber dick und etwas gröber haben, dann lassen Sie das Wasser ganz weg. Ansonsten geben Sie es klein bei klein dazu, bis die Masse die gewünschte Konsistenz hat. Genießen Sie die Speise nach ein paar Selleriestiften, rohen Spinatblättern oder anderem rohem Gemüse!

SCHÖNHEITS-DIPS UND -DRESSINGS

ROHKOST-HUMMUS OHNE KICHERERBSEN

Ergibt 6 bis 8 (oder mehr) Portionen

Dieser leckere Dip hat sich bei Parties und anderen Anlässen schon häufiger als echter Publikumsmagnet erwiesen! Da seine Grundlage statt aus Kichererbsen aus Zucchini besteht, ist er um einiges weniger kompakt und auch leichter verdaulich als der Original-Hummus. Ungekeimte Kichererbsen können zu Gasbildung und Blähungen führen, da sie eine Kombination aus Eiweiß und Stärke enthalten. Wie man weiß, habe ich diesen Dip auch schon als Salatdressing verwendet!

ZUTATEN: *(Die Zutaten sollten nach Möglichkeit alle aus organischem Anbau stammen.)*

2 Zucchini, in Stücke geschnitten
¾ Tasse rohe Tahini (Sesampaste)
2 EL Nährhefe
½ Tasse Zitronensaft, frisch gepresst
3 Knoblauchzehen, kleingehackt
2 ½ TL keltisches Meersalz

ZUBEREITUNG:

Geben Sie alle Zutaten in den Mixer und lassen Sie ihn laufen, bis eine glatte, cremige Masse entstanden ist. Dippen Sie Gemüsestücke – etwa Stangensellerie, rote Paprikaschoten und Gurke – in den Hummus, das ist ganz köstlich, als Snack oder auch als Vorspeise.

SALLY'S SALSA

Ergibt eine große Schüssel voll, die für 6 oder mehr Portionen reichen sollte

Meine Mutter Sally ist eine ausgezeichnete Köchin, sie war auch mein erster Ernährungs- und Gesundheits-Guru. Sie hat mich mit Unmengen Salat und Obst großgezogen und mir kein einziges Mal Tiermilch, Limonade oder Süßigkeiten gegeben! Ich erklärte mich selbst zur Vegetarierin als ich 13 war. Mami akzeptierte es und lernte, vegetarische Mahlzeiten extra für mich zuzubereiten, denn bei uns kamen abends regelmäßig Fisch und Meerestiere sowie gelegentlich ein Hühnchen auf den Tisch. Meine Mutter ist unglaublich selbstlos und steht mit ihren eigenen Bedürfnissen immer hinter denen der Familie zurück. Sie lehrte mich, selbstständig zu denken und die geltenden Autoritäten infrage zu stellen, anstatt auf die Zustimmung der breiten Masse ausgerichtete Behauptungen kritiklos als Fakten anzuerkennen. Danke, Mom. Ich liebe Dich! Dieses Rezept stammt wirklich von meiner Mutter, und ich bin begeistert, dass sie aus Glockenpaprika eine so wundervolle Salsa zaubert. Suuuuper!

Machen Sie jede Woche eine ordentliche Schüssel voll davon für sich und Ihre Familie, worauf Sie alle immer zugreifen können! Diese Salsa ist soooo köstlich! Probieren Sie sie mal als Dip für Gemüsestifte. Das schmeckt unheimlich gut zusammen, und Sie werden sehen, dass Sie als schnellen Snack gar keine kompakten Lebensmittel wie Nüsse mehr brauchen.

Diese Salsa eignet sich perfekt dafür, uns „auf dem richtigen Weg" zu halten und daran zu hindern, unsere klugen Nahrungsmittel-Kombinationen bei den Mahlzeiten mit unklugen Snacks zwischendurch auszuhebeln.

ZUTATEN:
(Die Zutaten sollten nach Möglichkeit alle aus organischem Anbau stammen.)

4 große Tomaten
1 große süße Zwiebel
1 große orangefarbene Glockenpaprika
1 große gelbe Glockenpaprika
2 Tassen Korianderkraut, gehackt
½ TL schwarzer Pfeffer, frisch gemahlen
2 EL Zitronensaft, frisch gepresst
½ TL (keltisches) Meersalz
Cayennepfeffer zum Abschmecken

ZUBEREITUNG:

Machen Sie sich in der Küche das Radio an oder legen Sie eine Ihrer Lieblings-CDs auf! Dann würfeln Sie schwungvoll die Tomaten, die Zwiebel und die Paprikaschoten und geben sie in eine große Schüssel. Fügen Sie den gehackten Koriander hinzu, den schwarzen Pfeffer, den Zitronensaft, das Salz und eine Prise Cayennepfeffer und runden Sie den Geschmack der Salsa damit ab.

SCHÖNHEITS-GUACAMOLE

Ergibt etwa 2 Tassen voll, das reicht für 3 bis 4 Portionen

ZUTATEN: *(Die Zutaten sollten nach Möglichkeit alle aus organischem Anbau stammen.)*

3 mittelgroße Avocados
Saft von ½ Zitrone
1 mittelgroße Knoblauchzehe, sehr fein gehackt
1 Tasse gehackte Tomaten
¼ TL (keltisches) Meersalz
Cayennepfeffer zum Abschmecken

ZUBEREITUNG:

Schneiden Sie die Avocados der Länge nach auf und entfernen Sie den Kern. Löffeln Sie das grüne Fruchtfleisch aus der Schale und geben Sie es in eine mittelgroße Schüssel. Fügen Sie den Zitronensaft hinzu und zerdrücken Sie das Avocadofruchtfleisch mit einer Gabel zu der Konsistenz, die Sie mögen. Falls Sie, wie ich, gerne Stückchen darin haben, machen Sie rechtzeitig Schluss! Fügen Sie dann Knoblauch, Meersalz und Cayennepfeffer hinzu und vermischen Sie alles sorgfältig.

Zuletzt kommen die gehackten Tomaten, und die rühren Sie auch gut unter. Ich setze die Tomaten deshalb an den Schluss, weil die Masse dann schon gründlich durchgemischt worden ist – ich mag es nämlich nicht, wenn die Tomaten zu musig werden.

Genießen Sie diese Guacamole mit Gemüsestiften als wunderbaren, sättigenden Nachmittagssnack! Sie können Sie aber auch oben auf einen großen grünen Salat setzen und sich damit ein ganz besonderes Mittags- oder Abendgericht kreieren!

264 | IHR **BEAUTY**-PLAN

GRÜNE-BOHNEN-MISO-DIP

Ergibt etwas weniger als 2 Tassen, reicht für 3 bis 4 Portionen

Das ist ein ganz federleichter Dip, er enthält weder konzentriertes Eiweiß (wie in Nüssen) noch konzentriertes Fett (wie in Avocados). Wenn Sie gerne grüne Bohnen essen, dann ist dieser Dip wie für Sie erfunden! Er eignet sich großartig als „Nachmittags-Muntermacher", obwohl er kein Koffein enthält, und wir verstoßen damit auch nicht gegen unser Ernährungsprinzip „Von leicht nach schwer".

ZUTATEN: *(Die Zutaten sollten nach Möglichkeit alle aus organischem Anbau stammen.)*
¼ Tasse Gemüsebrühe
oder reines Wasser zum Sautieren
½ Tasse weiße Zwiebeln, gehackt
1 ½ Tassen grüne Bohnen
½ TL (keltisches) Meersalz
2 EL Zitronensaft, frisch gepresst
2 TL unpasteurisierte Miso-Paste
2 EL Nährhefe
⅓ Tasse Petersilie, gehackt

ZUBEREITUNG:
Kochen Sie zuerst die Zwiebeln bei mittlerer Hitze in der Gemüsebrühe oder in dem Wasser kurz ein bisschen weich, fügen Sie dann die grünen Bohnen hinzu. Rühren Sie das Salz ein. Schalten Sie die Temperatur herunter und lassen Sie Zwiebeln und Bohnen ein paar Momente lang abkühlen.
Geben Sie die Zwiebel-Bohnen-Mischung in den Mixer, fügen Sie den Zitronensaft, die Miso-Paste, die Nährhefe und die Petersilie hinzu. Mixen Sie alles durch, bis eine glatte, cremige Masse entstanden ist.
Servieren Sie den Dip zu Ihren Lieblings-Gemüsestiften und genießen Sie diesen leckeren, leicht verdaulichen Snack zwischen zwei Mahlzeiten!

KIM'S CLASSIC DRESSING

Ergibt etwa 2 Portionen

Das ist meine Lieblingssauce! Sie lässt sich einfach zubereiten, und ich verwende sie für viele meiner Salate. Sie ist völlig unspektakulär, ich rühre die Zutaten nur zusammen und gebe sie dann direkt über den Salat, das schmeckt lecker und liefert alle Aromen, die ich benötige – Öl braucht es da wirklich keins.
Die Menge reicht aus, um einen ganzen Kopf Grünkohl oder einen Beutel gemischtes Grünzeug oder eine große Schüssel Babyspinatblätter anzumachen.

ZUTATEN: *(Sie sollten nach Möglichkeit alle aus organischem Anbau stammen.)*

Saft von einer Zitrone
(möglichst eine Meyer-Zitrone)
3 - 4 EL Lappentang-Flocken (Dulse)
¼ Tasse Nährhefe
1 Handvoll frisches Basilikum *oder* Dill, gehackt
Cayennepfeffer zum Abschmecken
1 Spritzer Bragg Liquid Aminos *oder* Nama Shoyu (unpasteurisierte Sojasauce)

ZUBEREITUNG:

Verrühren Sie alle Zutaten miteinander, geben Sie die Sauce dann über einen Salat aus frisch gewaschenem Grünzeug und mischen Sie das Ganze gut durch!

TRAUMHAFT CREMIGES AVOCADO-DRESSING

Ergibt etwa 250 ml

ZUTATEN: *(Sie sollten nach Möglichkeit alle aus organischem Anbau stammen.)*

1 reife Avocado
1 kleine Knoblauchzehe, gehackt
¼ Tasse (gut 60 ml) Wasser, gefiltert
1 EL frischer Dill
3 Tropfen flüssiges Stevia
½ TL keltisches Meersalz
2 EL Zitronensaft, frisch gepresst

ZUBEREITUNG:

Die Avocado teilen, schälen, den Kern entfernen und das Fruchtfleisch klein schneiden und in den Mixer geben. Die restlichen Zutaten beifügen und alles solange vermixen, bis eine glatte, cremige Masse entstanden ist. Das Dressing eignet sich als Dip für Gemüsestifte, und wenn man es mit Grünzeug mischt, bekommt man einen wunderbaren Salat.

SCHÖNHEITSGEHEIMNIS

Nährhefe kann kann sich zum „Lebensretter" für all diejenigen entwickeln, die sich auf die Ernährungsweise des BDP umstellen und dabeibleiben wollen. Sie liefert ein bisschen Substanz, macht Gerichte cremiger und lässt Salate entfernt nach Käse schmecken. Weil sie leicht säurebildend wirkt, ähnlich wie Nüsse und Samen, gehört sie zu den 20 Prozent säurebildenden Lebensmitteln unseres Beauty-Food-Kreises. Falls Sie jedoch eine schwere Candida-Infektion haben, sollten Sie Nährhefe sicherheitshalber erst dann konsumieren, wenn Sie die Phase der „Erstrahlenden Schönheit" erreicht haben. Nährhefe ist weizen- und glutenfrei, ganz im Gegensatz zur aktiven Backhefe mit ihren lebendigen Hefepilzen, an die man meist zuerst denkt, wenn man das Wort „Hefe" hört. Backhefe kann in unserem Verdauungstrakt weiterwachsen und sogar die Vitamin-B-Speicher in unserem Körper leer räumen.

Nährhefe enthält das Spurenelement Chrom, auch als „Glucose Toleranz Faktor" (GTF) bekannt. Das bezieht sich darauf, dass Chrom imstande ist, den Blutzuckerspiegel zu senken, nachdem dieser durch die Aufnahme von Nahrung angestiegen ist oder ihn zu erhöhen, falls im Körper Energie gebraucht wird. Daher ist Chrom wichtig für Diabetiker und für alle Menschen mit der Neigung zu einem niedrigen Blutzuckerspiegel („Unterzucker"). Nährhefe enthält 18 Aminosäuren und 15 verschiedene Mineralstoffe sowie die Gruppe der B-Vitamine.

Wie bei allen Lebensmitteln, die Sie noch nie wissentlich zu sich genommen haben, ist es ratsam, zuerst eine kleine Menge zu probieren und abzuwarten, ob irgendwelche Nebenwirkungen oder gar allergische Reaktionen auftreten. Für alle, die Nährhefe gut vertragen, kann sie eine sehr nützliche, wichtige Zutat sein! Ich liebe Nährhefe sehr, und obwohl sie – wie bereits erwähnt – in gewissem Umfang säurebildend wirkt, glaube ich, dass in ihrem Fall die positiven Effekte die negativen bei Weitem überwiegen. Mir hat sie jedenfalls geholfen, „bei der Stange" (meinem BDP) zu bleiben!

OMEGA-3-LEINSAMEN-DRESSING

Ergibt ungefähr ¼ Tasse

ZUTATEN:
(Sie sollten nach Möglichkeit alle aus organischem Anbau stammen.)

2 EL Olivenöl
4 EL Leinsamenöl
1 EL organischer, naturtrüber Apfelessig
1 ½ EL Zitronensaft, frisch gepresst
½ TL (keltisches) Meersalz

ZUBEREITUNG:
Vermixen Sie entweder alle Zutaten im Mixer zu einer glatten, cremigen Masse oder geben Sie sie in eine Rührschüssel und schwingen Sie etwa eine halbe Minute lang den Schneebesen.

SCHÖNHEITS-REZEPTE | 267

SÜSSES BASILIKUM-LIMETTEN-DRESSING

Ergibt ungefähr ⅓ Tasse

Das ist auch eines meiner Lieblingsdressings, ich mache damit unheimlich gerne gemischtes Grünzeug oder Rucola an. Die Kombination aus frischem Kraut, fruchtiger Säure und der Stevia-Süße ist einfach umwerfend!

ZUTATEN:
(Sie sollten nach Möglichkeit alle aus organischem Anbau stammen.)

½ mittelgroße Knoblauchzehe
2 EL Limettensaft, frisch gepresst
1 Tasse frisches Basilikum
3 EL Olivenöl
1 EL Wasser
½ TL keltisches Meersalz
½ TL Stevia-Pulver *oder*
2-3 Tropfen flüssiges Stevia

ZUBEREITUNG:
Vermixen Sie alle Zutaten im Mixer zu einer glatten, cremigen Masse und bringen Sie das Dressing mit dem Salat Ihrer Wahl gleich auf den Tisch.

ASIATISCHES MISO-KAROTTEN-DRESSING

Ergibt ungefähr 1 Tasse

Dieses köstliche asiatisch inspirierte Dressing passt am besten zu grob gehacktem Romanasalat. Durch seine kräftige orange Farbe ist es sehr dekorativ!

ZUTATEN:
(Sie sollten nach Möglichkeit alle aus organischem Anbau stammen.)

2 mittelgroße Karotten
2 EL unpasteurisierte Miso-Paste
2,5 cm Ingwerwurzel, geschält und gerieben
1 EL Sesamöl
1 EL Traubenkernöl
3 EL Zitronensaft, frisch gepresst
3 EL Wasser

ZUBEREITUNG:
Vermixen Sie alle Zutaten im Mixer zu einer cremigen Masse, die dickflüssig und ein bisschen stückiger ausfallen wird.

ÖLFREIES ROTE-PAPRIKA-UND-KORIANDER-DRESSING

Ergibt etwa 1 Tasse

Der absolute Hit für Paprika-Fans! Das Aroma dieses Dressings ist so fantastisch, dass Sie gar nicht auf die Idee kommen werden, es mit Öl zu „verwässern"!

SCHÖNHEITSGEHEIMNIS

Paprika in allen Farben sind reich an den Vitaminen, A, C und K, doch die roten Schoten bersten fast vor diesen Schönheits-Nährstoffen! Die als Antioxidantien wichtigen Vitamine A und C helfen Zellschäden und eine vorzeitige Alterung zu verhindern, aber auch Entzündungen zu reduzieren. Vitamin K besitzt ebenfalls zellschützende Eigenschaften, es wirkt Schäden durch Oxidationsprozesse entgegen.

ZUTATEN:

(Sie sollten nach Möglichkeit alle aus organischem Anbau stammen.)

½ rote Paprikaschote,
¾ Tasse frischer Koriander
1 kleine Tomate
1 Knoblauchzehe
1 ½ EL Zitronensaft, frisch gepresst
½ TL (keltisches) Meersalz
1 El Wasser, gefiltert
¼ TL schwarzer Pfeffer, frisch gemahlen
½ TL unpasteurisierte Miso-Paste
1 TL organischer, naturtrüber Apfelessig

ZUBEREITUNG:

Vermixen Sie alle Zutaten im Mixer zu einer glatten, cremigen Masse. Sie können das Dressing gleich servieren, aber auch bis zu zwei Tage lang im Kühlschrank aufbewahren.

ÖLFREIE/BALSAMICOFREIE ITALIENISCHE VINAIGRETTE

Ergibt ungefähr ½ Tasse

Schon beim beim bloßen Gedanken an eine Salatsauce ohne Öl und ohne Balsamico würden sie wohl fassungslos die Hände ringen, die traditionsbewussten Padroni der *cucina italiana* …
Das kann doch nicht funktionieren, werden Sie jetzt denken! Aber Sie werden meine Version einer italienischen Vinaigrette sicher genießen, zumal Sie wissen, wie gut es Ihnen tut, an Öl und Essig zu sparen!

ZUTATEN:

(Sie sollten nach Möglichkeit alle aus organischem Anbau stammen.)

2 ½ EL organischer, naturtrüber Apfelessig
1 TL organischer Dijonsenf
½ TL keltisches Meersalz
1 ½ TL italienische Gewürzmischung
½ Tasse Wasser, gefiltert

ZUBEREITUNG:

Vermixen Sie alle Zutaten im Mixer und erfreuen Sie sich an diesem lecker-leichten Dressing!

SCHÖNHEITSGEHEIMNIS

Da Balsamessig in unserem Körper säurebildend wirkt, sollten wir ihn auf keinen Fall regelmäßig verwenden. Organischer, naturtrüber Apfelessig hingegen wirkt reinigend, außerdem fördert er das Wachstum freundlicher, nützlicher Bakterien in unserem Verdauungssystem.

ÖLFREIES DRESSING FÜR BASILIKUM-FANS

Ergibt ungefähr eine ¾ Tasse

Als ich meine handschriftlichen Rezepte und Notizen für dieses Buch abtippte, stand unter dem Rezept für dieses Dressing einfach nur: „Mmmmh"! Wenn Sie Basilikum so sehr lieben wie ich, dann werden auch Sie dieses Dressing genießen! Frische Kräuter für sich genommen sind so aromatisch und geschmacksintensiv, dass wir einem (weit verbreiteten) Irrglauben anhängen, wenn wir meinen, eine Salatsauce müsste unbedingt Öl enthalten.

ZUTATEN: *(Sie sollten nach Möglichkeit alle aus organischem Anbau stammen.)*

1 ½ EL organischer, naturtrüber Apfelessig
¼ Tasse kaltes Wasser, gefiltert
3 EL salzarme Tamari (Soja-Sauce)
½ EL unpasteurisierte Miso-Paste
2 EL Zitronensaft, frisch gepresst
1 Knoblauchzehe
1 Tasse frisches Basilikum
2 EL Nährhefe
3 Tropfen flüssiges Stevia

ZUBEREITUNG:

Vermixen Sie alle Zutaten im Mixer, bis eine glatte Masse entstanden ist, und servieren Sie das Dressing am besten gleich – ganz frisch!

FRISCHES MINZ-DRESSING MIT OLIVENÖL

Ergibt ungefähr ½ Tasse

Dieses sehr leichte Dressing macht sich besonders gut in Verbindung mit gemischtem Blattgemüse. Nach so einem Schlemmersalat werden auch Sie sich erfrischt und aufgekratzt fühlen!

ZUTATEN:
(Sie sollten nach Möglichkeit alle aus organischem Anbau stammen.)

½ Gurke, in Stücke zerteilt
½ Tasse frische Minzblätter
¼ Tasse frisches Basilikum
2 EL Olivenöl
¼ TL keltisches Meersalz
1 EL Zitronensaft, frisch gepresst

ZUBEREITUNG:
Vermixen Sie alle Zutaten im Mixer, bis eine glatte Masse entstanden ist, und servieren Sie auch dieses Dressing am besten ganz frisch!

SCHÖNHEITS-SALATE

DHARMA'S KOHL-SALAT

Ergibt 1 bis 2 Portionen

SCHÖNHEITSGEHEIMNIS

Kohl ist ein sehr machtvolles Schönheitsgemüse – er steckt randvoll mit sekundären Pflanzenstoffen, Ballaststoffen und Chlorophyll („Pflanzenblut"), ein wichtiger Stoff für die Blutbildung. Je reiner unser Blut, desto schöner sind wir.

Dieses Rezept habe ich von einem meiner Yoga-Mitschüler im Studio unseres Lehrers Dharma's gelernt und mache diesen köstlichen, herzhaften Salat mehrmals in der Woche zum „Fundament" meines Abendessens. Er ist eines meiner liebsten Grundnahrungsmittel. Er versorgt mich mit einer reichhaltigen Mischung aus eiweißbildenden Aminosäuren, Enzymen, Mineralstoffen (darunter auch die wichtigen, die man in Meeresgemüse findet) und Antioxidantien.

SCHÖNHEITS-REZEPTE | 271

ZUTATEN FÜR DEN SALAT: *(Sie sollten nach Möglichkeit alle aus organischem Anbau stammen.)*

1 Kopf Palmenkohl, der macht sich am besten, Grünkohl geht aber auch
2 Handvoll Sprossen beliebiger Sorten (ich bevorzuge Sonnenblumen- und Kleesprossen)
3 Strauchtomaten, in Scheiben geschnitten
1 - 2 Avocados, in Scheiben geschnitten
1 Handvoll frischer Dill, gehackt (optional, aber ich mag den Dillgeschmack)

ZUTATEN FÜR DAS DRESSING:

Saft von 1 oder 1 ½ Meyer-Zitronen (ganz normale tun's aber auch)
3 - 5 EL Nährhefe
Cayennepfeffer zum Abschmecken
3 - 5 EL Lappentang-Flocken (Dulse) oder gehackte Dulse-Streifen
1 Prise (keltisches) Meersalz
1 EL Olivenöl (optional, ich lasse es weg)

OPTIONAL ZUM ANRICHTEN:

Ungeröstete Nori-Algenblätter

ZUBEREITUNG:

Streifen Sie per Hand die Blätter von jedem einzelnen der dicken Kohlstiele. Heben Sie die Stiele auf und entsaften Sie sie später. Wenn Sie alle Blätter beieinander haben, geben Sie eine Prise Salz darauf und teilen Sie sie in kleine Stücke, die verdauen sich leichter. Es ist wichtig, dass Sie die Blätter nicht mit einem Messer klein schneiden, sondern sie mit den Händen zerreißen. Sonst ergäbe das einen ganz anderen Salat mit einer ganz anderen Energie. Wenn Sie Ihre Hände benutzen, wird der Kohl wirklich weicher und besser aufspaltbar, das ist eine wichtige Unterstützung für Ihre Verdauung.

Legen Sie die Kohlblattstücke in eine große Schüssel. Fügen Sie die Dressing-Zutaten hinzu und mischen Sie alles gründlich durch. Geben Sie dann Sprossen, Tomaten- und Avocadoscheiben und den Dill dazu und mischen Sie wieder alles gut durch. Sie können jederzeit noch andere rohe Gemüse dazutun – ganz nach Belieben. Falls Sie die Nori-Blätter verwenden möchten: Schneiden Sie sie in Hälften oder Viertel und wickeln Sie jeweils eine kleine Menge Salat hinein. Und jetzt lassen Sie sich die leckeren Mini-Wraps schmecken!

SONNTAGS-SALAT

Ergibt etwa 2 Portionen

Die bunten Farben dieses Salats tragen meiner Ansicht nach mit dazu bei, dass er so satt und zufrieden macht und uns auf vielen verschiedenen Ebenen nährt. Und es ist eine Geheimzutat darin: die Cajun-Gewürzmischung! Sie peppt das Dressing mit natürlichen Mitteln auf. Wählen Sie beim Einkaufen ein Produkt, das möglichst kein Salz enthält.

ZUTATEN FÜR DEN SALAT: *(Sie sollten nach Möglichkeit alle aus organischem Anbau stammen.)*

3 Tassen frischer Mesclun- *oder* Kräutersalat
(Mesclun ist eine ursprünglich provençalische Mischung aus jungen Salatblättern verschiedener Sorten)
2 große Handvoll frisches Basilikum, gehackt
1 Tasse sonnengetrocknete Tomaten, gewürfelt
1 - 2 reife Avocados, in Scheiben geschnitten
2 Handvoll Kleesprossen
5 - 8 Radieschen, in Scheiben geschnitten
Kalamata-Oliven (optional)

SCHÖNHEITSGEHEIMNIS

Zitronen verfügen über eine erstaunliche Reinigungskraft – sie enthalten über 200 Enzyme! Eines der wirksamsten Nahrungsmittel zur Leber-Regeneration.

ZUTATEN FÜR DAS DRESSING:

3 - 5 EL Lappentang-Flocken (Dulse)
3 - 5 EL Nährhefe
Cayennepfeffer zum Abschmecken
½ - 1 EL Cajun-Gewürzmischung
(Mehr oder weniger! Fangen Sie mit wenig an und richten Sie sich mit der Menge ganz nach Ihrem Geschmack.)
Saft von 1 - 1 ½ Zitronen
1 EL Olivenöl (optional)

ZUBEREITUNG:

Legen Sie den Mesclun-Salat und das gehackte Basilikum in eine große Schüssel, geben Sie die Dressing-Zutaten (ohne Pfeffer und Cajun) darüber und mischen Sie das Ganze gründlich durch. Puristen mixen sich zuerst das Dressing und geben es dann über den Salat – aber mir macht es mehr Spaß, bei diesem Salat alle Zutaten einzeln in die Schüssel zu werfen und sie erst dann zu vermischen! (Vermutlich bin ich also keine Puristin.) Achten Sie darauf, dass alles gut vermischt ist und runden Sie den Geschmack dann nach Ihrem Belieben mit den Gewürzen ab. Jetzt kommen die sonnengetrockneten Tomaten, die Avocadoscheiben, die Sprossen, die Radieschen und am Schluss noch die Oliven dazu. Noch mal gut durchmischen – und dann lehnen Sie sich behaglich zurück und genießen Sie jedes einzelne Aroma in Ihrem Salat-Kunstwerk!

TABOULI ROHKOST-SALAT MIT HANFSAMEN

Ergibt etwa 2 Portionen

ZUTATEN FÜR DEN SALAT: *(Sie sollten nach Möglichkeit alle aus organischem Anbau stammen.)*

1 großes Bund *oder*
2 kleine Bund krause Petersilie *oder* italienische glatte
½ weiße Zwiebel, gewürfelt
1 Tomate, gewürfelt
5 - 6 gehäufte EL Hanfsamen

ZUTATEN FÜR DAS DRESSING:

Saft von 1 Zitrone
1 Knoblauchzehe, durchgepresst
¼ Tasse kaltgepresstes Olivenöl
½ TL (keltisches) Meersalz

ZUBEREITUNG:

Hacken Sie die Petersilie und legen Sie sie in eine große Schüssel, dazu die Zwiebel, die Tomate und die Hanfsamen. Geben Sie die Zuaten für das Dressing in den Mixer und lassen Sie ihn laufen, bis eine glatte Sauce entstanden ist. Vermischen Sie sie mit dem Salat und machen Sie sich dann über die Schüssel her!

SCHÖNHEITSGEHEIMNIS

Petersilie ist reich an den Schönheits-Vitaminen A und C und an Folsäure, zudem enthält sie Flavonoide mit antioxidativer Wirkung, die dem üblen Treiben freier Radikale (Zellschäden, vorzeitige Alterung) einen Riegel vorschieben. Und dann liefert sie uns noch eine Menge Eisen, dessen Aufnahme von dem hohen Vitamin-C-Anteil begünstigt wird. Petersilie reinigt das Blut und hilft, schädliche Bakterien abzutöten; sie ist ein wundervolles Stärkungsmittel für die Verdauung. Aber auch für die Leber ist sie wunderbar: Sie reinigt sie von Giftstoffen und verjüngt sie dadurch!

ISRAELISCHER WÜRFEL-SALAT

Ergibt ungefähr 9 Tassen

Dieses Rezept steht symbolisch für das viel zitierte „Falls Ihnen etwas übrigbleibt …". Die Menge ergibt eine große Schüssel voll für Sie und Ihre ganze Familie oder mehrere Mittagessen für einen allein. Falls Sie den Salat als reguläre Mittagsmahlzeit genießen wollen, peppen Sie ihn doch einfach mit Avocadoscheiben auf, das bringt mehr Substanz und schmeckt einfach köstlich. Er macht sich auch gut auf den Buffets von Sommerfeten oder Mitbringpartys!

ZUTATEN: *(Sie sollten nach Möglichkeit alle aus organischem Anbau stammen.)*

1 große Gurke, gewürfelt
(Schälen Sie sie, wenn Sie mögen, ich lasse bei organischen
Gurken die Schale lieber dran, weil sie reichlich Zink enthält.)
3 große Tomaten, gewürfelt
1 große Zucchini, gewürfelt
1 Tasse weiße Zwiebel, gehackt
1 ½ Tassen Petersilie, gehackt
3 EL Minzblätter, gehackt
2 EL Olivenöl
4 EL Zitronensaft, frisch gepresst
1 TL schwarzer Pfeffer, frisch gemahlen
1 TL keltisches Meersalz

ZUBEREITUNG:

Legen Sie Gurke, Tomaten, Zucchini und Zwiebel in eine große Schüssel. Fügen Sie die Petersilie und die Minzblätter hinzu und mischen Sie alles gut durch. Gießen Sie dann das Olivenöl sowie den Zitronensaft darüber und runden Sie den Geschmack mit Pfeffer und Meersalz ab. Ein Genuss!

SPIRULINA-SPINAT-SALAT

Ergibt 2 Portionen

Ich geb's lieber gleich zu: Der Geschmack von Spirulina-Pulver kann gewöhnungsbedürftig sein. Manche Menschen mögen ihn auf Anhieb, während andere sich erst mit der Zeit dafür erwärmen können. Denken Sie daran, dass unser Geschmacksempfinden wandelbar ist! Die Spirulina ist es auf alle Fälle wert, sich mit ihr anzufreunden – schließlich hat sie außer ihrem Reichtum an Chlorophyll noch weitere Vorzüge. Man kann nie wissen: Vielleicht ist es bei Ihnen ja Liebe auf den ersten Biss!

SCHÖNHEITS-REZEPTE | **275**

ZUTATEN: (Sie sollten nach Möglichkeit alle aus organischem Anbau stammen.)

1 große Schüssel Babyspinatblätter
1 große Tomate, gewürfelt
1 - 2 reife Avocados, in Scheiben geschnitten
2 Handvoll Adzukibohnen-, Linsen- *oder* Kichererbsensprossen *oder*
eine Kombination daraus (um das Ganze knackiger zu machen)
½ TL Spirulina-Pulver
1 Spritzer Olivenöl
(Keltisches) Meersalz zum Abschmecken

ZUBEREITUNG:

Waschen Sie den Spinat und schleudern Sie ihn sehr gründlich trocken, wir wollen keine nassen Blätter in diesem Salat! Legen Sie die Blätter in eine große Schüssel und fügen Sie die Tomatenwürfel, die Avocadoscheiben und die Sprossen hinzu. Alles gut durchmischen. Fangen Sie klein an mit dem Spirulina-Pulver und geben Sie erst einmal einen halben Teelöffel an den Salat, dann den Spritzer Olivenöl und eine Prise Salz. Wenn Ihnen der Geschmack zusagt, können Sie die Spirulina-Dosis nach und nach immer weiter erhöhen!

AVOCADO-TOMATEN-MITTAGSPLATTE

Ergibt 1 Portion

Das ist ein Rezept von der Sorte „zurück zu den Wurzeln", es basiert auf dem Geschmack frischer, naturbelassener Zutaten!

ZUTATEN: (Sie sollten nach Möglichkeit alle aus organischem Anbau stammen.)

1 große Tomate *oder* 2 kleine Pflaumentomaten
1 mittelgroße reife Avocado
1 Handvoll Basilikumblätter
½ EL Olivenöl (optional)
Schwarzer Pfeffer aus der Mühle zum Abschmecken
Keltisches Meersalz zum Abschmecken

ZUBEREITUNG:

Schneiden Sie die Tomate(n) in dünne Scheiben und arrangieren Sie sie auf einer großen Servierplatte. Schneiden Sie die Avocado der Länge nach auf, entfernen Sie den Kern, heben Sie das Fruchtfleisch mit einem Löffel aus der Schale und schneiden Sie es vorsichtig in Scheiben. Richten Sie die Avocadoscheiben auf den Tomaten an und streuen Sie die Basilikumblätter darüber. Träufeln Sie das Olivenöl darauf und runden Sie das Ganze mit den Gewürzen ab. Falls Ihnen Ihr Gefühl sagt, dass Sie das Öl und/oder das Salz nicht brauchen – prima, dann lassen Sie es weg! Ich mache das oft so. Der perfekte Happen besteht aus einer Scheibe Tomate mit Avocado und Basilikum darauf.

SCHÖNHEITS-WRAPS UND -SANDWICHES

FRISCHE ROMANA-SOFT-TACOS

Ergibt ungefähr 2 Portionen

Wer sagt, die Zubereitung von Rohkost-Gerichten müsste zeitraubend sein?! Das ist ein wirklich schnelles kleines Essen, wenn Sie auf dem Sprung oder Hungrig sind – ja, mit großem H! Deshalb sollten Sie zu Hause immer einen Beutel mit Romana-Salatherzen vorrätig haben. Während meiner Zeit als Ernährungsberaterin an einem auf Rohkost spezialisierten Longevity Center in New York habe ich in meinen Snack-Pausen immer eine Variante dieser Tacos geknabbert. Mehrere davon ergeben ein tolles Mittagessen!

ZUTATEN:
(Sie sollten nach Möglichkeit alle aus organischem Anbau stammen.)

1 große reife Avocado
1 Tomate, gehackt
½ Gurke, gehackt
1 EL süße weiße Zwiebel, gehackt
1 Romana-Salatherz
1 Handvoll Kleesprossen
½ EL Zitronensaft, frisch gepresst
Cayennepfeffer zum Abschmecken

ZUBEREITUNG:

Schneiden Sie die Avocado der Länge nach auf, entfernen Sie den Kern, löffeln sie das Fruchtfleisch heraus und legen Sie es in eine mittelgroße Schüssel. Träufeln Sie den Zitronensaft darüber und geben Sie eine Prise Cayennepfeffer dazu. Zerdrücken Sie das Avocadofruchtfleisch mit einer Gabel – so (wenig) gründlich, wie Sie es gerne mögen. Fügen Sie die gehackte Tomate, die Gurke und die Zwiebel hinzu und mischen Sie alles gut durch.

Schneiden Sie das untere Ende des Salatherzens ab, die Blätter sollen unbeschädigt bleiben und einfach auseinanderfallen. Geben Sie nun auf jedes Blatt einen Löffel der Avocado-Creme und streuen Sie ein paar Kleesprossen darüber. Rollen Sie die Blätter zusammen – und ab in den Mund!

AVOCADO-SCHÖNHEITS-BROT

Ergibt 1 Portion (Scheibe)

Nach den Grundsätzen der Beauty-Food-Kombinationen ist das eine perfekte Mini-Mahlzeit, sie macht sehr satt und zufrieden und eignet sich prima als Hauptgang eines gehaltvolleren Mittagessens oder sogar als gelegentliches schnelles Abendbrot. Es ist so viel besser als all die Sandwiches mit verarbeitetem Fleisch, deren Zutaten falsch zusammengestellt sind und die umgehend vom Speisezettel gestrichen werden sollten! Normalerweise bildet eine Scheibe Brot eine Mahlzeit, es sei denn, Sie waren wirklich richtig aktiv – dann gehen auch zwei.

ZUTATEN:
(Sie sollten nach Möglichkeit alle aus organischem Anbau stammen.)

1 Scheibe glutenfreies Hirsebrot
oder ein anderes glutenfreies Brot
Senf aus der Steinmühle
½ reife Avocado, in Scheiben geschnitten
2 - 3 dünne Tomatenscheiben
Kleesprossen
Cayennepfeffer
Keltisches Meersalz (optional)
Probiotischer & enzymreicher Salat

ZUBEREITUNG:

Toasten Sie die Brotscheibe ein bisschen an und bestreichen Sie sie dann mit dem Senf. Richten Sie Avocado- und Tomatenscheiben darauf an und würzen Sie nach Belieben mit Cayennepfeffer und Meersalz. Streuen Sie anschließend Kleesprossen und etwas Probiotischen & enzymreichen Salat darüber – und schon ist Ihr köstliches Schönheits-Brot fertig!

DER ANANDA-BURRITO

Ergibt 3 Burritos

Solche Burritos sind sehr lecker, und wir verwenden statt glutenreicher Weizen- oder Mais-tortillas Nori-Algenblätter, die so viele schönheitsfördernde Mineralstoffe enthalten.
Wenn Sie sich die Burritos von zu Hause als Mittagessen an Ihren Arbeitsplatz mitnehmen, sollten Sie Nori-Blätter und Füllung separat einpacken.

DRESSING-ZUTATEN: *(Die Zutaten sollten nach Möglichkeit alle aus organischem Anbau stammen.)*
1 EL Dijonsenf
1 TL Zitronensaft, frisch gepresst
½ TL Nährhefe
Schwarzer Pfeffer nach Belieben
(Keltisches) Meersalz zum Abschmecken (optional)

GRUNDZUTATEN FÜR DIE FÜLLUNG:
1 Tasse Sellerie, gewürfelt (das entspricht etwa 2 Stangen)
⅓ Tassse weiße Zwiebel, gewürfelt
⅓ Tasse Petersilie, gehackt
1 Avocado
Ungeröstete Nori-Blätter (aus dem Gesundheitsladen oder online bestellt)
Sprossen

OPTIONALE ZUTATEN:
1 Handvoll Babyspinat- *oder* ein paar Kohl-Blätter
ein paar EL Probiotischer & enzymreicher Salat

ZUBEREITUNG:
Vermischen Sie Senf, Zitronensaft und Nährhefe in einer mittelgroßen Schüssel miteinander und stellen Sie sie dann zur Seite. Geben Sie Stangensellerie, Zwiebel und Petersilie in eine zweite Schüssel und mischen Sie alles gut durch. Würzen Sie das Ganze nach Belieben mit schwarzem Pfeffer und ein bisschen Meersalz.
Schneiden Sie die Avocado der Länge nach auf, entfernen Sie den Kern, heben Sie mit einem Löffel das Fruchtfleisch heraus und schneiden Sie es der Länge nach in Streifen. Le-gen Sie ein Nori-Blatt glatt auf einen Teller, richten Sie in der Mitte (der Länge nach) ein paar Avocadostreifen an und lassen Sie mehrere Zentimeter Abstand zu den Rändern. Verteilen Sie nun auf den Avocadostreifen ein bisschen von der Sellerie-Petersilienmasse. Streuen Sie nach Ihrem Geschmack Sprossen und andere Zutaten darüber. Schlagen Sie jetzt die Seiten ein und rollen Sie das Nori-Blatt mit Inhalt zu einem Burrito zusammen. Nehmen Sie den Burrito in die Hand und drücken Sie ein bisschen auf die Rolle, damit der Inhalt bleibt, wo er hingehört. Neulinge – oder besser wir alle – sollten diese Burritos sicherheitshalber über einem Teller verspeisen. Genießen Sie und kreieren Sie Ihre eigene Lieblingsfüllung!

SCHÖNHEITS-SUPPEN UND SCHÖNHEITS-GEMÜSEGERICHTE

ROHKOSTSUPPE AUS ROTER PAPRIKA UND TOMATEN

Ergibt etwa 4 Portionen

Diese leichte Suppe sättigt gut und kann daher auch für sich alleine oder mit einem Salat gegessen werden.

ZUTATEN:

(Sie sollten nach Möglichkeit alle aus organischem Anbau stammen.)

1 rote Paprika, klein geschnitten
3 mittelgroße Strauchtomaten
½ Selleriestange
1 Tasse Mandelmilch, ungesüßt
¼ Tasse süße weiße Zwiebel, gehackt
1 EL Nährhefe
¾ TL (keltisches) Meersalz
1 sehr kleine Knoblauchzehe
1 EL Zitronensaft, frisch gepresst

ZUBEREITUNG:

Geben Sie alle Zutaten in den Mixer und lassen Sie ihn laufen, bis eine glatte, cremige Masse entstanden ist. Hier ist ein hochleistungsfähiges Gerät sehr hilfreich, denn damit kosten Sie die Herstellung der Suppe und das Reinigen des Mixeraufsatzes insgesamt höchstens fünf Minuten!

ENERGETISCHE BLUMENKOHLSUPPE

Ergibt etwa 4 Portionen

An alle Blumenkohl-LiebhaberInnen: Mit dieser Suppe werden Sie im siebten Himmel schweben! Ich selbst habe mich nie als eingeschworenen Blumenkohl-Fan gesehen – bis ich diese Suppe zum ersten Mal zubereitet habe! Und jetzt schlürfe ich sie immer genüsslich und sehr schnell mich hinein! Von seinen wundervollen gesundheitsfördernden und entgiftenden Eigenschaften einmal abgesehen, färbt das Kurkuma die Suppe so herrlich gelb – ein ganz anderes Bild als die klebrig-weißen oder unschön gräulichen Flüssigkeiten, die man sonst schon mal als „Blumenkohlsuppe" vor die Nase gestellt bekommt!

Falls Sie ein Rohkost-Neuling sind oder gerade Winter ist, werden Sie die Suppe vermutlich nicht direkt kalt aus dem Kühlschrank essen wollen. Sie können Sie bei der niedrigst möglichen Temperatur auf dem Herd erwärmen – dabei immer gut umrühren! Denken Sie daran, dass sich die Hitze nicht der 49-Grad-Celsius-Marke nähern sollte, denn ab da werden die Enzyme in dieser Rohkostsuppe zerstört. Also gehen Sie sehr langsam und sachte vor!

ZUTATEN:

(Sie sollten nach Möglichkeit alle aus organischem Anbau stammen.)

1 mittelgroßer Blumenkohl, die äußeren Blätter entfernt, in Stücke geschnitten
3 EL unpasteurisierte Miso-Paste
½ reife Avocado
2 Tassen gefiltertes Wasser
Saft von 1 Zitrone
2 ½ EL Bragg Liquid Aminos *oder* Nama Shoyu (unpasteurisierte Sojasauce)
½ TL Kurkuma
Petersilie, gehackt, zum Garnieren
1 TL Meersalz

SCHÖNHEITSGEHEIMNIS

Kurkuma (Gelbwurz) ist ein Gewürz aus der ayurvedischen Küche mit erstaunlichen antioxidativen Eigenschaften. Es verhindert Oxidationsprozesse (Reaktionen mit Sauerstoff) in den Zellen und schützt vor Zellschäden durch freie Radikale, dazu unterstützt es uns bei unserer Reinigung von Stoffwechsel-Abbauprodukten. Daneben ist es gut für die Leber – und zu allem Überfluss bringt es auch noch Farbe in diese Suppe!

ZUBEREITUNG:

Füllen Sie alle Zutaten in den Mixer und lassen Sie ihn laufen, bis eine glatte, cremige Masse entstanden ist. Wenn Sie es lieber etwas flüssiger mögen, fügen Sie ein bisschen Wasser hinzu. Und dann: GENIESSEN! (Bei dieser Suppe wird der GENUSS tatsächlich großgeschrieben!)

KÖSTLICHE KÜRBISCREMESUPPE

Ergibt etwa 6 Portionen

ZUTATEN: *(Sie sollten nach Möglichkeit alle aus organischem Anbau stammen.)*

1 mittelgroßer Eichelkürbis
1 EL Kokosnussöl *oder* Gemüsebrühe
2 Knoblauchzehen, durchgepresst
1 große süße weiße Zwiebel, sehr fein gehackt
1 TL Ingwer, gerieben
½ - 1 TL (keltisches) Meersalz
¼ TL schwarzer Pfeffer
3 Selleriestangen, in Würfel geschnitten
2 - 3 Karotten, in Würfel geschnitten
2 Tassen Wasser
1 Tasse Mandelmilch, ungesüßt

ZUBEREITUNG:

Schneiden Sie den Eichelkürbis auf, entfernen Sie die Kerne und die Schale, schneiden Sie das Fruchtfleisch in 2,5 Zentimeter große Würfel.

Erhitzen Sie das Kokosöl (oder die Gemüsebrühe) in einem großen Topf. Braten (blanchieren) Sie den Knoblauch darin leicht an, geben Sie dann die Zwiebel und den geriebenen Ingwer dazu. Nicht zu lange kochen oder überhitzen! Schalten Sie die Temperatur lieber etwas herunter. Rühren Sie Salz und Pfeffer ein.

Fügen Sie die restlichen Gemüse hinzu und dünsten Sie sie bei kleiner Hitze, bis sie anfangen weich zu werden. Gießen Sie dann das Wasser an und setzen Sie den Deckel auf den Topf, lassen Sie die Gemüse simmern, bis sie weich sind (das dauert etwa 30 Minuten). Füllen Sie die Masse in den Mixer und pürieren Sie sie durch. Geben Sie dann die ungesüßte Mandelmilch dazu. Schütten Sie die Suppe in den Kochtopf zurück und wärmen Sie sie bei kleiner Hitze noch einmal auf. Und dann dürfen Sie sich auf diese cremige Köstlichkeit stürzen!

WEST-ÖSTLICHES OFENGEMÜSE

Ergibt 4 Portionen

Solange Sie täglich jede Menge rohes Grünzeug und rohes Gemüse vertilgen, können Sie zwischendurch zur Abwechslung auch mal gebackenes Gemüse auf den Tisch bringen.

ZUTATEN: *(Sie sollten nach Möglichkeit alle aus organischem Anbau stammen.)*

3 - 4 Karotten, geschält und in Stücke geschnitten
2 große Süßkartoffeln, in Würfel geschnitten
1 kleiner Blumenkohl, in zentimetergröße Röschen zerteilt
2 große Zucchini, in 2,5 Zentimeter große Würfel geschnitten
5 Tassen Pak Choi (Senfkohl), in 2,5 Zentimeter lange Stücke geschnitten
3 EL frische Petersilie, gehackt
1 EL getrockneter Rosmarin
¼ Tasse (ca. 65 ml) Bragg Liquid Aminos *oder* Nama Shoyu (unpasteurisierte Sojasauce)
¼ Tasse naturbelassenes Kokosnussöl

ZUBEREITUNG:

Heizen Sie den Backofen auf 180 Grad Celsius vor. Schichten Sie das Gemüse und den Rosmarin in eine feuerfeste Deckel-Glasform. Mischen Sie das Kokosnussöl und die Bragg Liquid Aminos bzw. die Nama Shoyu und geben Sie es über das Gemüse.
Backen Sie das Gericht im Ofen (mittlere Schiene), bis die Gemüse weich, aber noch bissfest sind; das dauert etwa 55 Minuten. Verfeinern Sie das West-Östliche Ofengemüse nach Geschmack ggf. weiter mit Bragg Liquid Aminos bzw. Nama Shoyu, garnieren Sie es mit der Petersilie und servieren Sie Salat als Beilage dazu.

YAMSWURZEL-GRUNDREZEPT

Ergibt 2 - 3 Portionen

ZUTATEN: *(Sie sollten nach Möglichkeit alle aus organischem Anbau stammen.)*

2 Pfund Yamswurzeln
1 EL naturbelassenes Kokosnussöl (zum Abrunden)
⅛ TL (keltisches) Meersalz

ZUBEREITUNG:

Heizen Sie den Backofen auf 190 Grad Celsius vor. Waschen Sie die Yamswurzeln und schneiden Sie sie in etwa 4 Zentimeter große Stücke. Schichten Sie die Würfel in eine feuerfeste Form und backen Sie die Yams 1,5 Stunden lang auf der Mittelschiene im Ofen. Wenn Sie mögen, geben Sie anschließend das Kokosnussöl und das Salz darüber.

SÜSSKARTOFFELN *ALLA ITALIANA*

Ergibt 2 - 3 Portionen

ZUTATEN:　　　　　　　　*(Sie sollten nach Möglichkeit alle aus organischem Anbau stammen.)*

2 Pfund Süßkartoffeln, in 5 Zentimeter große Würfel geschnitten
2 EL natives Traubenkernöl
1 EL getrockneter Oregano
1 EL getrockneter Rosmarin
Cayennepfeffer zum Abschmecken
½ TL (keltisches) Meersalz (oder nach Geschmack)

ZUBEREITUNG:

Heizen Sie den Backofen auf 180 Grad Celsius vor. Vermischen Sie die Süßkartoffelwürfel mit dem Traubenkernöl, dem Oregano und dem Rosmarin, geben Sie nach Geschmack Cayennepfeffer und Meersalz dazu und schichten Sie alles in eine feuerfeste Glasform. Backen Sie das Gericht im Ofen (mittlere Schiene), bis die Süßkartoffeln außen kross und innen gar, aber noch bissfest sind; das dauert etwa 1,5 Stunden. Schauen Sie gelegentlich nach dem Gericht und rühren Sie – falls nötig – vorsichtig um.

SÜSSKARTOFFELN NACH ART DES ELEFANTENGOTTES GANESCHA

Ergibt 2 - 3 Portionen

Eines meiner Lieblingsgerichte! Die Kombination aus Süßkartoffeln mit Kokosöl und indischen Gewürzen lässt einem buchstäblich das Wasser im Mund zusammenlaufen!
Sollte etwas übrig bleiben, können Sie damit am nächsten Tag Ihren Mittagssalat toppen.

ZUTATEN:　　　　　　　　*(Sie sollten nach Möglichkeit alle aus organischem Anbau stammen.)*

2 Pfund Süßkartoffeln, in 5 Zentimeter große Stücke geschnitten
2 EL naturbelassenes Kokosnussöl
1 EL Curry
½ TL Kurkuma
1 TL (keltisches) Meersalz (oder nach Geschmack)

ZUBEREITUNG:

Heizen Sie den Backofen auf 180 Grad Celsius vor. Vermischen Sie die Süßkartoffelwürfel mit dem Kokosöl, dem Curry, dem Kurkuma und Meersalz nach Belieben, schichten Sie anschließend alles in eine feuerfeste Form. Backen Sie das Gericht im Ofen (mittlere Schiene), bis die Süßkartoffeln außen kross und innen gar sind; das dauert etwa 1,5 Stunden.

SCHÖNHEITS-GETREIDESPEISEN

HIRSE-„COUSCOUS"-SALAT

Ergibt etwa 6 Portionen

Das ist ein fabelhaftes Mittagsgericht. Sie können aber auch Ihr Abendessen herzhafter gestalten, wenn Sie Ihrem grünen Salat eine Haube aus diesem Couscous-Salat aufsetzen. In diesem Rezept ersetzt die Hirse den üblichen Buchweizen, sie besitzt eine ähnliche, allerdings etwas härtere Konsistenz. Indem wir uns klugerweise für ein qualitativ höherwertiges stärker basisch wirkendes Getreide entscheiden, umgehen wir das Gluten – und werden auch nichts vermissen!

ZUTATEN:
(Sie sollten nach Möglichkeit alle aus organischem Anbau stammen.)

6 Tassen Wasser
2 Tassen getrocknete Hirse
2 große Zucchini, gewürfelt
10 - 12 Cherrytomaten, halbiert
1 große süße Zwiebel, gewürfelt
1 - 2 Tassen frischer Basilikum, fein gehackt (Menge nach Ihrem Geschmack!)
1 Tasse frische Minzblätter, fein gehackt
1 ½ EL natives Olivenöl
1 TL (keltisches) Meersalz (oder nach Geschmack)
¼ TL schwarzer Pfeffer aus der Mühle
½ Tasse Zitronensaft, frisch gepresst

ZUBEREITUNG:
Vorbereitung: Weichen Sie die getrocknete Hirse über Nacht in Wasser ein und spülen Sie sie vor Gebrauch gründlich ab.

Bringen Sie das Wasser in einer Stielkasserolle zum Kochen. Schalten Sie dann die Hitze herunter, geben Sie die Hirse hinein und lassen Sie sie simmern, bis sie weich wird; das dauert ungefähr 15 bis 20 Minuten. Gießen Sie die Hirse in ein Sieb ab und stellen Sie sie in einer Schüssel zum Abkühlen auf die Seite.
Mischen Sie in einer großen Schüssel Zucchini, Tomaten, Zwiebelwürfel mit Öl, Basilikum, Minze, Meersalz, schwarzem Pfeffer und Zitronensaft sorgfältig durch. Rühren Sie die Hirse unter, bis alle Zutaten gut vermengt sind. Dieses Gericht sollte man kalt genießen, daher kann man es leicht vorbereiten und vor dem Servieren für ein bis zwei Stunden in den Kühlschrank stellen.

QUINOA MIT GEMÜSE UND KURKUMA

Ergibt 4 Portionen

Manchmal mögen wir es heiß! Dieses Gericht stillt meine Sehnsucht nach der indischen Küche – ähnlich wie die Ganescha-Süßkartoffeln. Dies ist eines der einfachsten pfannenge-rührten Gerichte überhaupt, und es enthält zwei meiner indischen Lieblingsgewürze: Curry und Kurkuma. Glücklicherweise kann man diese Geschmackserlebnisse im indischen Stil auch als wunderbar leichte Varianten zubereiten, ohne seine Verdauung mit Sahne, Tafel-salz und zerkochtem Gemüse zu belasten und dadurch Gasbildung sowie Blähungen her-vorzurufen. Im Winter esse ich dieses Gericht besonders gerne: Während die Quinoa auf dem Herd steht und langsam weich wird, futtere ich meinen Salat, und direkt anschließend mische ich sie mit den anderen Zutaten, sodass ich gleich weiteressen kann, solange alles noch richtig heiß ist. Superlecker und sehr sättigend!

ZUTATEN:
(Sie sollten nach Möglichkeit alle aus organischem Anbau stammen.)

1 ½ Tassen Wasser
¾ Tasse Quinoa, getrocknet
1 - 2 EL naturbelassenes Kokosnussöl
1 mittelgroße Zwiebel, gewürfelt
1 ½ TL keltisches Meersalz (oder nach Geschmack)
1 EL Curry
½ TL Kurkuma
1 rote Glockenpaprika
2 Tassen Brokkoli *oder* Blumenkohl, in Röschen zerteilt

ZUBEREITUNG:
Vorbereitung: Weichen Sie die getrocknete Quinoa über Nacht in Wasser ein und spülen Sie sie vor der Verwendung gründlich ab.

Bringen Sie das Wasser in einer Stielkasserolle zum Kochen. Reduzieren Sie die Hitze, ge-ben Sie dann die Quinoa hinein und lassen Sie sie simmern, bis sie das Waser aufgesogen hat und die Körner weich und glasig geworden sind; das dauert etwa 10 bis 15 Minuten. Gießen Sie die Quinoa in ein Sieb ab und stellen Sie sie in einer Schüssel zum Abkühlen auf die Seite.
Erhitzen Sie das Kokosöl in einer großen Bratpfanne. Geben Sie die Zwiebelwürfel hinein und schwenken Sie sie ein paar Minuten leicht an, streuen Sie dann Meersalz, Curry und Kurkuma ein. Fügen Sie anschließend die anderen Gemüse hinzu und braten Sie sie ganz behutsam etwa 5 bis 6 Minuten bzw. so lange, bis sie weicher, aber noch bissfest sind (achten Sie darauf, sie ja nicht zu zerkochen!). Rühren Sie dann die Quinoa unter. Runden Sie nun den Geschmack mit Curry weiter ab – so, wie Sie es am liebsten mögen! Ausge-wiesene Curry-Fans nehmen natürlich mehr von dieser wundervollen Gewürzmischung ...

GEFÜLLTE REGENBOGEN-PAPRIKASCHOTEN

Ergibt 6 Portionen

Meine Begeisterung für gefüllte Paprikaschoten reicht inzwischen schon eine ganze Weile zurück: Als ich elf Jahre alt war und an einem Ferienlager teilnahm, bekamen wir sie dort häufig in der Kantine – was war ich glücklich in jenen Tagen! In meinem ersten Auslandssemester in Australien hatte ich ein Zimmer im Studentenwohnheim, und in der dortigen Cafeteria gab es oft gefüllte Paprika – ich liebte sie! Natürlich bestand die Füllung immer mit aus weißem Reis, und Käse war auch dabei – alles andere als Beauty-Detox-Nahrungsmittel! Ich verwende so gerne Quinoa für dieses Rezept, weil sie so angenehm weich wird. Sie bildet einen herrlichen Kontrast zu den Paprikaschoten, die wir nicht zu Tode erhitzen, um die Nährstoffe zu erhalten – ganz anders als ich sie früher gewohnt war!

ZUTATEN:
(Sie sollten nach Möglichkeit alle aus organischem Anbau stammen.)

6 rote, gelbe, orangefarbene *oder* grüne Paprikaschoten *oder* eine bunte Mischung
1 ½ Tassen Wasser
¾ Tasse Quinoa, getrocknet
2 - 3 EL naturbelassenes Kokosnussöl
6 Knoblauchzehen
1 mittelgroße weiße Zwiebel, gewürfelt
2 Tassen Brokkoliröschen
4 Tassen Grünkohl, gehackt
2 mittelgroße Karotten, gewürfelt
1 Tasse Baslikum, fein gehackt
2 TL (keltisches) Meersalz (oder nach Geschmack)
¾ TL schwarzer Pfeffer
1 TL Oregano
2 EL Tamari (salzarme Sojasauce)
Basilikum zum Garnieren

ZUBEREITUNG:

Vorbereitung: Weichen Sie die getrocknete Quinoa über Nacht in Wasser ein und spülen Sie sie vor der Verwendung gründlich ab.

Vorbereitung der Paprikaschoten: Schneiden Sie jede Schote in etwa 2,5 bis 4 Zentimetern Abstand gleichmäßig kreisförmig um den Stiel herum ein, ziehen Sie den Stiel samt dem Kerngehäuse heraus, schneiden Sie den Fruchtfleischrand oben am Stiel ab und klein, er kommt später mit in den Füllung. Spülen Sie, falls nötig, die Paprikaschoten innen aus, um evtl. noch vorhandene Kerne zu entfernen. Werfen Sie den Stiel und die Kerne weg.

Bringen Sie das Wasser in einer Stielkasserolle zum Kochen. Reduzieren Sie die Hitze, geben Sie dann die Quinoa hinein und lassen Sie sie simmern, bis sie das Waser aufgesogen hat und die Körner weich und glasig geworden sind; das dauert etwa 10 bis 15 Minuten. Gießen Sie die Quinoa in ein Sieb ab und stellen Sie sie in einer Schüssel zum Abkühlen auf die Seite.

Erhitzen Sie das Kokosöl in einer großen Bratpfanne. Geben Sie die Knoblauchzehen hinein und braten Sie sie behutsam an (sie dürfen allenfalls hellbraun werden!), dann geben Sie die Zwiebelwürfel dazu und dünsten sie unter ständigem Rühren mit, bis sie glasig sind. Fügen Sie dann Brokkoli, Grünkohl, Karotten, die klein geschnittenen Deckelränder der Paprikaschoten und das Basilikum hinzu und lassen Sie alles ein paar Minuten sachte vor sich hin köcheln. Geben Sie das Meersalz und die anderen Gewürze zu der Gemüsemischung und rühren Sie alles gut unter! Dann fügen Sie – ebenfalls unter sorgfältigem Rühren – die gekochte Quinoa hinzu.

Runden Sie den Geschmack der Füllung nun nach Ihrem Belieben ab, sie sollte ein kleines bisschen salziger schmecken als bei Ihnen sonst üblich, denn die Schärfe wird von den Paprikaschoten außen herum ein wenig „aufgesogen". Wenn Sie mit dem Geschmack der Masse zufrieden sind, füllen Sie die Paprikaschoten bis zum Rand damit.

Stellen Sie die gefüllten Paprikaschoten dicht aneinander gedrückt aufrecht in eine passende ofenfeste Glasform und backen Sie sie bei 180 Grad Celsius etwa 45 Minuten auf der mittleren Schiene. Garnieren Sie das Gericht vor dem Servieren mit ein paar frischen Basilikumblättern.

VEGGIE-BURGER AUS BASISCH WIRKENDEM GETREIDE

Ergibt 7 Bratlinge

Die meisten kommerziell vertriebenen Veggie-Burger enthalten hochprozessiertes Soja oder „Sojafleisch" (Texturiertes Soja, „Textured Vegetable Protein", kurz: TVP). Denen begegnen wir mit einem klaren „Nein, danke!". Meine Veggie-Burger hingegen bestehen aus echtem(!) frischem Gemüse und den basisch wirkenden Getreiden Hirse und Amaranth.

ZUTATEN: *(Sie sollten nach Möglichkeit alle aus organischem Anbau stammen.)*

1 ½ Tassen Wasser
½ Tasse Hirse, getrocknet
2 Knoblauchzehen, fein gehackt
2 EL naturbelassenes Kokosnuss- *oder* Traubenkernöl
1 große Zwiebel, fein gehackt
3 Tassen Spinatblätter, fein gehackt
2 Stangen Sellerie, fein gehackt
2 kleine Karotten, geschält und gehackt
2 TL (keltisches) Meersalz (oder nach Geschmack)
1 EL Kreuzkümmel
½ TL schwarzer Pfeffer
1 Tasse Amaranth-Mehl

ZUBEREITUNG:

Vorbereitung: Weichen Sie die getrocknete Hirse über Nacht in Wasser ein und spülen Sie sie vor der Verwendung gründlich ab.

Bringen Sie das Wasser in einer Stielkasserolle zum Kochen. Reduzieren Sie die Hitze, geben Sie dann die Hirse hinein und lassen Sie sie simmern, bis sie deutlich weicher geworden ist; das dauert etwa 15 bis 20 Minuten. Gießen Sie die Hirse in ein Sieb ab und stellen Sie sie in einer Schüssel zum Abkühlen auf die Seite.

Erhitzen Sie die Hälfte des Kokosöls in einer großen Bratpfanne. Legen Sie die Knoblauchzehen hinein und braten Sie sie vorsichtig an (sie dürfen allenfalls hellbraun werden!), dann geben Sie die Zwiebelwürfel dazu und dünsten sie unter ständigem Rühren mit, bis sie glasig sind. Fügen Sie dann Spinat, Sellerie und Karotten hinzu und lassen Sie alles ein paar Minuten sachte vor sich hin köcheln. Geben Sie das Meersalz und die anderen Gewürze darüber und rühren Sie alles gut unter! Dann fügen Sie die gekochte Hirse hinzu. Schalten Sie die Herdplatte aus und rühren Sie das Amaranth-Mehl ein. Rühren Sie dabei immer weiter, bis eine gute, glatte Bindung entstanden und die Mischung abgekühlt ist.

Formen Sie anschließend mit der Hand 8 bis 10 Zentimeter (Durchmesser) große Bratlinge, die Sie auf einen großen Teller legen.

Erhitzen Sie nun eine große Pfanne ziemlich stark (um ein Ankleben der Bratlinge zu verhindern) und bedecken Sie den Boden mit etwa einem Esslöffel Kokosnuss- oder Traubenkernöl. Braten Sie jeden Veggie Burger auf beiden Seiten, bis er fest und hell- bis mittelbraun geworden ist.

Sie können die Veggie-Burger auf Salat anrichten oder auch ganz traditionell im Stil von Fleisch-Burgern. Dritteln Sie die Bratlinge und schichten Sie sie auf Romana-Salatblätter oder wickeln Sie sie in Kohlblätter (siehe Anleitung für Kohlblätter-Wraps auf Seite 291). Krönen Sie sie mit Kleesprossen, etwas organischem Senf und organischem Ketchup.

GRIECHISCH INSPIRIERTER HIRSE-SALAT

Ergibt etwa 6 Portionen

ZUTATEN FÜR DEN SALAT: *(Sie sollten nach Möglichkeit alle aus organischem Anbau stammen.)*

6 Tassen Wasser
2 Tassen Hirse, getrocknet
⅓ Tasse Kalamata-Oliven, entsteint und gehackt
⅓ Tasse Kapern, abgetropft
¼ Tasse Frühlingszwiebeln, gehackt

ZUTATEN FÜR DAS DRESSING:

2 EL Zitronensaft, frisch gepresst
1 EL Dijonsenf
1 ½ TL keltisches Meersalz
2 EL organischer, naturtrüber Apfelessig
1 EL Schalotten, gehackt
2 TL Oregano, getrocknet
¼ Tasse Olivenöl

ZUBEREITUNG:

Vorbereitung: Weichen Sie die getrocknete Hirse über Nacht in Wasser ein und spülen Sie sie vor Gebrauch gründlich ab.

Bringen Sie das Wasser in einer Stielkasserolle zum Kochen. Reduzieren Sie die Hitze, geben Sie dann die Hirse hinein und lassen Sie sie simmern, bis sie weicher geworden ist; das dauert etwa 15 bis 20 Minuten. Gießen Sie die Hirse in ein Sieb ab und stellen Sie sie in einer Schüssel zum Abkühlen auf die Seite.

Packen Sie alle Dressing-Zutaten in den Mixer und lassen Sie ihn laufen, bis eine glatte Masse entstanden ist oder füllen Sie alles in eine kleine Rührschüssel und verquirlen Sie es mit einer Gabel. Geben Sie die Hirse in eine große Schüssel, gießen Sie das Dressing darüber und fügen Sie Oliven, Kapern und Frühlingszwiebeln hinzu. Vermischen Sie alles gut miteinander und genießen Sie diesen köstlichen Salat, der vielleicht Erinnerungen an die wunderschönen Landschaften des Mittelmeerraums in Ihnen wachruft oder Bilder davon in Ihnen aufsteigen lässt!

QUINOA-AVOCADO-MAIS-SALAT

Ergibt etwa 6 Portionen

Dieser Salat ist wirklich grandios – vor allem für ein Sommerpicknick! Ich bekröne ihn am liebsten mit Spinatblättern.

ZUTATEN FÜR DEN SALAT: *(Sie sollten nach Möglichkeit alle aus organischem Anbau stammen.)*
3 Tassen Wasser
1 ½ Tassen Quinoa, getrocknet
die rohen Körner von 2 Maiskolben (wenn möglich weißer Mais),
direkt vom Kolben geschabt
2 Avocados, erst in Scheiben und dann in 2,5 Zentimeter lange Stücke geschnitten
3 EL blaue Zwiebel, gehackt

ZUTATEN FÜR DAS DRESSING:
1 EL Zitronensaft, frisch gepresst
1 EL natives Olivenöl
2 EL Bragg Liquid Aminos *oder* salzarme Tamari (Sojasauce)
1 EL brauner Reisessig

ZUBEREITUNG:
Vorbereitung: Weichen Sie die getrocknete Quinoa über Nacht in Wasser ein und spülen Sie sie vor der Verwendung gründlich ab.

Bringen Sie das Wasser in einer Stielkasserolle zum Kochen. Reduzieren Sie die Hitze, geben Sie dann die Quinoa hinein und lassen Sie sie simmern, bis sie das Waser aufgesogen hat und die Körner weich und glasig geworden sind; das dauert etwa 10 bis 15 Minuten. Gießen Sie die Quinoa in ein Sieb ab und stellen Sie sie in einer für den ganzen Salat ausreichend großen Schüssel zum Abkühlen auf die Seite.
Packen Sie alle Dressing-Zutaten in den Mixer und lassen Sie ihn laufen, bis eine glatte Masse entstanden ist oder füllen Sie alles in eine kleine Rührschüssel und verquirlen Sie es mit einer Gabel.
Geben Sie die Maiskörner zu der Quinoa in die große Schüssel, fügen Sie die Avocadostücke und die gehackte blaue Zwiebel hinzu. Alles gut vermengen. Gießen Sie dann das Dressing darüber und mischen Sie alles noch einmal gut durch. Und jetzt machen Sie sich genüsslich über diesen herrlichen Salat her!

SCHÖNHEITS-REZEPTE | 291

SCHÖNHEITS-NUSSGERICHTE

BRUCE'S PINIENKERN-PARMESAN

Ergibt etwa 60 bis 90 Gramm

Diesen himmlischen milchproduktfreien Käse habe ich nach meinem Vater benannt, weil ich glaube, dass er bisher noch jeden Käse gemocht hat, und ich immer versuche, ihm Alternativen zu bieten. Manchmal setze ich diesen Käse sogar als Salatdressing ein.

ZUTATEN:
(Sie sollten nach Möglichkeit alle aus organischem Anbau stammen.)

1 Tasse Pinienkerne, vorher zwei Stunden lang eingeweicht und gründlich abgespült
½ Tasse Wasser, gefiltert
½ TL (keltisches) Meersalz
1 ganz kleine Knoblauchzehe
1 EL Zwiebel, fein gehackt
3 EL Zitronensaft, frisch gepresst
1 TL Kokosnussöl
4 Tropfen flüssiges Stevia
1 EL Nährhefe

ZUBEREITUNG:
Füllen Sie alles in Ihre Küchenmaschine (oder in den Mixer) und lassen Sie sie laufen, bis eine glatte Masse entstanden ist; bewahren Sie den „Parmesan" im Kühlschrank auf.

Ein Tipp zum Anrichten: Wraps aus grünen Kohlblättern

Legen Sie ein Kohlblatt mit der dunklen Seite nach unten auf einen Teller und streichen Sie es glatt. Schneiden Sie den Stiel unten heraus. (Heben Sie ihn auf für einen Ihrer Greenies!) Geben Sie etwas Nusspaste oder eine andere Füllung (Avocadoscheiben, Sprossen etc.) auf die Blattmitte und lassen Sie mindestens 5 Zentimeter Abstand zu den Rändern. Rollen Sie nun eine der Langseiten des Kohlblatts in Richtung Mitte, legen Sie es über die Füllung, schlagen Sie dann die beiden kurzen Seiten ein, rollen Sie die andere Langseite des Kohlblatts auf und wickeln Sie sie fest um die ganze Rolle herum. Legen Sie den Wrap mit der „Nahtstelle" nach unten auf den Teller und schneiden Sie ihn mit einem sehr scharfen Messer in der Mitte diagonal durch. Und … fertig ist der Wrap!

SCHÖNHEITS-NUSSPASTE

Ergibt etwa 1 ½ Tassen voll (ca. 375 ml)

Das ist eine sehr spezielle, köstliche Nusspaste. Sie steckt randvoll mit Schönheits-Mineralstoffen, Aminosäuren und sekundären Pflanzenstoffen. Sie werden den Geschmack lieben!

ZUTATEN:
(Sie sollten nach Möglichkeit alle aus organischem Anbau stammen.)

½ Tasse Mandeln
½ Tasse Kürbiskerne
½ Tasse Sonnenblumenkerne
2 EL Zitronensaft, frisch gepresst
1 ½ EL Bragg Liquid Aminos *oder* Nama Shoyu (unpasteurisierte Sojasauce)
1 kleine Zucchini, gehackt (etwa eine ¾ Tasse)
2,5 Zentimeter Ingwerwurzel, geschält und gerieben
1 sehr kleine oder ½ mittelgroße Knoblauchzehe, fein gehackt
1 gehäufter EL weiße Zwiebel, gehackt
⅛ TL Cayennepfeffer
1 gehäufter EL Nährhefe
½ TL Kurkuma

SCHÖNHEITSGEHEIMNIS

Kürbiskerne gehören zu unseren wichtigen Schönheits-Verbündeten, denn sie sind voll mit Mineralstoffen, wie Zink, Kalzium, Kalium und Magnesium, dazu kommen Vitamine aus der B-Gruppe und der „Kollagen-Reparaturdienst" in Form der Vitamine C und E. Weitere Vorzüge gefällig? Kürbiskerne enthalten zusätzlich essenzielle Aminosäuren und Omega-3-Fettsäuren!

ZUBEREITUNG:

Vorbereitung: Weichen Sie die Mandeln, die Kürbiskerne und die Sonnenblumenkerne über Nacht ein und spülen Sie sie vor der Verwendung gründlich ab.

Geben Sie als Erstes den Zitronensaft und die Bragg Liquid Aminos bzw. die Nama Shoyu in den Mixer. Fügen Sie dann die Zucchini, den Ingwer, den Knoblauch und die Zwiebel hinzu. Zuletzt kommen der Cayennepfeffer, die Nährhefe und das Kurkuma. Lassen Sie den Mixer laufen, bis eine glatte Masse entstanden ist. Fügen Sie anschließend die Mandeln und die Kerne hinzu und starten Sie den Mixer erneut. Sollte Ihr Mixer etwas weniger leistungsstark sein, müssen Sie die Mandeln und Kerne vielleicht vorher von Hand klein hacken, damit sie der Mixer mit der Flüssigkeit zu einer glatten Masse verarbeiten kann.

Genießen Sie die Nusspaste als Topping auf einem grünen Salat, essen Sie aber bitte vorneweg eine größere Menge Salat pur. Oder wickeln Sie die Nusspaste zusammen mit Sprossen in Kohlblätter (siehe Seite 291) und freuen Sie sich über eine neue Art von Wraps.

MUS AUS MACADAMIANÜSSEN UND SONNENGETROCKNETEN TOMATEN

Ergibt ungefähr eine Tasse voll

Also gut, ich geb's ja zu: Das ist meine absolute Supertrouperlieblings-Nusspaste! Ich bin so verrückt danach, dass ich sie immer gleich bis auf den letzten Krümel verputze, kaum dass sie fertig ist. Als ich dieses Nuss-Tomaten-Mus einmal im Rahmen einer *E!*-Sendung zubereitet habe, kamen hinterher die Produzenten, die bis dahin noch nichts zu Mittag gegessen hatten, und schlangen es gierig hinunter. Besonders toll macht es sich auf einem Bett aus Babyspinatblättern!

ZUTATEN: *(Sie sollten nach Möglichkeit alle aus organischem Anbau stammen.)*

1 Tasse naturbelassene, ungesalzene Macadamianüsse, zwei Stunden vorher eingeweicht und gründlich abgespült
2 EL Zitronensaft, frisch gepresst
½ Tasse sonnengetrocknete Tomaten, gehackt
¼ TL (keltisches) Meersalz
2 EL glatte und/oder krause Petersilie, fein gehackt
Schwarzer Pfeffer zum Abschmecken

ZUBEREITUNG:

Geben Sie die Macadamianüsse und den Zitronensaft in die Küchenmaschine und mixen Sie alles gut durch. Fügen Sie dann die gehackten sonnengetrockneten Tomaten und das Meersalz hinzu und starten Sie die Maschine erneut. Die Masse soll feucht und krümelig sein, aber nicht flüssig. Füllen Sie die Mischung in eine mittelgroße Schüssel um und ziehen Sie die gehackte Petersilie unter.

Genießen Sie das Mus als Topping auf einem grünen Salat (ich empfehle Ihnen wieder Babyspinatblätter), aber essen Sie unbedingt eine ordentliche Portion von dem Grünzeug vorneweg! Oder wickeln Sie das Macadamia-Mus mit Sprossen obendrauf in Kohlblätter. (Die Anleitung für die „Kohlblatt-Wraps" finden Sie auf Seite 291 unter dem Rezept für Bruce's Pinienkern-Parmesan.) Ich würde direkt vor dem Servieren noch frisch gemahlenen schwarzen Pfeffer darüberstreuen, das gibt dem Mus noch einen Extra-Kick.

DIE JMP ROHKOST-LASAGNE

Ergibt eine Lasagne von der Größe 23 x 33 Zentimeter

Wenn wir an Lasagne denken, was kommt uns da in den Sinn? Pasta aus Weißmehl in geschichteter Blattform, dazwischen geschmolzener, lange Fäden ziehender Kuhmilchkäse, über allem Tomatensauce mit Hackfleisch. Mit anderen Worten – die schlimmstmögliche Kombination von Lebensmitteln: Stärke, Milchprodukte und tierisches Eiweiß.

Mein Rezept wird Ihre Betrachtung einer Lasagne für immer verändern! In Rohkostler-Kreisen kursieren mehrere Rezepte für eine Rohkost-Lasagne; ich habe allerdings keine Lust, ein Dörrgerät zu benutzen und acht bis zehn Stunden darauf zu warten, dass meine Mahlzeit endlich fertig wird. Ich bin ein großer Fan der amerikanischen Version der Sauce *alla marinara*. Sie werden diese Rohkost-Lasagne lieben – da bin ich mir sicher! Sie ist eine echte Publikumsattraktion und wird Ihren skeptischen Ehemann ebenso wie Ihre Eltern, Geschwister oder Freunde überzeugen!

ZUTATEN: *(Sie sollten nach Möglichkeit alle aus organischem Anbau stammen.)*

8 gelbe Zucchini
½ Tasse Zitronensaft, frisch gepresst
¼ TL (keltisches) Meersalz
1 EL italienische Gewürzmischung

ZUTATEN FÜR DIE SAUCE *ALLA MARINARA AMERICANA:*

3 große Tomaten
½ Tasse weiße Zwiebel, gehackt
2 mittelgroße Knoblauchzehen
½ Tasse frisches Basilikum, gehackt
3 ½ Tassen sonnengetrocknete Tomaten (wenn Sie richtige Dörrtomaten kaufen, sollten Sie sie vorher etwa eine Stunde lang in Wasser einweichen)

ZUTATEN FÜR DEN RICOTTAKÄSE:

2 EL Zitronensaft, frisch gepresst
½ Tasse Wasser
2 EL Bragg Liquid Aminos
¾ TL (keltisches) Meersalz
1 mittelgroße Knoblauchzehe
2 Tassen Pinienkerne

ZUTATEN FÜR DEN PARMESANKÄSE:

1 Tasse Walnüsse, gehackt
2 EL Nährhefe
1 TL italienische Gewürzmischung
½ TL (keltisches) Meersalz

ZUBEREITUNG:

Vorbereitung: Weichen Sie Pinienkerne und Walnüsse 2 bis 4 Stunden lang ein, spülen Sie sie gründlich ab und lassen Sie sie auf Küchenkrepp trocknen.

Schneiden Sie die Zucchini jeweils in der Mitte durch und die Hälften dann mit einem sehr scharfen Messer der Länge nach in dünne Scheiben. Falls Sie einen Gemüsehobel besitzen, können Sie den dazu benutzen, es muss aber nicht sein. Es geht übrigens auch mit einem Sparschäler. Achten Sie in jedem Fall auf Ihre Finger!
Geben Sie die Zucchinischeiben in eine große Schüssel, fügen Sie Zitronensaft, Meersalz und die italienische Gewürzmischung hinzu und vermengen Sie alles so gründlich, dass die Zucchinischeiben rundherum bedeckt sind und in dieser Marinade durchziehen können. Die Zitrone wird die Zucchini „weich kochen" und ihnen eine nudelähnliche Konsistenz verleihen. Stellen Sie die Schüssel zur Seite. Ideal wäre es, wenn Sie die Zucchini vor der Weiterverwendung 4 bis 6 Stunden durchziehen ließen. Zwischendurch immer mal vorsichtig umdrehen.

Sauce *alla marinara*: Geben Sie die frischen Tomaten zuunterst in den Mixer und fügen Sie dann Zwiebel, Knoblauch, Meersalz und das frische Basilikum hinzu – anschließend gut durchmixen. Geben Sie die sonnengetrockneten Tomaten erst in den Mixer, nachdem alle anderen Zutaten bereits zu einer Sauce verarbeitet sind, weil sie eine härtere Konsistenz haben als der Rest. Sie lassen die Sauce schön dick und sämig werden.
Ricottakäse: Dafür geben Sie als Erstes den Zitronensaft, anschließend das Wasser, die Bragg Liquid Aminos und den Knoblauch in den Mixer, die Pinienkerne kommen zum Schluss. Kräftig durchmixen. Futtern Sie beim Rauslöffeln aus dem Mixerglas nicht schon zuviel davon weg!
Parmesankäse: Dafür geben Sie die Walnüsse in die Küchenmaschine und mahlen Sie sie ganz fein. Fügen Sie dann die Nährhefe hinzu, die italienische Gewürzmischung und das Meersalz. Gut durchmixen. (Sie können statt der Küchenmaschine auch einen guten Mixer verwenden, achten Sie aber darauf, dass er innen absolut trocken ist, sonst kleben die Walnüsse darin fest!)

Um die Lasagne fertigzustellen, schichten Sie die Zucchinischeiben abwechselnd mit der Sauce *alla marinara* und dem Ricottakäse in eine feuerfeste Form von der Größe 23 x 33 Zentimeter – so lange, bis alles aufgebraucht ist. Den Abschluss bildet eine Schicht aus dem Parmesankäse und ein paar frischen Basilikumblättern.
Heizen Sie den Backofen auf der niedrigsten Stufe (unter 90 Grad Celsius!) auf, lassen Sie ihn eine halbe Stunde bei dieser Hitze an. Schalten Sie ihn dann aus, öffnen Sie die Herdklappe und lassen Sie den Backofen innen ein paar Minuten lang abkühlen. Wenn er nur noch mäßig warm ist (die Temperatur soll unterhalb von 47 Grad Celsius bleiben!), stellen Sie die Form auf den Rost (mittlere Schiene), schließen Sie die Herdklappe und lassen Sie die Lasagne vor dem Servieren mindestens eine Stunde lang „backen". Sie schmeckt lauwarm wirklich erstaunlich viel besser, als wenn sie direkt eiskalt aus dem Kühlschrank auf den Tisch käme. Genießen Sie sie mit Ihren Lieben!

SCHÖNHEITS-SMOOTHIES

HAUSGEMACHTE MANDEL- ODER HASELNUSSMILCH

Ergibt 2 - 3 Portionen

Diese Nussmilchsorten können Sie im Kühlschrank zwei Tage lang aufbewahren. Ungesüßte Mandelmilch bekommen Sie auch in Ihrem örtlichen Gesundheitsladen oder im Bio-Supermarkt. Doch es geht nichts über naturbelassene, lebendige Nussmilch, die frisch zubereitet aus Ihrem Mixer fließt!

Sie können die Nussmilch einfach pur genießen oder als Basis für Smoothies verwenden, wie etwa den Regenwald-Acai-Beeren-Smoothie oder den Wassermelonen-Smoothie, aber auch für die „Glückliche Kuh", meine milchproduktfreie heiße Schokolade. Und in Rezepten wie der Köstlichen Kürbiscremesuppe macht sie sich ebenfalls ganz prima!

ZUTATEN: *(Sie sollten nach Möglichkeit alle aus organischem Anbau stammen.)*

2 Tassen naturbelassene Mandeln
oder Haselnüsse (über Nacht eingeweicht)
2 ½ Tassen Wasser, gefiltert (Sie können auch mehr oder weniger Wasser nehmen, je nachdem, wie dick- oder dünnflüssig Sie Ihre Nussmilch haben möchten)
Stevia *oder* Datteln zum Süßen
(optional, kaufen Sie aber unbedingt Datteln mit Kernen, die Sie dann selbst entfernen)

ZUBEREITUNG:

Spülen Sie die eingeweichten Nüsse in einem Sieb ganz gründlich ab. Geben Sie sie zusammen mit den 2 ½ Tassen Wasser in den Mixer und lassen Sie ihn laufen, bis eine glatte Flüssigkeit entstanden ist. Seihen Sie diese durch ein Mulltuch in einen anderen Behälter ab. Drücken Sie mit den Händen noch die restliche Flüssigkeit aus dem Tuch, damit Ihnen nichts von der köstlichen Milch verloren geht. Die Reste werfen Sie in den Bio-Müll. Wenn Sie es eilig haben, gießen Sie die Flüssigkeit nur durch ein feines Sieb ab (dabei ist Ihre Ausbeute allerdings geringer, als wenn Sie ein Seihtuch verwenden!).

Spülen Sie den Mixeraufsatz aus und füllen Sie dann die Milch zurück in das Glas, dann fügen Sie das Stevia oder die Datteln hinzu und mixen alles noch einmal kurz durch. Sie können Ihre Nussmilch natürlich auch einfach pur trinken!

REGENWALD-ACAI-BEEREN-SMOOTHIE

Ergibt 1 Portion

Dieser Smoothie eignet sich auch wundervoll als Snack oder Dessert! Ich habe ihn rund zwei Jahre lang mehrere Male in der Woche nach dem Abendessen als Nachtisch genossen! Aber warten Sie nach dem Hauptgang mindestens eine halbe Stunde, bevor Sie dieses flüssige Dessert zu sich nehmen. Gefrorene Acai-Beeren bekommen Sie in Gesundheitsläden und im Bio-Supermarkt.

ZUTATEN:
(Sie sollten nach Möglichkeit alle aus organischem Anbau stammen.)

100 Gramm Acai-Beeren, tiefgekühlt
2 Tassen Mandelmilch, ungesüßt
½ EL Kakaopulver, naturbelassen
Stevia zum Süßen
½ Avocado (optional, sie macht den Smoothie dicker und sättigender)

ZUBEREITUNG:

Verwenden Sie einen leistungsstarken Mixer, füllen Sie die gefrorenen Acai-Beeren und die Mandelmilch ein und lassen Sie ihn niedrigtourig laufen, bis die Acai-Beeren aufgebrochen sind. Dann schalten Sie die Geschwindigkeit höher. Wenn die Flüssigkeit glatt geworden ist, fügen Sie Kakao und Stevia hinzu. Falls Sie den Smoothie als Snack oder Nachtisch genießen wollen, geben Sie die halbe Avocado dazu und mixen Sie das Ganze noch einmal kurz durch.

SCHÖNHEITSGEHEIMNIS

Acai-Beeren enthalten Unmengen von überaus nützlichen Nährstoffen und Antioxidantien, darunter Omega-3-Fettsäuren, Aminosäuren, Mineralstoffe, die Hauptvitamine sowie Ballaststoffe. Die Omega-3-Fettsäuren aus Acai-Beeren helfen dabei, die Struktur und die Durchlässigkeit der Zellmembranen zu erhalten, dadurch erleichtern sie die Nährstoffaufnahme und die Ausscheidung von Stoffwechsel-Abbauprodukten. Sie fördern einen jugendlichen Teint, indem sie unseren Hautzellen Feuchtigkeit spenden und Stabilität verleihen.

298 | IHR **BEAUTY**-PLAN

30-SEKUNDEN-SPIRULINA-SUPERDRINK

Ergibt 1 Portion

ZUTATEN: *(Sie sollten nach Möglichkeit alle aus organischem Anbau stammen.)*

1 frische junge Kokosnuss, „Milch" und Fruchtfleisch *oder*
2 Tassen naturbelassene, ungesüßte Kokosmilch
1 gehäuften EL Spirulina-Pulver
½ EL Roh-Kakaopulver, naturbelassen
Stevia zum Süßen

ZUBEREITUNG:

Vermixen Sie alle Zutaten gründlich und genießen Sie diesen „Zaubertrank" ganz frisch!

SCHÖNHEITSGEHEIMNIS

Kokosmilch mit ihren Unmengen an Kalium und Elektrolyten unterstützt speziell aktive Menschen sehr gut.

SCHÖNHEITSGEHEIMNIS

Die Spirulina-Mikroalge besteht zu 60 Prozent aus Eiweiß und enthält Omega-3-Fettsäuren, sämtliche essenziellen Aminosäuren und die Vitamine der B-Gruppe, außerdem ist sie reich an Mineralstoffen wie Eisen und Magnesium.

WASSERMELONEN-SMOOTHIE

Ergibt 1 Portion

ZUTATEN: *(Sie sollten nach Möglichkeit alle aus organischem Anbau stammen.)*

1 kleine Wassermelone
2 ½ Tassen Mandelmilch, ungesüßt

ZUBEREITUNG:

Vorbereitung: Schneiden Sie das Fruchtfleisch der Wassermelone in kleine Stücke und stellen Sie drei Tassen (750 ml) davon über Nacht in den Gefrierschrank.

Verbinden Sie einfach die gefrorenen Wassermelonenstücke und die Mandelmilch im Mixer miteinander. Das war's schon! Diese beiden Zutaten harmonieren so großartig, dass Sie nichts weiter brauchen – auch nichts zum Süßen. (Aber frieren Sie die Wassermelone unbedingt vorher ein, denn sonst erhalten Sie ein völlig anderes Ergebnis!) Dieser Sommerdrink ist ein himmlischer Gaumenschmeichler …

SCHÖNHEITS-DESSERTS

ROHKOST-PEKANNUSS-LIEBESKUCHEN

Ergibt 1 Pie

Speziell Pekannuss-Pies haben etwas von Liebe und nährender Fürsorge an sich! Aber beachten Sie bitte: Dieses Dessert ist nichts für meine „Aufblühenden Schönheiten"! Seien Sie aber deshalb nicht traurig – es gibt noch eine reiche Auswahl an Desserts und Smoothies, bei denen Sie zugreifen können!

ZUTATEN FÜR DEN BODEN: *(Die Zutaten sollten alle aus organischem Anbau stammen.)*

2 ½ Tassen Datteln (mit Kernen)
1 Tasse Kokosflocken, fein gemahlen
1 ½ Tassen Walnüsse (vorher 4 Stunden eingeweicht)

ZUBEREITUNG:

Entsteinen Sie die Datteln und werfen Sie die Kerne weg. Geben Sie die Datteln zusammen mit den Kokosflocken und den Walnüssen in die Küchenmaschine und lassen Sie sie auf hohen Touren laufen, bis alle Zutaten gründlich vermixt sind. Nehmen Sie die Mischung heraus und drücken Sie sie am Boden und an den Seiten einer runden Pie-Form (Durchmesser etwa 23 Zentimeter) fest und stellen Sie die Form dann zur Seite.

ZUTATEN FÜR DIE FÜLLUNG:

⅔ Tasse Wasser, gefiltert
1 Tasse naturbelassene Pekannüsse, etwa 15 Minuten lang eingeweicht, dazu ein paar Extra-Pekannüsse zum Garnieren
1 Tasse naturbelassene, ungeschwefelte Rosinen (Thompson Seedless, in Europa als „Weinbeeren" im Handel)
1 EL Vanille-Extrakt
1 TL Muskat, gemahlen
⅓ Tasse Ahornsirup
1 TL keltisches Meersalz

ZUBEREITUNG:

Vermixen Sie alle Zutaten für die Füllung in einem Mixer zu einer glatten, weichen Masse, die Sie anschließend in die Pie-Form füllen und mit ein paar ganzen rohen Pekannüssen garnieren. Stellen Sie die Pie über Nacht oder wenigstens 5 Stunden lang in den Kühlschrank, bevor Sie sie auf den Tisch bringen. Und jetzt kommt das Wichtigste: anschneiden und genießen!

„GLÜCKLICHE KUH" –
MEINE MILCHPRODUKTFREIE HEISSE SCHOKOLADE

Ergibt 1 Portion

Meine „Glückliche Kuh" sorgt vor allem in kalten Winternächten für wundervolles Behagen – aber auch in jeder anderen Situation, wo Ihnen nach einer Tasse heißem Kakao zumute ist!

ZUTATEN: *(Sie sollten nach Möglichkeit alle aus organischem Anbau stammen.)*
1 Tasse hausgemachte Mandel- *oder* Haselnussmilch;
oder ein ungesüßtes Produkt aus dem Gesundheits- oder Bio-Laden
1 TL Roh-Kakaopulver, naturbelassen
Stevia zum Süßen

ZUBEREITUNG:
Erwärmen Sie die Mandel- oder Haselnussmilch in einer Stielkasserolle, aber lassen Sie sie ja nicht kochen! Gießen Sie sie dann in einen Henkelbecher und geben Sie das Kakaopulver dazu. Gut umrühren! Wenn Sie mögen, nehmen Sie etwas Stevia zum Süßen.

ROHKOST-KAKAOTRÜFFEL

Ergibt etwa 33 Stück

Eine meiner absoluten Lieblingsnaschereien! Und es ist immer dasselbe damit: Jeder, der meine Trüffel probiert, will anschließend sofort das Rezept haben! Und sie können alle nicht glauben, dass es wirklich Rohkost-Pralinen sind. Liebe „Aufblühende Schönheiten": Leider sind diese Trüffel nichts für Sie – aber wenn Sie die Gier auf Schokolade überkommt, dann halten Sie sich an die „Glückliche Kuh" oder die „Chia-Samen-Lust"!

ZUTATEN: *(Sie sollten nach Möglichkeit alle aus organischem Anbau stammen.)*
2 Tassen naturbelassene Mandeln, gemahlen
¾ Tasse Roh-Kakaopulver, naturbelassen
6 Datteln, entsteint
½ Tasse Rosinen („Weinbeeren")
1 EL Kokosnussöl
1 Prise (keltisches) Meersalz
3 EL bis ¼ Tasse kaltes Wasser, gefiltert

OPTIONAL:
1 Tasse kleine organische Kokosflocken, getrocknet und ungesüßt
3 EL Ahornsirup

ZUBEREITUNG:

Vorbereitung: Weichen Sie die Mandeln 24 Stunden lang in Wasser ein und spülen Sie sie danach gründlich ab. Trocknen Sie sie anschließend in einem Dörrgerät oder im Backofen bei niedrigster Temperatur und lassen Sie die Herdklappe dabei einen Spaltbreit offen. Wir können für dieses Rezept keine feuchten oder gar nassen Mandeln gebrauchen!

Mahlen Sie die Mandeln in der Küchenmaschine, geben Sie anschließend Kakaopulver, Datteln, Rosinen, Kokosnussöl und eine Prise Meersalz dazu. Wenn alles gut vermixt ist, fügen Sie das Wasser hinzu, um die Mischung zu durchfeuchten.

Krempeln Sie jetzt Ihre Ärmel hoch, nehmen Sie mit einem Esslöffel eine kleine Menge der Trüffelmasse heraus und rollen Sie sie zwischen Ihren Handflächen zu einer Kugel, etwa in der Größe eines Golfballs oder etwas kleiner. Tun Sie das mit viel Liebe! Dann tauchen Sie das Trüffelbällchen in die Schüssel mit den Kokosflocken und wenden Sie es so lange darin, bis es ringsherum einen gleichmäßigen Überzug hat.

Stellen Sie die Schale mit den Trüffeln für wenigstens 2 Stunden in den Kühlschrank, damit sie schön fest werden. Und dann? Ehrlich – das fragen Sie noch?!

„CHIA-SAMEN-LUST"

Ergibt 1 Portion

Das ist ein sehr sättigendes Dessert und sehr gut als süßer Abschluss einer Mahlzeit geeignet, was auch dafür sorgt, dass uns zu fortgeschrittener Stunde nicht noch einmal der Hunger am Schlafittchen packt.

ZUTATEN: *(Sie sollten nach Möglichkeit alle aus organischem Anbau stammen.)*

¼ Tasse naturbelassene Chia-Samen

1 Tasse hausgemachte Mandel- *oder* Haselnussmilch; wenn Sie gerade selbst keine zubereiten können, nehmen Sie ein ungesüßtes Produkt aus dem Gesundheits- oder Bio-Laden

½ EL Roh-Kakaopulver, naturbelassen

1 TL Stevia *oder* Xylitol zum Süßen, oder mehr (nach Geschmack)

ZUBEREITUNG:

Geben Sie die Chia-Samen in eine Schüssel. Füllen Sie Mandel- oder Nussmilch, Kakaopulver und Stevia oder Xylitol in den Mixer und lassen Sie ihn laufen, bis alles gut vermengt ist. Kontrollieren Sie zwischendurch, ob die Flüssigkeit für Ihren Geschmack süß genug ist. Gießen Sie sie dann über die Chia-Samen und verrühren Sie alles gründlich. Lassen Sie das Dessert anschließend zehn Minuten ruhen, rühren Sie es noch einmal gut um, bevor Sie darüber herfallen. Lassen Sie es sich schmecken!

FUSSNOTEN

KAPITEL 1

1. Derek E. Wildman et al., *Implications of Natural Selection in Shaping 99.4% Nonsynonymous DNA Identity Between Humans and Chimpanzees: Enlarging Genus Homo*, Proceedings of the National Academy of Sciences, 19. Mai 2003.

2. D. Fossey und A.H. Harcourt, *Feeding Ecology of Free Ranging Mountain Gorillas (Gorilla gorilla beringei)*, in: Clutton Brock (Ed.), *Primate Ecology: Studies of Feeding and Ranging Behaviour in Lemurs, Monkeys and Apes* (London: Academic Press, 1977).

3. R.J. Barnard, *Effects of Life-Style Modification on Serum Lipids*, Archives of Internal Medicine 151 (1991), Sp. 1389-94.

4. Gabriel Cousens, *Conscious Eating* (Berkeley, CA: North Atlantic Books, 2000), S. 313.

5. Robert O. Young, *The pH Miracle* (New York: Wellness Central, Hachette Book Group, 2002), S. 25.

6. Lisa James, *Clean and Lean: Helping Your Body Shed Fat-Based Toxins May Make It Easier to Lose Weight*, Energy Times (Juni 2010), S. 16f.

7. D. Hegsted, *Minimum Protein Requirements of Adults*, American Journal of Clinical Nutrition 21 (1968), Sp. 3520.

8. Food and Nutrition Board, Institute of Medicine, *Dietary Reference Intakes for Energy, Carbohydrate, Fiber, Fat, Fatty Acids, Cholesterol, Protein, and Amino Acids* (Washington, DC: National Academy Press, 2002).

9. John Scharffenberg, *Problems with Meat* (Anaheim, CA: Woodbridge Press, 1982), S. 90. Zitiert in: John Robbins, *Diet for a New America* (Tiburon, CA and Novato, CA: HJ Kramer Inc. und New World Library, 1987), S. 184f.

10. Nathan Pritikin, *Quoted in Vegetarian Times*, 43. Ausgabe, S. 21.

11. Joel Fuhrman, *Eat to Live* (New York: Little, Brown and Company, 2003), S. 139.

12. R. Doll und R. Peto, *The Causes of Cancer: Quantitative Estimates of Avoidable Risks of Cancer in the United States Today*, Journal of the National Cancer Institute 66 (1981), Sp. 1192-1265.

13. T.C. Campbell, B. Parpia und J. Chen, *A Plant-Enriched Diet and Long-Term Health Particularly in Reference to China*, HortScience 25, Nr. 12 (1990), Sp. 1512ff.

14. Ibid.

15. International Agency for Cancer Research, *Globocan 2008*; **http://globocan.iarc.fr/factsheets/cancers/colorectal.asp**

16. D. Armstrong und R. Doll, *Environmental Factors and Cancer Incidence and Mortality in Different Countries, with Special Reference to Dietary Practices*, International Journal of Cancer 15 (1975), S. 617-31.

17. Ibid.

18. S.A. Bingham, N. E. Day, R. Luben et al., *Dietary Fibre in Food and Protection against Colorectal Cancer in the European Prospective Investigation into Cancer and Nutrition (EPIC); an Observational Study*, The Lancet 361 (2003), S. 1496-1501.

19. Ibid.

20. American Heart Association, *Heart Disease and Stroke Statistics – 2010 Update*.

21. Ibid.

22. D. Ornish, S.E. Brown, L.W. Scherwitz et al., *Can Lifestyle Changes Reverse Coronary Heart Disease?*, The Lancet 336 (1990), S. 129-33.

23. D. Ornish, *Avoiding Revascularization with Lifestyle Changes: The Multicenter Lifestyle Demonstration Project*, American Journal of Cardiology 82 (1998), 72T-76T.

24. American Diabetes Association, *National Diabetes Fact Sheet, 2007*; **http://www.diabetes.org/diabetes-basics/diabetes-statistics**

25. Ibid.

FUSSNOTEN | 303

26. J.W. Anderson, *Dietary Fiber in Nutrition Management of Diabetes*, in: *Dietary Fiber: Basic and Clinical Aspects*, hrsg. von G.V. Vahouny und D. Kritchevsky (New York: Plenum Press, 1986), S. 343-360.

27. Ibid.

28. Ibid.

29. T.T. Shintani, S. Beckham, A.C. Brown et al., *The Hawaii Diet: Ad Libitum High Carbohydrate, Low Fat Multi-cultural Diet for the Reduction of Chronic Disease Risk Factors: Obesity, Hypertension, Hypercholesterolemia, and Hyperglycemia*, Hawaii Medical Journal Band 60 (2001), S. 69-73.

30. M. Hindhede, *The Effect of Food Restrictions During War on Mortality in Copenhagen*, Journal of the American Medical Association 74, Nr. 6 (1920), S. 381.

31. Ibid.

32. A. Strom und R.A. Jensen, *Mortality From Circulatory Diseases in Norway, 1940 - 1945*, The Lancet 260 (1951), S. 126-29.

33. Ibid.

34. Vic Sussman, *The Vegetarian Alternative* (Emmaus, PA: Rodale Press, 1978), S. 55.

35. The Physicians Committee for Responsible Medicine (PCRM) website: **http://www.pcrm.org**

KAPITEL 2

1. Tom Bohager, *Enzymes: What the Experts Know* (Prescott, AZ: One World Press, 2006), S. 40.

2. David Jubb und Annie Padden, *Lifefood Recipe Book: Living on Life Force,* (Berkeley, CA: North Atlantic Books, 2003), S. 4.

3. Arnold Ehret, *Mucusless Diet Healing System* (New York: Benedict Lust Publications, 2002), S. 3.

4. Robert O. Young, *The pH Miracle* (New York: Wellness Central, Hachette Book Group, 2002), S. 42.

5. Norman W. Walker, *Colon Health* (Prescott, AZ: Norwalk Press, 1979), S. 3.

6. Young, *The pH Miracle*, S. 13.

7. Ibid.

8. Jane E. Brody, *Exploring a Low-Acid Diet for Bone Health*, New York Times, Health Section. Ausgabe v. 23. November 2009.

9. Ibid.

10. M. Hegsted, S.A. Schuette, M.B. Zemel et al., *Urinary Calcium and Calcium Balance in Young Men as Affected by Level of Protein and Phosphorus Intake*, Journal of Nutrition 111 (1981), S. 553-62.

11. D.E. Sellmeyer, K.L. Stone, A. Sebastian et al., *A High Ratio of Dietary Animal to Vegetable Protein Increases the Rate of Bone Loss and the Risk of Fracture in Postmenopausal Women*, American Journal of Clinical Nutrition 73 (2001), S. 118-22.

12. Young, *The pH Miracle*, S. 5f. und 15.

KAPITEL 3

1. Food and Nutrition Board, *Dietary Reference Intakes Proposed Definition of Dietary Fiber*, National Academy of Sciences, Washington, D.C., 2001, S. 2.

2. John A. McDougall, *Digestive Tune-Up* (Summertown, TN: Healthy Living Publications, 2008), S. 76.

3. G.R. Howe, *Dietary Intake of Fiber and Decreased Risk of Cancers of the Colon and the Rectum: Evidence from the Combined Analysis of 13 Case-Control Studies*, Journal of the National Cancer Institute 84, Nr. 24 (Dezember 1992),

4. McDougall, *Digestive Tune-Up*, S. 76.

5. Ibid.

6. Department of Health and Human Services, *Report on All Adverse Reactions in the Adverse Reaction Monitoring System*. 25. und 28. Februar 1994.

7. W.L. Hall, D.J. Millward, P.J. Rogers und L.M. Morgan, *Physiological Mechanisms Mediating Aspartame-Induced Satiety*, Physiology & Behavior 78, Nrn. 4 und 5 (April 2003), S. 557-62.

8. L.N. Chen und E.S. Parham, *College Students' Use of High-Intensity Sweeteners is Not Consistently Associated with Sugar Consumption*, Journal of the American Dietetic Association 91 (1991), S. 686-90.

9. Behavioral Neuroscience 122, Nr. 1 (Februar 2008), S. 161-73.

10. Mohamed B. Abou-Donia, Eman M. El-Masry, Ali A. Abdel-Rahman, Roger E. McLendon und Susan S. Schiffman, *Splenda Alters Gut Microflora and Increases Intestinal P-Glycoprotein and Cytochrome P-450 in Male Rats*, Journal of Toxicology and Environmental Health, Teil A 71, Nr. 21 (2008), Sp. 1415-29.

11. R.F. Kushner et al., *Implementing Nutrition into the Medical Curriculum: A User's Guide*, American Journal of Clinical Nutrition 52, Nr. 2 (August 1990): S. 401ff. D.C. Heimburger, V.A. Stallings und L. Routzahn, *Survey of Clinical Nutrition Training Programs for Physicians*, American Journal of Clinical Nutrition 68, Nr. 6 (Dezember 1998), S. 1174-79.

12. Herbert M. Shelton, *Food Combining Made Easy* (San Antonio, TX: Willow Publishing, 1982), S. 56.

13. Ann Wigmore, *The Hippocrates Diet and Health Prog.* (New York: Avery, 1984).

14. Zitiert in: Harvey Diamond und Marilyn Diamond, *Fit for Life* (New York: Warner Books, 1985), S. 46f.

15. Das Konzept der Beauty-Food-Kombinationen basiert auf den Arbeiten und Veröffentlichungen von Dr. Herbert M. Shelton, Dr. Ann Wigmore, Dr. Norman Walker sowie von Harvey und Marilyn Diamond. Die folgenden Informationen entstammen hauptsächlich diesen Werken: *Food Combining Made Easy* von Dr. Herbert Shelton, *Become Younger* und *The Vegetarian Guide to Diet & Salad* von Dr. Norman Walker, *Fit for Life* von Harvey und Marilyn Diamond sowie dem *Living Food Lifestyle™ Textbook* des Ann Wigmore Natural Health Institute in Puerto Rico.

16. N.W. Walker, *Become Younger* (Summertown, TN: Norwalk Press, 1995).

17. Ein Teil des Fermentations-(Gärungs-) Prozesses ist das Ergebnis von konstruktiver (aufbauender) Zerstörung.

18. Walker, *Become Younger*, S. 37.

19. Diamond, *Fit for Life*, S. 51.

20. Shelton, *Food Combining Made Easy*, S. 36.

21. Meinem lieben Freund Gil Jacobs danke ich für die Begriffsprägung „Von leicht nach schwer".

22. G.A. Leveille, University of Illinois (1972) und G. Pose, P. Fabry und H.A. Katz, Deutsches *Institut* für *Ernährungsforschung Potsdam-Rehbrücke* (DIfE), (Nutritional Abstracts and Reviews 38, Sp. 7027, 1968). Zitiert in: *Enzyme Nutrition* von Edward Howell (New York: Avery, 1985).

KAPITEL 4

1. Gary Farr, *Comparing Organic Versus Commercially Grown Foods*, Rutgers University Study, New Brunswick, NJ, 2002.

2. Tom Bohager, *Enzymes: What the Experts Know* (Prescott, AZ: One World Press, 2006), S. 10.

KAPITEL 5

1. T. Colin Campbell und Thomas M. Campbell II, *The China Study: The Most Comprehensive Study of Nutrition Ever Conducted and the Startling Implications for Diet, Weight Loss, and Long-Term Health* (Dallas, TX: Benbella B., 2006), S. 30.

2. Patti Weller, *The Power of Nutrient Dense Food: How to Use Food to Feel Great, Lose Weight and Prevent Disease* (El Cajon, CA: Deerpath Publishing Company, 2005), S. 28.

3. E.C. Westman, W.S. Yancy, J.S. Edman et al., *Carbohydrate Diet Program*, American Journal of Medicine 113 (2002), S. 30-36.

FUSSNOTEN | 305

4. R.C. Atkins, *Dr. Atkins' New Diet Revolution* (New York: Avon Books, 1999).

5. J.D. Wright, J. Kennedy-Stephenson, C.Y. Wang et al., *Trends in Intake of Energy and Macronutrients—United States, 1971–2000*. Morbidity and Mortality Weekly Report (MMWR) 53 (6. Februar 2004), S. 80ff.

6. S.A. Bilsborough und T.C. Crowe, *Low-Carbohydrate Diets: What Are the Potential Short- and Long-Term Health Implications?* Asia Pacific Journal of Clinical Nutrition 13 (2003), S. 396-404.

7. Akihiro Okitani et al., *Heat Induced Changes in Free Amino Acids on Manufacturing Heated Pulps,* The Journal of Food Science 48, Ausgabe 4, (Juli 1983), S. 1366-67.

8. Zitiert in: Gabriel Cousens, *Rainbow Green Live-Food Cuisine* (Berkeley, CA: North Atlantic Books, 2003), S. 56.

9. Winston J. Craig und Ann Reed Mangels, *Position of the American Dietetic Association: Vegetarian Diets*, Journal of the American Dietetic Association, 109, Nr. 7 (2009), S. 1267f.

10. C. Paul Bianchi und Russell Hilf, *Protein Metabolism and Biological Function* (New Brunswick, NJ: Rutgers Univ. Press, 1970).

11. Aussage von Dr. phil. et jur. Margaret Mellon, der Leiterin des Ernährungs- und Umweltprogramms der „Vereinigung betroffener Wissenschaftler" (Union of Concerned Scientists, UCS, Food and Environment Program) und Koautorin des Forschungsberichts *Hogging It: Estimates of Antimicrobial Abuse in Livestock,* auf der Pressekonferenz anlässlich der Veröffentlichung des Forschungsberichts am 8. Januar 2001. The Union of Concerned Scientists; **http://www.ucsusa.org**

12. USDA Fact Sheet, *Meat and Poultry Labeling Terms*, zugänglich seit 19. Februar 2008; **http://www.fsis.usda.gov**

13. *Egg Carton Labels: A Brief Guide to Labels and Animal Welfare*, The Humane Society of the US. Update v. 3/2009.

14. http://www.humanesociety.org/issues/confinement_farm/facts/guide_egg_labels.html Zitat aus einem Interview mit dem Fernsehsender CNN, das am 25. Juli 2004 ausgestrahlt wurde. Kopie erhältlich unter: **http://www.cok.net/feat/cnn.php**

15. Peter Perl, *The Truth About Turkeys*, Washington Post Magazine (5. November 5 1995).

16. USDA Fact Sheet, *Meat and Poultry Labeling Terms*, zugänglich seit 19. Februar 2008; **http://www.fsis.usda.gov**

17. Michael E. Donovan, Official U.S. Department of Agriculture/Food Safety and Inspection Service letter, 11. April 1996.

18. H. Steinfeld et al., *Livestock's Long Shadow: Environmental Issues and Options* (2006); Download unter: **http://www.fao.org/docrep/010/a0701e/a0701e00.HTM**

19. C. Adams, *Handbook of the Nutritional Value of Foods in Common Units* (New York: Dover Publications, 1986).

20. Elson Haas, *Staying Healthy with Nutrition: The Complete Guide to Diet & Nutritional Medicine*, (Berkeley, CA: Celestial Arts, 2006).

21. A. Costantini, *Etiology and Prevention of Atherosclerosis*, Fungalbion. Ser. 1998/99.

22. M.C. Lancaster, F.P. Jenkins und J.M. Philip, *Toxicity Associated with Certain Samples of Ground-Nuts*, Nature 192 (1961), Sp. 1095f.

23. G.N. Wogan und P.M. Newberne, *Dose-Response Characteristics of Aflatoxin B1 Carcinogenesis in the Rat*, Cancer Research 27 (1967), Sp. 2370-76. Sowie G.N. Wogan, S. Paglialunga und P.M. Newberne, *Carcinogenic Effects of Low Dietary Levels of Aflatoxin B1 in Rats*, Food and Cosmetics Toxicology 12 (1974), S. 681-85.

25. Environment, Health and Safety; **http://www.ehso.com/ehshome/aflatoxin.php**

26. Sally Fallon und Mary G. Enig, *Newest Research on Why You Should Avoid Soy*, Nexus Magazine 7, Nr. 3 (April/Mai 2000).

27. Gabriel Cousens, *Rainbow Green Live-Food Cuisine* (Berkeley, CA: North Atlantic Books, 2003).

28. Joseph J. Rackis et al., *The USDA Trypsin Inhibitor Study. I. Background, Objectives, and Procedural Details*, Plant Foods for Human Nutrition 35, 3. Ausgabe (15. Januar 1985), S. 213-42.

29. R.L. Divi, H.C. Chang und D.R. Doerge, *Identification, Characterization and Mechanisms of Anti-Thyroid Activity of Isoflavones from Soybeans*, Biochemical Pharmacology 54 (1997), S. 1087-96.

30. Daniel R. Doerge, *Inactivation of Thyroid Peroxidase by Genistein and Daidzein in Vitro and in Vivo; Mechanism for Anti-Thyroid Activity of Soy*, vorgestellt auf dem Soja-Symposium im November 1999 in Washington, DC, National Center for Toxicological Research, Jefferson, AR.

31. Brian Ross und Richard D. Allyn, *The Other Side of Soy*, 9. Juni 2000; **http://web.archive.org/ web/20000815204236/ http://abcnews.go.com/onair/2020/ 2020_000609_soy_feature.html**

32. Ibid.

33. Joseph Mercola, *Soy is an Endocrine Disrupter and Can Disrupt Your Child's Health.* **http://www.mercola.com** (vom 16. Januar 2002).

34. C. Irvine et al., *The Potential Adverse Effects of Soybean Phytoestrogens in Infant Feeding*, New Zealand Medical Journal (24. Mai 1995), S. 318.

35. Elisabeth Leamy, *Secrets in Your Food. Genetically Modified Food: Is it Safe?* Good Morning America, 21. August 2006; **http://abcnews.go.com**

36. Ibid.

37. Michael Pollan, *In Defense of Food: An Eater's Manifesto* (New York: Penguin Group, 2008), S. 23.

38. Campbell, *The China Study*, S. 6.

39. Harvey Diamond und Marilyn Diamond, *Fit for Life* (New York: Warner Books, 1985), S. 107.

40. K.L. Reichelt, A.-M. Knivsberg, G. Lind und M. Nødland, *Probable Etiology and Possible Treatment of Childhood Autism*, Brain Dysfunct 4 (1991), S. 308-19.

41. J.M. Chan und E.L. Giovannucci, *Dairy Products, Calcium, and Vitamin D and Risk of Prostate Cancer*, Epidemiological Reviews 23 (2001), S. 87-92.

42. Campbell, *The China Study*, S. 6.

43. Robert O. Young, *The pH Miracle* (New York: Wellness Central, Hachette Book Group, 2002), S. 45.

44. Joel Fuhrman, *Eat to Live* (New York: Little, Brown and Company, 2003), S. 84.

45. S. Maggi, J.L. Kelsey, J. Litvak und S.P. Hayes, *Incidence of Hip Fractures in the Elderly: A Cross-National Analysis*, Osteoporosis International 1, S. 232-41.

46. B.J. Abelow, T.R. Holford und K.L. Insogna, *Cross-Cultural Association between Dietary Animal Protein and Hip Fracture: A Hypothesis*, Calcified Tissue International 50 (1992), S. 14-18.

47. L. Allen et al., *Protein-Induced Hypercalciuria: A Longer-Term Study*, American Journal of Clinical Nutrition 32 (1979), S. 741.

48. Zitiert in: Joel Fuhrman, *Eat to Live* (New York: Little, Brown and Company, 2003), S. 85.

49. Elizabeth J. Parks, Lauren E. Skokan, Maureen T. Timlin und Carlus S. Dingfelder, *Dietary Sugars Stimulate Fatty Acid Synthesis in Adults*, Journal of Nutrition 138 (Juni 2008), S. 1039-46.

50. Miriam E. Bocarsly, Elyse S. Powell, Nicole M. Avena und Bartley G. Hoebel, *High-Fructose Corn Syrup Causes Characteristic of Obesity in Rats: Increased Body Weight, Body Fat and Triglyceride Levels*, Pharmacology Biochemistry and Behavior, 2010; DOI: 10.1016/j.pbb.2010.02.012.

51. Roger B. McDonald, *Influence of Dietary Sucrose on Biological Aging*, American Journal of Clinical Nutrition 62 (1995), Sp. 284s-293s.

52. L.F. Jackson, *UC IMP Pest Management Guidelines: Small Grains*, University of California Division of Agriculture and Natural Resources, Januar 2002.

53. Joseph Mercola, *Shocking! This 'Tequila' Sweetener is Far Worse than High Fructose Corn Syrup*, 30. März 2010; **http://www.mercola.com**

54. John Kohler, *The Truth about Agave Syrup: Not as Healthy as You May Think*; **www.living-foods.com**

55. Joseph Mercola, *Can Low Doses of Allergens Cure the Allergies Themselves?*, 27. Juni 2009; **http://www.mercola.com**

56. James Braly und Ron Hoggan, *Dangerous Grains: Why Gluten Cereal Grains May Be Hazardous to Your Health* (New York: Avery, 2002).

57. M. Chandalia, A. Garg, D. Lutjohann et al., *Beneficial Effects of High Dietary Fiber Intake in Patients with Type-2 Diabetes Mellitus*, New England Journal of Medicine 342, Nr. 19 (2000), S. 1392-98.

58. Brian Shilhavy und Marianita Shilhavy, *Virgin Coconut Oil* (West Bend, WI: Tropical Traditions, Inc., 2004).

59. Gary Farr, *Comparing Organic Versus Commercially Grown Foods*, Rutgers University Study, New Brunswick, NJ, 2002.

60. Michael Pollan, *In Defense of Food: An Eater's Manifesto* (New York: Penguin, 2008), S. 115.

61. Pollan, *In Defense of Food*, S. 118.

62. Gabriel Cousens, *Rainbow Green Live-Food Cuisine* (Berkeley, CA: North Atlantic Books, 2003), S. 68-79.

63. David Steinman, *Diet for a Poisoned Planet: How to Choose Safe Foods for You and Your Family* (New York, NY: Avalon, 2007).

KAPITEL 6

1. Robert O. Young, *The pH Miracle* (New York: Wellness Central, Hachette Book Group, 2002), S. 20.

2. T. Colin Campbell und Thomas M. Campbell II, *The China Study: The Most Comprehensive Study of Nutrition Ever Conducted and the Startling Implication for Diet, Weight Loss, and Long-Term Health* (Dallas, TX: Benbella Books, 2006), S. 51-67.

3. Joel Fuhrman, *Eat to Live* (New York: Little, Brown and Company, 2003), S. 20.

4. Claudia Kalb, *When Drugs Do Harm: A New Study Says that Some Medicines, Even if Properly Prescribed, May Kill as Many as 100,000 Americans a Year*, Newsweek (27. April 1998).

5. William G. Crook, *The Yeast Connection and Women's Health* (Jackson, TN: Professional Books, Inc., 2005), S. 17.

6. Ein Teil der folgenden Informationen entstammt (in paraphrasierter Form) diesen Büchern: Viktoras Kulvinskas, *Survival into the 21st Century* (Wethersfield, CT: Omangod Press, 1975), S. 193 und Adina Niemerow, *Super Cleanse* (New York: Harper-Collins, 2008), S. 70.

7. Humbart Santillo, *Food Enzymes: The Missing Link to Radiant Health* (Prescott, AZ: Hohm Press, 1993).

8. Tom Bohager, *Enzymes: What the Experts Know* (Prescott, AZ: One World Press, 2006), S. 55.

KAPITEL 8

1. William G. Crook, *The Yeast Connection and Women's Health* (Jackson, TN: Professional Books, Inc., 2005), S. 17.

2. Edward Howell, *Enzyme Nutrition* (New York: Avery, 1985), S. 142.

DANKSAGUNG

Dieses Buch und seine ganze Entstehung wurde immer wieder von vielen außergewöhnlichen Menschen inspiriert und unterstützt. Ich empfinde tiefe Demut und Dankbarkeit dafür, der Kanal sein zu dürfen, durch den diese Informationen zu anderen Menschen fließen können.

Der Mensch, der meinen größten Dank verdient und dem ich am meisten verpflichtet bin, ist mein Partner in allem, John P. Hab Dank, John, für Deinen unerschütterlichen Glauben an mich und für Deine nie versiegende Geduld; Du bist mein liebender Fels in der Brandung, der mir immer dabei hilft, all meine Träume zu verwirklichen und meine Ziele zu erreichen. Ich liebe Dich in alle Ewigkeit! In Dir habe ich meine Entsprechung gefunden. Auch meinen Eltern, Bruce und Sally Snyder, gebührt besonderer Dank, sie sind die fantastischsten und wundervollsten Eltern – bessere hätte ich mir nicht wünschen können! Sie haben mir ihre grenzen- und bedingungslose Liebe und Unterstützung zuteil werden lassen, selbst als ich in meinem Leben ein paar Dinge tat (beispielsweise gleich mehrere Jahre lang um die Welt gereist bin), die andere vielleicht als „übergeschnappt" betrachtet hätten! Ich liebe Euch! Mein herzlicher Dank geht auch an meine wunderbare Tante Lourdes, die mir ihre unglaublich warme Liebe und Mut für mein ganzes Leben schenkte. Außerdem möchte ich Poppop, Nana und meinem geliebten Onkel Craig danken – als ich ein kleines Mädchen von fünf Jahre war, hast Du mich mit Deinen Reiseberichten, Deinen großen Fahrradtouren und medizinischen Forschungsreisen durch Nepal und China begeistert und fasziniert. Ich bin immer noch davon überzeugt, meine unstillbare Reise- und Wanderlust von Dir geerbt zu haben.

Einen Riesenapplaus verdient meine Lektorin bei Harlequin, die einzigartige Sarah Pelz. Wenn ich alle Lektoren auf diesem Planeten in einer Reihe aufstellte und mich nacheinander mit jeder/m von ihnen träfe – niemand von ihnen könnte besser zu mir passen als Sarah. Sarah, ich danke Dir für Deine unermüdliche Geduld und Deine Unterstützung, als ich dieses Buch schrieb – Du hast mir alle Freiheit dieser Erde gelassen, damit ich meine eigene Vision erschaffen konnte. Du bist so unglaublich begabt und stark, ich bewundere Dich ohne Ende! Dank auch an Deb Brody, Tara Kelly, Margie Miller, Shara Alexander und alle anderen Mitglieder meiner geliebten Harlequin-Familie! Leute, Ihr rockt echt. Vielen, vielen Dank – Ihr habt es ermöglicht, dass dieses Buch Wirklichkeit wurde! Außerdem bin ich mit der besten literarischen Agentin der Welt gesegnet – in Gestalt von Hannah Brown Gordon. Hannah, Du hast immer an mich als Autorin geglaubt. Hab herzlichen Dank für Deinen Rat, Deine Beharrlichkeit und Deine Freundschaft. Und auch Dir, Rebecca Searle, danke ich – meiner Yogi-Projektmanagerin, die mir half, meinen Terminkalender und meine Abgabetermine für das Buch einzuhalten, und die mich fortwährend unterstützte, indem sie an meine Botschaft glaubte. Dank auch an Curt Altmann, Designer-Genie und enger Freund, der alle Illustrationen in meinem Buch schuf. Dann möchte ich noch meiner absoluten Lieblingsfotografin Lenka Drstakova, der Visagistin Lindsay Hile und dem Stylisten Kent Cummins danken. Auch meinen Geschäftspartnern und dem Team von KS 1 Life gebührt Dank: Rowland, David, Steve, Harry, Tony, Daniel, Curt, Sharon und Brad.

Es ist mir ein Herzensanliegen, all meinen Lehrern Dank abzustatten, den Großen, die mir vorangingen, und auch den Freunden, die mich während meiner Arbeit an diesem Buch auf unterschiedlichste Weise unterstützten, unter ihnen (aber nicht beschränkt auf!): Dr. Ann Wigmore, Dr. Norman Walker, Professor Arnold Ehret, Dr. Edward Howell, Dr. Mehmet Oz, Dr. T. Colin Campbell, John Robbins, Dr. Joel Fuhrman, Dr. John Strobeck, Linda Strobeck, Fay, David, Gil Jacob, Sri Dharma's Mittra, Dr. Jedediah Wooldridge, Shiva Prasad, der begabte Fotograf und gute Freund JC Rimbert (mit seiner Familie), Sri Aikalesh, Wesley Adams, Michelle Pelletier, Jimbo Rumpf, Sarah Parker, Maggie Kinnealey, Kari Pricher, Michelle Pulfrey, Maura Mandt, Stacy und Sebastian Wahl, Leila Zimbel, die schöne und bewundernswerte Drew Barrymore, Jeff Lewis, Jillian Barberie, Jon Favreau, Josh Duhamel, Justin Long, Kevin James, Kristen Bell, Olivia Wilde, Owen Wilson, Peter Farrelly, Star Jones, Vince Vaughn und alle anderen prominenten und weniger prominenten Klienten, mit denen zu arbeiten ich die Ehre hatte. Dank auch an meine liebe und treue Blog-Lesergemeinde sowie meine Tausenden Freunde überall auf der ganzen Welt, von der Mongolei bis Thailand und über diese Grenzen hinaus, die mit mir reisten oder mir ihre Häuser öffneten und mir die Möglichkeit boten, mit ihnen zu leben und von ihnen zu lernen. Zu guter Letzt, aber auch zu allererst und mit allem und jedem dazwischen verbunden, verneige ich mich in aller Ewigkeit demütig vor meinem geliebten Guru Paramahansa Yogananda. Om Namah Shivayah.

Machen Sie sich den Beauty-Detox-Lebensstil zu eigen!

Kimberly Snyders Programm und ihre Online-Communities sollen Ihnen das nötige Wissen und das Instrumentarium vermitteln, damit Sie Ihr Leben bestmöglich gestalten können. Unser ganzheitlicher Ansatz liefert Ihnen Informationen, wie Sie Ihre innere Gesundheit, Ihr Wohlbefinden, Ihre Ernährung und Ihre Schönheitspflege optimieren können – das sind die Eckpfeiler des Beauty-Detox-Lebensstils. Und das Ergebnis?
Ein gesunder Geist und Körper, eine heile Seele und ein heiler Planet.

Auf den Seiten finden Sie ...

- von Kimberly empfohlene Produkte und Dienstleistungen
- bahnbrechende Neuigkeiten zu den Themen „Ernährung" und „Gesundheit"
- Informationen über regionale Bauernmärkte
- Produkte und Informationen zum Yoga, darunter auch Kimberly's Yoga-Video
- exklusive Preisausschreiben und Werbegeschenke
- neue Freunde in der Beauty-Detox-Community
- die Möglichkeit, sich in ihrem persönlichen Blog und auf den Seiten ihres sozialen Netzwerks direkt mit Kimberly auszutauschen
- und vieles, vieles mehr!!!

Vernetzen Sie sich mit Kimberly Snyder in ihren Online-Communities!
Gehen Sie auf: www.kimberlysnyder.net http://twitter.com/KimsBeautyDetox

http://twitter.com/KimsBeautyDetox

http://facebook.com/KimberlySnyderCN

Machen Sie aus diesem Leben ein wundervolles Leben!
www.kimberlysnyder.net

ÜBER DIE AUTORIN

Nach ihrem Studium an der Georgetown University (Washington D.C.), das sie *magna cum laude* abschloss, schlug Kimberly Snyder nicht etwa einen „normalen" Berufsweg ein, vielmehr zog es sie hinaus in die Ferne. Also packte sie ihren Rucksack und begab sich auf „große Fahrt", die sie in mehr als fünfzig Länder auf sechs Kontinenten führte. Auf dieser drei Jahre währenden Weltreise erkundete sie die Gesundheits- und Schönheitspraktiken der zahllosen einheimischen Völker und Kulturen, denen sie begegnete. Diese „Aus-Zeit" veränderte Miss Snyders ganzes Leben, sie fand ihre wahre Berufung: anderen Menschen dabei zu helfen, ihre Lebensqualität zu erhöhen – durch eine entsprechende Ernährung.

Kimberly Snyder ist geprüfte Klinische Ernährungsberaterin und Mitglied der „Nationalen Vereinigung für Ernährungsfachleute" und des „Verbands der amerikanischen Ernährungsberater" (National Association of Nutrition Professionals und American Association of Nutrition Consultants).

Zu ihren Klienten gehören zahlreiche Top-Stars der amerikanischen Unterhaltungsindustrie wie auch namhafte Schauspieler, mit denen sie sie häufig sogar direkt am Set arbeitet. Da Miss Snyders Rat als Ernährungsexpertin sehr gefragt ist, begegnet man ihr in vielen der wichtigen nationalen Fernsehprogramme, darunter Sendungen wie die *Today-Show*, *Good Morning America*, *Access Hollywood*, *EXTRA*, *E!*, *Fox & Friends*, *Good Day LA*, *Fox News* und *Better TV*. Auch in den Printmedien ist sie präsent, dort erscheinen Porträts oder eigene Beiträge von ihr, etwa in *InStyle*, *Lucky*, *Elle*, *USA Today*, *People*, *People Style Watch*, *Redbook*, *Marie Claire*, *Health*, *Real Simple*, *Nylon*, *Women's Health*, *Prevention*, *Better Homes and Gardens*, *Us Weekly*, *OK! Magazine*, *InTouch* und in der Zeitschrift *Star*.

In ihrer Freizeit praktiziert oder lehrt Kimberly Snyder sehr gerne Yoga. Und da sie noch immer die Wanderlust im Herzen trägt, unternimmt sie sooft wie möglich Reisen, um die Welt weiter zu erforschen und teilt ihre Zeit zwischen New York City und Los Angeles.

Besuchen Sie Kim auf ihrer Website und ihrem Blog: www.kimberlysnyder.net

REGISTER

A

Abendessen 59, 74, 85, 91f., **94ff.**, 157, 192, 210

Abnehmen (siehe auch Gewichtsabnahme) 23, 25, 51, 63, 97, 156f., 191, 213

Acai-Beeren 103, 162, 226, 256, **297**

Adzuki-Bohnen 171, 275

Agave/Agavensirup **150**, 200

Ahornsirup 150 und im Rezeptteil

Akne 40, 52, **80**, 87, 160, 181, 183, 187, 193, 196,

Alfalfa-Sprossen 102, 171

Algen siehe Meeresalgen

Alkohol 52, 164, **212**, 223

Allergien (Lebensmittel) **137, 152**, 164

Alterungsprozess 24, 35, **40, 51**, 63, 72, 82, **93**, 105, 117, 127, 151, 159f., **178ff.**, 187, 244, 268, 273

Amaranth **153f.**, 288

Aminosäuren 23, 35, **75**, 101, **120ff.**, 130, 133, 137, 161, 266, 292, 297, 298

Ammoniak **24**, 127, 151

Amylase 71, 107f., 187f.

Anderson, James 30f.

Ann Wigmore Natural Health Institute 13, 171, 182

Antibabypille 137, 161, 164

Antibiotika 52, 80, **128**, 131, 144, 161, 164, **183**, 185, 190

Antioxidantien 28, 112, **159**, 166, 212, 245, 268, 273, 280, 297

Äpfel 162, 168, 188,

Apfelessig 169, **188**, 269

Aprikosen 155, 162

Artischocken (Jerusalem-) 166

Arzneimittel 80, 137, **183**

Aspalathin (Antioxidans) 112

Aspartam 62

Atkins-Diät 123

Auberginen 103

Aufblühende Schönheit 202, **204ff., 221ff.**, 300,

Ausscheidung(sorgane) 51, 87, **181**, 204, 297

Auswärts essen 61, **211**

Avocado 60, 66, 76, 85, 103, **107**, 155f., **157ff.**, 161, 162, 205, 223, 255f.

B

Ballaststoffe **30ff., 58f.**, 63, 74, 83, 87, 93, 109, 113, 114, **125**, 130, **148**, 155, 170, 225, 236, 245, 270, 297

Balsamico-Essig **188**, 217

Bananen **83**, 103, **160**, 162, 167

Barnard, Neal 35

Basilikum 102, 255

Basische Lebensmittel 47ff., **52**, 54f., **58ff.**, 61, 68, 71, 75f., **100f.**, **145**, 160, 165, 188, 201ff., **213**, 218

Bauernmärkte 167

Béchamps, Antoine 182

Beauty-Food-Kombinationen (BFK) **63ff., 69, 73ff.**, 78ff., 97, **130**, 157ff., 210, 255, 304 Fn. 15

Beauty-Food-Kreis **53f.**, 78, 173, 204, 209, 266

Beauty-Food-Reihenfolge 81ff.

Beta-Carotin 159

Bewusstes Essen (siehe auch Cousens, G.) 24

Birnen 103, 162, 170

Blähungen 51, 65, 67, 72, 81, 82, **84f.**, 135, **164**, 187, 191, 193, 209, 212, 222f.

Blattgemüse (siehe auch Grünzeug) 52, 76, 77, 78, **101f.**, 117, 130, **146**, 197

Blumenkohl 62, 103, 122, 146, 166, 256

Blutdruck 104, 112, 137

Bluthochdruck 30, 208

Blutzucker 31, 58, 59, 93, **148f.**, 155, 212, 224, 266

Bockshornklee 171

Bohnen 103, **134f.**, 154, 166, 171, 255

Borretschöl 158

Bragg Liquid Aminos 139 und im Rezeptteil

Braly, James 152

Brokkoli 102, 103, **130**, 146, 166, 171,

Brot 69, 71, 73, 148, 151, 153, 154

Brot (glutenfrei) 154, 205

Brunnenkresse 102, 166, 171

Buchweizen 153f.

Buchweizengrütze (Kascha) 154, 260

Buddha 221

C

Campbell, T. Colin **27f.**, 121, **142f.**, 145, 182

Canderel 62

Candida albicans (Hefepilz) 162, **164**, 183, 185, 188, 222f.

Candidiasis **164**, 205, 222f., 224, 266

Cascara sagrada (Faulbaum-Rindenextrakt) 196

Casein 141ff., 144, 145, 189

Cashewkerne **131f.**, 134, 152

Casomorphine 142

Cellulase 188

Cherimoyas 103, 162

Chia-Samen 133, 226, 256, 300, **301**

China Studie, Die (siehe auch Campbell, T. Colin) **28**, 121, 142, 145, 182

Chlorella vulgaris (Meeresalge) 32, 126, **133**, 225, 235, 247

Chlorophyll 133, 165, 170, 172, 204, 236, 259, **270**, 274

Chrom 266

Cousens, Gabriel 24

Crook, William G. 224

Cross-Linking **24**, 151

D

Darm **21f.**, 23, 41, **42**, 46, 48, **49**, 59, 80, **89**, 143, 145, 164, 183, **184f.**, 186, 187, **194**, 197

Darmbakterien 62, 127, 164, 183, **184f.**, **190f.**, 233

Darmkrebs **31**, 59

Darmspülungen, schwerkraftbasierte 191, 193, **194**, **196**, 212, 233

Datteln 150 und im Rezeptteil

Desserts (siehe auch Nachtisch) **95**, 158, 163, 216, 226, 256, **293**

Diabetes (I und II) **30f.**, 34, 35, 107, 149, 183

Diamond, Harvey und Marilyn 69

Diät 6ff., 15, 45, 60, 63, 120, 123ff., 140, 147, 168, 222, 233

Diät-Limonade **50**, 223, 235, 246

Dill 102, 166

Dörrgerät 216

Dörrobst siehe Trockenobst

Durian (Stinkfrucht) 11, 103, **158**

E

Edamame 139

Ehret, Arnold 41

Eier 26, 70, 71, 76, 95, 122, 152, 205, 206, 235, 245

Einkaufsliste (zum Kopieren) 217ff.

Einlauf 191, **194**, **197**, 212

Einstein, Albert 253

Eisen **104**, 168, 172, 273, 298

Endivien 102, 166

Entgiftung 8f., 14f., 23, 25, 38, **43**, 47f., 59, 80, 81, 101, 104, 105, 110, **177ff.**, 202

Entsaften 10, **215**

Enzyme 13, 21ff., 46, 58, **68**, 71, **93**, **99ff.**, **102ff.**, 133, 137, 141f., 144, 146, 170, **187ff.**, **190ff.**, 208, 215, 224, 258, **259**, 272

Enzym-Ernährung (Howell, E.) 224

Enzymhemmer 132, 154, 159

Erbsen 103, 135, 154, 171

Erdnüsse **134**, 152

Ernährungsumstellung 20, 31, 114, 134, 135, 146, 165, 179, **207**, 225, 236,

Erstrahlende Schönheit 165, 202, **231ff.**

Eskariol (Winterendivie) 102, 166

Esselstyn, Caldwell 34

F

Falten 24, 39, 41, **42**, 52, **104**, 105, 127, 151, **186**

Feigen 103, 146, 150, 162, 163 und im Rezeptteil

Fermentation 72, 139

Fermentierte Produkte 139

Fett 22, 23, 25, 29, 30, 51f., 54, 62, **76**, 78, 92f., **107f.**, 112, 120, 141, 149, 151, **155ff.**, 161, 172, 187f., 223, 235, 246,

Fett, „unechtes" 208

Fettleibigkeit/Fettsucht 53, 60, 123, 151

Fettsäuren (gesättigte) 140, **156f.**, 160

Fettsäuren (ungesättigte, siehe auch „Omega") 11, **156f.**, 158, 237

Fisch 40, 69, 70, 71, **76**, 78, 83f., 122, 124, **130**, 136, 152, 156, 211, **213**, 235, 245

Fleisch (siehe auch Tierprodukte) **20ff.**, **25**, 26, 31, **33**, 53, 63, 69, 71, 76, 121f., 123ff., **127ff.**, 130, **131ff.**, 140, 156f., 185, 213

Fleischindustrie 129, **140**

Fluor 185

Folsäure 273

Freie Radikale 24, 127, **159**, 160, 273, 280

Freilandhaltung 129

Freude 43, 90, 95, 208, 217, 221

Frisée 102, 166

Fructose 95, 138, **148**, **149**, 150f.

Fruchtzucker 114, 161, **162**, 163, 258

Frühstück 58, 84f., **86ff.**, **96**, 189, 204, 205, 210, 235, 245, 260

Frühstückszerealien 148, 149, 154

Fuhrman, Joel 34, 183

G

Gasbildung 8, 51, 65, 81, 82, 84f., 93, 161, **164**, 180, **185**, 187, 191, 193, 222, 223, 261, 285

Gekochtes Essen 108, **110**, 165, 204ff., 213, 245

Gelbwurz siehe Kurkuma

Gemüse 58, **59**, 61, 62, **69ff.**, **75**, 76, 77, 78, 84, 89, **101ff.**, 105, **108f.**, 110, 113, **117**, **122ff.**, **130f.**, 146, **153ff.**, **165ff.**, 173, 197, 201, 209, 210, 211, 213, **217ff.**

Gentechnik 138

Gentechnisch veränderte Nahrungsmittel 95, **136**, **138**

Gerste 152, 154, 205, 223, 235, 247

Getreide 31, 54, 59, 69, 71, **138**, **148**, 151, 152, **153ff.**, 168, 190, 205f., 213, 233, 235, 245, 284

Getreide (glutenfrei) 110, **153ff.**, 205, 213, 218, 222

Gewichtsabnahme **8**, 10, 23, 38, 39, 43, 46f., 51, 55, 67, 76, 79, 90, **97**, 100, 105, 117, 120, 129, 152, 156, 164, 190, 204, 205, **213**, 222, 232, 234

Gewichtszunahme 62, 85, 131, 137, 143, **149ff.**, 160, 213

Gewürze 215, **218**

Giftstoffe (siehe auch Toxine) 24ff., 41, 46, 51, 63, 80, 112f., 128, 138, **143**, **177ff.**, 201, 212, 273

Glowing Green Juice 77, 110, **113f.**, 117, 165, 205, 215, 245, **258**

Glowing Green Smoothie 77, 110, **112ff.**, 117, 125, 160, 165, 205ff., 214, 232, 234ff., 245, 254, **257**

Glucose 58, **148f.**, 151, 155

Glucose-Toleranz-Faktor (GTF) 266

Gluten 95, 110, 139, **151ff.**, 164, 205, **222f.**

Glykämischer Index 150, **155**

Goji-Beeren 11, 103, 162

Granatäpfel 103, 162

Grapefruit 103, 162, 224

Greenies 84f., 89, **110ff.**, 115f., 130, 197, 209f., 213, 214, 217, 254, 291

Grüne Bohnen 103, 135, 166, 255

Grünkohl 102, 122, 146, 166, 257, 258

Grünzeug 25, 29, 45, 54, 77, 84, **101**, **108ff.**, 113, **117**, **130f.**, 157, 161, **165ff.**, 197, 207, **209**, 213, 234, 254

Gurke 102, 103, 146, **162**, 170, 223

H

Haare 38, 52, 81, 97, **100**, 104, 191, **197**, 234

Hafergrütze 260

Hanf(-samen) 71, 103, **125**, 126, 133, 147, 158,255

Harnsäure **21ff.**, 24, 127

Haut 7ff., 11f., 24, 38, 39, **80**, 97, **104**, 127, 148, 151, **181**, **186**, 187, 191, **201**, 297

Hefe siehe Nährhefe

Hefe(pilze) 45, **49**, 80, 162, **164**, 183, 188, **223f.** (siehe auch Candida albicans)

Heißhunger(-attacken, siehe auch Hunger) 62, 149, 152, 153, **164**, **191**, 223, 225

Herzerkrankungen 26, **28ff.**, 35, 161, 208

Herz-Kreislauf-Erkrankungen 28, 160

Herzrasen 112, 185

Hindhede, Mikkel 33

Hippocrates Health Institute 69, 171, 182

Hirse 71, **153f.**, 171, 190, 205, 216

Hoebel, Bart 149

Hoggan, Ron 152

Honig 150

Howell, Edward **104**, 224

Hülsenfrüchte 59, **134f.**

Hunger 58, **60**, 62, 63, **86**, 89f., 90, **96**, 134, 173, 207, **210**, **224**, 226, 237, 247

I

Ingwer 257 und im Rezeptteil

Isoflavone (Pflanzenfarbstoffe) 137

J

Jod 172

Joghurt 29, 70, 140, **145**, 147, **189**

Johannisbeeren 162

K

Kakao **95**, 103, 226, 237, 247, 256

Kalium 48, **104**, 168, 172, 188, 292, 298

Kalorien **27**, 29, 45f., 50, **60ff.**, 73, 92, 123, **130**, 156

Kaltgepresste Öle 158

Kalzium 28, **48**, **50**, **104**, 124, 140, **144ff.**, 168, 173, **208**, 292

Kamut 171

Karotten 61, 103, **155**, 166, 209

Kartoffeln 53, 71, 73, 75, 103, 110, 148, 153, 154, 255f. (siehe auch Süßkartoffeln)

Kascha (Buchweizen-Grütze) 153, 154

Kefir 147, **189**, 190

Kichererbsen 135, 154, 171

Kimchi 190

Kirschen 103, 162

Kiwis 162, 224

Klee 102, 171

Knochen 39, **48**, 50, **104**, 124, 141, **144f.**

Knochen-Gesundheit 48

Kochsalz (Tafelsalz) 172, **208**, 223, 235, 246

Koffein 52, 67, **112,** 186

Kohl (siehe auch Weiß- und Grünkohl) 102f., 105, 122, **146**, 166, 171, 255f. und im Rezeptteil

Kohlenhydrate 6, 30, 54, 59, 71f., **76**, 123f., 130, **147ff.**, 155, 191, 205, 209, 212, 223

Kokosnuss 11, 103, 133, 156, 216

Kokosnussöl 11, 95, **158f.**, 213, 223 und im Rezeptteil

Koriander 102, 255, 257

Körperreinigung (siehe auch Entgiftung) 7, 60, 90, 97, **114**, 129, 178f., 180, 182, 187, 189, 191, **194**, 196, 200, 202, **211ff.**, 226, 234, 237, 247, 257

Kräuter 9, 11, 102, 112, 193, **196**, 226, 237, 247, 257, 258

Krebs **26ff.**, 31, 35, 59, 107, 125, **134**, 142f., 169, **182**

Krebsrisiko 15, **26ff.**, 31, 124, 142f.,

Küchengrundausstattung 214ff.

Küchenmaschine 215

Kuhmilch(-produkte) 49, **139ff.**, 145f., 189, 294

Kumquats (Zwergorangen) 162

Kürbiskerne/Kürbiskernöl 103, 133, 158, 256, **292** und im Rezeptteil

Kürbisse 103, 123, **153**, 154, 170, 256

Kurkuma (Gelbwurz) **11**, 103, 256

L

Lachfalten 42, **186**

Lactase **141**, 142

Lactobazillen siehe Milchsäurebakterien

Lactose (Milchzucker) 141, 148, 149

Landtiere **130**, 206, 235, 245

Lappé, Frances Moore 123

Lattich 102, 130

Lauch (siehe auch Porree) 103, 166

Laurinsäure 158

Lebendige Nahrungsmittel 46, 69, 105, 107, 109, 113, 115, 170 (siehe auch Wigmore, Ann)

Lebensmittel-Kombinationen (siehe auch Beauty-Food-Kombinationen) 55, **63ff., 73ff.**, 78f., 81, 97, 128, **130**, 157f., 190, 204, 210, 255, 260, 277

Leber (siehe auch Ausscheidungsorgane) 9, **21ff.**, 38, 41, 79, 80, **112**, 134, 152, 158, 160f., 181, 183, 185, 186, 194, 212, 226, 237, 247, 258, 272, 273, 280

Leinsamen(-öl) 70, 156, 158, **210**, 226, 237, 247, 255

Limetten 47, 103, 162, 223, 255

Limonade **50**, 52, 151, 191, 223, 235, 246

Linsen 135, 154, 171 und im Rezeptteil

Lipase **107f.**, 157, 187f.

Lobb, Richard 129

Löwenzahnblätter 102, 166, 258

Lycopin 159

M

Macadamianüsse 256

Magen(-säure) **21ff.**, 48, 58, 59, 64, **70ff.**, 74, 76f., 78, **83ff.**, 89, 93, 96, 142, 148, 157, 185, 186, 188, 225

Magnesium(-oxid) 192ff., 210, 211, 233, 298

Mais (-sirup, -stärke, -zucker) 95, **138, 149**, 150, 151, 256

Mandeln/Mandelmilch 89, 90, 103, 125, **133ff.**, 147, 226, 237, 247, 256 und im Rezeptteil

Mangold 102, 166, 258

Manipura-Chakra (Bauchnabel-Chakra) 43

McDougall, John 34

Medikamente 14, 29, 31, 34, 40, 43, 80, 128, 144, **181**, **183**, 185

Meeresgemüse/Meeresalgen 76, 103, 126, **133ff.**, 146, **171ff.**, 208, **218**

Meerestiere 122, **130**, 245

Meersalz 172, **208**

Mellon, Margaret 128

Melonen 77, 78, 160, 162, 255, **257**

Milch (siehe auch Kuh-Milch) 9, 11, 26, 48, 49, 53, **139ff.**, 152, 157, 189

Milchprodukte 26, **28**, 31, 49, 52f., 63, 71, 95, **139ff.**, 156, 182, 185, 186, 191, 204, 209, 223, 235

Milchsauer eingelegtes Gemüse 188ff.

Milchsäurebakterien 188ff.

Mineralstoffe 7, 21, 22f., 35, 47ff., 50, 63, 77, **99ff.**, **104**, 133f., 146, 148, 160, 161, 163, **165ff.**, 169, 173, 188f., 197, **208**, 210, 212, 266, 292, 297, 298

Minze 102, 255

Miso-Paste **139**, 218, 255 und im Rezeptteil

Mittagessen 61, 85, **90ff.**, 95, **96**, 113, 157, 190, 245, 274, 276, 277, 278

Mixer 111, **214f.**, 254

Muttermilch 27, 53, 141, 159

N

Nachtkerzenöl 158

Nägel (Finger und Füße) 8, 20, 22, 38, 40, 52, 58, 81, **104, 164**, 234

Nährhefe 266 und im Rezeptteil

Nahrungsergänzung 31, 41, 59, 100, 121, 145, 178, **184ff.**, 191, **192f., 210, 211**, 233, 254

Nahrungsmittel-Reihenfolge 47, 67, **81ff.**, 204, **210**

Nahrungs-Pyramide **53f.**, 140

Nasolabialfalte **42**, 186

Nebennieren 41, **132**, **186**, 196

Nektarinen 162

Nikotin 52 (siehe auch Rauchen)

Norman, Philip 69

Nothofagin (Antioxidans) 112

Nudeln 70, 71, 75, 148, 153, **154**, 191, **205**

Nüsse 25, 54, 66, 69, 70, 71, **76**, 91, 103, 108, 122, 126, **131ff.**, 134, 146, 152, 155, 157, **159**, 213, 214f., 216, 217, 225, 226, 232, **256**

O

Obst 11, 23, 25, 29, 50, **52**, 54, 58, 59, 69, 74, **76ff.**, **83ff.**, 96, 101, 103, 110, **113f.**, 117, 124, 125, **161ff.**, 166ff., 173, 201, 209ff., 223, **224**, 232, 235, 246, 257, 258

OceanSolution-Produkte 169

Okraschoten 103, 166

Öl 54, 74, 76, 107, **80**, 131, **156**, 157, **158ff.**, 186, 200, 213, 232

Oliven(-öl) 103, 107, **156**, 158, 223, 255 (siehe auch im Rezeptteil)

Omega-3-Fettsäuren 133, **156**, **210**, 226, 237, 255, 292, 297, 298

Omega-6-Fettsäuren 156

Orangen 103, 162

Organischer Landbau **101**, 117, **128**, 131, 134, 138, 150, 160, 163, **166ff.**, **170**, 173, 188, 170, 173, **210**, **212**, 217, 226, 237, 247

Ornish, Dean 28ff.

Osteoporose 26, **50**, 124, **144f.**

Oxidation 155, 159, 268, 280

Oxidativ (Schaden, Stress) 151, 155, 159, 160

P

Pak Choi (Senfkohl) 102, 146, 166 und im Rezeptteil

Papayas 103, 155, 162

Paprika 60, 103, 166, 170, 255, 256

Paranüsse 103, 133

Pasta (siehe auch Nudeln) 78, 124, 211, 294

Pasteur, Louis 182

Pasteurisierung 115, 136, 139, **144**, 145, 146, 147, 163, **182**, 188, 189

Pastinaken 103, 166

Pawlow, Iwan 69

Pekannüsse 103, 133, 256

Pepsin 71

Petersilie 102, 166, 257, 273

Pfefferminze siehe Minze

Pfirsiche 162, 170

Pflanzenfasern (siehe auch Ballaststoffe) 21, 22, 28, **58f.**, 84, 105, 114, 148, 153, 155, 165, 188

Pflanzlich basierte Ernährung 21ff., 28ff., 33ff., 55, 59, 83, 120ff., **124**, 135, 178f., 202, 204, 210, 222, 232, 235, 245f.

Pflaumen 103, 162

Phosphor 50, 131, 145

pH-Wert **47f.**, 51, 52, 160, 193, 259

Phytoöstrogene 137

Pinienkerne 103, 133, 256 und im Rezeptteil

Pollan, Michael 140, 168

Portionsgrößen **212ff.**, 225, 237, 247

Prana (Lebensenergie) 171

Pritikin Longevity Center 23, 27, 34

Pritikin, Nathan 27

Probiotika 13, 49, 80, **184ff.**, **189**, 196, 210, 211,

Probiotischer & enzymreicher Salat **188ff.**, 196, 211, 224, 235, 247, **259**

Protease 107, 108, 187, 188

Protein (siehe auch Eiweiß) 23, **50**, 70, 71, **75ff.**, 78, 91, 101, 104f., 108, **120ff.**, **125ff.**, **130f.**, 134, 137, 141ff., 152, 184, 187

Prozessierte Lebensmittel 136ff., 144, 149, 150, 154, **164**, **208**, 209 (siehe auch Verarbeitete Lebensmittel)

Ptyalin 71

Purine 21, 24, 127

Q

Quinoa 71, 110, **153f.**, 205, 216, 256 und auch im Rezeptteil

R

Radicchio 102

Radieschen 102, 103, 166, 171 und im Rezeptteil

Rauchen 15

rBGH (Rinder-Wachstumshormon) 144

Reihenfolge (der Nahrungsmittel, siehe unter Nahrungsmittel-Reihenfolge)

Reinigung (Körper, siehe unter Körperreinigung)

Reinigungsmittel für Obst & Gemüse 169

Reis 9, 60, 70, 71, 73, 136, 147, 148, **154**, 211

Rejuvelac (Dr. Ann Wigmore) 189

Roggen 152, **154**, 205, 223, 235, 246,

Rohkost 7, 49, **64f.**, 75f., **84**, 105, **107f.**, 117, 130, 165, 173, 182, 200, **209f.**, 212, 214, **216**, **255f.**

Rohmilch 144, 146f., 189, 235, 245

Romanasalat 102, 130, 146, 166, 257, 258 und im Rezeptteil

Rooibostee 112

Rosenkohl 103, 122, 166

Rosinen (Weinbeeren) 162, 170 (siehe auch im Rezeptteil)

Rüben(-kraut) 61, 103, 146, 166, 258

Rucola 166, 257, 258 und im Rezeptteil

S

Saft 79, **84**, 110, 113, **115ff.**, 149, 157, **163**, **215**, 223, 226, 235, 237, 246, 247, **258**

Salat 58ff., 61, 74ff., 78, 83f., 94f., 108, 130, 153, 156f., 165f., 171, **172**, **188ff.**, 208, **209**, **211**, 216, 222, 225, 226, 237, 247

Salate (Rezepte) 270ff.

Salatdressing (Rezepte) 264ff.

Salsa 94, 225, 235, 247, **262**

Salz (siehe auch Meersalz sowie Kochsalz) 49, 131, 139, **172**, 189, 192, **208**, 217, 223, 235, 246, 254 und im Rezeptteil

Samen 25, 69, 71, 76, 91, **103**, 122, 126, **131ff.**, 146, 155, 156, **159**, **163**, **170f.**, 182, **217**, **255f.**

Saunders, Kerrie 34

Säure 21, 22, 24ff., 45, **47ff.**, **52**, 55, 60f., 68, 71, 100f., **127**, 130, 132, **143ff.**, 159f., 162, 181, 182, 183, 185ff., 188, 193, **201f.**, 234, 236, 266, 267

Säure-Basen-Prinzip **47ff.**, 145

Schadstoffe 25, 35, 47, 138, 142, 152, 167, 169, **170**,

Schafsmilch(-produkte) 146f.,

Schalentiere 71, **130**, 152

Scharffenberg, John 27

Schilddrüse **137**, 152, 158, 172,

Schimmelpilze 45, 131, **134**, 152

Schleim (Mucus) 41, 49, **143ff.**, 146, 178

Schokolade 95, **226**, 237, 247, 256

Schönheits-Energie **37ff.**, 58, 63, 64, 67, 70ff., 92, **97**, 105, 113, 120, 127, **143**, 147, 158, 187, **190**, 224, 235, 246

Schönheits-Enzyme **99ff.**, 191

Schönheits-Essen **54**, 59, 173

Schönheits-Fette 154, 155, 159

Schönheits-Gemüse 153, **165ff.**, **171**, 173

Schönheits-Getreide **153f.**, 205

Schönheits-Lebensmittel **119ff.**, 173, **217ff.**,

Schönheits-Mineralstoffe **99ff.**, **104**, 187,

Schönheits-Nährstoffe **49**, 187, 212,

Schönheits-Obst 54

Schönheits-Phasen **204ff.**, 209

Schönheits-Proteine **120ff.**,

Schönheits-Rezepte 255ff.

Schönheits-Ziele 90

Schulmedizin 80, **182**

Sekundäre Pflanzenstoffe 135, 137, 166, 270, 292

Sellerie 60, 61, 89, 102, 108, 166, 170, 209, 257

Senfkohl (siehe Pak Choi) 146 und im Rezeptteil

Senna (Alexandrinische) 193, **196**

Sesam 103, 133, 146, 171, 218 und im Rezeptteil

Shelton, Herbert M. 68

Shilhavy, Brian und Marianita 158

Smoothies (Rezepte) 257, 296ff.

Snacks 93, **94**, 133, 138, 148, 224, 235, 245, 246, 261, 263, 264, 276, 297

Soba-Nudeln 154

Soja 8, 71, 95, 125, **135ff.**, 147, 152

Soja-Produkte **135ff.**, 223, 235, 246

Soja-Sauce 139 und im Rezeptteil

Sonnengeflecht (Solarplexus) 43

Sonnenblumenkerne 102, 103, 133, 158, 171 und im Rezeptteil

Spargel 103, 122, 166, 211

Spinat 61, 78, 102, 122, 146, 157, 166, 170, 211, 255, 257, 258

Spirulina (Meeresalge) **133f.**, 255, 256, 298

Splenda (künstl. Süßstoff) 62

Sprossen 25, 52, 102, 122, 126, 135, 157, **170f.** und im Rezeptteil

Stevia **62**, 95, 114, 150, 226, 237, 247, 258 und im Rezeptteil

Stoffwechsel 21ff., 48, 49, 51, 80, 85, 93f., 101, 105, 137, 159, 160, 162, 172, 182, 212, 213, 280, 297

Suppen (Rezepte) 279ff.

Süßkartoffeln 71, 75, 103, 110, 153, 154, 256 und im Rezeptteil

Süßstoffe (künstliche, siehe auch Canderel, Splenda) 52, **62**, 95, 147, 150, 209, 223, 235, 246

Süßungsmittel (siehe auch Agaven-Dicksaft, Ahornsirup) 62, 150, 151

T

Tahini (rohe Sesampaste, siehe unter Sesam)

Tamari siehe unter Soja

Tangerinen 103, 162

Tee 90, **112**, 226, 237, 247,

Tierprodukte **25**, **28**, 33, 48, 54, **121**, 128, 183, 186, 188, 205f., 222, 234ff. (siehe auch unter Eiweiß)

Tofu 139 (siehe auch unter Soja)

Tomaten 162, 223, 255, 256 und im Rezeptteil

Toxine 14, 22f., 51, 59, 62, 80, 86f., 201, 257

Transfette 95, 131, **156**, 158, 160

Traubenkernöl 213 und im Rezeptteil

Triglyzeride **149**, 159

Triticale (Weizen-Roggen-Kreuzung) 171

Trockenobst **150**, 163, 216

Trypsin **137**, 139

U

Übersäuerung 51f., 80, 114, 127, 164, 182

Umwelt **31**, 40, 62, 128, **130**, **131**, 159, 161, 181, 185

Unterzucker 266

Urin **50**, 124, 145, 208

V

Vegetarismus 6, 21, **23**, 25, 27, 31, **33**, 35, 121, 122, **124**, 125, 127, 136, 179, **202**, 225, 235, 236, 253, 262

Verdauung 21ff., 28, 35, **38ff.**, **49**, 52, 55, 59, **68ff.**, 74, **79**, **82ff.**, 91, **93**, 94, 96f., **104**, 110, 127f., 141, **143**, 152, 153, 157, 158, 160, **164**, 184f., **186**, **188**, 193, 194, **197**, 209, 224, 235, 247, 269

Verdauungsenzyme 13, 68, **107f.**, 137, 155, 157, **187ff.**, 191, **210**, 211

Verdauungssäfte 21, 68, 70, **71**, **79**

Verjüngung 107, 204

Verschreibungspflichtige Medikamente 14, 41, 80, **183**

Verstopfung 26, 49, 123, **164**, 180, **185**, **186**, 187, 193, **196**

Vitamine 21, 49, 63f., 77, 101, 108, 113, 115, 133, 135, 148, 161, 165ff., 185, 209, 210, 297

    A 159, 172, 268, 273

    B 133, 168, 170, 172, 185, 189, 210, 266, 292, 298

    C 79 159, 168, 170, 172, 268, 273, 292

    D 104, 210

    E 159, 170, 172, 292

    K 170, 268

Vitamix-Mixer 214

Vollwert-Nahrungsmittel 27, **55**, 148, 150, 179, 216

„Von leicht nach schwer" (Ernährungsprinzip) **81ff.**, 89, 97, 128, 147, 205, **210**, 264, 304 Fn. 21

W

Wahre Schönheit 14, 165, 169, 202, **243ff.**

Walker, Norman 19, **49**, 69, 71, 72, **113**, 157

Walnüsse 103, 133 und im Rezeptteil

Wasser 51, 58, **69f.**, 77, **79**, 83, 88, 89, 101, 105, 113, **130**, **131**, 132f., 139, 161, 169, 172, 181, 185, 188, 194ff., 201, 216, 225, 226, **233**, 237, 247

Wassermelonen 162, 256

Weil, Andrew 35

Weizen 71, 73, 89, 95, 102, 139, **151ff.**, 154, 166, 189, 205, 223, 235, 246, 260, 266, 278

Weizengras 102, 166, 189

Weizenkleber 139, 152

Wigmore, Ann 13, **69**, 84, 102, **112f.**, 119, 170f., 182, 189, 197

Wraps (aus Kohlblättern, Anleitung) 291

X

Xylitol **62**, 150 und im Rezeptteil

Y

Yamswurzeln 71, 103, 110, 153, 154, 256

Yoga 11, 12, 91, 171, **180**, 186, 243, 270, 310

Yogananda, Paramahansa 57, 231, 309

Young, Robert O. 25, 49, **51**, 182

Z

Ziegenmilch(-produkte) **146f.**, 189, 206, 211, 235, 213, 235, 245

Zink **104**, 168, 274, 292

Zitronen 47, **79**, 103, 157, 162, 163, 223, 226, 237, 247, 257, 258 und im Rezeptteil

Zucchini 103, 261 und im Rezeptteil

Zucker 31, **49**, 52, 62, 124, **147ff.**, **150**, 151, 152, 154, **162**, 163, **164**, 185, 191, 205, 209, **212**, 223, 235, 246

Zwiebeln 103, 166 und im Rezeptteil

In Kürze ebenfalls bei Südwest:

ISBN 978-3-517-09248-5

IMPRESSUM

Die Originalausgabe erschien 2011 unter dem Titel „The Beauty Detox Solution"
Copyright © 2011 by Kimberly Snyder
Translation copyright © 2013 by Südwest Verlag, einem Unternehmen der Verlagsgruppe Random House GmbH, 81637 München.
All rights reserved including the right of reproduction in whole or in part in any form. This edition is published by arrangement with Harlequin Books S.A.
Die Verwertung der Texte und Bilder, auch auszugsweise, ist ohne Zustimmung des Verlags urheberrechtswidrig und strafbar. Dies gilt auch für Vervielfältigungen, Übersetzungen, Mikroverfilmung und für die Verarbeitung mit elektronischen Systemen.

Hinweis
Die Ratschläge/Informationen in diesem Buch sind von Autorin und Verlag sorgfältig erwogen und geprüft, dennoch kann eine Garantie nicht übernommen werden. Eine Haftung der Autorinnen bzw. des Verlags und seiner Beauftragten für Personen-, Sach- und Vermögensschäden ist ausgeschlossen.

Projektleitung
Dr. Harald Kämmerer

Gesamtproducing, Layout
Layer-Cake, Jürgen Kiermeier, München

Übersetzung und Redaktion
Claudia Fritzsche

Bildredaktion
Annette Mayer

Covergestaltung
Covergestaltung: * zeichenpool unter Verwendung des Entwurfs der Originalausgabe © 2011 Harlequin Enterprises Limited. Cover and interior art are used by arrangement with Harlequin Enterprises Limited. ® and TM are trademarks owned by Harlequin Enterprises Limited or its affiliated companies, used under license.

Bildnachweis
Fotos: Corbis, Düsseldorf: 118 (Marnie Burkhart), 198, 220 (Image Source), 214 (Maskot/Benny Ottosson), 252 (Ocean); Drstakova, Lenka: U1, Erevall, Ylva: 6, 9, 13, 16, 18, 65, 311; Fotolia: 33 (nolonely), 46 (Alexander Raths), 72 (photocrew), 91 (thepoeticimage), 108 (PhotoSG), 116 (vanillaechoes), 127 (Bernd Jürgens), 142 (bit24), 161 (drubig-photo), 168 (Thomas Otto), 192 (Sea Wave), 287 (witthaya); Getty Images, München: 36 (Digital Vision/RF), 81 (Photoalto/Vincent Hazat), 98 (imagewerks), 174 (STOCK4B Creative), 176 (Onoky/A Chederros); iStockphoto: 30 (kzenon), 53 (lumpynoodles), 70, 246 (Funwithfood), 94 (Sandra O'Claire), 149 (YelenaYemchuk), 172 (supermimicry), 184 (Enrico Fianchini), 200 (OlgaMiltsova), 217 (Anna Bizon), 234 (GMVozd), 237 (mythja), 241 (lola1960), 251 (PoppyB), 263 (GlobalStock); Jump, Hamburg: 45 (Andy), 56 (Kristiane Vey); Maready, Josh: 242; PantherMedia, München: 196 (Evelyn Kasper), 206 (jongjai jongkasemsuk); Picture Press, Hamburg: 230 (Onokry/Fabrice Lerouge/RF); Shutterstock: 28 (Valentyn Volkov), 51 (auremar), 55 (Liv Friis-Larsen), 121 (Gordon Bell), 136 (bramalia), 202 (Zaneta Baranowska); Südwest Verlag, München: 158 (Antje Plewinski)
Illustrationen: Curt Altmann

Lithografie
JournalMedia GmbH, München

Druck und Bindung
Alcione, Lavis

Printed in Italy

ISBN: 978-3-517-09246-1

Verlagsgruppe Random House FSC® N001967
Das für dieses Buch verwendete FSC®-zertifizierte Papier *Profimatt* liefert Sappi, Ehingen.